近代中国

MODERN CHINA

上海中山学社 主办

廖大伟 主编

【第三十六辑】

近代政治与人物 · 近代社会与经济

近代文化与教育

上海社会科学院出版社
SHANGHAI ACADEMY OF SOCIAL SCIENCES PRESS

目　　录

近代政治与人物

近代社会与经济

近代文化与教育

近代政治与人物

德国汉学家卫礼贤对孙中山思想的阐释*

陈 敏

孙中山是属于中国与世界的20世纪伟人，世界许多国家对他生平事业的介绍与研究一直方兴未艾，使“孙学”研究成为一种经久不衰的世界现象。①在欧美日等国的“孙学”研究中，德国汉学家对孙中山的研究具有重要地位。德国当代著名汉学家罗梅君所著论文《1945年以前的德国和联邦德国关于孙中山的述评和研究》②、费路等人著《1945年以前德国汉学对孙中山的评价与民主德国(1949—1985年)孙中山研究概况》③和法国学者巴斯蒂的《欧洲孙中山研究回顾》④等对欧洲的“孙学”研究进行了系统性的梳

* 本论文为2020国家社科基金一般项目《18—19世纪之交德国思想界的多维中国形象及其溯源研究》(项目号：20BWW008)初期成果。

① 《世界各地孙中山研究现状》,《团结报》,2015年11月11日。http://www.tuanjiewang.cn/2015-11/11/content_36514.htm。

② [德]罗梅君:《1945年以前的德国和联邦德国关于孙中山的述评和研究》,孙中山研究学会编《孙中山研究述评国际学术讨论会论文集》,1985年,第42页。

③ [德]费路、李兰琴:《1945年以前德国汉学对孙中山的评价与民主德国(1949—1985年)孙中山研究概况》,孙中山研究学会编《孙中山研究述评国际学术讨论会论文集》,1985年,第20页。

④ [法]巴斯蒂:《欧洲孙中山研究回顾》,《纪念孙中山诞辰140周年国际学术研讨会论文集》(上卷),2006年,第91—95页。

理。1925 年孙中山去世到 1930 年代初是德国汉学界研究孙中山的黄金期,出了不少代表欧洲"孙学"研究水平的论著。[①]不过,国内对德国这一时期的"孙学"研究几乎无人关注。本文以德国汉学家卫礼贤在该时期发表的关于孙中山的论文为研究对象,意图回溯德国"孙学"研究黄金期的一部分研究成果。

"20 世纪初,特别是第一次世界大战带来的传统理想破碎,'中国'作为一种乌托邦理想重返欧洲知识界,这股潮流在德国尤胜"[②]。此次中学西传中,享誉全球的汉学家卫礼贤(Richard Wilhelm, 1873—1930)是中国文化在西方最重要的传播者之一,在近现代基督教传教史、西方汉学史和中西文化交流史上具有举足轻重的地位。

在中国期间,他不仅翻译和研究中国传统典籍,且极为关注鸦片战争之后中国涌现的著名政治家、改革者、革命者,曾国藩、李鸿章、康有为、梁启超、孙中山以及新文化运动时期蔡元培、辜鸿铭、胡适等著名人物。由于他在典籍翻译以及向西方介绍传统与现代中国[③]方面的巨大贡献,季羡林评之"中国在西方的精神使者",德国媒体称他为"中国精神世界的马可 · 波罗",被黑塞誉为"中欧之间的使者"[④],"伟大的德国中国人"[⑤]。对于卫礼贤的研究始终是

① 《世界各地孙中山研究现状》,2015 年 11 月 11 日《团结报》。http://www.tuanjiewang.cn/2015-11/11/content_36514.htm。

② 范劲:《卫礼贤之名——对一个边际符码的考察》,华东师范大学出版社 2011 年版,导言第 10 页。

③ Siehe http://china-institut.uni-frankfurt.de/? page_id=11.

④ Hermann Hesse,"Ein Mittler zwischen China und Europa",in: Adrian Hsia, *Hermann Hesse und China, Darstellung, Materialien und Interpretation*, Frankfurht: Suhrkamp Verlag, S.320.

⑤ Hermann Hesse,"Ein Mittler zwischen China und Europa",in: Adrian Hsia, *Hermann Hesse und China, Darstellung, Materialien und Interpretation*, Frankfurht: Suhrkamp Verlag, S.320.

国际汉学界的热点和重点。近些年来,国内外研究者在翻译学[①]、比较文学与跨文化[②]、海外汉学[③]以及中西方交流史[④]等领域进行了大量的研究工作。

卫礼贤对现代中国涌现的新思潮十分关注,他对中国民主革

---

① 参见李夏菲:《从"回光"到集体无意识——卫礼贤译〈太乙金华宗旨〉及相关问题思考》,《世界宗教文化》2020 年第 1 期;邓舒的《重释卫礼贤对〈论语〉"道"和"仁"的译读》,《文化学刊》2019 年;朱佳明、付天海:《译介学视角看汉译德中文化意象的失落与迁移——以卫礼贤和章鹏高〈聊斋志异〉德译本为例》,《牡丹江大学学报》2017 年;徐若楠:《构建中西经典之间的互文性——卫礼贤 1919/1920 年版〈大学〉译稿初探》,《同济大学学报》(社会科学版)2017 年等,这些论文针对卫礼贤对中国传统文化的译本以及核心概念翻译和解读,译本比照进行研究。

② 参见方厚升:《"儒者"卫礼贤的文化使命:重估儒学》,《孔子研究》2021 年第 1 期;孙立新:《卫礼贤对孔子学说的跨文化阐释及其当代意义》,《复旦学报》(社会科学版)2016 年;涂卫群:《精神侨易:探寻不同文化间的互动关系》,2016 年 9 月 22 日《社会科学报》;Dorothea Wippermann, Klaus Hirsch, Georg Ebertshäuser (Hrsg.): *Interkulturalität im frühen 20. Jahrhundert: Richard Wilhelm-Theologe, Missionar und Sinologe*. Frankfurt am Main: Verlag für Interkulturelle Kommunikation 2007。

③ 参见秦凯丽:《卫礼贤象数解〈易〉研究》,《周易研究》2021 年第 1 期;Klaus Hirsch: *Richard Wilhelm, 1873 – 1930: vom Missionar zum Sinologen*. Schwäbisch Gmünd: Einhorn-Verlag 2020;方维规:《早期中国文学史纂中"南北文学观"的缘起与回转》,《上海交通大学学报》(哲学社会科学版)2020 年第 4 期;刘元成、张家政:《卫礼贤德译本〈易经〉序言和引言》,《国际汉学》2016 年;方维规:《两个人和两本书——荣格、卫礼贤与两部中国典籍》,《清华大学学报》(哲学社会科学版)2015 年;Mechthild Leutner: "Richard Wilhelm's Chinese Networks." In: *Chinese Studies in History* (2010), Vol. 43 (3), pp.56 – 83。

④ 参见方厚升:《20 世纪初西方文化危机中的孔子形象——以德国为例》,《国外社会科学》2017 年;Matthias Hahn: „Richard Wilhelm (1873 – 1930). Missionar in China und Vermittler Chinesischen Geistesguts '(Review)." In: *Zeitschrift der Deutschen Morgenländischen Gesellschaft* (2011), Vol. 161 (2), S.514 – 516; Dorothea Wippermann: *Richard Wilhelm. Der Sinologe und seine Kulturmission in China und Frankfurt*. Frankfurt a.M.: Societäts-Verlag, 2020;Salome Wilhelm(Hrsg.): *Richard Wilhelm. Der geistige Mittler zwischen China u. Europa*. Mit e. Einl. von Walter F. Ottto. Düsseldorf; Köln: Diederichs, 1956。

命先驱孙中山的代表性思想曾发表多篇文章向欧洲予以介绍评论。不过,国内外尚缺乏相关主题研究。本文以卫礼贤 1927—1930 年期间在《东亚评论》(*Sinica*)①上发表及编辑的相关文章作为原始文献研究材料,梳理卫礼贤对孙中山的阐释和评述,归纳他的主要观点以及译介目的,为孙中山思想的欧洲传播做些史料研究。

一、卫礼贤对孙中山思想的译介概述

卫礼贤作为德国基督教同善会的一名教士,1899 年奉德国政府之命来其租借地青岛,从事教育和慈善事业。这位担负传播基督教神学思想重任的来华传教士,却沉迷中国文化,潜心研究和传播中国文化一生不辍。卫礼贤于 1899—1924 年生活于中国,恰是近代中国潮流巨变的岁月。他亲历了爆发于山东"扶清灭洋"的义和团运动,看到辛亥革命如何席卷中国,新文化运动令新思潮在中国风起云涌。1911 年辛亥革命打碎了"孔子权威",卫礼贤感觉"中国文化作为一个独立的知识力量可能撤出人类历史的舞台"②。1920 年卫礼贤短暂回德国后,于 1922 年年初再度来华,任德国驻北京公使馆科学顾问,后受蔡元培邀请,被聘任为北京大学教授。这时他所面对的是中华民国时期的全新中国,开始认识一个涌现新思想、新文化的年轻中国。他在《中国心灵》一书中称其

① 1924 年,卫礼贤受聘为法兰克福大学教授。同一年,获得法兰克福学社的资助,以中西文化交流为目的建立"中国学社"(China-Institut)。该学社开展了各种汉学研究和交流活动,创办数种汉学研究刊物《中德年鉴》《东亚评论》(*Sinica*)等。《东亚评论》发表中国研究领域内的高水平文章,如今已成为德国最重要的汉学期刊之一。如今,*Sinica* 这个名字仍然在汉学专家界享有盛誉。参见 http://china-institut.uni-frankfurt.de/?page_id=11。

② Wilhelm Richard, „Aus Kunst und Wissenschaft, Chinesische Renaissance", *Pekinger Abende 2*, 1924, S.8 - 18.

在中国生活的时间是“新世界到来”的时代。①

1924 年，卫礼贤最终返回德国。之后，他对中国文化，无论是传统文化还是辛亥革命之后的新思想均做了大量译介和传播工作。卫礼贤认为，“中国所进入的新时代，全面来看，是孙中山的伟大功绩”②，孙中山之名已成为“中国团结一致的象征”③，因此他非常重视向欧洲介绍孙中山思想。

依据现有的《东亚评论》文献，卫礼贤在《中国的政治发展》(Politische Entwicklungen in China, 1927)、《中国工业化及其心理问题》(Die Industrialisierung Chinas und Ihre Psychologischen Folgen, 1929 年 3 月)、《卫礼贤在中国柏林大使馆 1929 年 6 月 1 日纪念孙中山安葬仪式上的讲话》(Rede Anlässlich der Beisetzungsfeier für Sun Yat Sen in der chinesischen Gesandtschaft zu Berlin am 1. Juni 1929, 1929 年 6 月)以及《中国经济结构的意义》(Über die Bedeutung des wirtschaftlichen Aufbaus in China)等文中全面介绍、阐释了孙中山的三民主义等代表性思想。

他除了自己撰文介绍孙中山思想，作为《东亚评论》主编，曾多次组稿翻译中国学者论述孙中山思想的文章。《东亚评论》以“中国历史研究”为主题，发表了孙中山儿子孙科博士(Dr. Sun Fo, 1891—1973)④撰写的文章《中国经济建设规划》(Studien zur Chinesischen Geschichte Programm für den wirtschaftlichen Aufbau Chinas, 卫礼贤译)，选译戴季陶专著《孙文主义哲学的

---

① ［德］卫礼贤著，王宇洁、罗敏、朱晋平译：《中国心灵》，国际文化出版公司 1998 年版，前言第 1 页。

② Richard Wilhelm, „Die Industrialisierung Chinas und Ihre Psychologischen Folgen“. *Sinica*, 1929, Heft 1, S.1 - 12. Hier, 1.

③ Richard Wilhelm:„POLITISCHE ENTWICKLUNGEN IN CHINA“. *Sinica*, 1927, No.8/9, S.153 - 164. Hier, S.159.

④ 孙科，1928—1931 年任中华民国首任铁道部长。

基础》[1]中《三民主义》(Das dreifache Volksprinzip, H.C. Tsian 译)章节。在《柏林中国国庆日庆祝会》(Feier des chinesischen Nationalfeiertages in Berlin)宣传稿以及《关于卫礼贤"中国文化危机"讲座的讨论》(Diskussionsreden anlässlich des Vortrags von Richard Wilhelm über „die Krisis der Chinesischen Kultur")等文中均对孙中山思想有所论述。

二、卫礼贤对孙中山的论述

卫礼贤在对孙中山思想的研究中始终将孙中山思想与 20 世纪初中国及欧洲的现实政治、文化环境紧密结合,从而论证孙中山思想的先进性和伟大性。

首先,卫礼贤从中国其时的经济、政治、社会、文化环境以及巨大历史变局中民众的心理变化等方面阐述孙中山思想为中国在 20 世纪初的进步和发展指引了方向。

卫礼贤认为,孙中山的民主革命思想以人民生活福祉为所有政治和经济事件的核心,由此提出三民主义理论——民族、民生、民权,从各个方面制定了国家政治和经济体制构架。[2] 在卫礼贤眼中,"三民主义是中国革命化的基础"[3]。

他在纪念孙中山的文章[4]中写道,鸦片战争以来中国受到外

---

① 戴季陶:《孙文主义哲学的基础》,上海民智书局,1925 年版。

② Richard Wilhelm:„Die Industrialisierung Chinas und Ihre Psychologischen Folgen". *Sinica*, 1929, Heft1, S.1 – 12. Hier, S.1.

③ Richard Wilhelm:„Rede Anlässlich der Beisetzungsfeier für Sun Zat Sen in der chinesischen Gesandtschaft zu Berlin am 1. Juni 1929". *Sinica*, 1929, Heft 3, S.97 – 101. Hier, S.98.

④ Richard Wilhelm:„Rede Anlässlich der Beisetzungsfeier für Sun Zat Sen in der chinesischen Gesandtschaft zu Berlin am 1. Juni 1929". *Sinica*, 1929, Heft 3, S.97 – 101. Hier, S.98.

族入侵和剥削，民族敌人和阶级敌人同为外族侵略者。中国人口巨大且贫穷，经济落后，工业基础极为薄弱，且军阀割据。孙中山的革命思想面临着巨大的内忧外患。古代中国自认为是世界帝国①，中国在孙中山理论提出之前“本质上是一个文化共同体，国家结构非常松散，效率低下，民族感也很淡薄”②，中国的社会组织完全建立在大家庭的基础上，并不具有现代意义上的国家概念。中国如今却不得不按照这个新时代的要求进行组建。

孙中山在中国首先唤醒了统一的国家意识和民族思想——民族主义。卫礼贤写道：“孙中山第一个民族化的行动是创造了中国人民的概念，一种将全部中国人团结一体的民族意识，这部分工作大概今天已经完成了”③，“这种新的民族意识正在渗透到今天的青年中国，无论党派或宗教”④。民族思想点燃了巨大的民族感和团结之力共同抵御外侮，“怀着对伟大祖国的衷心热爱，人们意识到自己是中国人，将中国作为一个国家从所有枷锁中解放出来的决心坚定不移”⑤，从而在中国掀起了抵制不平等条约，维护国家

---

① 卫礼贤：《东方思想对西方复兴的意义》，载蒋锐编译：《东方之光——卫礼贤论中国文化》，外语教学与研究出版社 2007 版，第 225 页。

② Richard Wilhelm: „Rede Anlässlich der Beisetzungsfeier für Sun Zat Sen in der chinesischen Gesandtschaft zu Berlin am 1. Juni 1929“. *Sinica*, 1929, Heft 3, S. 97 - 101. Hier, S. 98.

③ Richard Wilhelm: „Rede Anlässlich der Beisetzungsfeier für Sun Zat Sen in der chinesischen Gesandtschaft zu Berlin am 1. Juni 1929“. *Sinica*, 1929, Heft 3, S. 97 - 101. Hier, S. 98.

④ Richard Wilhelm: „Rede Anlässlich der Beisetzungsfeier für Sun Zat Sen in der chinesischen Gesandtschaft zu Berlin am 1. Juni 1929“. *Sinica*, 1929, Heft 3, S. 97 - 101. Hier, S. 98.

⑤ Richard Wilhelm: „Rede Anlässlich der Beisetzungsfeier für Sun Zat Sen in der chinesischen Gesandtschaft zu Berlin am 1. Juni 1929“. *Sinica*, 1929, Heft 3, S. 97 - 101. Hier, S. 98.

合法权利的集会和游行浪潮①。不过在现实中，“即使民族思想在今天的中国社会各界普遍存在，但社会信念却并不统一”②。同时，争取国家独立与主权的民族主义更是遭到外国经济控制的帝国主义阻击，因为必然损害到资本主义利益。孙中山的民族主义思想遭遇到中国内外的强大阻碍。

卫礼贤认为，孙中山的民族主义思想虽然有着抵抗军国主义和帝国主义的目标，但他也在积极研究资本主义和工业主义，争取中国有能力融入世界发展的轨道。孙中山认为，中国发展离不开现代精神，受到外部侵入的中国工业化必须被肯定和有意识的引导。中国工业化将成为中国发展的重要力量，为此他制订了宏伟的计划，希望通过建设港口和铁路，开采矿产资源从而实现国家开放。同时，中国工业发展必须重视引进外部资本。卫礼贤称赞孙中山“是中国改革者和革命者中第一个清楚的认识到，相对于不妥协，中国在现代工业主义和资本主义问题上采取开放的方式将新与旧进行某种调和”③，甚至激进地认为，中国必须毫无保留地接受正在进行的由外资引起的中国工业化运动。孙中山的政治改革目的“在于不仅要治理好国家机器，而且要使国家成为合理建设社会和经济环境的工具”④。卫礼贤引用了孙中山起草的中国全面经济重组大纲，该大纲在一部孙中山以英文发表的国际发展著作

---

① Siehe Richard Wilhelm:„Die Industrialisierung Chinas und Ihre Psychologischen Folgen“. *Sinica*, 1929, Heft1, S.1-12. Hier, S.5-6.

② Siehe Richard Wilhelm:„Die Industrialisierung Chinas und Ihre Psychologischen Folgen“. *Sinica*, 1929, Heft1, S.1-12. Hier, S.11.

③ Richard Wilhelm:„Rede Anlässlich der Beisetzungsfeier für Sun Zat Sen in der chinesischen Gesandtschaft zu Berlin am 1. Juni 1929“. *Sinica*,1929, Heft 3, S.97-101. Hier, S.100.

④ Richard Wilhelm:„Rede Anlässlich der Beisetzungsfeier für Sun Zat Sen in der chinesischen Gesandtschaft zu Berlin am 1. Juni 1929“. *Sinica*,1929, Heft 3, S.97-101. Hier, S.100.

中。在其中，孙中山认为，只有与置于国家保护和保证之下的外国资本以及培训国内产业的外国专家合作，才能为实现这一目标而做出宏大的转变。①

卫礼贤指出，孙中山领导的革命不仅是政治革命还是社会革命思想。②遭受殖民主义压迫的中国工业不仅在发展中受到侵害，而且工人阶级也受到无情剥削。在中国工业化进程中，孙中山尤为注重保护工人阶级等普通大众的权益，他把工人阶级的民生问题放在核心地位，防止欧洲工业化之后的虐待行为在中国重演。③在卫礼贤看来，民生理论体现了孙中山政治思想的伟大之处。④孙中山通过制定严格的法律禁止中国工业人口受到无限制的剥削，并立法确保工人阶级的体面生活、最低生活水平和按劳获薪。

卫礼贤指出，“从直接的民权意义上说，中国与真正的民主国家距离遥远”⑤。中国群众吃苦耐劳，心地善良，但缺乏教育。统治阶级是地方乡绅，是中国出身良好和受过教育的贵族代表。将这个规模庞大、内忧外患却完全软弱无力的国家建立为一个现代的、民主治理的国家将是短期无法完成的艰巨任务。在他看来，孙中山清楚地认识到这样一个国家需要具有良好教育的公民，否则

---

① Richard Wilhelm: „Rede Anlässlich der Beisetzungsfeier für Sun Zat Sen in der chinesischen Gesandtschaft zu Berlin am 1. Juni 1929“. *Sinica*, 1929, Heft 3, S.97 - 101. Hier, S.100.

② Siehe Richard Wilhelm: „Die Industrialisierung Chinas und Ihre Psychologischen Folgen“. *Sinica*, 1929, Heft1, S.1 - 12. Hier, S.7.

③ Siehe Richard Wilhelm: „Die Industrialisierung Chinas und Ihre Psychologischen Folgen“. *Sinica*, 1929, Heft1, S.1 - 12. Hier, S.9.

④ Richard Wilhelm: „Rede Anlässlich der Beisetzungsfeier für Sun Zat Sen in der chinesischen Gesandtschaft zu Berlin am 1. Juni 1929“. *Sinica*, 1929, Heft 3, S.97 - 101. Hier, S.100.

⑤ Richard Wilhelm: „Rede Anlässlich der Beisetzungsfeier für Sun Zat Sen in der chinesischen Gesandtschaft zu Berlin am 1. Juni 1929“. *Sinica*, 1929, Heft 3, S.97 - 101. Hier, S.99.

民主成为野心勃勃的煽动者手中左右民众意愿的工具。因此孙中山认为,中国还是一个大众教育的时代,人民应该接受民主治理国家所必需的普通教育程度,这是通往自由人民经由自由选举的议会表达自由意志时代的前提基础。① 从而卫礼贤解释孙中山建立国民党的目标:首先把中国的国家组织交给一个党政府,是为了按照统一的观点管理它,不是让国民党独裁,而是为了保障统一领导,直到条件成熟,再把权力移交到具备良好教育的国民手中。② 国民党被卫礼贤视为孙中山思想的传承者,是孙中山思想在现实中国实践的具体执行者。国民党要继承孙中山的遗志,就要实现中国的社会主义化,自觉推进工业化。③

三、卫礼贤译介孙中山的历史视角

卫礼贤向欧洲阐释孙中山思想时,指出其思想先进性表现在顺应新时代发展潮流,“这位不朽者在中国产生巨大影响的客观原因在于其理论顺应时代要求并符合人性。在19世纪的历程中,中国有远见者已经普遍认识到,只有改变中国现状,使之适应新的时代,中国才能在新世界中生存,那个因为外国列强军事攻击而被迫卷入的新世界”④。他更认为孙中山思想的先进性不仅推进中国

① Siehe Richard Wilhelm:„Die Industrialisierung Chinas und Ihre Psychologischen Folgen“. *Sinica*, 1929, Heft1, S.1-12. Hier, S.11.

② Richard Wilhelm:„Rede Anlässlich der Beisetzungsfeier für Sun Zat Sen in der chinesischen Gesandtschaft zu Berlin am 1. Juni 1929“. *Sinica*, 1929, Heft 3, S.97-101. Hier, S.99.

③ Siehe Richard Wilhelm:„Die Industrialisierung Chinas und Ihre Psychologischen Folgen“. *Sinica*, 1929, Heft1, S.1-12. Hier, S.9.

④ Richard Wilhelm:„Rede Anlässlich der Beisetzungsfeier für Sun Zat Sen in der chinesischen Gesandtschaft zu Berlin am 1. Juni 1929“. *Sinica*, 1929, Heft 3, S.97-101. Hier, S.97.

的发展，而且也可用于解决欧洲问题。

1840 年鸦片战争之后的中国，面临重大的民族危机和文化危机，中国传统文化受到西方科技文明的强烈冲击。如何处理传统与近代、中学与西学的关系不断困扰着中国的知识分子阶层。至 20 世纪初，从维新思潮、辛亥革命到新文化运动，自由、民主、平等等西方思想持续在中国传播。为了中国复兴，近百年来涌现了无数改革家、革命家。卫礼贤将孙中山与曾国藩、康有为等人进行比较。① 他认为，清朝时期的这些改革者思想不够彻底，改革浮于表面，其目的具有一定的保守性。孙中山很早就认识到过去改革的半途而废毫无用处，必须摈弃犹豫不决和软弱无力的改革，进行一场充满活力的革命才能救亡图存。

康有为学习日本明治维新的复兴方式，为使中国战胜欧洲而去外在模仿欧洲。卫礼贤指出，中国国家规模巨大，外在模仿完全不适用中国。孙中山领导的辛亥革命推翻了统治中国几千年的君主专制制度，建立起共和政体，开创“政治民主化、经济近代化和文化思想维新的斗争”②，极大推动中华民族思想解放。卫礼贤认为“孙中山是另外一个曾国藩：有思想的人”③，摆脱表面化的西式模仿，潜入中国社会深层内里着手解决中国问题。孙中山的建国思想超越了其时的政治局限性，“他的目标并未止步于消灭清朝外族统治及依据美国模式建立民主共和国”④，他自觉认可了中国正在进行的工业化进程，不过竭力研究引导中国工业化进程的目的性

---

① Siehe Richard Wilhelm: „POLITISCHE ENTWICKLUNGEN IN CHINA“. *Sinica*, 1927, No.8/9, S.153 - 164. Hier, S.158.

② 尚明轩：《辛亥革命与孙中山研究的几个问题》，选自国家图书馆编：《百年辛亥》，商务印书馆 2019 年版，第 29 页。

③ Siehe Richard Wilhelm: „POLITISCHE ENTWICKLUNGEN IN CHINA“. *Sinica*, 1927, No.8/9, S.153 - 164. Hier, S.158.

④ Richard Wilhelm: „Die Industrialisierung Chinas und Ihre Psychologischen Folgen“. *Sinica*, 1929, Heft1, S.1 - 12. Hier, S.1.

方式方法,以避免中国经济转变走上无意识的历史发展进程,否则"只会重复欧洲工业化所经历的一系列社会斗争阶段"①。对于孙中山以中国实际为出发点,独立思考有别于西方工业化道路的革命设想,并且着力避免西方工业化曾经遭遇的阶级分化和斗争状况,卫礼贤给予高度认可和赞扬,他同样认为"欧洲的工业化模式不应简单地转移到中国"②。他称赞辛亥革命后孙中山引领的少年中国具有"'极其现代的'精神了"③。卫礼贤认为,孙中山针对中国内在本质问题提出的三民主义思想,是将中国问题深刻地看作人类问题,是新时代的全球问题。

其次,卫礼贤以全球化视野分析孙中山思想在当时世界政治格局下的重要价值。他从"法西斯主义体现民族主义观倾向,布尔什维克主义体现阶级斗争或无产阶级领导观"④等两个方面为切入点,将孙中山三民主义体现的民族主义思想与欧洲当时试图解决未来经济和政治问题的意大利的法西斯主义和俄国布尔什维克主义相比较。

20世纪初,意大利的法西斯主义最典型的特征是以极端民族主义为政纲核心。⑤欧洲民族主义具有悠久的历史,19世纪下半叶的欧洲"最流行最活跃的思想力量是民族主义"⑥,推动欧洲政治

① Richard Wilhelm: „Die Industrialisierung Chinas und Ihre Psychologischen Folgen". *Sinica*, 1929, Heft1, S.1-12. Hier, S.1.

② Richard Wilhelm: „Die Industrialisierung Chinas und Ihre Psychologischen Folgen". *Sinica*, 1929, Heft1, S.1-12. Hier, S.2.

③ 吴素乐(Ursula Ballin):《卫礼贤(1873—1930)传略》,载孙立新、蒋锐主编《东西方之间——中外学者论卫礼贤》,山东大学出版社2004年版,第47页。

④ Richard Wilhelm: „Die Industrialisierung Chinas und Ihre Psychologischen Folgen". *Sinica*, 1929, Heft1, S.1-12. Hier, S.5.

⑤ 陈祥超:《意大利与20世纪的法西斯主义》,《世界历史》2001年第1期。

⑥ [美]诺曼·里奇著,王潇楠、王珺译:《民族主义与改革的年代1850—1890》,《现代欧洲史》第5卷,中信出版社2016年版,第62页。

和社会产生巨大变革，改写了欧洲的政治版图。在民族主义原则的基础上，德意志和意大利完成了统一。匈牙利、塞尔维亚、黑山共和国和罗马尼亚取得完全独立。欧洲的“民族主义和改革时代最显著的特征是国家威望和权力的增长。民族主义者将国家视为自己的延伸，视为抵抗外来敌人的守护者和成就民族理想的工具”①，这个世纪的欧洲国家乐于通过权力扩张到欧洲之外展现国家力量。英国、俄国、法国以及新独立的意大利、德意志纷纷进行殖民扩张，形成大规模的帝国主义，“新帝国主义成为新民族主义的表现”②。因此，19 世纪末弥漫欧洲的民族主义情绪具有狭隘的民族主义特点，并展现帝国主义色彩。

卫礼贤认为，孙中山的民族主义思想产生于抵御外敌的环境中。面对中国的民族敌人和敌人阶级都是外国侵略者，他力图统一全国之力，创造民族主义的新神话。孙中山的民族主义“不局限于某个阶级或某个政党，不仅仅在港口城市，在中国每个角落，中华民族的自我意识已经觉醒”③。这种民族思想看似法西斯主义形式的神话，但在本质上完全不同于法西斯主义。④ 孙中山的民族主义传承了中国儒家思想“以人为本的古老传统，阻止了中国的民族情绪以牺牲其他民族为代价而进行的帝国主义传播”⑤，因为中国的民族主义并不打算利用大炮和炸弹捍卫自己的权利，不具

---

① [美] 诺曼·里奇著，王潇楠、王珺译：《民族主义与改革的年代 1850—1890》，《现代欧洲史》第 5 卷，中信出版社 2016 年版，第 96 页。

② [美] 诺曼·里奇著，王潇楠、王珺译：《民族主义与改革的年代 1850—1890》，《现代欧洲史》第 5 卷，中信出版社 2016 年版，第 103 页。

③ Richard Wilhelm: „Die Industrialisierung Chinas und Ihre Psychologischen Folgen". *Sinica*, 1929, Heft1, S.1 - 12. Hier, S.5 - 6.

④ Richard Wilhelm: „Die Industrialisierung Chinas und Ihre Psychologischen Folgen". *Sinica*, 1929, Heft1, S.1 - 12. Hier, S.6.

⑤ Siehe Richard Wilhelm: „Die Industrialisierung Chinas und Ihre Psychologischen Folgen". *Sinica*, 1929, Heft1, S.1 - 12. Hier, S.5 - 6.

备军国主义特点。与欧洲的帝国主义相反，孙中山民族主义主张在外国承认中国权利，废除不平等条约的基础上，中外展开平等的贸易合作，外国资本参与中国的经济发展。

就社会革命来说，孙中山思想与苏俄模式更为接近。①苏联一方面试图在整个亚洲加强民族思想；另一方面极力争取中国支持布尔什维克主义，从而获得这位重要的盟友。孙中山提出的工人阶级福利保障思想与布尔什维克主义目标相似。②但是，在方法上区别较大，中国的社会问题在很大程度上也是国家问题，中国革命是无产阶级与民族资本家共同参与，因为工人阶级力量薄弱，而且中国没有资产阶级。中国的工业雇主主要是外国人，孙中山说中国只有大贫和小贫。③

卫礼贤认为，孙中山有意识在中国重视建立广泛的工会组织，通过武装进行经济斗争。政府与工会保持密切联系，才能实现孙中山所希望的避免工人被资本所奴役。在民族革命过程中，现代教育阶层如教授、大学生等与工人并肩作战，形成非常强大的团体。因此，国民党与工人组织合作成为可能。据此，卫礼贤指出，"国民党心理与布尔什维克心理之间形成了一个重要区别。布尔什维克主义的目标是阶级斗争，无产阶级专政，它带来社会的无产阶级化，以便在旧社会的废墟上建立未来国家"④，孙中山认为这对中国来说这是不可能的。

卫礼贤比较了欧洲与中国的阶级状况，指出欧洲的统治者与

---

① Siehe Richard Wilhelm: „Die Industrialisierung Chinas und Ihre Psychologischen Folgen". *Sinica*, 1929, Heft1, S.1 - 12. Hier, S.8.

② Siehe Richard Wilhelm: „Die Industrialisierung Chinas und Ihre Psychologischen Folgen". *Sinica*, 1929, Heft1, S.1 - 12. Hier, S.8.

③ Siehe Richard Wilhelm: „Die Industrialisierung Chinas und Ihre Psychologischen Folgen". *Sinica*, 1929, Heft1, S.1 - 12. Hier, S.8.

④ Siehe Richard Wilhelm: „Die Industrialisierung Chinas und Ihre Psychologischen Folgen". *Sinica*, 1929, Heft1, S.1 - 12. Hier, S.9.

被统治者之间普遍存在着无法逾越的鸿沟。自18世纪以来,工业革命引发了欧洲社会阶层巨大变化。第二次工业革命推动生产力迅猛发展,促成资本主义体系统治欧洲大陆,但其内部所隐含的种种矛盾也开始激化。欧洲工业化道路反复陷入经济危机的泥沼,日益增长的社会财富和生产过剩的经济危机造成了工人阶级与资本阶级的激烈对立和矛盾。

卫礼贤认为,中国由于自古以来形成垂直性的家庭宗族关系,统治者与农民、工人往往属于同一家族,由此在统治与被统治之间没有形成鸿沟。因此,"布尔什维克主义中的某些理想在中国原始的家庭共产主义中得以实现"①。基于此,孙中山解决中国问题的方案不是追求阶级统治,而是追求人民统治的民权理论就可以理解了。孙中山立法保护工人阶级的民生主义思想有助于中国工业化道路避开欧洲资本主义过程中造成社会分裂为敌对阶级的状况。

卫礼贤的导师兼岳父,德国教士布伦哈特(Christophe Blumhart)被尊为"寻求心灵安慰者和穷人们都无比尊敬的布道师"②,曾加入具有社会主义性质的德国早期社民党。布伦哈特是卫礼贤的精神导师,其宗教自由主义、关心劳苦大众的思想对卫礼贤后来的人生产生了决定性的影响。③卫礼贤在来中国之前,在其导师带领下参与过社民党的一些活动,维护劳工利益,甚至公开反对德皇法令。卫礼贤亲历欧洲工人阶级遭受的剥削压迫及抗争,

① Siehe Richard Wilhelm: „Die Industrialisierung Chinas und Ihre Psychologischen Folgen". *Sinica*, 1929, Heft1, S.1－12. Hier, S.10.

② [德] W.F.奥托:《卫礼贤——人格肖像》,载孙立新、蒋锐主编《东西方之间:中外学者论卫礼贤》,第5页。

③ 参见 Ursula Richter, "Richard Wilhelm-Founder of A Friendly China Image in Twentieth Century Germany",《"中研院"近代史研究所集刊》第20期,台北1991年6月,第158—159页。

深刻理解孙中山在建国思想纲领中重视民生，避免工人阶级遭受无情剥削对工业化进程中社会发展进步、国家稳定的重要意义和价值。

卫礼贤将孙中山思想的人道主义特征与孔子伦理学相关联。卫礼贤深爱孔子为代表的中国传统文化精神，认为"自孔子以来，中国精神具有非同一般的特点，通过运用涵藏人性光辉的善良本性实现人类团结的能力"①，因此他对孔子的儒家思想推崇备至，以至回到欧洲的他"已成为中国文化最热烈的西方鼓吹者，一位从思想到情感融入中国的儒家信徒"②。在孔子与孙中山之间，亦即中国的新旧文化精神之间，这位汉学家竭力寻找一种继承关系。卫礼贤鉴于欧洲工业化引发的乡村人口大规模迁移和社会变革，在19世纪末20世纪初形成社会思想混乱的状况："人们割断了传统的乡土情结，住进无人知晓他们的城市，寻求对事物的认同感、新归属感和情感依恋"③，认为造成思潮混乱的根本原因在于与传统乡土情结的割裂。因此，卫礼贤强调现代中国的新思潮不应割裂或抛弃传统儒家思想。他在纪念孙中山的文章④中指出，儒家所引领的中国伦理学充满人道主义精神。他举例说：中国那位享誉欧洲，杀伐果决的伟大秦始皇实行苛法峻刑不能被中国民众心理所接受，历史上的中国社会又自觉回归孔子仁爱思想的统领。

---

① Richard Wilhelm: „Rede Anlässlich der Beisetzungsfeier für Sun Zat Sen in der chinesischen Gesandtschaft zu Berlin am 1. Juni 1929". *Sinica*, 1929, Heft 3, S.97 - 101. Hier, S.101.

② 范劲：《卫礼贤之名——对一个边际符码的考察》，华东师范大学出版社2011年版，第43页。

③ [美]诺曼·里奇著，王潇楠、王珺译：《民族主义与改革的年代1850—1890》，《现代欧洲史》第5卷，中信出版社2016年版，第35页。

④ Siehe Richard Wilhelm: „Rede Anlässlich der Beisetzungsfeier für Sun Zat Sen in der chinesischen Gesandtschaft zu Berlin am 1. Juni 1929". *Sinica*, 1929, Heft 3, S.97 - 101.

卫礼贤在孙中山理论中发现了孔子思想的仁爱特征,这使孙中山的理论"不仅令人钦佩,并充满吸引力。这是将孙中山理论与中国文化最重要最优秀部分联系在一起的纽带"①。因此他认为孙中山思想具有儒家特性,同时也期望通过孙中山及其思想继承者使中国儒家思想在现代中国继续得以传承和发扬。

通过这些方面的比较,卫礼贤认为,在意大利法西斯主义和苏俄布尔什维克主义之间,孙中山理论走了一条中间路线,"孙中山将民族主义与国际主义,或者更确切地说是人性论并置,把它建立在仁爱基础之上。他从中国决定性的社会意识方面汲取中国阶级基础的统一性内涵,将它同样建立在人性本身的基础上"②。

在卫礼贤眼中,孙中山思想超越了世界历史上许多著名的政治思想家。他们在试图践行自己激进思想时,缺乏对当时历史条件可行性评估,不顾忌是否会因此而导致人的灭亡。孙中山理论紧密结合现实历史环境,没有那种完全空谈理论的片面性。卫礼贤说:"孙中山是重塑中国命运政治家中最现代之人。他的许多方法本身甚至预测了欧洲这些问题未来的发展。如果孙中山思想得以贯彻,中国将成为一个站在人类发展前沿的国家。"③孙中山的伟大思想与为国奋斗一生的行为,展现了英雄的本色和伟大人性,是世界历史上的伟大领袖和人物。1929 年 6 月 1 日,卫礼贤在柏林中国大使馆举办的孙中山葬礼纪念会发表讲话,赞誉孙中山是

---

① Richard Wilhelm:„Rede Anlässlich der Beisetzungsfeier für Sun Zat Sen in der chinesischen Gesandtschaft zu Berlin am 1. Juni 1929“. *Sinica*, 1929, Heft 3, S.97 - 101. Hier, S.101.

② Richard Wilhelm:„ Die Industrialisierung Chinas und Ihre Psychologischen Folgen“. *Sinica*, 1929, Heft1, S.1 - 12. Hier, S.10 - 11.

③ Richard Wilhelm:„Rede Anlässlich der Beisetzungsfeier für Sun Zat Sen in der chinesischen Gesandtschaft zu Berlin am 1. Juni 1929“. *Sinica*, 1929, Heft 3, S.97 - 101. Hier, S.100.

一位“名留世界青史,永垂不朽的伟人”①,指出孙中山思想将发挥更大影响力,甚至无法预见未来将扩展到何种程度。

四、结 束 语

孙中山是一位既了解世界文化又了解中国文化的伟大思想家、革命家。他的三民主义、建国纲领不仅为中国20世纪的民主革命指引了方向,也让卫礼贤看到解决当时欧洲工业化进程陷入复杂矛盾的路径。因此,他将辛亥革命的成就以及孙中山思想介绍到欧洲,帮助近代中国在欧洲发出声音,使欧洲了解近代中国具有先进性、引导性的思想和智慧,希望欧洲认识真正的中国精神。面对那个时代充满艰难困境的中国与欧洲,卫礼贤对中国文化给予期望,他认为,应该与中国各界朋友团结一致,以孙中山思想为引领去“拯救中国和世界”②,在不远的将来完成孙中山的事业,拯救中国和世界。

“卫礼贤把伟大的中国文化遗产介绍给西方,其成就或许超过任何西方人”③。当20世纪30年代末,德国纳粹政府公开与日本联手,与国民政府分裂,德国外交部同情中国的人依然超过亲日派。④

(陈敏,东华大学外国语学院副教授)

① Richard Wilhelm:„Rede Anlässlich der Beisetzungsfeier für Sun Zat Sen in der chinesischen Gesandtschaft zu Berlin am 1. Juni 1929“. *Sinica*, 1929, Heft 3, S.97 - 101. Hier, S.97.

② Richard Wilhelm:„Rede Anlässlich der Beisetzungsfeier für Sun Zat Sen in der chinesischen Gesandtschaft zu Berlin am 1. Juni 1929“. *Sinica*, 1929, Heft 3, S.97 - 101. Hier, S.101.

③ 方维规:《两个人和两本书——荣格、卫礼贤与两部中国典籍》,《清华大学学报》(哲学社会科学版)2015年第2期。

④ 范劲:《卫礼贤之名——对一个边际文化符码的考察》,华东师范大学出版社2011年版,第47页。

从约法到训政：孙中山的民权理想及其实践走向

庄泽晞

辛亥革命使中国成为亚洲最早的共和国，这一变革，根植于清末革命派的民权理想。孙中山是辛亥革命的标志性人物，其民权主义思想，吸引了研究者的诸多关注，从对史实的梳理、辨析，到与革命进程的关联、互动，学界已有较多讨论。[①] 为促民权之实现，孙中山作有具体的设计，围绕"革命程序论"，其表述则有前后明显的不同，在"军政""宪政"之间，经历了由"约法"到"训政"的演变，而相关的思想背景，仍待更充分的阐明。本文结合清末革命的发展历程，围绕"人民公意"等时新学说，考察其间的理论纠葛与现实效应，以在学理渊源一面，分析孙中山民权思想的发展逻辑，及其实践走向的内在成因。

---

① 代表性的研究有张磊：《论孙中山的民权主义》，《历史研究》1980 年第 1 期；耿云志：《孙中山的民权主义与辛亥革命的结局》，《历史研究》1986 年第 6 期；林增平：《孙中山民主革命思想的形成》，《历史研究》1987 年第 1 期；谢俊美：《略论孙中山的民权主义思想》，《华东师范大学学报》（哲学社会科学版）1997 年第 1 期；郭世佑：《孙中山的民权理念与辛亥革命》，《学术月刊》2001 年第 9 期。著作方面，有韦杰廷、陈先初：《孙中山民权主义探微》，广西师范大学出版社 1995 年版等。

一、“创立民国”的正式提出

“创立民国”是辛亥革命的要义，该宗旨的提出，则经历了较复杂的过程，诚如论者所言：“迄今为止，欲期对孙中山萌发共和思想与确认共和制的过程准确地开列一份时间表，会有相当的难度。”①流传甚广的说法，是孙于1894年年底创立兴中会时，便将“创立合众政府”写入盟约。② 虽然对该盟书的可信度，研究者表示过保留意见，③但自香港兴中会成立后，共和志向的确在革命组织中多有表露，④孙中山当时即有“在两广独立成立共和国”的谋划，⑤可知兴中会“创立民国”的意图，并非纯属子虚乌有。

经历过广州起义的失败，兴中会同人也更多考虑起此目标的可行性。“伦敦被难”时，在拘室与清公使馆译员邓廷铿谈话，孙中山自言志在“设议院，变政治”，同时不无遗憾地指出：“但中国百姓不灵，时尚未至，故现在未便即行。”⑥这一感慨或有具体所指，据孙后来忆述，其早年为鼓吹革命奔走各方，但无论是在香港、澳门，还是在檀岛、美洲，均始终缺乏积极反响。⑦ 对于共和政治，孙中山无疑有着深切认同，⑧但现实中的不利局面，也使同人有所反

---

① 郭世佑：《孙中山的民权理念与辛亥革命》，《学术月刊》2001年第9期。

② 《檀香山兴中会盟书》(1894年11月24日)，《孙中山全集》第3卷，第289页。

③ 林增平：《孙中山民主革命思想的形成》，《历史研究》，1987年第1期，第14页。

④ 据冯自由称，兴中会会长“名之曰伯理玺天德”，“为建国时合众政府大总统之预备”(《杨衢云事略》，《革命逸史》上册，第16页；《兴中会组织史》，《革命逸史》中册，第652页)。

⑤ 桑兵主编：《孙中山史事编年》第1卷，中华书局2017年版，第89—91页。

⑥ 《邓翻译与孙文问答节略》，《孙中山史事编年》第1卷，第130—131页。

⑦ 《建国方略之一·孙文学说》，《孙中山全集》第1卷，第75—77页。

⑧ 《与宫崎寅藏平山周的谈话》(1897年8月中下旬)，《孙中山全集》第8卷，第25页。

思，谢缵泰提到："对于中国和中国人，'共和国政体'的政府形式太先进了。"[①]孙中山亦言"虽有大志，而时尚未至"，[②]也许正解释了革命派在当时的踌躇。

1899年，杨衢云曾以"中国合众政府社会"的名义，向美洲、澳洲、南洋等地党人寄发革命宣传品，[③]次年7月，由兴中会骨干联名递交的《致港督卜力书》，却又体现不同倾向，表示出对君主制的认可。[④] 又如1900年，港英当局试图支持中国南部另成立一共和国，拟"举李鸿章为大统领，孙逸仙为李的顾问"。[⑤] 孙中山虽怀疑此计划的可行性，对李鸿章亦颇有微词，但也认为"不能不预先考虑万一的可能性"，对该倡议并未坚予拒绝。[⑥] 在与同邑富绅刘学询的接洽中，为寻求刘向革命资助巨款，依然投其所好作出允诺，称事成之后，主政者"或称总统，或称帝王"，"决奉足下当之"。[⑦]这类构想，受到杨衢云的强力抵制，[⑧]共和理想与现实之间的落差由此可见。

---

① 谢缵泰著，江煦棠等译：《中华民国革命秘史》，广东省政协文化和文史资料委员会编：《从辛亥革命到国民革命——孙中山文史资料精编》（下册），广东人民出版社2017年版，第880页。

② 《邓翻译与孙文问答节略》，《孙中山史事编年》第1卷，第130页。

③ 谢缵泰著，江煦棠等译：《中华民国革命秘史》，《从辛亥革命到国民革命——孙中山文史资料精编》（下册），第880页。

④ 《与杨衢云等致港督卜力书》（1900年7月17日—20日），《孙中山全集》第2卷，第44—45页。

⑤ 谢缵泰著，江煦棠等译：《中华民国革命秘史》，《从辛亥革命到国民革命——孙中山文史资料精编》（下册），第884页；《孙中山史事编年》第1卷，第267—269页。

⑥ ［日］宫崎滔天著，林启彦译：《三十三年之梦》，广西师范大学出版社2011年版，第202—203页。

⑦ 《致刘学询函》（1900年10月下旬），《孙中山全集》第4卷，第18页。

⑧ 1910年，孙中山在与刘成禺的谈话中曾忆述道："予少年主张，谓汉人作皇帝，亦可拥戴，以倒外族满清为主体，杨衢云与予大闹，几至动武，谓非民国不可。"（《孙中山全集》第8卷，第123页）

孙中山曾回顾称，自 1895 年至 1900 年是革命进行最为艰难之时。[①] 当时革命派在诸多方面确表现出准备不足，领导武装起义方面“尚无新知识之军人”，[②]理论宣传上也难组织起得力的阵容，冯自由直言“兴中会初期，文人墨士极感缺乏”，与康有为派相比“实属相形见绌”。[③] 这些情形，也导致了“执共和主义”的革命党人对当时所宜采取的策略，多能持以更大程度的包容。故当戊戌政变后康有为辗转抵达东京，孙中山即试图前往会晤；[④]与梁启超虽一谈政事“俨然敌国”，却仍保持密切的私交。[⑤] 孙中山倡议“两党可以联合救国”，[⑥]杨衢云等人也无不积极谋求与康梁的合作。[⑦]

共和政体移植中国，离不开相关理论的传播与接受，而很长一段时间，“操笔政者短于欧美新思想”始终成为革命发展的瓶颈，[⑧]这种情形，到了 1900 年始渐有所改观。随着留日学界的活跃，以及西方启蒙思潮的接引，“专发挥平等自由天赋人权之真理”的中文刊物也随之出现。[⑨] 不仅思想资源日益丰富，新学人士的加入，也使革命派的理论阵营得到充实，《开智录》主笔郑贯一，即经孙中山引荐，担任兴中会刊物《中国旬报》编撰，郑氏抵香港后，“绍介欧美自由平等天赋人权之学说于读者，持论新颖，极受社会欢迎”。[⑩]稍后如邹容的《革命军》，其对排满共和的鼓吹，也深受孙中山推

① 《建国方略之一・孙文学说》，《孙中山全集》第 1 卷，第 79 页。

② 《建国方略之一・孙文学说》，《孙中山全集》第 1 卷，第 80、81 页。

③ 冯自由：《革命初期之宣传品》，《革命逸史》上册，第 21 页。

④ 《孙中山史事编年》第 1 卷，第 193 页。

⑤ 《敬告同乡书》(1903 年 8 月)，《孙中山全集》第 2 卷，第 47 页。

⑥ 冯自由：《毕永年削发记》，《革命逸史》上册，第 64 页。

⑦ 谢缵泰著，江煦棠等译：《中华民国革命秘史》，《从辛亥革命到国民革命——孙中山文史资料精编》(下册)，第 879 页。

⑧ 冯自由：《革命初期之宣传品》，《革命逸史》上册，第 21 页。

⑨ 冯自由：《郑贯公事略》，《革命逸史》上册，第 70 页。

⑩ 冯自由：《陈少白时代之〈中国日报〉》，《革命逸史》上册，第 59 页。

崇，[①]曾将《革命军》印寄各处，以广宣传。[②]

随着革命形势的好转，原先的合作阵线也渐有所收缩。1903年8月，孙中山在《敬告同乡书》中，即严词声讨康有为、梁启超等人。[③] 在公开的演讲中，孙也多番指明："我们必要倾覆满洲政府，建设民国。革命成功之日，效法美国选举总统，废除专制，实行共和。"[④]此时孙中山已察觉到革命势力的与日俱增，且"内地新闻杂志，新书出版，多共和政体之观念"，因而作出"全国民之革命已熟"的判断。[⑤] 这也是孙自1895年谋求"在两广独立成立共和国"的计划失败以来，论及共和革命最为意气风发的时期。

"创立民国"的正式提出，便是基此背景。1903年，孙中山要求党人以宣誓形式明确宗旨。[⑥] 另据冯自由所述，同年孙中山在东京创设革命军事学校，[⑦]在檀岛成立"中华革命军"，也均采用同样的誓词。[⑧] 同盟会筹备会议召开时，孙再度强调"创立民国"的主张，经向与会者"详细解释"，"卒以大多数通过"，得以正式写入章程。[⑨] 同盟会制定的《军政府宣言》，对各纲领作有具体说明，于"建立民国"条下称："今者由平民革命以建国民政府，凡为国民皆平等以有参政权。大总统由国民公举。议会以国民公举之议员构成之。制定中华民国宪法，人人共守。敢有帝制自为者，天下共击之！"[⑩]孙

① 《复某友人函》(1903年12月17日)，《孙中山全集》第4卷，第30—31页。

② 冯自由：《孙总理癸卯游美补述》，《革命逸史》上册，第264页。

③ 《敬告同乡书》(1903年8月)，《孙中山全集》第2卷，第46、47页。

④ 《在檀香山正埠荷梯厘街戏院的演说》(1903年12月13日)，《孙中山全集》第7卷，第1页。

⑤ 《支那问题真解》(1904年8月31日)，《孙中山全集》第2卷，第60页。

⑥ 《复某友人函》(1903年12月17日)，《孙中山全集》第4卷，第30页。

⑦ 冯自由：《同盟会四大纲领及三民主义溯源》，《革命逸史》中册，第521页。

⑧ 冯自由：《兴中会组织史》，《革命逸史》中册，第659页。

⑨ 冯自由：《中华民国开国前革命史》，第139—140页。

⑩ 《中国同盟会革命方略》(1906年秋冬间)，《孙中山全集》第3卷，第304—305页。

中山等人“设议院，变政治”的夙愿，至此有了清晰表述与广泛共识，并走向了更具体的阐释。

二、“人民公意”的理论纠葛

同盟会成立后，创办《民报》为其会刊，革命派久蓄其志的“共和主义”，也在该报得到淋漓尽致的彰显。《民报》创刊号在孙中山所撰《发刊词》前刊登有黄帝、卢梭、华盛顿、墨翟等4幅画像。其最初展示给读者的西方人士中，华盛顿为美国开国总统，也是孙中山素所钦慕之人，①体现的是同人对美国政治的有意取法；卢梭则是启蒙运动的代表人物，其学说对晚清革命影响甚大。在《民报》上，马君武即以“帝民”阐释其说，谓：“卢骚著《民约论》，倡帝民之说，以为国家之活力，当以人民之公意直接运动之，而图普社会之公益。”②受卢梭启示，革命派颇致意于“公意”理论，视其为主权在民的原则体现。汪精卫在相关文章亦多论及这层意涵。③

“公意”原为神学术语，后则进入政学领域，洛克、孟德斯鸠等人均使用过此概念，“经过卢梭的发挥，得了空前的确定意义与空前的重要地位”。④ 孙中山亦注重于此，在其看来，无论是革命进行，抑或是立法行政，均需得到“公意”的认可。故其声讨清廷为“君主专制之政府，非国民公意之政府”，⑤控诉清廷“裁制民权，抗

① 孙中山在1896年应英国汉学家翟理斯之请所撰《自传》中，提到“于人则仰中华之汤武暨美国华盛顿焉”。见《孙中山全集》第2卷，第214页。

② 君武：《帝民说》，《民报》第2号，1906年5月8日，总第194—195页。

③ 精卫：《民族的国民(其二)》，《民报》第2号，1906年5月8日，总第186页；精卫：《希望满洲立宪者盍听诸》，《民报》第3号，1906年4月5日，总第359页。

④ [美] 邓宁著，谢义伟译：《政治学说史》下卷，吉林出版集团有限责任公司2009年版，第24页。

⑤ 《在上海南京路同盟会机关的演说》(1912年4月3日)，《孙中山全集》第7卷，第50页。

违公意”，宣称共和革命乃“吾民国公意所由正式发表者”。[①] “临时大总统誓词”也特提到：“倾覆满洲专制政府，巩固中华民国，图谋民生幸福，此国民之公意。”[②]依其认识，“共和立宪国者，法律上国家之主权在国民全体，实事上统治国家之机关，均由国民之意思构成”。[③] 政府“纯为宪法上之民意所造成”，[④]创设法律也当以“公意”为依归，“假如人民要行一种事业，可以公意创制一种法律。又如立法院任立一法，人民觉得不便，可以公意起而废之……又立法院如有好法律通不过的，人民也可以公意赞成通过之”。[⑤] 论及《临时约法》，孙中山更强调其为“民国开创时国民真意志所发表”，[⑥]“此四万万人民公意之表示也”，[⑦]故任何“坏法称兵”的行为，均属“违背我国民公意”，必须“起而击之”。[⑧]

但如论者所言，公意本身“实在是一个令人蒙昧的观念”，[⑨]其究竟当如何产生，如何求得，始终是一难题，这也造成相关讨论的聚讼纷纭。研究者对此多有体会，注意到“社会契约总意说”在理论与实行上的诸多困难，[⑩]对《民报》“过于环绕卢梭的民主观念”，“过度依赖卢骚”颇有批评。[⑪] 清末思想界对此问题已有不少论

① 《对外宣言书》(1912 年 1 月 5 日)，《孙中山全集》第 3 卷，第 25 页。

② 《临时大总统誓词》(1912 年 1 月 1 日)，《孙中山全集》第 3 卷，第 330 页。

③ 《国民党宣言》(1912 年 8 月 13 日)，《孙中山全集》第 3 卷，第 34 页。

④ 《致美国记者大利电》(1922 年 2 月 15 日)，《孙中山全集》第 6 卷，第 507 页。

⑤ 《五权宪法讲演录》(1921 年 3 月 20 日)，《孙中山全集》第 1 卷，第 11—12 页。

⑥ 《讨袁宣言》(1916 年 5 月 9 日)，《孙中山全集》第 3 卷，第 68 页。

⑦ 《〈中华民国宪法史〉前编序》(1920 年 8 月)，《孙中山全集》第 2 卷，第 292 页。

⑧ 《致日本寺内首相等电》(1917 年 11 月 20 日)，《孙中山全集》第 6 卷，第 275 页。

⑨ 参见张翰书《“共通意志”探源》、张佛泉《“公意”观念的起源和发展》，袁贺、谈火生编《百年卢梭：卢梭在中国》，吉林出版集团有限责任公司 2009 年版，第 312、318 页。

⑩ 亓冰峰：《清末革命与君宪的论争》，“中研院”近代史研究所，2006 年，第 200 页；朱浤源：《同盟会的革命理论——〈民报〉个案研究》，“中研院”近代史研究所，2011 年，第 293 页。

⑪ 朱浤源：《同盟会的革命理论：〈民报〉个案研究》，“墨子刻序”第 2—3 页。

争，梁启超即引述伯伦知理对卢梭“主权即公意”之说的驳难，认为“公民全体之意见，既终不可齐，终不可睹，是主权终无着也”①。在与《民报》的论战中，梁氏多番强调总意之说在事实上不可实现。②

梁启超对“国民总意”的攻诋，用意乃在反对共和，事实上也揭示了该理论的纠葛所在。卢梭既视“公意”为政权行使的最高指引，却也意识到，真正“公意”的产生，仍需建立于诸多理想的前提，因而为之限定了具体的条件。③ 为防止公意受到僭窃，卢梭甚至构想过以定期集会复议的方式来及时纠偏，④因其意识到“指导着公意的判断却并不永远都是明智”，认为公意将不断受到个别意志的反对，是为其“内在的、不可避免的弊病”。⑤

共和革命派既对卢梭推崇有加，但对其思想学说，却远未有全面认知与充分辨明，其固有的复杂内涵不免受到遮蔽。这由《民报》登载的中江兆民《民约译解》可见一斑。当时编者按语称：“中江笃介有东方卢梭之称，殁后所著《兆民文集》，于今年十月八日始发行，取而读之，甚服其精义。中有《民约论译解》凡九章，特录之以饷读者。”⑥而这九章，实际只是《民约论》四卷之中第一卷的内容，且非中江译本的全貌。1874 年，中江兆民着手翻译《民约论》，但始终未竟全篇，只到第二卷第六章为止，仅为“半部”

① 中国之新民：《政治学大家伯伦知理之学说》，《新民丛报》第 38、39 号合本，1903 年 10 月 4 日。

② 饮冰：《申论种族革命与政治革命之得失》，《新民丛报》第 76 号，1906 年 3 月 9 日，总第 10301—10303、10311 页。

③ [法] 卢梭著，何兆武译：《社会契约论》，商务印书馆 2012 年版，第 39、36 页。

④ [法] 卢梭著，何兆武译：《社会契约论》，商务印书馆 2012 年版，第 129 页。

⑤ [法] 卢梭著，何兆武译：《社会契约论》，商务印书馆 2012 年版，第 48—49、108 页。

⑥ 法兰西戎雅屈卢骚著，日本中江笃介译并解：《民约论译解》，《民报》第 26 号，1910 年 2 月 1 日，总第 4134 页。

《民约论》。[①]《民报》的转载，则在此基础上又进一步缩减篇幅，卢梭学说的传播，内容已然大打折扣。

《民约译解》(《民约论》)第一卷，注重阐明天赋权利，反对强权，谓："人主之虐民，民之屈人主，为胥失于道也明矣。"其前五章的主旨，依中江兆民的注解，为"专驳专断之制"。[②] 而第六至九章，则详论"民约"之义，强调"公意之所在，君之所存也"。[③] 至于未被《民报》刊出的第二卷，卢梭对"公意"的论述，则体现了更为深入的思考。卢梭认为，民众具有"盲目"的特点，"并不知道自己应该要些什么东西"，[④]其所聚焦的议题，是"公意是否可能错误"，但牵引而出的，则是此派话语所固有的"逻辑难题"——"假如让作为整体的人民来为自己立法，他们能否为自己找到普遍的善"。[⑤] 基于对人民程度的怀疑，论及制定法律时，卢梭并未诉诸人民，而是诉诸想象之中神明般的"立法者"。《民约论》此部分的内容，中江兆民原已译出，《民报》编者有意无意的忽略，难免造成理解上的片面，以及态度上的过于乐观。

在中江兆民未译出的第三、四卷中，卢梭仍有不少关于"公意"

---

① 参见彭姗姗：《半部〈社会契约论〉：中江兆民对卢梭的翻译与阐释》，载刘东主编《中国学术》(第 28 辑)，商务印书馆 2011 年版，第 194—240 页。

② 法兰西戎雅屈卢骚著，日本中江笃介译并解：《民约论译解》，《民报》第 26 号，1910 年 2 月 1 日，总第 4106、4111、4121 页。

③ 法兰西戎雅屈卢骚著，日本中江笃介译并解：《民约论译解》，《民报》第 26 号，1910 年 2 月 1 日，总第 4127 页。

④ [法] 卢梭著，何兆武译：《社会契约论》，第 35、48—49 页。这些段落，中江兆民译为："众志之为物，常趋正，常趋公，为可知矣。然若以为常良，而无或失，则亦有不然者。""庸众人贸贸无智，往往不知可欲之为何物，而能自膺造为律例之大业，天下果有若事理乎？夫民常求利己，而不常知利所在，且彼公志虽常趋正也，其所发之之智，则不能常明无失"(《民约译解卷之二》，《中江兆民全集》第 1 册，第 111、127 页)。

⑤ [英] 巴克：《社会契约论 · 导论》，见莱斯诺夫等著，刘训练译：《社会契约论》，江苏人民出版社 2005 年版，第 292—293 页。

的论述，强调公意易于屈服。[①] "公意"说既为革命派所习用，其相应的理论纠葛，也不免将投射于具体现实。孙中山在后来即多感慨"人民徒有政治上主权之名"，[②]痛心于"官僚、军阀、阴谋政客揽有民国之最高权"。[③] "公意"常遭无视与僭窃，实际也是《民约论》中早已揭示的意涵，然而对于这些层面，革命党人当时或许未遑深究。尽管面对梁启超的质难，汪精卫有过反思与检讨，[④]但在革命派的主流话语中，"公意"仍被赋予无上地位，相关宣言多番强调"特本国民公意"，[⑤]"期得真正之民意"。[⑥] 唯与此同时，却常自相矛盾地质疑"公意"是否可依。孙中山对此有着复杂体会，尝谓："昔四万万人均谓清朝深仁厚泽，余独反对，可知民意未尽得当。"[⑦]又称："我们果然要尊崇民意，三四十年前只好不提革命了。因为在那时，多数人要詈我们乱臣贼子，是叛贼，人人可得而诛之的。"[⑧]面对革命后的局面，孙甚至认为："倘能排斥众议，独行其志，岂有今日哉！"[⑨]"公意"说的诸多悖论，也渐由原先的纸上论争，变为实际困扰。

---

① ［法］卢梭著，何兆武译：《社会契约论》，第132—133页。

② 《在桂林军政学七十六团体欢迎会的演说》（1921年12月7日），《孙中山全集》第7卷，第391—392页。

③ 《在上海寰球中国学生会的演说》（1919年10月18日），《孙中山全集》第7卷，第307页。

④ 精卫：《再驳新民丛报之政治革命论》，《民报》第6号，1906年7月25日，总第882页。

⑤ 《重申护法救国宣言》（1920年7月28日），《孙中山全集》第3卷，第100页。

⑥ 《中国国民党为决定不参加善后会议宣言》（1925年2月2日），《孙中山全集》第3卷，第208页。

⑦ 《与黄耀武等的谈话》（1923年4月10日），《孙中山全集》第8卷，第590页。

⑧ 《在广州全国学生评议会的演说》（1923年8月19日），《孙中山全集》第7卷，第446页。

⑨ 《八年今日》（1919年10月10日），《孙中山全集》第2卷，第149页。

三、“革命程序”的内涵演变

“创立民国”的过程，依孙中山的理解是：“我们革命党人把满清的统治权夺了过来，再由我们党人将这个统治权交给四万万国民掌理。于是在南京制定约法，组织国会；约法由党人所制定，国会由约法所产出。”①当时设想：“清帝逊位之后，尚须设立临时政府一年，此一年中，盖专以选举国会代表，并组织永久之新政府。”②所致力的方向则是“在首都及各省都有人民自己选出的代表，为人民自己最高的利益而工作”，③以期实现“一治无乱”的共和政治。而当经历诸多坎坷和事与愿违之后，孙中山对于这段历程开始有所反思，认为弊在急于求成，试图由“军政”直入“宪政”，而忽略了必要的过渡环节。与之相应，所谓“革命方略”，也被提升到了更显著的位置。

1918年撰写《孙文学说》时，孙中山便将革命目标的久未能达，归咎于“革命方略”的贯彻不力。④ 1923年所作《中国革命史》中，又再次提到党人“忽视革命方略，置而不议，格而不行”的问题。⑤ 所谓“革命方略”，其最初的成文形态，见于1906年秋冬间同盟会的《军政府宣言》，“军法”“约法”“宪法”的“革命程序论”便是渊源于此。强调“约法之治”这一中间过程，其用意是通过与人民的“立约”，来约束革命军之行为。孙中山顾忌的是革命阵营中

---

① 《在上海寰球中国学生会的演说》(1919年10月18日)，《孙中山全集》第7卷，第310页。

② 《与南京访员的谈话》(1912年2月4日)，《孙中山全集》第8卷，第172页。

③ 《与〈独立〉杂志李佳白的谈话》(1912年7月中下旬)，《孙中山全集》第8卷，第206页。

④ 《建国方略之一·孙文学说》，《孙中山全集》第1卷，第54—55页。

⑤ 《中国革命史》(1923年1月29日)，《孙中山全集》第2卷，第266页。

有“帝王之思想”,唯恐因而造成“同室操戈,外族窥恤”的结果,[①]故强调在起事之际,需先解决兵权、民权“常相抵触”的矛盾,厘清两者关系。孙的对策,便是期望人民经由选举,组织地方议会,依据规约实行对军政府的监督。[②] 可知“约法”的初衷,用意乃在保障民权,体现的是“公意统治”。

曾有说法认为,孙中山关于革命程序的理论“包含着不容忽视的消极因素,低估了人民群众的力量和智慧”。[③] 其实未必尽然,实际这种所谓的“低估”,一度正是孙中山所极力反对的观点。孙中山对国人的自治能力曾有高度信任,宣称传统社会已具“共和政治之雏形”,[④]清末革命阵营也坚持这一立场。梁启超曾撰文提到,“共和国民应有之资格,我同胞虽一不具”,[⑤]指斥革命派以乐观论调“谀我国民”。[⑥] 针对这些意见,《民报》一方作了严正反驳,批判梁启超“侮视我国民,如此之极”。[⑦] 此前孙中山已认真回应了诸如“中国人无自由民权之性质”,[⑧]“欧米共和的政治,我们中国此时尚不能合用”,“中国人民的程度,此时还不能共和”等说法。[⑨] 事实上,1906 年同盟会阐述“革命方略”时,正值革命派信心高涨之际,对人民未有任何意义上的“低估”。

---

① 《与秦力山的谈话》(1902 年 2 月上旬),《孙中山全集》第 8 卷,第 71 页。

② 《与汪精卫的谈话》(1905 年秋),《孙中山全集》第 8 卷,第 90—91 页。

③ 章开沅主编:《辛亥革命辞典》,武汉出版社 2011 年版,第 300 页。

④ 《与宫崎寅藏平山周的谈话》(1897 年 8 月中下旬),《孙中山全集》第 8 卷,第 24、27 页。

⑤ 中国之新民:《政治学大家伯伦知理之学说》,《新民丛报》第 38、39 号合本,1903 年 10 月 4 日。

⑥ 饮冰:《答某报第四号对于本报之驳论》,《新民丛报》第 79 号,1906 年 4 月 24 日,总第 10713、10730 页。

⑦ 精卫:《驳新民丛报最近之非革命论》,《民报》第 4 号,1906 年 5 月 1 日。

⑧ 《驳保皇报书》(1904 年 1 月),《孙中山全集》第 2 卷,第 55 页。

⑨ 《在东京中国留学生欢迎大会上的演说》(1905 年 8 月 13 日),《孙中山全集》第 7 卷,第 8 页。

而随共和“速定”，在“以民立国”的宗旨下，孙中山对国民也寄予了更高期望，尤当政治建设提上日程后，其对国民的实际状况也渐有了更切实的思考，坦言：“蒙稚之众，以登未习之域，识者有忧之。”①后续所遭遇的挫折，更使其明白“共和国家断非一蹴可致”，转而强调：“革命党提倡革命，是第一步的工夫，建设真正共和则全靠国民。”②称“共和之坚固与否，全视乎吾民”，“若吾民不知负责，无论政府官吏如何善良，真正之共和必不能实现也”。③

辛亥之役所开创的新局，曾使革命党人倍感振奋，认为“民族、民权两主义俱达到”，④“政治革命今已告成”。⑤ 即使言及国民程度不如人意，孙中山也只归咎于专制制度的遗害，⑥言外之意便是，随着清朝覆灭与君主制的取消，民权得到拓展，人民的政治程度自然可有长进。革命党人在这一时期，确表现出如研究者所言的倾向，认为“民权制度是推翻满清之后必然实现的”。⑦ 然而这种乐观未能持续多久，1913 年 3 月宋教仁遇刺，次月国民党发表《政见宣言》即称：“不良之政府虽倒，而良政府之建设则未尝有也。故民国成立，已届年余，而政治之纷扰，无一定策划如故也。政治之污秽，无扫荡之方法如故也。”⑧二次革命迅告失败，孙中山更难掩对于民众的咎责，提到：“维时民众愚蒙，惑溺邪说，义理不辩，向

---

① 《〈新国民〉杂志序》(1912 年 6 月 24 日)，《孙中山全集》第 2 卷，第 277 页。

② 《在汕头各界欢迎会的演说》(1917 年 7 月 13 日)，《孙中山全集》第 7 卷，第 275 页。

③ 《在宁波各界欢迎会的演说》(1916 年 8 月 24 日)，《孙中山全集》第 7 卷，第 267 页。

④ 《在南京同盟会会员饯别会的演说》(1912 年 3 月 31 日)，《孙中山全集》第 7 卷，第 36 页。

⑤ 《答〈文汇报〉记者问》(1912 年 4 月 4 日)，《孙中山全集》第 8 卷，第 182 页。

⑥ 《在山西实业界学界及各党派欢迎会的演说》(1912 年 9 月 20 日)，《孙中山全集》第 7 卷，第 144 页。

⑦ 耿云志：《孙中山的民权主义与辛亥革命的结局》，《历史研究》1986 年第 6 期。

⑧ 《国民党政见宣言》(1913 年 4 月)，《孙中山全集》第 3 卷，第 37 页。

背失所。”[①]并陈述了应对之策，强调“惟有使党人立于保姆之地位，指导而提携之”。[②] “训政”论也于此初见成型。

成立中华革命党之际，制定《总章》时，孙中山再度提出三时期的“革命方略”，吸收民元以来的经验思考，将第二阶段由“约法”改为“训政”。[③] 这一变动，决非只是用语上的调整，背后所体现的，实为截然不同的因应与考量。当向党人解释“训政”，孙直言中国四万万人民“幼稚”“无知可怜”，[④]如此说法，已迥然有别其在同盟会时期的见解。后随革命形势愈形严峻，孙对人民“程度不足”的批评，更表现得日益严厉。面对民权理想屡遭挫折，孙中山多有省思，认为“欲图根本救治，非使国民群怀觉悟不可”。[⑤] 对于袁世凯的“伪造民意，强迫劝进”，[⑥]孙在强烈谴责的同时，也在国民一面作出深切检讨。在其看来，正是由于国民“不知政治之关系，放弃主人之天职”，[⑦]“于是少数为民请命之党人，陷于孤立无援之苦况，而官僚与盗贼遂从而龁龁之”，[⑧]认为革命面临逆境，党人遭遇困顿，民国名存实亡，与此都有直接的关联。

经历过了护法运动的失败，孙中山对改订后的“革命方略”又有更为具体的阐述，明确提到，以“先知先觉之革命政府”加以“训政”，用意即在“补救”人民政治能力的不足，重申：“我中国人民久处于专制之下，奴性已深，牢不可破，不有一度之训政时期以洗除

① 《致中华会馆董事函》(1916 年 2 月 4 日)，《孙中山全集》第 4 卷，第 433 页。

② 《致吴敬恒函》(1914 年)，《孙中山全集》第 4 卷，第 366 页。

③ 《中华革命党总章》(1914 年 7 月 8 日)，《孙中山全集》第 3 卷，第 399 页。

④ 《讨论中华革命党总章时的谈话》(1914 年夏)，《孙中山全集》第 8 卷，第 314 页。

⑤ 《复廖凤书函》(1919 年 8 月 28 日)，《孙中山全集》第 5 卷，第 130 页。

⑥ 《讨袁宣言》(1916 年 5 月 9 日)，《孙中山全集》第 3 卷，第 69 页。

⑦ 《复许道生函》(1919 年 4 月 15 日)，《孙中山全集》第 5 卷，第 104 页。

⑧ 《复陈赓如函》(1918 年下半年)，《孙中山全集》第 5 卷，第 65 页。

其旧染之污，奚能享民国主人之权利？"[①]在1919年的文章中，也着重解释道："所谓训政者，即训练清朝之遗民，而成为民国之主人翁，以行直接民权也。有训政为过渡时期，则人民无程度不足之忧也。"[②]这种认识，后续并未有何改变，在1924年的《建国大纲》与《三民主义》演讲中均表述过相同的意思，[③]在孙身后，更为其后继者所贯彻。

如上所述，"约法"与"训政"虽然同属"革命方略"，也同指向民权政治的目标，但两者的思想基础可谓截然相反，对人民程度的理解、评判亦各趋极端。但孙中山在相关回顾中，似又有意模糊两者的差异，自称："于辛亥革命以前，一方面提倡三民主义，一方面规定实行主义之方法与步骤。分革命、建设为军政、训政、宪政三时期，期于循序渐进，以完成革命之工作。"[④]已将1914年方始提出的"训政"倒置到了"辛亥革命以前"。后世学者或有失察，则易导致误解，如称"孙中山于1905年提出训政观念"，又谓孙"民国5年拾起了原先的训政主张"，认为其"在民国初年对议会民主的肯定，超越了原先的训政构思"。[⑤] 而事实上，民国以前，孙中山何尝有过"训政构思"。唯当"训政"主张一经确立，其自身的定位与特点，便不免影响民权政治的实践走向，使其产生偏离自身要求的可能。于理念上，孙中山固然反对政党包办国家事务，[⑥]强调应"使国民

---

① 《建国方略之一·孙文学说》，《孙中山全集》第1卷，第54—55、59—60页。

② 《三民主义》(1919年)，《孙中山全集》第2卷，第156页。

③ 《制订〈建国大纲〉宣言》(1924年9月24日)，《孙中山全集》第3卷，第192—193页；《三民主义·民权主义第五讲》(1924年4月20日)，《孙中山全集》第1卷，第446—449页。

④ 《制订〈建国大纲〉宣言》(1924年9月24日)，《孙中山全集》第3卷，第192页。

⑤ 张朋园：《从民权到威权：孙中山的训政思想与转折兼论党人继志》，"中研院"近代史研究所，2015年，第9、20页。

⑥ 《与该鲁学尼等的谈话》(1906年11月15日)，《孙中山全集》第8卷，第103页。

能自选择其需要”，以“一扫从前各派包揽、把持、隔绝群众之罪恶”，①而在解释“训政”时，则称：“我们革命就是要将政治揽在我们手里来作。这种办法，事实上不得不然。”②孙曾推崇“民治”，贬抑“官治”，③谈及日本地方自治，既直言其“官治气息很重，是不合乎吾党民权主义全民政治的要求”，却又不忘强调：“但他们的某种精神和方法，在训政时期却很可参考。”④民国创立，本导源于革命党人的民权理想，而其后续坎坷，又引向了争议甚大的“训政”之路。所谓“从民权到威权”的转变，论者或归因于苏俄影响，但清末革命派的理论纠葛，及所造成思想认识的变动不定，也同是值得审视的原因。

（庄泽晞，中山大学马克思主义学院助理教授）

① 《北上宣言》(1924年11月10日)，《孙中山全集》第3卷，第198页。

② 《在上海国民党本部会议的演说》(1920年11月9日)，《孙中山全集》第7卷，第328—329页。

③ 《中华民国建设之基础》(1922年)，《孙中山全集》第2卷，第202页。

④ 《与李宗黄的谈话》(1918年7月)，《孙中山全集》第8卷，第371页。

1923年粤澳借款谈判探析

——兼论《孙文越飞宣言》后孙中山与西方的接触

冯浩然　朱文亮

有关孙中山与澳门联系之研究，可谓卷帙浩繁。从研究方向观之，主题大致可分为两类：其一是孙中山早年于澳门行医与宣传革命的经历①；其二则是孙中山及南方政府于1921—1922年与澳葡政府所发生的外交争端②。这些研究基本上梳理清楚了孙中山于1923年回粤前与澳门的联系。在1923年年初，孙中山与澳葡政府间曾围绕借款问题进行谈判。此次谈判金额虽不大，但时间节点之微妙，值得重视，然迄今为止，学界对此次谈判之研究，仍基本处于空白状态。③

---

① 这一方面较有代表性的著作包括：吴伦霓霞、陈胜粦等编：《孙中山在港澳与海外活动史迹》，香港中文大学联合书院出版社1986年版；陈树荣：《孙中山与澳门初探》，《广东社会科学》1990年第4期；林广志：《澳门华商与孙中山的行医及革命活动》，《历史研究》2012年第1期等。

② 这一方面较有代表性的著作包括：梁尚贤：《1922年的澳门惨案与广东政府之交涉》，《近代史研究》1995年第6期；黄鸿钊：《民国时期的澳门问题交涉》，《江苏社会科学》1999年第4期；曾金莲：《澳葡与中国南北政府的周旋——围绕澳门北部填海之中葡交涉的考察》，《暨南学报》2014年第1期等。

③ 目前，学界仅有吴志良等编著的《澳门编年史》第五卷关注到这一事件的存在，参见吴志良、汤开建、金国平主编：《澳门编年史》第五卷，广东人民出版社2009年版。另外，韦慕庭所著之《孙中山——壮志未酬的爱国者》，有留意到与涉澳借款相关的涉港借款，参见韦慕庭著，杨慎之译：《孙中山——壮志未酬的爱国者》，中山大学出版社1986年版，第157页。

进而言之，1923年初粤澳间的谈判，更与孙中山转向苏联的历史过程相关。在孙中山研究中，《孙文越飞宣言》发表后孙中山与苏联的交往是历来的研究热点，而这一时期孙中山与西方国家的交往也曾为学者措意。这一问题最早为海外孙中山研究学界所留意，1976年，韦慕庭(Clarence Martin Wilbur)的著作《孙中山——壮志未酬的爱国者》出版，[①]该书第六章用相当篇幅分析了孙中山在《孙文越飞宣言》发表后与西方列强的谈判，其中聚焦了孙中山与英国在1923年年初的交往。1979年，陈福霖也发表《国共合作以外：孙中山与香港》[②]一文，着重分析了香港在1923年1月—6月和孙中山的联系，以及这种联系背后的广东政府派系斗争。此后，张北根的《试论孙中山联俄后的联英活动》在前两部论著的基础上，进一步分析了《孙文越飞宣言》发表后，孙中山的“联英”过程。[③]

相关研究基本梳理清楚了孙中山在《孙文越飞宣言》后与西方接触的尝试，但仍存在推进的空间：相关研究多着重于就“接触”而谈“接触”，单纯从孙中山与列强的接触出发。这不仅忽视了该时期孙中山与陈炯明、北京政府的敌对关系，而且简单地将“联俄”和“联英”(联西方)视作相对独立的两个过程。本文试图以1923年年初广东政府和葡萄牙的借款谈判为中心，立足中葡双方史料，以更为整体的视角，将谈判置于各方博弈的大背景下加以分析，并以此为依托，力图重估孙中山在《孙文越飞宣言》后，与西方接触的目的和结果。

---

① 韦慕庭著，杨慎之译：《孙中山——壮志未酬的爱国者》，中山大学出版社1986年版，第151—159页。

② 陈福霖：《国共合作以外：孙中山与香港》，《国外中国近代史研究》第5辑，中国社会科学出版社1983年版，第253—265页。

③ 张北根：《试论孙中山联俄后的联英活动》，《史学月刊》1996年第6期。

一

孙中山与澳葡政府的接触，可追溯至 1922 年孙中山离粤前后。1922 年 5 月 28 日，一名葡萄牙非裔士兵调戏华人妇女，被义愤填膺的华人群众殴打。此后，葡萄牙警察逮捕袭击了该名士兵的 3 名华人。此事使在澳华人群情汹汹，包围警察局并要求警察释放被抓捕的 3 名华人。延至 29 日，澳葡警察向包围警察局的人群开枪，导致 100 余人死伤，此即被称为"五·二九"事件。[①] 6 月 2 日，澳门工会派出代表团，请求广东政府提供外交援助，广东政府旋即介入此事。孙中山派出代表与澳葡政府谈判，要求澳葡政府赔偿损失、保障在澳华人权利等。尽管有声音鼓动孙中山收复澳门，但孙中山定下"根据国际公法"[②]的谈判原则，没有进一步扩大与澳门的争端。

1922 年夏陈炯明兵变后，国民党离开粤澳冲突的前线，与澳葡政府的关系有所转圜。7 月，被陈炯明驱逐的孙科流亡澳门。尽管收容孙科可能会引发陈炯明的反感，但澳葡政府仍然默许孙科在澳门居住。[③] 次月，部分国民党人移驻澳门，试图以澳门作为基地反对陈炯明。[④] 澳门总督虽不满国民党人在澳门的活动，但默许了这批国民党人的存在。[⑤] 而在陈炯明兵变后，孙中山暂时

---

① 葡萄牙方面对此有不同的解释，可参见施白蒂(Beatriz Bastoda Silva)：《澳门编年史(二十世纪 1900—1949)》，澳门：澳门基金会，1999 年，第 158—159 页。

② 《在广州接见澳门工会代表团的谈话》，1922 年 6 月 2 日，尚明轩主编：《孙中山全集》第八卷，人民出版社 2015 年版，第 490 页。

③ 杰弗里·C·冈恩著，秦传安译：《澳门史：1557—1999》，中央编译出版社 2009 年版，第 149 页。

④ 桑兵主编：《孙中山史事编年》，中华书局，2017 年，第 4479 页。

⑤ 《护督高利亚致殖民部电报》，1922 年 8 月 12 日—14 日，萨安东主编，金国平译：《葡中关系史资料汇编·第四卷 香港罢工及其在澳门之影响 1922—1927》，第 204—205 页。

寄居于上海。在上海蛰居的数月间，孙中山仍然积极开展外交活动。除了接触苏联外，孙中山与英国方面保持联系，并提出希望与港英政府建立良好的关系。① 正如韦慕庭所言，在《孙文越飞宣言》发布后，“孙中山继续热衷于取得任何方面和所有方面的援助”②。这些接触为孙中山与葡萄牙在 1923 年 3 月的谈判打下了一定的基础。

在与孙中山谈判前，澳葡当局曾与港英当局联合，向陈炯明提出借款计划。1923 年 1 月初，香港总督司徒拔(Edward Stubbs)与澳门总督罗德礼(Rodrigo José Rodrigues)提出了向陈炯明贷款的计划，陈炯明方面也派出代表前来香港，与港澳当局商洽。③ 港澳向陈炯明借款，是想扶持陈炯明以抵御孙中山，避免孙中山将社会主义思潮带回华南，影响港澳利益。然而，陈军的败绩引发了港澳的担忧，并最终导致港澳放弃了借款计划。④ 这一计划或为孙中山与港澳联系借款事宜的前因。

陈炯明于 1 月 15 日仓促离穗，次日讨陈军即进驻广州城。⑤粤局变动势必牵连澳门，如何处理澳门与广东政府的关系成为

---

① 《英国驻上海总领事致英驻华临时代办电》，1923 年 1 月 22 日，英国殖民地部档案(Co129/482/150)，中山大学图书馆馆藏胶卷。

② 韦慕庭著，杨慎之译：《孙中山——壮志未酬的爱国者》，第 152 页。

③ 《香港殖民部致英殖民地部大臣电》，1923 年 1 月 7 日，英国殖民地部档案(Co129/479/167)，英国国家档案馆藏，转引自段云章、沈晓敏编著：《孙文与陈炯明史事编年》，广东人民出版社 2012 年版，第 679 页；《澳门总督罗德礼致殖民部电报》(1923 年 1 月 9 日)，萨安东主编，金国平译：《葡中关系史资料汇编 · 第四卷 香港罢工及其在澳门之影响 1922—1927》，第 268 页。

④ 在 1923 年 1 月 14 日罗德礼致殖民部的电报中，罗德礼认为，由于陈炯明颓势尽显，为避免影响澳门方面与孙中山的关系，不应当干涉中国内政。换言之，葡萄牙已经放弃向陈炯明方面借款的主张。参见《澳门总督罗德礼致殖民部电报》(1923 年 1 月 14 日)，萨安东主编，金国平译：《葡中关系史资料汇编 · 第四卷 香港罢工及其在澳门之影响 1922—1927》，第 273 页。

⑤ 桑兵主编：《孙中山史事编年》，第 4665—4666 页。

了葡萄牙人所面临的关键问题。1 月 22 日，在葡萄牙驻北京公使馆发回国内的电报中，北京的外交官一方面认为，“重建的孙政府可能会受布尔什维克影响，进而引发新的罢工运动”；另一方面，他们也认为，新政府刚刚建立，尚无余力处理港澳问题，无需过分担心澳门的安危。[①] 与外交部的同仁相比，身处澳门的罗德礼则显得更为进取。针对在广州重建政府的孙中山，罗德礼作了两手准备。在给殖民部的电报中，罗德礼一方面要求本国派遣军舰来护卫澳门；另一方面又称“采取适当的外交行动，未来的形势将是安全的”[②]。由于本土暂时不能派遣军舰到澳门，殖民部允许罗德礼挑选一合适人选，为粤澳谈判牵线搭桥。由于暂无与广东政府接触的合适人选，罗德礼没有采取进一步行动。

恰于此时，澳葡政府军队与广东政府海军发生了冲突，使双方都意识到必须通过谈判解决边界问题。1 月 28 日，澳葡政府驻守在对面山的军队与在澳门内港驻守的南方政府军舰发生冲突，流弹甚至打到了街道上。[③] 澳葡政府将内港视作自己的领水，孙中山的军舰在此驻扎，甚至可以将炮管瞄准澳门城区，自然构成澳门的心腹大患。在此背景下，澳门寻求与孙中山谈判解决边界问题也就不难理解了。

---

① 《葡萄牙驻北京公使致外交部电报》(1923 年 1 月 22 日)，萨安东主编，金国平译：《葡中关系史资料汇编 · 第四卷 香港罢工及其在澳门之影响 1922—1927》，第 278 页。

② 《澳门总督罗德礼致殖民部电报》(1923 年 1 月 22 日)，萨安东主编，金国平译：《葡中关系史资料汇编 · 第四卷 香港罢工及其在澳门之影响 1922—1927》，第 280 页。

③ 澳葡政府并没有说明这些军舰属于陈炯明还是孙中山，甚至是北京政府，但澳门总督还是要求葡萄牙在北京的外交官向北京政府抗议。陈炯明早在两周前即败退，这些军舰应当是属于孙中山的海军领导。即使葡萄牙向北京抗议，北京政府也不能处理孙中山的军队。《关于 1 月 28 日对面山守军同从内港靠近该岛的中国快艇的枪击事件及枪弹曾射至沙梨头街的消息》，1923 年 1 月 29 日，萨安东主编，金国平译：《葡中关系史资料汇编 · 第四卷 香港罢工及其在澳门之影响 1922—1927》，第 283—284 页。

孙中山回军广州,依靠的是团结在他旗帜下的各路大小武装,但这些武装力量并非对孙中山言听计从,其中尤以沈鸿英为甚。1月27日,沈鸿英在广州发动江防事变,广州的局势再度陷入混乱中。[①] 由于沈鸿英叛乱,孙中山被迫淹留上海不返。广东局势的变动让澳葡当局回到观望状态。[②] 2月10日,迫于杨希闵等人的压力,沈鸿英请孙中山回粤主持大局,事变得到初步解决。[③] 2月15日,孙中山启程回粤,并于2月17日抵埗香港,21日返回广州。[④] 江防事变的解决及孙中山返回广州,标志着广东政府已初步解决了内部矛盾,阵脚已稳。面对已巩固的新政权,澳葡当局难以继续观望。2月24日,罗德礼向葡萄牙海外部提出,希望驻华公使符礼德(J. Batalha de Freitas)尽快与孙中山接触。[⑤] 3月5日,葡萄牙海外部向外交部发出公函,要求符礼德前往广州,在与澳门总督一同和广东政府展开谈判。[⑥]

在葡萄牙与广东政府接触的同时,孙中山也希望能与澳葡政府展开谈判。3月7日,殖民部在汇报中提及,孙中山方面派出的代表正在试图与澳门总督接洽,以获取一笔额度300万港元的借款。[⑦]

① 桑兵主编:《孙中山史事编年》,第4689页。

② 《殖民部部长致澳门总督罗德礼电报》,1923年1月25日;《澳门总督罗德礼致殖民部电报》,1923年1月27日,萨安东主编,金国平译:《葡中关系史资料汇编·第四卷 香港罢工及其在澳门之影响1922—1927》,第281—282页。

③ 桑兵主编:《孙中山史事编年》第九卷,第4720、4729页。

④ 桑兵主编:《孙中山史事编年》第九卷,第4725—4726页。

⑤ 《澳门总督罗德礼致殖民部电报》,1923年2月24日,萨安东主编,金国平译:《葡中关系史资料汇编·第四卷 香港罢工及其在澳门之影响1922—1927》,第393页。

⑥ 《海外部致外交部公函》,1923年3月5日,萨安东主编,金国平译:《葡中关系史资料汇编·第四卷 香港罢工及其在澳门之影响1922—1927》,第312页。

⑦ 《殖民部汇报广州新当局要求贷款及澳门总督对此问题的看法》(1923年3月7日),萨安东主编,金国平译:《葡中关系史资料汇编·第四卷 香港罢工及其在澳门之影响1922—1927》,第317页。

300 万港元相当于澳门近 7 年的财政总收入，[①]且广东政府能否偿还更是未知之数，这足以使葡萄牙方面犹豫。而且，一旦贷款给孙中山的广东政府，则不啻承认广东政府的合法性，这将会影响葡萄牙与北京政府的关系。但孙中山已经在广东建立政权，如直截了当拒绝贷款，粤澳关系势必大受影响。兹事体大，符礼德与罗德礼也存在分歧。符礼德反对贷款，而罗德礼在持保留态度的同时，也指出如果该笔贷款成立，能够“一劳永逸地解决我们与中国的争端，或者更确切地说，是与广州的争端。[②]”对于澳葡当局而言，谈判以确保澳门安全是当务之急，而其他问题则相对次要，因此，澳葡方面愿意与孙中山接触。

葡萄牙方面此时陷入了两难境地：一方面，葡萄牙人不希望看见孙中山在广东建立政权，也不希望向其提供支持；另一方面，孙中山的胜利，又使得葡萄牙不得不面对重建的广东政府，并尽可能与孙中山保持良好关系，以维护自身的安全。一言以蔽之，澳葡当局应对孙中山的政策呈现出一种“阳奉阴违”的二重性：表面上应承孙中山，实际上反对孙中山。这种二重性的形成并不仅仅出自利益考虑，还与葡萄牙政府内部的分歧有关。在谈判问题上，主要发挥作用的是澳门总督罗德礼，而驻华公使符礼德的意见显得更为保守。罗德礼的积极和符礼德的保守折射出双方利益考虑的不同：罗德礼考虑的是澳门，因此行事更为进取；而符礼德考虑的是葡萄牙在华的整体利益，不得不顾及北京政府的感受。两种观点相互纠缠，使得葡萄牙的立场左右游移。

① 1922 年，澳门财政总收入约为 2 178 723 士姑度，折算为港元则为 435 744.6 元，参见吴志良、汤开建、金国平主编《澳门编年史》第五卷，广东人民出版社 2009 年版，第 2386 页。5 士姑度＝1 澳门币≈1 港元，折算比例参考谢永平《澳门的货币汇率制度》，《南方金融》1999 年第 11 期。

② 《海外部致外交部公函》(1923 年 3 月 5 日)，萨安东主编，金国平译：《葡中关系史资料汇编·第四卷 香港罢工及其在澳门之影响 1922—1927》，第 312 页。

二

孙中山之所以主动向澳葡当局提出贷款，很大程度上是因为广东政府的财政危机。1923 年 1 月各路讨陈军回师广州后，滇军杨希闵、桂军刘震寰、湘军谭延闿、粤军许崇智等多路部队嗷嗷待哺。屡遭兵燹的半壁广东，实在难以支撑各路大军的粮饷，广东政府的财政状况难言乐观。尽管广东政府使用了多种方法，但并未满足广东政府的财政豁口。孙中山不得不承认“惟施行此策（指裁兵政策），首在筹款，筹款惟举借内债及外债两途”①。

财政危机固然是借款的重要原因，但更重要的是，孙中山需要以借款试探澳葡政府的态度。在 1923 年 3—4 月与美国友人的谈话中，孙中山曾对西方国家承认北京政府的态度表示不满，并希望西方国家承认广东政府，最起码在南北争端中保持中立。② 如果说孙中山对布罗克曼的谈话还在语言层面，那么粤澳借款谈判就是广东政府争取西方国家支持的实际行动。虽然在回粤前，孙中山已经与越飞达成联合宣言，但这并不意味着孙中山倒向了苏联，相反，澳门及其背后的葡萄牙仍是其积极争取的对象。从孙中山的角度而言，借款成立则意味着葡萄牙对其政权的承认，因此，孙中山才会积极与澳门谈判。

3 月 13 日、3 月 14 日，广东省省长徐绍桢、广东交涉员傅秉常

---

① 《在欢宴广州军政各界时的演说》(1923 年 3 月 17 日)，尚明轩主编：《孙中山全集》第七卷，人民出版社 2015 年版，第 432 页。

② 《与美国布罗克曼的谈话》，1923 年 3—4 月，《孙中山全集》第八卷，第 587 页。尽管孙中山在谈话中表示对西方的援助“绝望”，但在这番谈话时，孙中山仍然在继续着与葡萄牙的谈判，所谓“绝望”同样是向西方表示不满的话术。

接连前往葡萄牙驻广州领事馆。[①] 由于葡萄牙驻广州领事的更换，新的谈判官员尚未到达广州，在 3 月 17 日前后，双方已经暂时停止谈判，驻华公使符礼德也已经返回北京。[②] 在谈判停止的同时，孙中山仍然利用借款谈判大做文章。3 月 17 日，在欢宴广州军政各界时，孙中山称“惟吾人与澳门相处已久，应求相安无事。此事(指边界争端)似应交第三者之海牙国际联会公断”[③]。孙中山之所以讲“国际公断”，明显是在呼应葡萄牙希望将粤澳边界问题国际化的立场。

孙中山所称的“海牙国际联会”“万国平和会议”，应为海牙仲裁法院(Permanent Court of Arbitration，PCA)或国际常设法院(Permanent Court of International Justice，PCIJ)。将边界问题提交国际法院处理即为“国际公断”。葡萄牙人曾多次提出以国际公断解决澳门问题，如黄鸿钊所言，“‘国际公断’是葡人界务谈判中的最后一个法宝”[④]。在表面上看，国际公断是公平的，但以近现代国际法的眼光去审视肇始于明代的澳门问题，对中国未必有利。在 1921 年葡方向北京政府提出国际公断之议时，北京政府就已经明确指出，“新占旧占，情形复杂，非他国所能深悉，断难付之公断”[⑤]。葡萄牙人依仗国际公断，就是试图以英葡同盟为纽带，借

---

① 《广东交涉员傅秉常为约访事致葡总领事函》(1923 年 3 月 10 日)；《广东省长徐绍桢为约访事致葡总领事施函》(1923 年 3 月 12 日)，广东省立中山图书馆等编：《民国葡萄牙驻广州总领事馆档案》，广东教育出版社 2016 年版，第 366—367 页。

② 吴志良、汤开建、金国平主编：《澳门编年史》第五卷，广东人民出版社 2009 年版，第 2389 页。葡萄牙驻广州总领事馆的人事变动或许并不是谈判停止的主要原因，真正原因或为葡萄牙官员需要时间评估如何平衡北京政府与广东政府的立场。

③ 《在欢宴广州军政各界时的演说》，1923 年 3 月 17 日，尚明轩主编：《孙中山全集》第七卷，第 433 页。

④ 黄鸿钊：《民国时期的澳门问题交涉》，《江苏社会科学》1999 年第 4 期。

⑤ 《发太平洋会议代表电》(1921 年 12 月 7 日)，杨翠华主编：《澳门专档》(四)，第 452 页。

助于英国人在国际上的影响力来实现拓展澳门界址的目的。一旦付诸国际公断,法院在裁决澳门界址时势必会受到英国人的影响。正如黄鸿钊所言:“(国际公断)实际上是利用西方列强施加压力,迫使中国屈服的手段。”[①]孙中山并非不清楚澳葡方面的想法,因此在他宣传“国际公断”时,总带有一个前提,即“惟广东政府之态度,全然将依舆论决定之”[②]。孙中山很有可能只是在利用“国际公断”一事,向澳门方面做出让步的姿态以求达成借款。而若借款不成,也同样能够给苏联以压力,催促苏联尽快提供援助。

苏联方面是否真的感受到了孙中山向西方转向的压力?1923年1月6日,在共产国际执委会的会议上,布哈林就谈到“国民党在悲观失望的形势下会试图同资产阶级国家结成联盟,因为它需要盟友”[③]。而越飞在之后也指出,《孙文越飞宣言》的目的之一就是在拉拢孙中山以打击英国在远东的势力。[④] 莫斯科方面就已经决定向孙中山提供200万墨西哥元的资助,[⑤]但由于消息传递受到阻隔,孙中山并未立即收到相关通报。孙中山与澳葡政府的贷款谈判,并没有直接影响到苏联提供贷款,但将粤澳谈判置于1923年1月后孙中山与西方国家的接触过程中理解,苏联是明白孙中山可能会转向西方的。

---

① 黄鸿钊:《民国时期的澳门问题交涉》,《江苏社会科学》1999年第4期。

② 《与广州各报记者的谈话》(1923年3月18日),尚明轩主编:《孙中山全集》第八卷,第583页。

③ 《共产国际执委会会议速记记录》,1923年1月6日,中共中央党史研究室第一研究部编:《联共(布)、共产国际与中国国民革命运动(1917—1925)》第1卷,中共党史出版社2020年版,第190页。

④ 《越飞给俄共(布)、苏联政府和共产国际领导人的信》,1923年1月26日,中共中央党史研究室第一研究部编:《联共(布)、共产国际与中国国民革命运动(1917—1925)》第1卷,第215页。

⑤ 《俄共(布)中央政治局会议第53号记录》,1923年3月8日,中共中央党史研究室第一研究部编:《联共(布)、共产国际与中国国民革命运动(1917—1925)》第1卷,第224页。

葡萄牙没有直接回应孙中山的表态,但是希望继续与孙中山谈判。3月24日,葡萄牙外交部长分析了这一场谈判的重要性,他认为,当孙中山不能从西方得到援助时,他将会倒向社会主义一方。[①] 同日,葡萄牙外交部长致电符礼德、罗德礼等人,要求他们继续与孙中山谈判。经过数天交涉,虽然双方并无明文协定,但罗德礼认为广东政府与澳门方面的关系已经相当友好。在谈判中,孙科不仅透露了孙中山准备访问澳门的计划,还邀请澳葡当局的谈判代表科斯塔(Gomes da Costa)将军担任广东政府的顾问。[②] 澳门方面不仅避免了与广东政府的冲突,还获得了广东政府的友谊,但孙中山却仍未获得澳葡政府的借款和承认。

三

粤澳双方的谈判是较为秘密的,直到3月14日前,粤澳谈判的消息并未见诸报端。[③] 北京政府也许收到了一些风声,因此"拟再派员交涉(澳门)界址,并与驻京葡使交涉,万勿再有扩张租界之举"[④],似乎是在警告葡萄牙政府不应与广东政府在澳门问题上谈判。3月13日,葡萄牙驻华公使符礼德往晤北京政府总理张绍曾,并向其透露了孙中山与葡萄牙方面的接触,以试探北京政府的底线。张氏在会晤时宣称"严守秘密",结果"事隔两日,中外各报

---

① 《外交部部长多明戈斯·雷特·佩雷拉致葡萄牙驻京公使电报》,1923年3月24日,萨安东主编,金国平译:《葡中关系史资料汇编·第四卷 香港罢工及其在澳门之影响1922—1927》,第326页。

② 《澳门总督罗德礼致海外部部长电报》,1923年3月27日,萨安东主编,金国平译:《葡中关系史资料汇编·第四卷 香港罢工及其在澳门之影响1922—1927》,第327页。

③ 不晚于3月5日,就已经有媒体在报道孙中山的裁兵借款,但这些媒体所报道的是孙中山的其他借款,而非粤澳借款。

④ 《要闻》,1923年3月10日《益世报》(天津)。

均有张总理与葡公使谈话之详细记载”[1],一场舆论危机俨然将要到来。符礼德公开否认该笔贷款的存在,孙中山也不回应这一问题,风波暂且平息。这一举动是北京政府在明示立场,事实上斩断了葡萄牙左右逢源的念想。

在北京政府之外,陈炯明也对粤澳谈判进行了某种程度的“干预”。从 3 月下旬起,《香港华字日报》等报刊便刊发了一批社论,这些社论很大程度上是在抨击孙中山借款之举。[2] 3 月 20 日,该报刊布社论《借债与卖产》,虽斥责莫荣新、陈炯明,但其“顾世之阔人,他人借债,则曰卖国,自己借债,则曰救国;他人卖产,则曰国贼,自己卖产,则曰元勋”[3]之语,显然在针对号称借款裁兵的孙中山。3 月 21 日,该报又继续发表社论《我之借债观》,其中大字标出“借债抵押之最低限度,当以不防害主权,而危机自国之生存为断”[4],并连载至 3 月 23 日。

就在 3 月 21 日,《香港华字日报》刊布新闻,绘声绘色地描述了孙中山与澳门、香港的借款,兹将原文摘录如下:

> 近日轰传广东政府将有六千万之大借款,其条件共有三端:一,黄埔永不开埠或交权某国开辟;二,粤汉、广三两路接轨;三,澳门交涉让步……前杨西岩宴各界于财厅,曾有人当面提出质问借款条件,是否经已签字,杨亦已承认,但对于条件内容仍无一言解释,并谓是否能够交款,现尚未确定等语……日前李煜堂到总商会会议,亦谓某大银行已允借款,其

---

① 《收朱秘书鹤翔十三日会晤葡符使纪略》(1923 年 3 月 14 日),杨翠华主编:《澳门专档》(四),第 520 页。

② 尤其是亲陈炯明的媒体,更加会拿出孙中山的借款问题大肆宣传。《香港华字日报》即为一个典型的例子。在陈炯明兵变后,《香港华字日报》的立场就偏向陈炯明,到 1923 年年初,这一情形并未改变。

③ 《借债与卖产》,1923 年 3 月 20 日《香港华字日报》。

④ 《我之借债观》,1923 年 3 月 21 日《香港华字日报》。

> 言足以互证……省垣现已有广东拒债救亡会之传单出现，略谓：各报所载与某氏对学生代表之谈话，广东政府已向各国大借外债，除以权利抵押外，并以黄埔开埠及澳门交涉案让步为条件。通观各种借款，总额达六千万元之巨……①

这篇报道实际上是有意夸大孙中山的借款举动。如借款数额，《香港华字日报》声称“六千万大借款”，然而就在前一天，孙中山已经向广州记者团言明，借款数目为三千万港元；②再如借款能否成立，香港长期坚持“保持友好的中立态度，但不应允孙中山的要求”③，最终也并未真正借款给孙中山，澳门也同样如此。进一步分析，借款数额多属《香港华字日报》有意夸大；而借款已成一事，则可视为孙中山虚张声势之举，只是为该报纸所利用。身处历史现场，消息本就真假难辨，《香港华字日报》又是香港的主流报纸，这则新闻对民众的影响不可小觑。

外债问题直接与利权关联，孙中山向港澳借款的消息一经披露，诸多团体便纷纷通电反对借款。3 月 23 日，在北京的粤人团体通电反对孙中山与澳门的 300 万借款；④3 月 27 日，八打威(今雅加达)华侨致电港澳政府，要求其停止供给贷款；⑤3 月 28 日，报载旅沪粤侨五千人通电反对借款，其中提到孙中山向港澳借款 1 200 万元。⑥ 一时之间，孙中山似乎陷入了千夫所指的境地。

4 月 5 日，广东省议会议长钟声通电，概不承认孙中山的借款。⑦ 钟声是陈炯明的亲信，自 1921 年 1 月就任广东省议会临时

---

① 《六千万大借款之所闻》，1923 年 3 月 21 日《香港华字日报》。

② 《与广州新闻记者团的谈话》，1923 年 3 月 20 日，尚明轩主编：《孙中山全集》第八卷，第 585 页。

③ 韦慕庭著，杨慎之译：《孙中山——壮志未酬的爱国者》，第 159 页。

④ 《旅京华人亦反对孙文借款》，1923 年 3 月 24 日《晨报》。

⑤ 《华侨反对借债》，1923 年 3 月 29 日《香港华字日报》。

⑥ 《旅沪粤侨反对借款》，1923 年 3 月 28 日《香港华字日报》。

⑦ 《要闻》，1923 年 4 月 6 日《益世报》(天津)。

议长，钟声就积极贯彻陈炯明主张。[①] 在陈炯明驱逐孙中山后，钟声便更为明目张胆地与陈炯明合流，陈炯明向香港联华公司的借款即在其领导下的省议会强行通过。[②] 钟声作为名义上的省议会议长，[③]其通电也是对孙中山名誉的打击。北京政府也参与到了舆论风潮之中。4月4日，北京政府声称接到广东各界抗议孙中山卖国借款的报告，并以此为机会催促沈鸿英就任广东督军。[④]《香港华字日报》声称，北京政府还直接表示"反对外人借款"[⑤]，反映各方相互利用以共同反对孙中山。这些真假难辨的消息，可谓火上浇油，其核心目的，仍然是破坏孙中山的借款谈判。

面对来势汹汹的舆论风潮，孙系的上海《民国日报》开始为孙中山挽回形象。3月22日，上海《民国日报》在报道借款之时，委婉地称"港澳当局，对粤局均甚谅解，裁兵借款三千万即将成立"[⑥]，辩称借款为"裁兵借款"。3月27日，报载"(香港)工界代表百余人，赴府请愿，孙复任总统"[⑦]；3月30日，又载"粤民权运动同盟宣言，拥护和平，拥护孙先生"[⑧]；3月31日，续载"香港全体工人拥护孙总统"[⑨]；4月3日，又有"海内外赞助孙总统裁兵"的报道。[⑩] 作为孙中山的喉舌，上海《民国日报》也在利用各种机会反击北京政府，尤其针对北京政府的外交开火。1923年3月10日，

---

① 林忠佳、蔡阳山主编：《陈炯明言行录》，广东海丰县历史文化研究会，陈炯明学术研究会出版，2004年，第470页。

② 参见段云章、陈敏、倪俊明：《陈炯明的一生》，第242页。

③ 虽然钟声已经离开广州，但多数报纸仍以"粤议长"等头衔报道钟声之通电。

④ 《广东借款之反对》，1923年4月6日《京报》。

⑤ 《京令下后之借款影响》，1923年4月3日《香港华字日报》。

⑥ 《本社专电》，1923年3月22日《民国日报》(上海)。

⑦ 《本社专电》，1923年3月27日《民国日报》(上海)。

⑧ 《粤民权运动同盟宣言》，1923年3月30日《民国日报》(上海)。

⑨ 《香港全体工人拥护孙总统》，1923年3月31日《民国日报》(上海)。

⑩ 《海内外赞助孙总统裁兵》，1923年4月3日《民国日报》(上海)。

北京政府向日本发出废除“二十一条”的照会，结果废约一事却在3月14日被日方断然拒绝。于北京政府而言，这可谓一次不小的外交挫败。[①] 上海《民国日报》便借此机会，大肆报道争取取消“二十一条”的相关活动。从3月17日《请看日本之拒绝废约运动》开始，上海《民国日报》便连续报道类似的新闻。[②] 在这些新闻中，多有讥讽北京政府外交失当，引发民众抗议之语。此外，对北京政府压制思想，钳制言论的行为，该报亦大加挞伐。[③] 这些新闻与《香港华字日报》所载的许多新闻一样，其中不乏夸大其词、文过饰非、借题发挥之处。

自近代意义的报纸在中国诞生以来，就与政局，以及社会舆论密切相连。至民国初年，以报纸宣扬政治思想的行为更为普遍。孙中山等国民党人早就是行家里手，早在前清时期即利用报纸宣传思想，因此孙中山处理舆论战时显得得心应手。孙中山在宣称支持粤澳边界“国际公断”时曾称，“惟广东政府之态度，全然将依舆论决定之”，显然已经对可能到来的舆论风潮有所预料。《香港华字日报》等媒体的报道，使借款一事一度成为舆论焦点。孙中山的名声看似受创，但他同样能够利用自己的媒体反击，既不否认借款已经成功，又为借款辩护，让真相进一步模糊。经过媒体宣传，无论真相如何，身处历史现场的民众所能看到的消息，就是孙中山

---

① 参见张逦：《围绕1923年废除“二十一条”法理问题的中日交涉辨析》，《日本研究》2017年第1期。

② 自3月17日至4月4日，多条新闻涉及取消“二十一条”的民间活动，如3月17日之《请看日本之拒绝废约运动》、3月18日之《旅大修正案反对声》、3月19日之《各界争取消廿一条之激昂》、3月20日之《各界争取销二十一条之激昂》、3月21日之《全国力争之二十一条交涉》、3月22日《日警殴打留日学生废约运动》、3月23日之《取消廿一条声之各团体》、3月27日、3月28日、3月30日、3月31日、4月1日之《不承认二十一条之呼声》、3月29日之《北京各界收回旅大运动》、4月4日之《否认二十一条之呼声》等。

③ 《北庭祸国成绩》，1923年3月18日《民国日报》(上海)；《预测今后之北庭》，1923年3月27日《民国日报》(上海)。

向葡萄牙借款,进而会产生孙中山与葡萄牙关系良好的感觉。同时,不在场的苏联与孙中山之间同样有着联系,当港澳与孙中山的谈判被密集报道时,苏联同样会感受到来自英国和葡萄牙的竞争。4 月 4 日,萨法罗夫将借款一事向莫斯科方面汇报,这不得不说是舆论鼓噪后的结果。① 总而言之,孙中山充分利用了舆论战,让局势进一步模糊以博取利益。

四

经历舆论场上的你来我往后,风波逐渐平息,孙中山开始从侧面回应借款问题。4 月 8 日,上海《民国日报》报道,于宴请港商的宴席上,孙中山表示:“故特请诸君到来,商议财政公开,并望诸君出而监督,因广东为三千万人之广东,非我一人之私有,如此办法,方得公平。”②财政公开,则意味着借款的公开化,如此一来,有无出让利权以换取借款便一目了然。

孙中山作出此等表态,或存安慰舆论之心,但其实孙中山仍在积极推进贷款谈判。《香港华字日报》报道,3 月 29 日,孙科与傅秉常前往澳门,与澳葡总督、绅商各界洽谈借款之事。根据报道,孙科与罗德礼“畅谈甚久”,罗德礼还留孙科于总督府内午餐。③《士蔑西报》认为,双方的会面“将会让粤澳双方对彼此有更深入的理解,并建立起更友好的关系”④。无论是《香港华字日报》还是

① 《萨法罗夫给俄共(布)中央政治局的信》,1923 年 4 月 4 日,中共中央党史研究室第一研究部编:《联共(布)、共产国际与中国国民革命运动(1917—1925)》第 1 卷,第 245 页。

② 《孙总统欢讌港商记》,1923 年 4 月 8 日《民国日报》(上海)。

③ 《孙科傅秉常往澳门》,1923 年 4 月 2 日《香港华字日报》。

④ Canton's Mayor Visit to Macao Governor, *The Hong Kong Telegraph*, April 5th, 1923.

《士蔑西报》，都并未直接提及借款，但《大陆报》在转载《士蔑西报》的这一消息时，直接以《孙中山据报将从澳门处借到二百万》为题转载。① 进而，天津《益世报》、江苏《锡报》等中文报纸也转载了这一消息。②

尽管澳葡当局仍然在与孙中山谈判，但实际上澳葡当局与孙中山的借款谈判并无进展。在北京政府经已明言不允许孙中山向外国政商借款的情况下，葡萄牙并不愿为帮助孙中山而开罪于北京政府。4 月 21 日，外交部长在公函中指出，派科斯塔作为广东政府顾问及孙中山访问澳门两事需要遵循原有的政策。③ 派驻顾问和邀请孙中山访问澳门均涉及承认孙中山政权的问题，而葡方一贯以来的政策正是不承认广东政府的合法地位。换言之，葡方否决了孙科提出的葡方在广州派驻顾问和邀请孙中山访问澳门两事。

4 月 24 日，罗德礼在电报中提及，需要在广州留驻一名经验丰富的外交官以保持谈判，④谈判的主要执行者已经不是热心扩大澳门利益的总督，而是驻广州总领事。此后，傅秉常等孙中山方面的谈判代表既未再前往港澳，也未再前往葡萄牙驻广州领事馆，反映谈判已经基本停止。5 月 11 日，罗德礼将其时发生的临城劫车案视作“新的义和团运动”的前兆，认为中国行将瓦解，甚至秘密

① Report Dr. Sun Will Get 2,000,000 Loan From Macao, *The China Press*, April 7th, 1923.

② 《时局纷扰中之粤事近讯一束》，1923 年 4 月 12 日《益世报》(天津)；《澳门借款民党之港讯》，1923 年 4 月 8 日《锡报》。

③ 《外交部致东方殖民地总局公函》，1923 年 4 月 21 日，萨安东主编，金国平译：《葡中关系史资料汇编 · 第四卷 香港罢工及其在澳门之影响 1922—1927》，第 335 页。

④ 《外交部致东方殖民地总局公函》(1923 年 4 月 21 日)，萨安东主编，金国平译：《葡中关系史资料汇编 · 第四卷 香港罢工及其在澳门之影响 1922—1927》，第 335 页。

着手准备干预广东，扩张澳门边界。[1] 葡萄牙方面的态度已可见矣。

孙中山与澳门政府的借款谈判，是其灵活外交手段的一个表现，但葡萄牙没有诚意的谈判，让孙中山逐渐失去耐心。当5月1日，苏联方面明确提出给孙中山方面提供200万墨西哥银元的经费支持后，[2]孙中山更不会以丧权之条件向香港、澳门借款了。5月23日，共产国际的维经斯基认为，应当进一步推动国民党开展反帝运动，并使国民党放弃与军阀的联合，因为这些军阀以英美日帝国主义为后盾。这些意见为共产国际采纳。[3] 此后，随着孙中山扩展与苏联合作的深度，孙中山晚年"联俄"的外交政策最终形成。

五

粤澳谈判从1923年3月初开始，持续了约一个半月的时间。在这一个半月中，孙中山的处境是较为艰难的：一方面，广东政府内部的财政危机和军队擅权困扰着孙中山；另一方面，陈炯明的军队仍然威胁着重新建立的政权。因此，孙中山才会积极地施展外交手段，试图寻求外部支持。

在孙中山希望与葡萄牙接洽的同时，葡萄牙也在试图与孙中山接触，双方由此开始谈判。3月中旬时，谈判一度因葡萄牙外交

---

① 《澳门总督罗德礼致殖民部机密公函》(1923年5月1日)，萨安东主编，金国平译：《葡中关系史资料汇编·第四卷 香港罢工及其在澳门之影响1922—1927》，第338页。

② 《苏联政府孙中山电》(1923年5月1日)，《共产国际执委会会议速记记录》(1923年1月6日)，中共中央党史研究室第一研究部编：《联共(布)、共产国际与中国国民革命运动(1917—1925)》第2卷，第442—443页。

③ 《共产国际执委会东方部给其出席中共第三次代表大会的代表的指示草案》(1923年5月23日)，中共中央党史研究室第一研究部编：《联共(布)、共产国际与中国国民革命运动(1917—1925)》第1卷，第251—252页。

官的人事变动和北京政府的态度而停顿。此时,孙中山向媒体透露粤澳关系良好的表态,一方面在口头上向葡萄牙让步;另一方面又向苏联施压。当借款谈判被摆上台面,孙中山的政敌自以为抓住把柄,便利用借款谈判中的让步条件,大肆抹黑孙中山的形象。孙中山一方面利用舆论风潮进一步向苏联和港澳施压;另一方面则利用上海《民国日报》等媒体来化解不利于己的舆论影响,这是孙中山的高明之处。

孙中山利用舆论施压的手段,并没有争取到港澳方面的支持,而苏联方面迟来的援助,也终于使孙中山决心倒向苏联,1923 年 1 月—6 月孙中山与西方的接触也就此告一段落。其后发生的收回关余事件,不得不说是孙中山与西方关系转向的必然结果。事后,谈判中的重要角色傅秉常回忆道:

> 联英之尝试终未成功,乃因受到两部分人士之反对,英国方面外交部始终反对,香港政府中,华民政务司 Helifed 亦不赞成……中山先生返穗后,陈友仁亦至,友仁与英领事积不相能,终至决裂。不久俄人鲍罗廷等接踵而来,于是开始正式联俄……假设联英成功,则日后之局面必定改观。①

作为粤澳、粤港谈判中的重要人物,傅秉常的感叹是当事者的反思。然而,作为后来者,从粤澳谈判的全过程来看,孙中山的“联英”尝试最终失败,绝非“受到部分人士反对”这么简单。无论是意识形态上,还是在实际利益上,西方列强支持北京政府所能够获得的,都远胜于支持孙中山。这才是谈判失败的根本原因。

总的来说,在孙中山寻求外部支持的过程中,亲苏联和亲西方两个选择,绝非是割裂或单线条的。孙中山利用舆论,就是他在苏联和西方之间游移的表现。对西方国家而言,在《孙文越飞宣言》发表后,孙中山的形象已经“泛红”,这一点让葡萄牙不愿支持孙中

---

① 沈云龙、谢文孙访录:《傅秉常先生访问纪录》,第 36 页。

山,又让其不得不与孙中山谈判以求稳住孙中山;而苏联向孙中山提供借款,也同样有着制止孙中山倒向西方的意图。除了苏联和西方以外,陈炯明和北京政府对谈判的干预,也反映了时局下各方的博弈。这也再次启示我们,遵循整体原则的历史研究,才能更好地揭示出历史本身所具有的复杂性和整体性。

(冯浩然,暨南大学文学院历史学系学生;
朱文亮,暨南大学文学院历史学系副教授)

陈袁交往与清末民初政局

弓　楷　周新国

陈夔龙，又名陈夔鳞，字筱石，又作小石、韶石，号庸庵、庸叟、花近楼主，贵州贵筑人。袁世凯，字慰亭，又作慰廷，号容庵、洗心亭主人，河南项城人。陈夔龙与袁世凯都是清末民初著名的政治人物，经历了小站练兵、庚子事变、清末新政、辛亥革命和洪宪帝制等重大事件。随着清末民初政局的变迁，他们在交往中，既有互助，又有冲突，呈现出较为复杂的关系。目前，学界关于陈袁交往的研究，散见于陈夔龙崛起原因①、陈夔龙抚豫期间改革②、辛亥鼎革之际陈夔龙与袁世凯的出处抉择③、荣禄与晚清政局④的相关论

---

① 王学斌：《官运盈而国运尽——也谈陈夔龙》，《书屋》2013年第6期；张浩威：《论陈夔龙之崛起——基于个性心理学的考察》，《濮阳职业技术学院学报》2017年第5期；贾德哲：《陈夔龙从政活动研究(1901—1911)》，宁夏大学2018年硕士学位论文。

② 张华腾：《清末新政时期河南巡抚与河南早期现代化》，《中州学刊》2015年第12期；张浩威：《论陈夔龙与清末河南文教改革》，《天中学刊》2020年第4期。

③ 尹传刚：《论辛亥革命中的陈夔龙》，《贵州文史丛刊》2011年第4期；李细珠：《辛亥鼎革之际地方督抚的出处抉择——兼论清末"内外皆轻"权力格局的影响》，《近代史研究》2012年第3期；丁健：《辛亥武昌起义爆发后民众视野里的袁世凯》，《史学月刊》2012年第4期；丁健：《清帝退位前袁世凯对北方反共和声势的因应》，《宁夏社会科学》2013年第4期；史展：《新政和革命交织下的疆臣陈夔龙》，华中师范大学硕士学位论文，2018年。

④ 王刚：《荣禄与晚清政局》，北京大学博士学位论文，2014年；马忠文：《荣禄与晚清政局》，社会科学文献出版社2016年版。

著中，尚无专门探讨。因此，本文拟按时间顺序，对陈袁交往作一系统梳理，并考察陈袁交往与清末民初政局的内在联系。

一、甲午战后至庚子事变，陈袁相识且关系平稳

甲午战后，强邻环伺，民族危机加深。在此形势下，清廷任命浙江温处道袁世凯赴天津编练新军。小站练兵开始后数月，津门官绅“啧有烦言，谓袁君办事操切，嗜杀擅权，不受北洋大臣节制”①。光绪二十二年(1896 年)四月十六日，御史胡景桂又上折参劾袁世凯犯有徒尚虚文、营私蚀饷、自命钦差、强占民田等过错。②当日，光绪帝便谕令兵部尚书荣禄赴天津查办袁案：“其被参各节，是否属实，一并秉公确查，据实具奏。”③在荣禄的随行人员中，就有兵部候补主事陈夔龙。④ 此次陈夔龙陪同荣禄赴天津查办袁案，即是陈袁交往的起点。

荣禄原为举荐袁世凯督练新军之人，便有意保全。⑤ 而同行的陈夔龙作为荣禄的幕僚，⑥应对幕主荣禄淡化袁案、依靠新军控制军权的意图有所觉察。况且荣禄在前往天津的路途中主动和陈夔龙谈论仕途，并向陈夔龙表示：“观君骨相气色，五年内必

---

① 陈夔龙：《梦蕉亭杂记》，李立朴、徐君辉、李然编校：《陈夔龙全集》下册，贵州民族出版社 2014 年版，第 597 页。

② 胡景桂：《奏为风闻浙江温处道袁世凯性情谬妄扰害地方请旨特派大员查办事》，光绪二十二年四月十六日，中国第一历史档案馆藏，军机处档，档号：03－5913－039。

③ 《德宗实录》卷 389，光绪二十二年四月下，《清实录》第 57 册，中华书局 1987 年版，第 71 页。

④ 荣禄：《奏为遵旨赴津查办新建陆军营务拟带随员奏闻事》，光绪二十二年四月二十三日，中国第一历史档案馆藏，军机处档，档号：03－5996－082。

⑤ 马忠文：《荣禄与晚清政局》，社会科学文献出版社 2016 年版，第 141—143 页。

⑥ 王刚：《荣禄与晚清政局》，北京大学博士学位论文，2014 年。

有非常之遇。”[①]面对荣禄的暗示，陈夔龙已心领神会。在观摩完聂士成编练的淮军和袁世凯编练的新建陆军后，荣禄询问陈夔龙关于这两支军队的看法。善于察言观色的陈夔龙早已洞悉荣禄的心意，便答道：“素不知兵，何能妄参末议。但观表面，旧军诚不免暮气，新军参用西法，生面独开。”荣禄听后，当即向陈夔龙表态：袁世凯“必须保全，以策后效。”[②]于是，陈夔龙秉承荣意，精心草拟了一道为袁世凯开脱的奏折，[③]后由荣禄上呈光绪帝。“查该道血性耐劳，勇于任事，督练洋操，选拔精锐，尚能不遗余力，于将领中洵为不可多得之员。惟初膺总统之任，若有人节制之、策勉之，庶使多加磨练，日久自不至启矜张之渐，冀可备国家折冲御辱之材，抑之者正所以成之也。”[④]光绪帝采纳了他们的意见，并对袁世凯劝慰有加。

此次袁世凯得以安然无事，主要是由于荣禄的有意袒护，但陈夔龙在其中亦发挥了一定作用。因此，交往之始，袁世凯对陈夔龙是心存感激的。而袁世凯亦给陈夔龙留下了知兵的印象，为日后两人在军事领域的合作奠定了良好的基础。

戊戌政变后，荣禄作为钦差大臣，节制近畿各军。陈夔龙由于“素谙兵制”，被荣禄“特派赞襄戎政一切事宜”。[⑤] 光绪二十四年(1898 年)十二月初，荣禄派陈夔龙等人前往天津，为本月中旬检

---

① 陈夔龙：《梦蕉亭杂记》，李立朴、徐君辉、李然编校：《陈夔龙全集》下册，贵州民族出版社 2014 年版，第 561 页。

② 陈夔龙：《梦蕉亭杂记》，李立朴、徐君辉、李然编校：《陈夔龙全集》下册，贵州民族出版社 2014 年版，第 598 页。

③ 唐烜著，赵阳阳、马梅玉整理：《唐烜日记》，张剑、徐雁平、彭国忠主编《中国近现代稀见史料丛刊》第四辑，凤凰出版社 2017 年版，第 41 页。

④ 荣禄：《奏为遵旨查明督练新建陆军道员袁世凯被参各节据实复奏事》，光绪二十二年五月十一日，宫中档，档号：04－01－16－0248－063。

⑤ 陈夔龙：《梦蕉亭杂记》，李立朴、徐君辉、李然编校：《陈夔龙全集》下册，贵州民族出版社 2014 年版，第 585 页。

阅各军做准备。陈夔龙到达天津后，与袁世凯相谈甚欢。《徐世昌日记》载："十二月初八日，陈小石（夔龙）、恩俊叔良自京因公来，慰廷约陪，夜深始眠。"之后连续两晚，他们都"谈至夜深"。[①] 袁世凯之所以约徐世昌陪同，主要是因为他看重徐世昌与陈夔龙的"同年"关系[同为光绪十二年（1886 年）进士]。在官场中，这种关系十分重要。袁世凯正是打算借此拉拢陈夔龙，进一步增进他们之间的联系。虽然陈夔龙与袁世凯都是荣禄的亲信，但陈夔龙紧随荣禄身旁，随时随地可以向荣禄进言，甚至可以影响到荣禄的决策，并对荣禄的内心想法亦能首先觉察。而袁世凯在外练兵，和荣禄只能通过书信来往，无法第一时间了解荣禄的心思。因此，在相关事宜上，袁世凯还要多多倚重陈夔龙代为沟通和转圜。

光绪二十六年（1900 年），庚子事变爆发，八国联军攻占北京城。陈夔龙作为留京办事大臣，负责协助庆亲王奕劻与列强议和。[②] 冬季，陈夔龙拟照例向贫民发放棉衣。但由于京城地区经历了义和团运动，陈夔龙一时无款举办，后幸得山东巡抚袁世凯接济五千套棉衣裤。"京师冬季，例设粥厂，兼施棉衣，贫民赖以生活，自经拳乱无款举办。余面商日官，领回京仓小米数十万斛，并电商上海盛杏荪京卿、山东某抚各接济棉衣裤五千套专车运京。"[③]

甲午战后至庚子事变，陈夔龙与袁世凯由荣禄得以相识。在交往初期，他们互相尊重和帮助对方，使得彼此之间的关系平稳发展。

---

① 徐世昌著，吴思鸥、孙宝铭整理：《徐世昌日记》第 21 册，北京人民出版社 2015 年版，第 10368 页。

② 中国第一历史档案馆编：《光绪宣统两朝上谕档》第 26 册，广西师范大学出版社 1996 年版，第 283 页。

③ 陈夔龙：《内子亭秋夫人养疴来杭未及一载，遽于八月十八日逝世。曾共险艰，况经世变，伤今悼昔，殊难为怀。作此哭之，工拙非所计也》，李立朴、徐君辉、李然编校：《陈夔龙全集》上册，贵州民族出版社 2013 年版，第 579 页。

二、庚子事变后至辛亥革命前，陈袁交往密切但已生嫌隙

庚子事变后，为挽救统治危机，清廷决定成立督办政务处，实行新政。在清末新政中，陈夔龙与袁世凯长期同为地方督抚，并对部分新政措施有共同的理念和实践。

首先是推行地方新政。陈夔龙在担任河南巡抚期间，与直隶总督袁世凯有着诸多交往。一是编练豫省新军。光绪二十九年(1903 年)，袁世凯咨送北洋军的训练章程给陈夔龙，以使其在编练豫省新军时有所参照。八月，陈夔龙又在豫省新军中挑选“合格将弁十员，兵丁五十名”①，派往直隶学习操练。二是合办火车货捐。光绪三十年(1904 年)四月二十八日，陈夔龙与袁世凯分别上折慈禧太后和光绪帝，请求允准直豫合办火车货捐。“现经议定，先于河南安阳火车站侧设立直豫货捐局，两省派员会办，专收火车货捐……至两省境内停车处所，自应随时添设分卡，查验补抽，以杜偷漏，总期直豫联络一气，实力稽征，以为抵补厘金之计。现虽甫议开办，收数多寡尚无把握，而挽回一分利权，即公家可得一分实用。臣等为预塞漏卮、维持榷务起见，往复商榷，意见相同。”②三是兴学育才。豫省由于筹款支绌，至光绪三十一年(1905 年)六月，“选派游学日本者，尚不及二十人”。陈夔龙为此函告籍隶豫省的袁世凯，袁世凯即捐廉银一万两，作为游学经费。于是，陈夔龙

① 陈夔龙：《选派弁兵赴北洋学操片》，李立朴、徐君辉、李然编校：《陈夔龙全集》下册，贵州民族出版社 2014 年版，第 84 页。

② 陈夔龙：《直豫合办火车货捐折》，李立朴、徐君辉、李然编校：《陈夔龙全集》下册，贵州民族出版社 2014 年版，第 106 页。袁世凯上折的内容与之大体相似，参见袁世凯：《请设直豫火车货捐局折》，骆宝善、刘路生主编：《袁世凯全集》第 12 卷，河南大学出版社 2013 年版，第 208—209 页。

上折慈禧太后和光绪帝,请求赏给袁世凯匾额,以示鼓励:“臣查近奉叠次谕旨,殷殷以兴学育才为首务。该督臣袁世凯,慨念时艰,关怀桑梓,独能倡捐巨款,俾济要需。即此见爱国之公忠,洵有裨树人之至计……合无仰恳天恩赏给匾额,以示鼓励而资观感?出自高厚鸿慈。”[①]可见,陈夔龙与袁世凯在推行地方新政的过程中,有着诸多交流和合作。

其次是消除满汉界限。清末,当革命派高举反满大旗时,满汉问题再度凸显出来,并成为影响朝野政局变动的关键。[②] 于是,光绪三十三年(1907 年)六月十九日,直隶总督袁世凯上折慈禧太后和光绪帝,提出“满汉必须融化”。[③] 袁世凯的奏陈,确实影响到了最高统治者。七月初二日,清廷发布了一道化除满汉畛域的谕令:“际兹时事多艰,凡我臣民方宜各切忧危,同心挽救。岂可犹存成见,自相分扰,不思联为一气,共保安全。现在满汉畛域应如何全行化除,著内外各衙门各抒所见,将切实办法妥议具奏。”[④]于是,江苏巡抚陈夔龙就八旗问题奏陈了具体办法,即除旗籍、裁旗官、筹谋旗员生计与教育。[⑤] 可见,陈夔龙与袁世凯虽然都是清廷地方督抚,但他们毕竟都是汉人。面对清末此起彼伏的革命排满浪潮,他们一致认为必须要消除满汉界限。

再次是反对清廷借预备立宪削弱地方督抚权力。清廷在宣布

---

① 陈夔龙:《大员倡捐巨款恳恩赏给匾额折》,李立朴、徐君辉、李然编校:《陈夔龙全集》下册,贵州民族出版社 2014 年版,第 149 页。

② 李细珠:《清末预备立宪时期的平满汉畛域思想与满汉政策的新变化——以光绪三十三年之满汉问题奏议为中心的探讨》,《民族研究》2011 年第 3 期。

③ 袁世凯:《密奏请赶紧实行预备立宪谨陈管见十条》,骆宝善、刘路生主编:《袁世凯全集》第 16 卷,河南大学出版社 2013 年版,第 337 页。

④ 中国第一历史档案馆编:《光绪宣统两朝上谕档》第 33 册,广西师范大学出版社 1996 年版,第 133 页。

⑤ 转引自李细珠:《地方督抚与清末新政:晚清权力格局再研究》,社会科学文献出版社 2012 年版,第 347 页。

实行预备立宪时,明确规定:“大权统于朝廷,庶政公诸舆论。”[①]清廷欲加强中央集权,势必要削弱地方督抚的权力。这是地方督抚所无法接受的,自然引起了他们的抗争。直隶总督袁世凯就上折强调疆吏的职权:“国家设官任职,首须权限分明……而内外大小各官,乃有相维相制,而断无相侵越假。如部臣以疆吏为不足问,而与司道等相直接,则疆吏为虚设。”[②]江苏巡抚陈夔龙亦明确表达了对于督抚权力受损的不满。就清廷拟在府州县设审判厅而言,陈夔龙认为,行政与司法分离的时机还不成熟,上折力争督抚的司法权。“府州县别设审判厅,乃分行政、司法权为二,东西立宪各国皆甚措意。惟于我国政治尚须逐渐仿行,或暂由本官督厅办理,一面实力讲求法政,养成裁判人材。”[③]大体而言,陈夔龙与袁世凯在维护地方督抚的实际权力方面其实是一致的。

陈夔龙与袁世凯随着对部分新政措施有共同的理念和实践,交往密切。光绪三十三年(1907 年)八月,由江苏巡抚升任四川总督的陈夔龙鉴于原本调补江苏巡抚的张曾敭告假,便向清廷推荐江苏布政使陈启泰署江苏巡抚。但由于此决定未事先知照两江总督端方,他旋即向清廷推荐原军机大臣张之洞的幕僚李岷琛升补江苏巡抚,并称陈启泰吸烟,造成僵局。此时,同为军机大臣的袁世凯帮陈启泰辩解:“伯平(启泰字)是否吸烟,尚在疑似之中,若少东(岷琛字)之痼疾甚深,余在津亲见,讵午桥(忠敏字)竟不知耶?目前已有电旨,令伯平护理苏抚,实任应简何人,俟升任川督陈筱石制军到京,面询伯平精神如何,再行请

① 《宣示预备立宪先行厘定官制谕》,故宫博物院明清档案部编:《清末筹备立宪档案史料》上册,中华书局 1979 年版,第 44 页。

② 袁世凯:《请另行核议路务办事章程折》,骆宝善、刘路生主编:《袁世凯全集》第 15 卷,河南大学出版社 2013 年版,第 22 页。

③ 《江苏巡抚来电》,侯宜杰整理:《清末督抚答复厘定地方官制电稿》,庄建平主编:《近代史资料文库》第 1 卷,上海书店出版社 2009 年版,第 393 页。

旨办理。”[①]十月,陈夔龙进京,向清廷说明陈启泰的情况。最终,清廷实授陈启泰为江苏巡抚。陈夔龙在京期间,又拜访了张之洞和袁世凯。张之洞由于新任湖广总督赵尔巽变更他之前兴办的湖北新政,甚是气愤,当众诘问袁世凯:“君言我所办湖北新政,后任决不敢改作。试观今日鄂督所陈奏各节,其意何居?且其奏调各员,均非其选,不恤将我二十余年苦心经营缔造诸政策,一力推翻。”袁世凯只得委托将要回贵阳扫墓的陈夔龙途经武昌时传话赵尔巽,张之洞所办湖北新政“极宜萧规曹随,不可妄行更易”[②]。十月二十九日,陈夔龙离京,袁世凯等人为其送行。《荣庆日记》载:“辰起送筱石行于法华寺,铁、吴、张、袁咸到。”[③]至此,陈夔龙与袁世凯之间的关系发展到了高峰。

不过,在陈夔龙与袁世凯交往密切的同时,他们由于对立宪事宜持不同的理念和实践,彼此之间亦出现了嫌隙。陈夔龙属于旧派人士,对西方的政治和文化抱有抗拒心理。他自称:“一不联络新学家,二不敷衍留学生,三不延纳假名士。”[④]因此,陈夔龙对立宪事宜持消极态度。光绪三十三年(1907年)二月十一日,江苏巡抚陈夔龙以经费奇绌、民生困苦为由,奏请慈禧太后和光绪帝暂缓立宪:“惟有仰祈宸衷独断,凡一切改弦更张之举,已经宣布者不论,其尚未宣布者暂缓施行,未始非隐培元气之一道。”[⑤]宣统二年(1910

① 陈夔龙:《梦蕉亭杂记》,李立朴、徐君辉、李然编校:《陈夔龙全集》下册,贵州民族出版社2014年版,第616页。

② 陈夔龙:《梦蕉亭杂记》,李立朴、徐君辉、李然编校:《陈夔龙全集》下册,贵州民族出版社2014年版,第626页。

③ 荣庆著,谢兴尧整理、点校、注释:《荣庆日记》,西北大学出版社1986年版,第123页。

④ 陈夔龙:《梦蕉亭杂记》,李立朴、徐君辉、李然编校:《陈夔龙全集》下册,贵州民族出版社2014年版,第560页。

⑤ 陈夔龙:《休息民生以培元气折》,李立朴、徐君辉、李然编校:《陈夔龙全集》下册,贵州民族出版社2014年版,第210页。

年),立宪派先后四次发起国会请愿运动。在第四次国会请愿运动期间,通国学界同志会会长温世霖率领天津各学堂代表1 000余人赴直隶总督署请愿,迫使陈夔龙答应代奏速开国会。[①] 清廷并没有允准温世霖等人速开国会的请求,并谕:“不准再行要求渎奏。”[②]后陈夔龙以“在津借端生事”[③]为由,逮捕了温世霖,并请清廷严惩。

相较之下,袁世凯在立宪运动中表现得十分积极。他曾言:“官可不做,宪法不能不立。”[④]光绪三十二年(1906年)七月十三日,清廷宣布实行预备立宪。其中,袁世凯充当了非常关键的角色。[⑤] 上谕颁布后,袁世凯极力倡议仿行责任内阁制,但遭到了保守派官员的反对和慈禧太后的猜忌。不过,袁世凯仍然坚持己见。光绪三十三年(1907年)六月十九日,袁世凯上折慈禧太后和光绪帝,详细阐述自己关于实行预备立宪的见解。[⑥] 七月二十七日,袁世凯被慈禧太后调入军机处。袁世凯担任军机大臣期间,《咨议局章程》《钦定宪法大纲》等一系列政治改革文件相继制定与颁布。即使袁世凯开缺回籍养疴后,亦非常关注立宪进程。宣统二年(1910年)九月初八日,资政院一经成立,袁世凯便收到了资政院秘书长金邦平送来的文书。[⑦]

---

① 陈夔龙:《梦蕉亭杂记》,李立朴、徐君辉、李然编校:《陈夔龙全集》下册,贵州民族出版社2014年版,第623页。

② 赵尔巽等撰:《清史稿》第4册,中华书局1977年版,第987页。

③ 陈夔龙:《电奏拿获擅捏通国学界同志会名义在津藉端生事的温世霖请旨办理事》,宣统二年十二月初八日,中国第一历史档案馆藏,民政部档,档号:21-0823-0002。

④ 《齐东野语》,陈旭麓、顾廷龙、汪熙主编:《辛亥革命前后——盛宣怀档案资料选辑之一》,上海人民出版社1979年版,第26—27页。

⑤ 参见李细珠:《地方督抚与清末新政:晚清权力格局再研究》,社会科学文献出版社2012年版,第167—170页。

⑥ 袁世凯:《密奏请赶紧实行预备立宪谨陈管见十条》,骆宝善、刘路生主编:《袁世凯全集》第16卷,河南大学出版社2013年版,第334—342页。

⑦ 袁世凯:《复资政院秘书长金邦平函稿》,骆宝善、刘路生主编:《袁世凯全集》第18卷,河南大学出版社2013年版,第590页。

陈夔龙与袁世凯对立宪事宜持不同的理念和实践的原因在于,陈夔龙是一位由儒家传统孕育出来的旧式官僚,既未出国考察,又未办理过多少洋务,接触西学更是有限。尽管他先前竭力推行地方新政,但更多地停留在军事、经济和教育等领域。一旦涉及可能动摇清廷统治的政体改革,他的保守性就显现了出来。而袁世凯早年在朝鲜与日本打过交道,对日本立宪有一定的认识,并且此时以袁世凯为首的北洋集团羽翼已成,对中央权力有更进一步的打算。陈夔龙与袁世凯对立宪事宜持不同的理念和实践,促使陈夔龙重新审视他与袁世凯的关系,开始对袁世凯有所防范。辛亥年间,当袁世凯的门生故旧积极运作袁世凯出山时,陈夔龙就拒绝向摄政王载沣保荐:“项城赋闲已久,乘机思动。其门生故旧遍于京津等处,不恤捐集巨款输之亲贵,图谋再起。监国以彼从前废斥,其咎非轻,不敢贸然起用。该党以监国素重视余,谓得北洋一保,必生效力。某君夤夜来谒,极为关说。余严词拒之。”①

三、辛亥革命至洪宪帝制,陈袁裂痕渐深终至分道

宣统三年(1911 年)八月十九日,武昌起义爆发。为了应对危急的局势,清廷于四日后起用袁世凯。直隶总督陈夔龙得知清廷起用袁世凯后,鉴于其军事才能突出,建议内阁“将前敌剿抚事宜,责其一手经理”。② 而袁世凯接到清廷的起用诏书后,立即进行了一番布置与筹划,其中包括要求陈夔龙等地方督抚予以协助。陈夔龙作为被要求方,尽力满足袁世凯的需求。此时,陈夔龙认为:

① 陈夔龙:《梦蕉亭杂记》,李立朴、徐君辉、李然编校:《陈夔龙全集》下册,贵州民族出版社 2014 年版,第 625 页。

② 《直隶总督陈夔龙致内阁等电》,方裕谨:《清政府镇压武昌起义电文一组》,《历史档案》1981 年第 3 期。

“现值国家多难之秋，正我辈竭忠授命之日。”①但当袁世凯赶赴武昌前线后，由于受对革命党人认识的不断深化、兵单饷绌、北洋内部的忠告、西方列强的建议和稳固京师等因素的影响，改变了原先主要以军事方式剿灭革命的策略，转向主要以政治方式解决南北问题。② 此种转变让原先对袁世凯抱有很大希望的陈夔龙深感不满，当即致电袁世凯，要求其放弃议和打算，坚决武力镇压：“窃谓现时机局，不让则战，更无他策。让之一字，非臣子所忍言，且于全国前途亦极危险。是欲挽回危局，非战不可。”③然而，在革命党的“策反”下，袁世凯已心存共和总统的选项。④ 在冯国璋率北洋军攻克汉阳后，袁世凯命他暂缓进攻武昌。陈夔龙又质问袁世凯为何如此，袁世凯以“既经英使调处，不宜径行用兵”⑤为由搪塞。同时，袁世凯开始暗中谋划和运动清帝退位。⑥ 在此形势下，陈夔龙多次因病奏请开缺，终在清帝退位诏书颁布之前，获谕旨“著赏假三个月”。⑦ 陈夔龙交卸督篆后，赋诗留别。诗中“百年养士宁无报，一柱擎天别有人”⑧，似指袁世凯辜负了清廷的栽培，未能维护清廷统治。

---

① 陈夔龙：《梦蕉亭杂记》，李立朴、徐君辉、李然编校：《陈夔龙全集》下册，贵州民族出版社 2014 年版，第 627 页。

② 丁健：《辛亥武昌起义爆发后民众视野里的袁世凯》，《史学月刊》2012 年第 4 期。

③ 《陈夔龙致袁世凯书》，杜永镇：《武昌起义期间各处致袁世凯的函电及探报》，《中国历史博物馆馆刊》1979 年第 1 期。

④ 骆宝善、刘路生：《袁世凯与辛亥革命》，《史学月刊》2012 年第 3 期。

⑤ 陈夔龙：《梦蕉亭杂记》，李立朴、徐君辉、李然编校：《陈夔龙全集》下册，贵州民族出版社 2014 年版，第 627 页。

⑥ 桑兵：《袁世凯〈请速定大计折〉与清帝退位》，《近代史研究》2017 年第 6 期。

⑦ 《宣统政纪》卷 70，宣统三年十二月下，《清实录》第 60 册，中华书局 1987 年版，第 1289 页。

⑧ 陈夔龙：《乞退获请，赋此留别》，李立朴、徐君辉、李然编校：《陈夔龙全集》上册，贵州民族出版社 2013 年版，第 279 页。

武昌起义爆发后,清廷的统治受到了严重动摇。陈夔龙与袁世凯同为清廷重臣,理应承担维护清廷统治的重任。然而,他们对革命党的态度和采取的行动迥然不同。要而言之,陈夔龙始终站在维护清廷统治的立场,全力镇压革命党。而袁世凯却根据形势的变化,不断调整策略,借革命党要挟清廷,以迫使清廷让出政权。这使秉持"始终惟知有国家,期不负三朝恩遇"①原则的陈夔龙深感失望,进而导致他们的关系逐步恶化、裂痕渐深。

辛亥革命推翻了清廷的统治,建立了资产阶级共和国。陈夔龙先后隐居天津和上海租界,以前清遗老自居。而袁世凯凭借拥护共和之功,当选中华民国第二届临时大总统,后又就任正式大总统。1915 年 12 月 12 日,袁世凯更是复辟帝制,改中华民国为中华帝国。在此期间,陈夔龙拒绝和袁世凯来往。1914 年 5 月 27 日,《申报》刊载了题为《青岛夷齐出山说》的新闻,风传陈夔龙位列徐世昌向袁世凯递交的用人推荐名单。"近闻自东海出山,总统极为钦崇,委任为国务卿,即与总统朝夕会商国事,并将平素所推重之人物一一荐达总统之前,请简任用。兹闻已经开单列名者,有于式枚、张人骏、那桐、陈夔龙等,各有相当位置,不日即当次第发表。"②同年 6 月 27 日,《大公报》又刊载了题为《参政院未来之各参政》的新闻,风传陈夔龙拟任袁世凯政府参政院的参政:"大总统第一次任命之参政院参政各员,已有十余员先后请辞……预拟继任者,闻刘若曾、陈昭常、汤寿潜、邓邦述、陈夔龙皆在预简之列,志之以待发表。"③但陈夔龙都不为所动。不过,他的邻居、同为前清遗老的樊增祥接受了袁世凯的征召,出任参政。他为此作诗讥讽樊增祥:"为贫而仕本非贫,车马喧阗动四邻。一德格天工献颂,万

---

① 陈夔龙:《梦蕉亭杂记》,李立朴、徐君辉、李然编校:《陈夔龙全集》下册,贵州民族出版社 2014 年版,第 627 页。

② 《青岛夷齐出山说》,1914 年 5 月 27 日《申报》。

③ 《参政院未来之各参政》,1914 年 6 月 27 日《大公报》。

人如海善藏身。迷途未识今犹昨,宦梦方浓幻亦真。太息楼头双燕子,重来已是别家春。”[①]1916年6月6日,袁世凯病逝。陈夔龙当日所作诗曰:“五载殷忧切,今朝一笑堪。人争弃刘豫,天不佑朱三。九庙神灵鉴,千秋秽德惭。蓬莱春藕榭,即是木棉庵。”[②]该诗正反映了陈夔龙此时的心情。

民国初期,陈夔龙与袁世凯之所以分道,主要是因为他们有着不同的政治追求。有清一代,陈夔龙深受清廷恩遇,以寒士官至直隶总督,心中对清廷的感激是难以言表的。因此,他在清廷灭亡后,选择成为前清遗老,既是对旧王朝和旧文化的眷恋,又是对以追求民主共和制为宗旨的中华民国的漠视。自然而然,他将已是中华民国国家元首的袁世凯视为清廷灭亡的头号罪人,不相闻问。而袁世凯在进入民国后,一心追求至高权力,实行独裁统治,当然无暇顾及与自己政见不合的陈夔龙。

四、结　语

纵观陈夔龙与袁世凯之间的交往,与清末民初政局的变迁息息相关。其间,他们经历了小站练兵、庚子事变、清末新政、辛亥革命和洪宪帝制等重大事件。甲午战后,陈夔龙与袁世凯由荣禄得以相识,并开始交往。在清末新政中,他们随着对部分新政措施有共同的理念与实践,交往密切。至光绪三十三年(1907年)十月,他们之间的关系发展到了高峰。但与此同时,他们由于对立宪事宜持不同的理念和实践,彼此之间出现了嫌隙。辛亥革命爆发后,他们因为对革命党的态度迥然不同,所以裂痕渐深。进入民国后,

① 陈夔龙:《嘲仕八叠前韵》,李立朴、徐君辉、李然编校:《陈夔龙全集》上册,贵州民族出版社2013年版,第520页。

② 陈夔龙:《五月初六日即事》,李立朴、徐君辉、李然编校:《陈夔龙全集》上册,贵州民族出版社2013年版,第574页。

他们由于相异的政治追求，最终分道。究其实质，他们对清末民初中国政体演变的认知存在巨大的分歧。清末民初，中国政体由君主专制向民主共和演变，成为不可阻挡的时代潮流。陈夔龙作为君主专制制度下由儒家传统孕育出来的旧式官僚，长期禁锢在纲常名教的桎梏之中，未能革新政治思想。于是，他逆时代潮流而行，不仅维护封建皇权，而且消极对待君主立宪，更漠视民主共和。而袁世凯作为清末立宪运动的领袖，在辛亥鼎革之际，随着形势的发展，能够顺应时代潮流，赞同民主共和。不过遗憾的是，袁世凯后来破坏民主共和，复辟帝制，既遭到了前清遗老陈夔龙的忌恨，又为心怀民主共和的国民所唾弃。

（弓楷，扬州大学社会发展学院博士研究生；
周新国，扬州大学社会发展学院教授）

何以哀荣：死于“八一三”淞沪抗战的美国传教士乐灵生略论

陶小路

1937年“八一三”淞沪抗战爆发。次日下午5点零2分，攻击日本舰队“出云号”旗舰的中国轰炸机被日本防空炮火击中，飞行员身负重伤。一颗炸弹落在了南京路和外滩交界处的皇宫饭店附近，炸死约120人，炸伤多人。另一颗炸弹落在了大世界附近，炸死1 047人，伤303人，有3名美国人被当场炸死，成为第二次世界大战中第一批死于中国战场的美国人。[①] 其中一人即为美国传教士、在沪主流英文刊物《教务杂志》的主编乐灵生。这一消息被当时沪上中英文媒体广泛报道。

引人关注的是国民政府对乐灵生之死的高度重视。国民政府驻美大使王正廷与时任上海国际救济委员会主席颜惠庆代表中国政府发唁电表示深切同情和哀悼。蒋介石和宋美龄亦致电乐灵生夫人：“乐灵生博士于8月14日因中国战机在租界误掷炸弹爆炸而逝世，谨向您致以最深切的同情。”唁电还称：“乐灵生博士是中国人民的朋友，他作为传教士的努力极大地造福了中国。他以这

---

① 另外两名美国人是普林斯顿大学的 R. K. Reischauer 教授和汽车经销商 H. S. Honigsberg。John Lang Rawlinson, *Rawlinson, the Recorder and China's Revolution, a Topical Biography of Frank Joseph Rawlinson*, Book one, USA: Cross Cultural Publications, 1990, p.7。

种方式牺牲生命使我们倍感遗憾。他的事业在中国人民心中不可磨灭。"①这几乎是国民政府给予外国传教士最高的褒奖了。

一般来说,传教士在其祖国和侨居国都被看成是主流社会之外的边缘人。费正清曾经讲过传教士在美国甚至被看成是历史中的"隐身人"。在20世纪30年代那个反对外国侵略浪潮高涨的岁月,在中国的西方人有时很容易成为众矢之的。那么,乐灵生为什么能获得如此高的评价呢?除了蒋、宋等人也是基督徒的微妙因素之外,本文拟从他本人在来华基督教界的地位、在中国教会和社会中的作为和影响,特别是他在中国反对日本侵略斗争中的态度和表现等方面,梳理其与国民政府及中国社会的关系,来说明乐灵生得享哀荣的多重原因。

一、在华新教中外合作建制的领导人之一

乐灵生受到国民政府的重视,首先应该缘于他在华基督教会中的影响和地位。乐灵生1871年生于英国,1889年移民美国,开始靠打零工为生,干过货车司机、屠夫助手、木匠和铁路消防员等工作。《教务杂志》后来的编辑巴尔认为:"由于这些(底层)经历,他对以体力劳动为生的人一直有种同情。"②后来,他在美国北浸信会资助下先后就读于巴克内尔大学(Bucknell University)和罗彻斯特市神学院(Rochester Theological Seminary),均以优等成绩毕业。

乐灵生求学时期正是美国学生志愿传教运动蓬勃兴起的年代。这个运动提出的"在我们这一代使世界基督化"的口号,加上

① Generalissimo and Madame Chiang Kai Shek, "Telegrams and Letters", *The Chinese Recorder*(《教务杂志》1867—1941,系在华新教最重要的英文刊物,以下简称为*CR*), September 1937, p.541。

② Tributes from Mr. Barr's Address, *CR*, July 1940, pp.409-410.

传教士出版物对中国的描述，以及举行持续几个月的集训会议等活动，吸引了受过大学教育的青年精英参与到美国对华传教运动中来。1900 年，乐灵生夫妇参加了该运动在美国诺思菲尔德举行的有 680 名大学生与会的年度会议(Northfield Annual)。① 该会从 6 月开到 8 月，由志愿传教运动领袖穆德(John R. Mott)亲自主持，中国内地会创始人英国传教士戴德生(Hudson Taylor)、美国南浸信会资深传教士耶士摩(William Ashmore)等人担任主讲。耶士摩在会议中呼吁在座的青年们"到中国向'异教徒'传教"。②乐灵生深受鼓舞，他表示："我的愿望就是到中国帮助他们摆脱低水平的文明，进入高水平的文明！"此话当然有东方主义居高临下的种族优越感，却也反映出乐灵生当时渴望来华传教的强烈冲动。不过，已经在中国生活了数十年的耶士摩告诫听课的青年人，不要轻视中国人："中国人是非常敏锐的，他们是敏锐的观察者和自有其逻辑的严密的思考者。"另一个来自印度的演讲人则在证明基督教优越于所有亚洲宗教的同时，肯定了中国儒学的"美丽的道德准则"。③ 老传教士们对中国的不同认知，对乐灵生认识中国是有启发意义的。乐灵生回忆说："我从未停止过对人类需求的思考与探索，1900 年诺斯菲尔德会议对传教士群体产生了强烈影响。"④这个影响实际上指的是世界学生志愿传教运动对此前传教运动来

① 本次会议在美国明尼苏达州东南部城镇召开，由穆德(John R. Mott)主持，参见 John Lang Rawlinson, *Rawlinson, the Recorder and China's Revolution, a Topical Biography of Frank Joseph Rawlinson*, Book one, USA: Cross Cultural Publications, 1990, p.11。

② John Lang Rawlinson, *Rawlinson, the Recorder and China's Revolution, a Topical Biography of Frank Joseph Rawlinson*(《乐灵生，〈教务杂志〉与中国革命，乐灵生专题传记》), Book one, USA: Cross Cultural Publications, 1990, p.11.以下简化为 John Lang Rawlinson.

③ John Lang Rawlinson, p.12.

④ John Lang Rawlinson, pp.11 - 12.

说,是一次重大的策略转型,即从次前的只要把圣经传给"异教徒"就足够了的"个人福音"理念,正在转变为"用更大的努力使异教徒的社会基督化"的社会福音理念。① 从只关心传教对象的灵魂,转向了也要关心传教地的社会福祉问题。

这次集训结束后,乐灵生开始申请到中国去当传教士。美国基督教南浸信会最终接受了他的申请并安排了行程。1902 年 9 月,乐灵生携妻儿从纽约出发,经过 5 个星期的海上航行终于在 10 月 26 日到达上海,当时他 31 岁。此后除了回美国休假和进修,他在上海一待就是 35 年,直到 1937 年 8 月去世。

乐灵生刚到上海时,新教传教士在中国已有 1 300 多人,到 1919 年更达到了 6 281 人,其中大多数人是默默无闻地在中国社会的基层传教。但乐灵生有点不一样的想法,他认为上海给了他这个两度移民的人足够的发展空间,他想向上帝证明自己的虔敬并急于在"新家乡"获得成就,乐灵生对自己的本职工作不遗余力,很快就从庞大的传教士群体中脱颖而出。他曾满怀希望地对别人说:"一想到很多人会听我讲道,我就分外激动!"②新传教士来华的常规工作往往从教学做起。乐灵生从 1903 年开始在上海南市老北门第一浸会堂所办的主日学校里教英语,同时给基督教青年会(YMCA)会讲英文的中国人上课。乐灵生还经常与当地其他福音布道者一同去教堂和外国小炮舰上传教,闲暇时还去水手布莱恩(R. T. Bryan)家中宣讲福音。乐灵生的积极和勤勉使他"在上海获得了非常好的名声"。③ 但直接传教的工作并不顺利,他发现对上海学生传教很难。他在给教会的报告中忧虑地表示:"一旦学

① John Lang Rawlinson, p.12.

② John Lang Rawlinson, p.539.

③ Lian Xi, *Missionaries Distracted: The Rise of Syncretism in American Protestant Missions in China, 1907 - 1932*, The State University of New York at Albany, 1993, p.81.

生们对基督教产生兴趣，他们最需要面对的是父母的责难，这正是转变过程中最难的部分。"①

尽管在上海直接传教的成果并不理想，但勇于任事的乐灵生还有很多事情要做。上海传教士子女渐多，迫切需要建立专门的学校解决他们上学的问题。乐灵生为此事而四处奔走，直到1912年9月，上海美国学校（Shanghai American School，简称SAS，美童公学）终于在美国领事馆和传教士们的筹备下正式成立，他的两个孩子吉尔伯特（Gilbert）和玛久丽（Marjorie Rawlinson）成为首批学生。② 乐灵生以该校管理委员会的首任主席身份出席了开学典礼，并一直担任管理工作。有一段时间在传教工作之外，他还担任上海市工部局的中国研究的主任，这使他对中国历史和社会有了更多的了解。他还是上海道德福祉联盟的主要推动者，该联盟旨在提高公众良知和促使租界当局对商业化的罪恶加强管理。1918—1921年，他担任联盟主席，之后又任名誉秘书。在他任内，这个联盟成功推动了在公共租界内取缔有执照的妓女。③ 这使他在当地侨民社会中有了很大的影响。

乐灵生对在华基督教宗派的联合与合作有很大的兴趣，他几乎出席了在上海召开的所有跨宗派会议，包括1907年的来华新教传教士百年纪念大会、1913年华东和全国传教士大会。1922年，他作为全国基督教会议的筹委会成员，参与创建中国基督教协进会的活动，并编辑了协进会的成立报告。此后，他只要人在上海就必定出席协进会两年一度的会议，并接受会议的委托担任英文版《中国差会年鉴》的主编，一直到去世。他也是1927年成立的中华基督教会的重要成员。

① John Lang Rawlinson, p.56.

② John Lang Rawlinson, p.27.

③ The Bridge Builder, *CR*, September 1937, pp.539－540.

1910年6月英国爱丁堡基督教国际宣教会议后，为落实该会决议成立了中华续行委办会，乐灵生从1914年至1918年担任了这个委员会的“教士养成部”的负责人。从1914年至1921年，他连续出席了中华续行委办会的5次年会，参与了该组织对各地教会调查统计、出版和协调传教的工作。①

由于其卓越的组织和文字能力，乐灵生几乎毫无例外地被选为这些活动的宣传委员会主席，在上海发表的报告及发往世界各地宗教出版社的新闻摘要经常是出自他之手。他曾作为公理会代表出席了圣公会1935年、1937年召开的大会。因此在某种程度上，对在华及全世界的英语读者来说，他成了基督新教在中国的解释者。尽管有人会不赞成他的解释，但没有人可以对他事实详尽的报告提出疑问。②

如果乐灵生只是热心于来华教会团体的各种组织活动，那他的影响力可能仅限于教会领导行政圈内。事实上，在此过程中他对基督教运动敏锐的观察和前瞻性的理解，渐渐地被新教差会联合出版的最重要的刊物《教务杂志》(*The Chinese Recorder*)的编辑们发现了。乐灵生于1905年在杂志3月号刊首发表了《中国叛乱的研究》。③ 这篇文章对中国历史上的农民战争和军阀混战做了梳理和分析，指出了为什么这些战争没有带来社会制度的变革。文章一经发表便在基督教界引起了不小

---

① 中华续行委办会是继1910爱丁堡普世基督教大会后，为完成大会决议的各项任务，中国基督教会成立的一个工作班子，实际上起到了协调国内教会事业的作用。该会在1922年中国基督教协进会成立并接替其职能后不复存在。

② The Bridge Builder, *CR*, September 1937, p.540.

③ 《教务杂志》从1867年3月在福州创刊，1872年后转至上海出版，直至1941年12月太平洋战争爆发后被迫停刊，存在将近72余年，是晚清民国连续性最好的英文期刊之一，高峰时发行达到3 000多份，这在当时是很大的订阅量了。在中国、北美和西欧基督教界和高校读者较多，被认为是在华基督新教传教士的主流刊物，天主教界也有部分订阅者。

的轰动。1910 年 9 月，他又发表《基督徒大联合运动的成果》，回顾了爱丁堡大会以来中国教会的行动。乐灵生在文中并没有提到中国基督徒的参与，而是把笔墨放在了中国基督教各个宗派差会的联合问题上，提出了"基督教更注重的应该是他们所代表的伟大原则，而非不同教派存在的分歧"。他的观点得到了杂志编辑们及传教士读者的欣赏。① 当时《教务杂志》的老一代主编费启鸿(George F. Fitch)等正面临退休，而乐灵生正好符合新主编人选的要求。1911 年 6 月，他的名字第一次出现在《教务杂志》的编委会名单中。② 当年 11 月，他又发表了《传教士与母教会的关系》，这也是当时传教运动中关注的问题。③ 1912 年 1 月，乐灵生取代毕腾牧师(W. Nelson Bitton)担任副主编。年末，乐灵生再次发表文章《中国人的真理观》，通过对孔孟之道、三纲五常以及中国律法的探讨，他在文末得出结论："基督教伦理要优于中国书籍与伦理，因为基督教伦理的标准较高。我们要向所有竞争对手证明基督伦理的至高无上。"④这个在当时教会界"政治正确"的观点赢得了传教士们的首肯，尽管乐灵生以后对这个观点做了很大的修正。1914 年 2 月，乐灵生正式接替费启鸿担任《教务杂志》主编，直到他不幸去世。⑤ 正是这本刊物为他在基督教世界赢得了广泛的社会影响。

著名的美国中国基督教史专家裴士丹教授认为，中华续行委办会和中国基督教协进会以及《教务杂志》，被称为是在华新

① Frank Joseph Rawlinson, "Unity, The Outcome of the Movement for Greater Christian," *CR*, September 1910, pp.596 – 602.

② Editorial Board, *CR*, June 1911, p.311.

③ Frank Joseph Rawlinson, "The Relation of the Missionary to the Home Boards," *CR*, December 1911, pp.689 – 691.

④ Frank Joseph Rawlinson, "The Chinese Idea of Truth," *CR*, December 1912, pp.706 – 713.

⑤ Editorial Board, *CR*, February 1914, p.71.

教的中西合作建制的组成部分,在一定程度上被看成是在华新教的顶层结构。乐灵生来华之后在教会事务中一直非常活跃,从基层一路向上攀升。他在这三个机构中都有一定的职务和话语权,因而是“新教中外合作建制”中名副其实的重要成员。

实际上,因为这个杂志使得乐灵生在美国也有一定的影响。他去世次日的《纽约时报》报道了这一消息。8 月 25 日《基督教世纪》的悼念文章中,把乐灵生与李提摩太及其他传教士卓越人物相提并论,并刊发了乐灵生生前的最后一篇文章。美国基督教方面称:“对基督教世界来说,最大的损失是乐灵生的逝世。”9 月,美国出版界的新生代大亨亨利·卢斯在刚创办不久的《生活》杂志上刊出了乐灵生和妻子的照片,认为乐灵生是“在中国最有影响的白人之一。”①《教务杂志》发表社论《搭桥人》,高度评价道:“乐灵生博士是个勇敢的思想家,新时代的一位先知,自己观点无畏的捍卫者,对那些畏惧变革的人,他自然是一个易于受攻击的目标。他从未失去对那些比他保守的同道的爱和同情。他以彻底的基督教爱心与他们相处。”②

中国抗战以来一直在争取美国等西方国家的同情和支持,鉴于乐灵生在中国基督教会的地位和在国际基督教界的广泛影响,高度评价他显然有利于争取西方传教士的母国特别是美国对中国抗战的支持。

二、乐灵生的亲华倾向

乐灵生在中国受到的重视,显然是超出了基督教界的范围。

---

① John Lang Rawlinson,, p.2.

② *CR*, September 1937, p.587.

这与他对中国民族主义运动的支持和对中国文化的维护和尊重有关。这一点为他在中国社会各界赢得了很好的声誉，这尤其要归功于他长达 20 多年的《教务杂志》主编的生涯。

乐灵生担任杂志主编时已经在上海生活了 12 年，他亲历了 1906 年俞国桢在闸北发起的中国基督教自立运动和 1911 年推翻清朝的辛亥革命，他看到了中国民族主义思潮正在兴起。他当主编不到半年，震惊世界的第一次世界大战爆发。尽管他还意识不到西方来华传教运动已经进入下半场，但却敏锐地感觉到了世界和中国都在变化，他觉察到已经不能像以前那样一味居高临下看待中国了，必须对这本已经出版了将近 50 年的杂志进行一系列向中国人倾斜的改革。因为乐灵生在主持杂志之初已经认识到"教会的中国领袖日渐成长"。"今后在全国基督教事业的决策和实际推行方面，一定会发挥极大的影响。"①

乐灵生接管杂志次年，就将费启鸿时代的杂志《中国记录和传教士杂志》(*The Chinese Recorder and Missionary Journal*)的名称缩减为 *The Chinese Recorder*，直译应该是《中国记录》。②尽管杂志改名引起异议后来又改了回去，但乐灵生的倾向是明显的。不仅如此，他还大胆邀请中国人进入杂志编委会。1918 年 11 月，编委会中第一次出现了中国人朱友渔(Y. Y. Tsu)的名字。在动荡的 1927 年，杂志更表现了适应时代的一面。在编委会中，中国人与西方传教士的比例不断变化，起初是 1∶10，最后是 6∶14，中外编委在人数上差不多是 1∶2。

他还推动刊物发表更多中国作者的文章。从《教务杂志》文章的作者来源看，"五四"运动爆发的 1919 年是一个分水岭。此前一

① 转引自刘家峰：《从助手到领袖：1910 年代的中国基督徒——以诚静怡为中心的考察》，《社会科学研究》2007 年第 2 期。

② John Lang Rawlinson, Rawlinson, pp.76 - 80, 245 - 300.

年只有5篇文章的作者是中国人,但到1919年年底,有14位中国人在刊物上发表了文章。到1927年,在全年发表的100多篇文章中,大约有20篇是中国人发表的,占文章总数的1/5。[①]

更重要的是杂志上关于中国社会的话题不断增多。乐灵生关心中国社会现实的倾向非常明显,从辛亥革命后的中国政治,到日本侵华的济南事件、"九一八"事变、淞沪抗战等重大历史事件都有报告和评述。乐灵生在20世纪20年代回顾了《教务杂志》的发展脉络,将其分为1902—1912年和1915—1925年两个时期。他认为,早期传教士较少关心传教之外的中国政治,但现在对《条约》的讨论常常成为头条了。一系列讨论废除治外法权的文章纷纷涌现。[②] 对于这种改变,乐灵生解释说:"多数人要求于教务杂志的,乃是关于中国国情的著作,尤其是中国人所发表的创作,这是西教士态度上的一种重大变迁。"[③]当时杂志通常的投稿和约稿虽然有"耶稣和圣灵"这样的宗教问题,但读者感兴趣的话题也很多,比如在日本侵华加剧之际,关于东北地区概览的文章就很快出现在杂志上。[④]

在中国遭受外国侵略时,乐灵生站在中国立场发声。1919年,中国在巴黎和会上外交失败,"五四"运动随之爆发。5月26日,"五四"运动浪潮席卷上海。乐灵生向美国国内陈述学生们的观点时说,"我们中的一些人有权与这个运动的领导人保持密切联系,我们希望在一定程度上帮助他们"[⑤]。在7月份的《教务杂志》上,乐灵生把社论的全部版面都给了这次运动,在"中国的非暴力

---

① John Lang Rawlinson, p.473.

② Frank Rawlinson, "The Changing Christian Mind," *CR*, November 1926, pp.767 -768.

③ 乐灵生:《二十年来西教士在思想与事业上之变迁》,《青年进步》第100期。

④ Edward S.Little, "The Amur Region," *CR*, February 1914, pp.86 - 90.

⑤ John Lang Rawlinson, p.141.

革命”标题下，对“五四”运动给予极大同情，认为“运动背后是广泛的国家团结和一致的爱国主义，就我们所知，这是中国历史上从未有过的运动。”“这是一场彻底的爱国运动”。[①]“我们期待中国觉醒”。他还认为，“中国现在尚未形成组织，但这次事件使他们团结起来，以后的十年，会凝聚成更强大的力量。他们会取代现在的中国，创造一个新的中国，年轻的中国”。[②] 乐灵生同情中国人民的感情以及工人、学生的爱国行为，他认为“一个不爱国的教会将会被人们抛弃”，他坚信“基督教徒作为个人和组织必定在促进国家正义和政治道德方面表现得更加积极”。[③]

1922 年 3 月，非基督教运动爆发，基督教面临着科学主义、共产主义、民族主义和国家主义的多重挑战。知识分子通过接受民主与科学以及共产主义来寻求文化的认同感，青年人甚至部分教会学校的学生开始举起反对基督教与其他“迷信”的大旗，国民党和共产党也纷纷表现出反对来华基督教的倾向。作为西方传教士，乐灵生站在同情中国人民的立场上，指出运动爆发的原因在于中西方在政治上的不平等：“西国在华传教所享之特别权力，实非合理，盖此种事实总难免引起国家侵略之讥也……凡我教士，亟当起而共图取消不平等条约，庶几华人可以谅解我人之真意，教会可以不受他种影响焉。”[④]

面对国民革命运动中日益高涨的民族主义倾向，1925 年 10 月，乐灵生在燕京大学发表演讲，公开呼吁在华传教士放弃西方人对权力的渴望，放弃他们的“优越感”，寻求东西方文化

---

① Editorial, China's Passive Revolution, CR, July 1919, pp.433－434.

② John Lang Rawlinson, p.143.

③ Frank Joseph Rawlinson, “The Christian Church and National Movement”, *CR*, July 1919, pp.436－437.

④ 《乐灵生博士之中国布道观》，《兴华报》1925 年 6 月 3 日，第 22 年第 21 册，第 32—33 页。

的优点。[①] 11 月,乐灵生发表文章《基督教条约权力在中国的演变》,面对鸦片战争以后的中西方不平等条约,乐灵生指出:"不可否认的是,基督教在中国获得的诸项权利,是通过侵略得来的。强令中国人允许'基督教外来人'在自己的国家居住、建教堂、传播西方宗教,是丢人的。"[②]1926 年 8 月,乐灵生发表文章《平等对待中国》,对第二波非基督教运动中,中国人民提出的废除不平等条约的要求,乐灵生表示同情。[③] 他认为,传教士应该为此作出努力,这样中国人就不会再认为教会是"洋教"或是帝国主义的附庸。1926 年 10 月,乐灵生同其他传教士曾亲赴北京美国驻华公使馆,向马慕瑞公使请愿,要求取消美国对华的一切不平等条约。此举遭到公使拒绝,乐灵生认为是强词夺理,表示非常愤慨。[④]

1927 年,非基督教运动达到顶峰,基督教界损失严重,特别是当年 3 月 24 日的南京事件后,上海的外国团体声称要对中国人进行报复。但乐灵生在给孩子们的书信中写道:"我不相信炮舰外交",中国人对抗外国是民族主义运动,也是中国的内部斗争,目的是民族独立和统一。他认为,"要理解外国人在南京受到的攻击,首先应理解复杂环境下的中西关系与鸦片战争以来中国人的感受如何。中国与西方在平等关系之前,中国人会继续通过军事手段

---

① Rawlinson,"The Next Step in the Christianization of the World,"speech given on October 5,1925 at the dedication ceremonies attendant upon the opening of the new Yenching School of Chinese Studies, Rawlinson Papers, Yale, in Lian Xi, *Missionaries Distracted : The Rise of Syncretism in American Protestant Missions in China, 1907 - 1932*, USA: State University of New York at Albany, 1993, p.103.

② Frank Rawlinson, "The Evolution of" Christian "Treaty" Rights "in China", *CR*, November 1925, pp.719 - 728.

③ Frank Rawlinson,"China as an Equal", *CR*, August 1926, p.575.

④ (Rawlinson to Wamshuis, 1926 年 11 月 1 日。J. K. Fairbank ed, *The Missionary Enterprise in China and America*, p.22)

来实现民族主义。"①乐灵生在这场来势汹汹的运动中，强调最多的是传教士的自我反省，他所充当的角色是中国民族主义的辩护人。

除了在政治事件中倾向中国外，他对中国传统文化的看法也与许多传教士不同。当然，乐灵生来华初期就像萨义德所批评的东方主义者一样，也用"异教"文化的眼光来看待中国文化。随着其学习中文、对中国社会的了解加深，他的看法有了改变，特别是1914年第一次世界大战爆发后，这次基督教帝国主义之间的战争使得乐灵生对自身文化的优越感逐渐产生了动摇。就像同时代的斯宾格勒写作《西方的没落》一样，他开始对西方文明进行反思。所不同的是，他的一系列文章是传教士系统地重新认识中国文化的开端。

1914年10月，乐灵生在《教务杂志》上同时发表了费启鸿的《道教的地狱研究》和朱友渔的《中国祭祀之意义》，并对两篇文章进行了对比。乐灵生称："对于道教的研究，除了可以看到中国宗教的起源，还可以通过传统宗教仪式感受到中国人最高的宗教情感及人性最自然、最感性的一面。尽管中国人朱友渔的看法与费启鸿背道而驰，但可以确定的是，传教士已经意识到中国宗教研究的必要性，对中国的宗教的态度已经更加端正。"②1915年4月，乐灵生在《教务杂志》社论中说："经验丰富之传教士尚难理解中国人思想和价值观。至于道德问题，当一个人足够了解中国，他就会惊奇地发现，他们试图向中国人宣讲的乃是中国人自己的想法。儒家在道德和自然方面存在的问题，基督教在某些方面也同样存

① Rawlinson to children, Shanghai, May 24, 1927. In *Lian Xi*, *Missionaries Distracted: The Rise of Syncretism in American Protestant Missions in China*, *1907—1932*, USA: State University of New York at Albany, 1993, p.107.

② Editorial, "Chinese Religions," *CR*, October 1914, pp.599 - 601.

在……"[①]在这里他对儒家的看法已经有了很多肯定了。《教务杂志》发表了英国浸礼会传教士苏道味(Arthur Sowerby)的《我们对中国宗教的态度》,他认为,中国的儒、道、释三教突出的特点是:"第一是高尚而实用的社会伦理;第二是求知的精神;第三才是灵性。"[②]

1918年,乐灵生试图调和中国宗教与基督教关系的倾向逐渐显现出来,他把中国文化看成也是西方的"神"所创造出来的。4月,他发表了一篇名为《佛教对中国人的吸引力》的社论,文中称佛教为"至高无上的神圣概念",饱含"爱、同情与自我牺牲"。在肯定佛教的同时乐灵生指出,认识到佛教的力量,"会使我们的计划更明智,更依赖于他(基督教的神),只有他才能把中国人心中对佛的深厚感情转化为对永生的父神的爱"。[③] 1920年以后,乐灵生对中国儒家文化的态度也有了进一步的变化,他认为:"儒教思想中有很多重要的价值是对人类的独特贡献,包括:把人类关系人格化、反对过度个人主义、对社会责任观点、忠的思想和恕道。"[④]他还说:"必须承认中国已有的真理。中国诸圣贤所传的真理,都是自那一个真理源头所出的。我们应当承认神在中国已成的伟业。"[⑤]显然,他这些说法都是希望在传教士身份所允许的话语体系中,尽力调和中西文化。

乐灵生对中西的国民性格和精神习惯进行比较,特别赞赏中国人具有"坚忍的耐心"。这种耐心使中国人在处理对外关系时通

---

① Editorial, "The Chinese Idea of Salvation," *CR*, April 1915, p.203.

② Arthur Sowerby, Our Attitude Towards Chinese Religions, *CR*, May, 1917, p.311.

③ Frank Joseph Rawlinson, "The Appeal of Buddhism to the Chinese Mind", *CR*, April 1918, p.214.

④ Frank Joseph Rawlinson, "Some of Chinas life-Sets", *CR*, March 1926, p.179.

⑤ 乐灵生著,陈化民译:《基督教对于中国的使命的商榷》,《生命》第2卷第5册,1921年,第153—156页。

常采取“互相理解和说服的方式”，西方人则“缺乏耐心”，倾向于采用“强迫”的方式。例如“一些西方基督徒认为他们的权利和责任是传播基督教思想而不管中国人是否想要”。他认为，中国是一个“成熟的民族”而西方则处于“青春期”。① 1926 年 3 月，乐灵生在南京做《基督教在中国的归化》的演讲，他对中国宗教与文化的看法已经发生了根本的变化，认为“儒教思想中有很多重要的价值是对人类的独特贡献”。乐灵生夫人曾自豪地对一个来做客的美国年轻传教士说：“乐灵生被当作是同情和理解中国人的领袖。他在火奴鲁鲁的会议上并没有为自己的利益说话。很难理解为何有那么多传教士如此愚钝、偏见、傲慢地对待中国人？”②《教务杂志》的同仁曾评价乐灵生对中国文化的态度：“他在不同语言中间搭起桥梁，工作中他能自如运用书面汉语和汉语口语，能在两种语言中自如翻译。他是中国历史和文明的热诚的学生。”③

乐灵生的朋友、新西兰著名作家路易·艾黎(Rewi Alley)曾夸赞他是“少数知道如何前进的人”。④ 燕京大学教授及《教务杂志》撰稿人洪业(William Hung)在对乐灵生的儿子谈到对其父亲的看法时说：“1920 年代和 1930 年代是非常重要的年代，传教士和中国基督徒中的开明领袖同样地致力于在科学与宗教、教会和民主、民族主义和国际主义之间找到某种平衡。他们中的小部分人似乎一致同意下面 3 种方法：神学的科学方法、布道中的社会福音和组织上的本土教会。如何制定细节，如何实行这些方法以及如何赢得批评者和反对者，是需要进一步考虑的问题。你的父

---

① Frank Joseph Rawlinson," Some of China's life-Sets', *CR*, March 1926, pp.346 -347.

② John Lang Rawlinson, p.379.

③ 《搭桥人乐灵生》，1937 年 9 月，第 587 页。

④ John Lang Rawlinson, p.2.

亲乐灵生是站在前列的领导者之一。”①洪业的这个认识在中国人中是有代表性的,也与中国政界对乐灵生的肯定是一致的。

三、坚决反对日本侵华

与上述活动相比,乐灵生最赢得中国人钦佩的还是对日本帝国主义侵略中国的揭露和激烈抗议。美国传教士一般都反对日本侵华,但像乐灵生那样长时期的,特别是在杂志上和演讲中都做出强烈谴责的,还是比较突出的。

第一次世界大战期间日本乘机占领德国控制下的青岛。乐灵生在 1918 年 12 月社论中以《令人担忧的山东》为标题,表示“山东情况特别值得我们同情”,他揭露日本人在当地走私贩毒等不法行径,抨击“在日本人影响和控制不断强化的地区,这种动乱不安尤其严重。”他呼吁采取行动阻止“与现代世界思想潮流相违背的无视基本人权和义务的状况”②。

1928 年 5 月日本制造“济南惨案”。乐灵生在当年 6 月的《教务杂志》社论中专辟“济南的教训”一节。当时他谴责战争,但他还是一个和平主义者,还寄希望于双方克制,幻想通过上海中日商人和中日基督徒活动来影响当局,甚至天真地希望双方“缓和军事报复的欲望,因为报复永远不能带来最好和最持久的结果”。③

1931 年“九一八”事变后,乐灵生的立场渐渐转变,他在 11 月的《教务杂志》社论中说:“不管东北事件最终是什么结果,1931 年将对中国带来一个明确的影响。1900 年(义和团)表达了中国人反对外国(侵略)的情绪;‘五卅’(运动)表达了中国人国家意识的

---

① WH-JLR, Oct. 21, 1967, in John Lang Rawlinson, pp.4 - 5.

② Frank Joseph Rawlinson, “Distraught Shantung”, *CR*, December 1918, pp.772 - 773.

③ Editorial-Lesson of Jinan, *CR*, June 1928, p.335.

觉醒;1931 年将开启中国人思想中把军事力量作为不可或缺的保卫国家政策的时代。"他还认为,近年中国外交官一直依赖道德和和平手段来解决政治难题,"但现在(还这么做)中国就面临着道德和思想上的危机了。" ①

1932 年 1 月 28 日夜间,日军向上海闸北发动进攻。身处上海前线的乐灵生对战事高度关注。1932 年 2 月—6 月,《教务杂志》上发表的对于上海事件各种讨论的文章多达 15 篇,乐灵生还专开一期讨论"一・二八"事件的专栏。他在社论中说:"1931 年 9 月 18 日以来一直困扰中国的事件,在 1932 年 1 月 28 日发生在上海的恐怖事件中达到了高潮。我们无法尝试全面分析、解释或判断这些问题。但我们不能忽视它们……我们看到了因为没有预警的空袭使得 80 万无辜的平民被迫抛弃他们的家园。我们看到了他们的住所和商业建筑被大火焚毁,我们感受到了他们经历的恐怖,我们听到了许多人们生命被无情摧毁的故事。对这些我们能做的只有抗议!"②1932 年 4 月号的《教务杂志》上发表了《上海灾难》一文,用了 9 页的篇幅详细列出了 1 月 29 日以来发生的所有事件。他愤慨地总结道,所有灾难都是日本人行动造成的,正是日军悍然进攻上海的残暴给上海人民造成了巨大的生命和财产的损失。他也引用了 3 月 1 日蒋介石赞成"坚决抵抗"的讲话。③ 这些文章在美国国内产生了一定的影响。④

不仅如此,乐灵生的报道还把各国在上海传教士的声音传送到国际社会,上海的 128 位传教士联合起来发声抗议和阻止这种不宣而战。他们决定:第一,写信向日本天皇和人民发出和平呼吁;第二,写信给中国外交部长,依靠"神"的力量用一切手段停止

---

① Editorial: Chinese Church and Militarism, November 1931, *CR*, pp.671 - 672.

② "Editorial: China's Undeclared War," *CR*, March 1932, pp.127 - 128.

③ John Lang Rawlinson, p.515.

④ "The Shanghai Tragedy", *CR*, April 1932, pp.205 - 212.

战争;第三,分别写信给国联、美国和英国政府要求立即采取行动,按照九国公约和克洛格公约支持中国恢复经济社会秩序;第四,由105位居住在上海的传教士签署发表了致英美驻沪总领事馆的公开信,同时抄送路透社和美联社,向全世界人道主义者和基督徒发出呼吁,谴责日本在上海的军事行动造成数以千计的民居被毁、夺走尚无确切数字的生命,指责日本的行为是对第一次世界大战以来艰难建立的国际道德准则的野蛮攻击,对这个准则的攻击就是对世界文明基础的攻击。①

1932年3月底,国联的成员访问了乐灵生,请他评估日本人指责中国太乱不足以自治,以及中国一贯反外主义的看法。乐灵生回答说:第一,指责中国太乱是肤浅的;第二,中国从来不是"一贯"反对外国人的国家。② 1932年7月,乐灵生利用回美休假开展系列演讲的机会,描述了上海民众在轰炸中"惊愕的哽咽",批评日本用这种方式去获得贸易权利,实际上"是国际性敲诈勒索的做法。"而中国人民奋起反击的"坚韧不拔甚至使得他们自己都吃惊。"③这让更多的美国人了解了日本侵华的真相。

《教务杂志》还直接发出了反对妥协的声音。1932年3月的社论指出:"国联虽然为阻止这场冲突也做出了努力,但是它仅仅希望依靠道德的力量,而并不打算对他进行制裁。日本并不接受国联的提议,现在国联在促进初步和谈方面失败,所有一切都恶化了目前的形势。"④杂志在1932年4月的社论刊出了中华基督教青年会和女青年会的学生部的《给中国基督学生的关于上海被攻击事件的消息》,声明:"我们的国家现在下定决心抵抗到底,尽管我们不知道结果如何,但面对苦难,我们的人民情绪高涨。他们热

① "Editorial: China's Undeclared War," *CR*, March 1932, pp.128 - 129.
② John Lang Rawlinson, p.515.
③ John Lang Rawlinson, p.570.
④ "Editorial: China's Undeclared War," *CR*, March 1932, pp.131 - 132.

爱和平，但不再屈服于暴力和野蛮的侵略。"①

随着日本帝国主义对中国侵略的步步紧逼，乐灵生开始完全放弃和平主义的想法。中国内地会女传教士包成章(J. B. Powell)曾经说，乐灵生"在上海传教士群体中是有名的和平主义者。他强烈地和无所畏惧地反对日本军国主义，他也反对中国把军事化作为解决国际争端的手段"。但到了1936年，乐灵生开始谈论中国除了军事抵抗日本侵略之外没有其他选择。②

在1936年上半年乐灵生休假以前出版的《教务杂志》社论中，几乎每期都会谈到中国人反对日本侵华的情绪日益高涨。2月发表社论《中国知识分子爆发了》，文章不仅指出中国青年人和年长的知识分子要求抵抗日本侵略，中国基督徒也发出抵抗的呼声，提出国家抵抗侵略者"贪得无厌的要求"。作者还寄希望于通过国民政府更进取的外交来解决中日之间的难题。③

1936年6月，就在国民政府与日本人就华北问题谈判胶着不前时，乐灵生在《教务杂志》社论《中国的爱国思想》中明确认为，华北民众和知识分子、学生所表达出来的"爱国的自觉和决心必将影响局势……一种被激发起来和了解国情的公众舆论是中国可以有效使用的武器。这种武器正在铸就之中。"④

1936年7月，《教务杂志》上的《中国大事记》栏目中的《中日关系》一文，揭露了日本在华北大规模走私和贩毒，以及日本政客和军人对中国政府的步步紧逼。文章还提到最近去世的国民党资深政治家胡汉民在遗嘱中要求"中国必须抵抗日本"。作者警告日本人说："中国的民族觉醒和爱国主义的新行动到了一个新的阶

① "Editorial: Message to Christian Student in China," *CR*, April 1932, pp.199-200.

② John Lang Rawlinson, p.756.

③ John Lang Rawlinson, p.740.

④ Frank Joseph Rawlinson, "Editorial", *CR*, June 1936, p.326.

段,如果中国民众沿着这个方向继续走下去,结果将对日本是不祥之兆。”①

1936年2月26日,乐灵生给他在美国的孩子的信中说:“前天晚上在餐桌上我告诉你们妈妈,如果中日开战,我当然不会离开中国。我怎么能离开呢?”他在信中还说:“到目前为止,我可以判断中国人正在耐心等待某件事情发生而走上抵抗之路。在日本夺走东北后的四年里,中国政府一直在玩和解的游戏,同时在做应对危机的准备。到目前中国政府的战争准备有多好我不知道。蒋总司令多次讲过,如果事情超过某种程度,他准备做出最大牺牲:战争。这个时机看来近在咫尺了。许多中国人认为,中国面前只有屈服和抵抗两条路——公众的态度正日益倾向后者。如果中国政府再让日本人得寸进尺,它将面对一场革命……你们看这里快开锅了,我怎么能离开中国呢?”②

1937年2月,乐灵生在《教务杂志》的社论的一节“中国和日本基督徒的精神团结”中,尖锐地批评了日本基督徒领袖贺川丰彦1937年2月在《日本全国基督教协会通讯》发表的文章中所说的“在这个紧张的时刻,中日两国基督徒应该表现一种争取和平的精神团结是至关重要的”。他责问贺川丰彦,在这种紧张关系中日本是侵略者这一事实,难道不是日本基督徒应该负有更大的责任去寻求这种团结吗?他指责贺川丰彦闭口不谈中日关系的紧张是谁造成的,不谴责日本侵略者的行为,而奢谈两国基督徒的精神团结。③

1937年7月7日,日本制造卢沟桥事变,全面抗战从此爆发。8月3日,乐灵生把自己的担忧写进了给孩子的最后一封信中:

---

① Frank Rawlinson, “Course of Events in China”, *CR*, July 1936, pp.444-445.

② John Lang Rawlinson, pp.748-749.

③ The Editorial, “Spiritual Unity of Chinese and Japanese Christians” *CR*, February 1937, pp.72-73.

"我不喜欢战争，我认为这是非基督徒的。但(中国)如果不想彻底变成日本的殖民地，我不知道除了抵抗，中国还可以做什么？中国人民的精神就是要抵抗日本侵略……我现在做不了什么，但我的同情与中国同在。"①

11 天以后，乐灵生在上海死于误掷的炸弹。由于他支持中国反抗日本的事迹在上海广为人知，以至有人说他是在南京路上大白天被人刺杀的，杀手的目的显然是为阻止《教务杂志》为处于困境中的战争受难者发声。还有说法是验尸官最后确认，导致乐灵生死亡的致命弹片来自日本制造的防空武器，这使得中国朋友感情上好受一点。②

四、结语：求仁得仁

从上面的叙述来看，蒋介石夫妇和国民政府给予乐灵生的充分肯定是有多重原因的：乐灵生在基督教会中的地位，及其向世界解释中国的影响力，他对中国民族主义运动的支持和对中国文化比较尊重的立场，特别是对中国反对日本侵略的同情以及患难与共的态度，都是乐灵生死后哀荣的原因。当然如果说其中还有国民政府通过此举争取国际社会支持中国抗战的考量，那确实也产生了一些正面影响。③

其实这不仅是国民政府的看法，也是许多中外人士的看法。1940 年 5 月 29 日在上海八仙桥墓园举行乐灵生骨灰的安葬仪

① Rawlinson to Children, August 3,1937, in Lian Xi, *Missionaries Distracted: The Rise of Syncretism in American Protestant Missions in China, 1907 –1932*, USA: State University of New York at Albany, 1993, p.120.

② FLR-WCF,JLR Arch,see John Lang Rawlinson, p.7.

③ 贝德士著，章开沅、马敏主编：《贝德士：中国基督教史著述选译》，上海社会科学院出版社 2017 年版，第 138 页。

式。中国基督教界的代表刘廷芳称:“乐灵生是中国的朋友……他总是努力地去理解中国人的看法……他的文章和讲话充分显示了他卓越的贡献……因为这样,他是我们中国人公认的和要感谢的一位真正的朋友。”①他的继任者、《教务杂志》主编巴尔说:“弗兰克·乐灵生不只给《教务杂志》写文章,他用他的知识向世界解释中国。他为几家美国杂志写文章。我们今天非常自豪的是《教务杂志》一直挺立着向世界报告和解释这里正在发生的一切。我想我们都明白最近10年中国所经历的一切对英国和美国的基督徒的价值和鼓舞,许多人只有通过我们的朋友乐灵生的写作才能知道这一切。他的杰出品格一直在鼓舞我们……”②假如乐灵生从美国到中国,希望在中国社会实现自己抱负的话,那么,这些身后的定论对他来说,或许是死得其所了。

(陶小路,上海大学国际教育学院讲师)

① Tributes from Dr. T. T. Lew's Address, *CR*, July 1940, pp.408－409.
② Tributes from Mr. Barr's Address, *CR*, July 1940, p.410.

近代社会与经济

上海巡防保甲局与近代城市治安管理的转变*

薛理禹

关于保甲制的研究成果，可谓"厚乡薄城"，就清代晚期的保甲制而言，亦是如此。宏观视野的研究著述，大多着眼于晚清乡村地域的保甲制实施情况，考察国家政权在乡村的控制能力，而对同一时期的城市保甲关注不多。①一方面，清末城镇维持着传统的保甲制，从而管控户口，维护治安，打击犯罪；另一方面，在一些大城市，尤其是东南沿海城市，为适应形势变化，在固有保甲体系之外，产生了新的治安管理机构——巡防保甲局（亦可简称"巡防局"或"保甲局"）。保甲局的组建和构成，其职能何在，其与传统保甲组织的异同关联，性质如何，功效怎样，不仅是探讨清末城市户口控制和治安管理的关键内容，同时也是清代晚期城市社会转型的重要体现。鉴于以往这方面

* 本文系教育部人文社会科学重点研究基地重大项目"从边缘到中心：东亚城市带的历史与未来研究"（20JJD770011）阶段性成果。

① 如萧公权：《中国乡村——19世纪的帝国控制》，张皓、张升译，九州出版社2018年版；王先明、常书红：《晚清保甲制的历史演变与乡村权力结构》，《史学月刊》2000年第5期；王宏伟：《晚清州县保甲组织探析：以直隶为中心》，《求索》2006年第3期；刘道胜：《清末保甲编制与村族社会治理》，《安徽师范大学学报（人文社会科学版）》2015年第5期。

的研究[①]为数不多,内容较为简略,许多要点尚未充分展开,笔者拟从晚清上海影响力最为广泛、刊载大量一手资讯的报纸《申报》中有关保甲和保甲局的新闻着手,考察晚清上海华界地区的保甲制实施与巡防保甲局的设置同职能情况,分析两者之间的关联,阐释晚清城市户口管控和治安维护的时代变化。

一、晚清上海巡防保甲局的组织架构

上海的地方志对于巡防保甲局的设立记载如下:"巡防保甲局,同治初年起巡道委员办理。城内五局:中局初赁民房,继设火神庙,后设常平仓;东局设鄂王庙;南局设宁海禅院;西局设万寿宫;北局设沉香阁。城外五局:十六铺中局设紫霞殿;南局设小九华;北局设古云台;二十三七铺局设小普陀,并分设十二图局于石街;西门外局设社稷坛余屋。其设各乡者为杨家渡、梅家弄、三林塘。以城内之中局为总巡,统辖各局。每局派防营兵驻防之。"[②]咸丰末期,太平天国兵临苏、浙,进逼上海时,上海的士人王韬向官府提出仿效租界巡捕房设立巡防局的请求,建议"城外宜设立巡防总局,与西官相为联络,派委干敏员弁专事讥察,以靖地方而缉奸宄也……所设巡防总局须与西国各领事衙门及巡捕厅相辅而行也。"[③]其后不久,上海县即开始设置巡防保甲局,时间与周边的江宁府城、杭州府城相近。[④]保甲局均位于城内外华界地带,不得设

① 如肖如平、蔡禹龙:《清末保甲与城市社会治理》,《唐都学刊》2012 年第 2 期;肖如平、蔡禹龙:《清末杭州城市保甲的演变与职能》,《杭州文博》2012 年刊。何益忠在《老城厢:晚清上海的一个窗口》(上海人民出版社 2008 年版)中第五章第一节"城市治安管理"中的"巡防保甲局的创办"部分概述了上海巡防保甲局的创办始末和主要特点。

② 民国《上海县续志》卷二《建置上 · 各局》。

③ 王韬:《弢园文新编》,李天纲编校,中西书局 2012 年版,第 198 及 202 页。

④ 根据同治《续纂江宁府志》及民国《杭州府志》的记载,两处保甲局亦设于同治初年(1862 年)。

于租界内，干涉租界事务。①

巡防保甲局是纯粹的官办机构。②其总负责官员称为“总巡”，由上海道员在下属官员中委派承担，一般均为兼职。例如光绪初年(1875 年)，上海巡防保甲局总巡即由任松江府海防同知(驻上海)的沈壬昌(字敷山)兼任。③又如光绪十六年(1890 年)上海道员聂缉椝委任上海洋务局提调三品衔江苏候补知府——长期担任会审公廨谳员的陈福勋为巡防局总巡。④各处分局的主管官员称“局员”或“委员”，亦由上海道员任免，分局局员多系候补官员充任，如：“本邑西南乡龙华镇巡防保甲局委员姚二尹近奉江海关道宪蔡和甫观察檄饬，另候差遣，所遗巡局事务以前货捐局委员江苏候补知县姜品珊明府应芳接办。”⑤

保甲局除总巡、局员等官吏外，还配备丁壮，承担随侍官员、巡逻查缉、捉拿押送人犯等事务，称为“局勇”“巡丁”或“差勇”。局勇多系驻地绿营调拨兵士充当，亦有由铺户捐资雇募的情况。⑥作为官方机构，保甲局人员的薪俸、粮饷及办公经费名义上由官方给

① 如“虹口巡防局设在三官堂门前，悬虎头牌二面。(租界)捕房麦总巡见之，以该处在租界之内，未便设立巡局，禀请蔡太守前往勘视，禀知新任海关道。谕该局员杨都戎将局改设租界外圆通寺地方云”。载《巡局迁移》，1890 年 4 月 25 日《申报》。

② 晚清地方诸局，或官办，或绅办，多有不同。上海除保甲局外，另设团防局(亦称团练局)维持治安，后者属于绅办。1908 年 3 月 28 日《申报》，《局员团董之际遇》：“前闸北巡防局员章茨莜二尹，与团防局董某君拿获盗犯七名，解县讯究，迄已二载。兹苏藩瑞方伯查阅前卷，以该局员与团董获盗有七名之多，功不可没，特札饬闸北巡警局总办汪观察详查该局员与团董履历，以资奖励。”“员”“董”称谓之不同，显然表明了两者性质的差异。

③ 《督办城厢内外总巡松海防分府沈告示》，1877 年 8 月 24 日《申报》。

④ 《沪上官报》，1890 年 11 月 13 日《申报》。陈氏官衔参见顾廷龙、戴逸主编《李鸿章全集》(33)，安徽教育出版社 2008 年版，第 315 页。

⑤ 《局员瓜代》，1898 年 10 月 28 日《申报》。《论巡防局不准擅理词讼》(1892 年 8 月 20 日《申报》)亦称“特设巡防保甲之局，以安插候补诸冗员”。

⑥ 《保甲章程》，1891 年 11 月 21 日《申报》。

付,“所有局员薪水已蒙道宪筹款致送。所有门牌纸张一切费用均由县中捐给,不取民间分文”。[①]但实际上也常常向民间摊派费用。[②]

二、保甲局的主要职能

晚清保甲局,专门担负户口管理、治安维护、惩治不法、防灾救灾、维持交通等职能,与日后的警察机构非常类似。

(一) 户口管理

对所辖人户进行户口登记和管理一直是保甲体系的重要职能。“每届冬令,各州县例须兴办巡防保甲事宜,稽查户口,颁换门牌,以安闾阎而戢盗贼,法至良也。”[③]晚清时,城乡保甲体系仍然维持,户口登记与门牌制作、更换和颁发,照例由基层保甲组织实施,而保甲局作为基层保甲组织的上级领导,主要行使督率职责。尤其在每年冬季来临,由保甲系统照例稽查户口,例如1893年年初“冬防”之际,上海知县“谕饬城厢内外各董事清查十家保甲册。前昨等日,各董事督同地甲、局勇按户稽查,次第开办”。[④]

(二) 治安维护

保甲系统对于社会秩序的作用,体现在事先的“防”和事后的“治”两个层面,当然两者时常结合。巡防保甲局的治安维护,主要是“防”的层面,表现为勇丁巡逻、特殊场所及人员监控等方面。上海自开埠后,“万国通商,五方杂处”,“匪徒最易溷迹”,治安情势复

---

① 《保甲章程》,1891年11月21日《申报》。

② “巡防局之设,或归官款,或派民捐。”载《整顿巡防说》,1892年11月11日《申报》。

③ 《委查保甲》,1898年12月4日《申报》。

④ 《整顿保甲》,1893年1月7日《申报》。

杂,保甲局特别组织勇丁“定以日夜,分班巡缉”以维护治安。[①]许多盗抢案件发生于夜深人静之时,故夜巡更显意义重大,巡防局委员也时常率局勇夜巡。从《申报》中常可找到局勇夜巡时查获不法人员的案例。例如光绪初年市郊虹桥镇“前夜有匪徒在柴堆放火,霎时烈焰飞腾。适逢该处巡防局查夜,巡丁帮同乡人救灭,即获到匪徒一人”。[②]夜巡对于治安维护的积极作用由此显而易见。

烟馆、茶肆、客栈、寺院、妓院等公共场所三教九流混杂,容易滋生犯罪,是保甲局日常稽查和治安监控的重点。尤其是鸦片烟馆,“查烟馆盗贼极便潜踪,城厢内外烟馆比户,且有以妇女掌柜,动辄深夜开灯,曲巷招客留宿过夜,不问来历,实为匪盗渊薮……除饬差勇、地甲巡缉外,本府不时亲查”。[③]《申报》中亦常有保甲局人员于巡逻稽查时在此类场所中查获不法行为的报道,如下面的这则案例:

> 本邑南市各处小茶肆中每多赌博之徒,虽经有司不时查究,无如锢习太深,下流难返。巡防保甲总巡委员戴子励大令曾颁示谕,列款通衢,并饬各分局从严拘办,以儆效尤。各局员奉谕后,莫不昼夜巡逻,四处查拿。一昨二十三七铺委员盛雨村二尹携仆带勇,徒行至赵家湾,见唐活全所设之茶肆内有箩间夫役团坐赌博,因饬勇进内,拿获押解回局,升座提讯。知唐为赌首,罪无可逭,判令重责一百板,又提吴金、周耀良、盛胜坤、姚阿金(即姚友三)等四人逐一研讯,同供均系浦东乡人,平日作挑夫糊口,闲暇无聊,偶尔违犯。二尹以其弃业嗜赌,实属不守本分,爰判各责五十板,具呈改过切结存案备查,觅保开释。[④]

---

① 《保甲章程》,1891 年 11 月 21 日《申报》。
② 《捉获火匪》,1879 年 12 月 22 日《申报》。
③ 《冬防中禁烟馆告示》,1878 年 10 月 31 日《申报》。
④ 《局员惩赌》,1898 年 5 月 17 日《申报》。

除此之外，上海水路纵横，河埠码头也是保甲局稽查重点，例如："本境河道自苏州河新闸大王庙以下至大桥谕饬沿河埠头留心稽查，随时登挂号簿……（黄浦江）其巡捕房起，至高昌庙止，各埠船只谕饬河快、埠头分图管理，逐日登挂号簿，送由委员随时抽查。如果来往船只之中，查有携带军械，或诱拐妇女情事，应即获住，送□听候酌量给赏。"①

保甲局除对重点场所加强巡察外，对于特殊人员亦强化监控。特殊人员主要是指"形迹可疑者，或系无业游民"，抑或无正当职业且有劣迹的"流氓"。针对此类人员，保甲系统除一般人口管制措施外，还要"于查造时饬令左右邻家出具五家互保切结，并在册内暗做记认，随时查察，倘有为匪不法情事，一体究惩"。②除了保甲基层组织，保甲局有时亦自行查访监控此类人员。例如光绪十九年(1893)间，保甲局发布文告，开列本地"流氓""匪徒"姓名，规定："凡此名列示后之匪徒，倘敢仍前作恶，不知改悔，准其捆送到官，或即指名控告，本委定当尽法处治，查例于面上刺字，以示与良民有别。仍造册籍按旬点验，交保管束。倘能三年无犯，准予除名，以开自新之路。"③《申报》中亦常有保甲局责惩流氓地痞的报道。

（三）惩治不法

惩治不法人员，是保甲系统"治"的层面。包括对不法人员的缉捕和惩罚两个方面。对于犯罪人员，缉捕主要由县衙的捕快承担，而保甲局也时常协助参与缉捕。例如《申报》报道："昨报载嘉定城内泰和银楼被劫一案，兹悉前日午后，经上海县捕役侦知，南市十六铺地界有强徒匿迹，即由捕头陆胜等会同是处保甲禀请巡查局委员派勇协拿，随获四名。昨早又在法租界跟踪而至城内，拿

① 《保甲章程》，1891 年 11 月 21 日《申报》。

② 《保甲章程》，1891 年 11 月 21 日《申报》。

③ 《访拿流氓示》，1893 年 7 月 3 日《申报》。

到一名，连赃一并解县，俟讯明后再行转解嘉定归案惩办云。"①

按照清朝既有典章，一般刑事案件须由地方正印官（如一县的知县）审理。保甲局有权独立惩治的不法行为，主要是破坏治安秩序行为（也就是西方国家的违警罪）和较轻的犯罪行为。

对于一般破坏治安秩序行为，保甲局官吏有直接惩处的权力。《申报》上有诸多相关报道，例如这一起过失引发火灾的案件：

> 昨午十二点钟时，邑庙内牛痘局门前凉棚失慎，以致尽行烧去，幸得无风，局房未曾焚着，其起火缘由，系铁匠公所内宁人放花炮，有余烬落于其上，以致肇焚。当经旁人将宁人获住，送巡防局惩治。经委员汪君讯问之下，谓虽系无心，然咎由自取，令当责一百五十板以儆，惟近地各店铺大有惊恐矣。②

尽管此次火灾未造成严重损失，但当事人毕竟存在过失，故保甲局委员判处对其笞责。根据《申报》的报道，保甲局处理的治安案件，除了失火、赌博等，主要系斗殴、寻衅滋事案件，具体案例如下：

> 流氓长根、德隆、阿毛三人前晚在本城西门内庄家桥地方途遇花炮作之虞林福，不知因何仇隙，围住寻衅，势甚□□□亦非懦弱之辈，两下辱骂良久，继而凶殴。虞究寡不敌众，败北奔逃，且受夷伤。细思心有不甘，遂投巡防保甲总局控告，总巡曹荃生明府准禀□下饬局差拘提长根等三人讯供，虞伸诉前情，明府讯悉阿毛等动辄滋事，饬将为首之阿毛笞责一百板，长根、德隆叩称小的年轻无知，听就阿毛指使，以后不敢再犯求恩。明府姑念苦求，从宽一并斥释。③

---

① 《盗案破获》，1877 年 5 月 24 日《申报》。

② 《凉棚被焚》，1876 年 9 月 6 日《申报》。

③ 《笞责流氓》，1896 年 1 月 14 日《申报》。

如果不法行为超过限度，构成较为严重的犯罪，保甲局即无权处理，需移送县衙由知县审理。下面的事例即为典型：

本埠南市鲜鱼帮船前月十四日集众捐赀，在祥记码头设立盂兰盆会，迨放焰口时，有光熙、顺发两人硬欲抢去台上之佛手等物，经会首呵止，以为俟事毕后来取未迟，何汲汲也。光熙、顺发老羞变怒，遂将台上铺陈毁其大半，即经会首将顺发送交二十三铺巡防局，委员讯得实供，饬责二百板释去。由是顺发、光熙怀恨在心，声称欲与会首拚命。前晚船帮中人即将光熙、顺发拉往十六铺地界，意欲与之评理，不谓顺发即袖出利刃，刺伤船帮人采荣麻皮数处，即由十六铺巡防局委员转送县署，昨早复经委员进署面述原委，故已将原被三人收押候讯云。

仔细读来，此事可分为两部分，前一部分是光熙、顺发二人在盂兰盆会上抢夺、毁损财物的行为，违反治安秩序，情节较轻，故由保甲局判令将顺发责打二百板。后一部分则是二人为报复，“声称欲与会首拚命”，结果用利刃刺伤他人的行为，已构成较为严重的犯罪——按照大清律，以刃伤人的处刑是杖八十徒二年。[①]鉴于这一处罚超出保甲局的权力范围，因此再度发案时，委员将涉案人员移送县衙交知县处理。

保甲局对于破坏治安案件的惩处方式，主要是杖责——杖数自数十至数百下不等，有时附加枷号，对情节较轻者，也有掌颊、申斥等处罚。但从《申报》上，笔者也发现了较重的肉刑处罚。例如，光绪二十四年(1898)，保甲局总巡判决将以往犯法被拘后脱逃，后又伙同他人用铁签刺伤捕役的罪犯王金生“命鞭竹梢四百下，旋命差役将其右耳割去，判枷一月，令巡捕营李哨弁派巡捕两名每日与地保押至犯事地方游行示众”。按照律例，笞杖数最高不过百(折

① 《大清律例通考》卷二十七《刑律·斗殴上》。

为四十大板），而亦无割耳肉刑。严格意义上说，保甲局的处罚，多属法外施刑，这亦从一个侧面反映晚清时地方司法的随意与严酷。

（四）防灾救灾

传统保甲系统对于火灾、饥荒、疫病等灾害，均有防灾与救灾之责。这一职能被晚清保甲局所承袭。例如预防火灾方面，即有巡防保甲局督责基层保甲置备防火器材的事例。“上海五方杂处，人烟稠密，民间屋宇檐桁相连，而城厢河道又系乘潮涨落，每虑失慎，取水为难。前于城厢内外各铺要道捐置太平水缸，储满清水，上用木盖，并饬巡防委员责成该处地甲随时添水照料，以备不虞。嗣轻查有水浅盖缺，又经示谕并札饬各委员督率保甲查明，一律添满修整。”①除防火救火之外，保甲局局勇也在会在火灾现场警戒，防止有人趁火打劫。②

（五）维持交通

交通对于近代城市的发展至关重要。二十三七铺巡防保甲分局鉴于来往车辆经常超负荷重载，对桥梁路面造成损坏，威胁交通安全，“修理之责虽在堂董，而保卫之法仍在居民，所以善于保卫者，惟有轻载一法。而不肯轻载者，半由车夫贪利，半由行户省费，不肯激发天良，其势全赖牧民者禁止。兹有车夫重载四五百斤黄豆硬上里仓桥，压坏桥石。本委目睹情形，□为痛恨，当即带回笞责示儆”，遂下令“嗣后重车不准上桥，必须运货过去，如敢故违，立提重究，决不宽贷”。③可见晚清上海的保甲局在传统的保甲职能之外，将维护交通亦纳入管理范围。

---

① 《储水防灾示》，1879 年 11 月 27 日《申报》。

② 如有报道：“二十日晚南市蔡阳衖失慎情由，昨已列入报中。惟为害最大者为严同春沙船号及同兴槽坊也。当时同春一所毁之布货等物并衣箱十八只，约共有三万余金之多，幸有各宪及巡防局勇丁弹压严切，不至为匪徒抢劫，亦不至伤人云。”载《续述南市失火事》，1874 年 8 月 5 日《申报》。

③ 《示禁重载》，1899 年 9 月 22 日《申报》。

三、保甲局与基层保甲组织的关联

晚清内乱外患频仍,各地局势动荡不安,自明代中期之后形成并不断推广的保甲制,在晚清时仍然在各地实施,以图管控人户,打击盗匪,维护社会治安。《申报》中亦不乏推行实施保甲制的相关报道。例如光绪十七年(1891),依照上级指令,署理上海知县袁树勋下令推行"十家牌法",并先后两次公布保甲章程。

纵览袁树勋颁行的保甲规条,除了严格的组织架构外,以维护治安、查举不法行为为主要目的,与民众动员御盗密切结合,[①]并以物质奖励和连坐法等刑事责任从正反两面保障实施效果,这些特点都是传统保甲法的共性。

其与以往保甲法规最大的区别在于,将保甲局与传统的基层保甲系统密切结合,建立了自上而下的"巡防局—图—牌—户"多级保甲体系。图的保甲头目称为"图董","选举图中公正诚实之生监职者以司稽察之事。大(图)选立二董,中小之图选立一董,由县给发印谕,俾专责成"。[②]

"牌"的头目称为"牌长",管理百家,"以十家为牌,十(笔者注:疑为'每'之讹误,章程前文中说明"每牌应举一长,专司稽查")牌之中,应由本图举立牌长一人,专司稽查"。[③]"至小村户口畸零不及十家者,准以五家、四家为牌,不必拘定成数。"

每户须设保甲门牌,"凡造门牌,必须注明户口年岁、向作何

① "每牌公置铜锣一面,号灯十盏。倘因村户贫苦不能集资备办,应由每家各置竹梆一个,凡遇有警,当击梆锣。邻牌闻声,立时传击以应,此村传至彼村,合力兜捕,并须分扼要路,以防窜逸。"载《上海县示》,1892年1月19日《申报》。

② 《上海县示》,1892年1月19日《申报》。

③ 《保甲章程》,1891年11月21日《申报》。下文相关引文未注出处者,均引自此两处。

业”。但士绅和巨商富户则系例外，“至绅富之家以及典当大铺，或资本在五百千以上，实为附近居民所深悉者，概免编给，只须将某姓、某铺登列册内，以杜纷扰”。以往明代与清代前、中期的保甲规条中，不乏把士绅置于保甲编制和监管之外的案例，但这里将富户和“典当大铺”同样豁免保甲义务，则系以往所罕见，可见晚清资本主义发展对开埠城市的社会状况影响改变之深。而针对“草棚小户”或者“形迹可疑之户”，则制定了更为严格的监控手段。

以往，州县官府并无专门负责保甲事务的机构，基层保甲头目一般直接对知州、知县等掌印官负责，而时至晚清，保甲制则将基层保甲置于保甲局的领导辖制之下，基层保甲头目对保甲局官吏负责，“各图之中遇有争角细故，准予赴局禀明理处”。“各牌之中如有迁移别处、病故、外出者，应由牌长随时报知图董或局中委员，分别注明开除，有新入者亦须报明添列，不得隐漏。”

除“图董”“牌长”等基层保甲头目外，当时上海亦有“地甲”(亦称“小甲”)等承担某些保甲职能的基层人员。①地甲同样受保甲局的督率管理，且地位较为低下，如果履行职责有疏失，往往遭受官府的刑罚。例如上文提及的保甲局督责地甲置备水缸储水防火之事，“无如日久玩生，木盖半皆朽坏。前日刘道宪复申禁令，并饬巡防局传谕各段地甲修理，如遇缸中水少，务须挑满。讵料地甲等转将缸水挑用，被中局委员访知，于昨日立传惩责，想以后不敢再违宪谕矣”。②保甲局系官府职能部门，总巡、委员等均系命官，而地甲则与衙役类似，常被时人视为贱役，地位有云泥之别。

① “地甲”的性质职能及其与保甲制之关联问题较为复杂，本文限于篇幅不作展开，参见邢赛男：《清代地保与地方社会研究》，河南大学硕士学位论文，2017 年。

② 《违谕被责》，1878 年 12 月 9 日《申报》。

四、巡防保甲局之功效评价

保甲局作为治安管理行政机构，在户口管理、维护治安、惩处违法犯罪行为方面有重要职责，从实际情况看也发挥了相当作用。《申报》中不乏相关正面报道，光绪二十二年(1896年)的这一则报道即为典型：

刻下匪徒日多，拐风日炽，城中时有小孩被拐之事。前日下午县署某姓于二点钟时失去男孩一名，年已六岁，面目秀美，父母爱如掌珠。至傍晚时，鸣锣呼寻，遍历街衢，终无下落。昨晨见有招贴，方知经江苏抚标沪军营左哨八棚某哨弁现办西门外三官堂巡防保甲局差使收留，喜不自胜，当即前往认领。某哨弁称，小孩被匪拐至西门外时，已将晚，该孩见无熟人，沿途啼泣，局勇见有可疑，上前拦阻，匪徒乘间逃逸。爰将此孩留住一宵，揭贴招领云云，并派兵将小孩送回县署，问明交领。某甲称谢不遑也。①

但是，亦有众多有关保甲局作用的报道和评论是负面性的。例如这一则报道就给人啼笑皆非之感：

新闻地方设有巡防局，原所以稽查匪类、藉安间甲者也。昨闻该局有衣服曝在庭中，被贼窃去官纱短衫裤一副。当经该局传地保、捕役等赶紧踊缉，务期人赃并获云云，是亦未免可笑矣。②

保甲局自身财物尚且无法看顾，遑论维护社会治安。晚清的上海，华界与租界各有行政管理体系。华界治安由保甲局维持，租界则完全移植西方警政，设巡捕房维护秩序，世人评价两者之功

① 《合浦珠还》，1896年6月1日《申报》。

② 《贼窃巡防局》，1878年7月30日《申报》。

效，大多扬巡捕房而抑保甲局。《申报》的评论充分体现这一点：

> 凡设巡防局之处，匪类仍复独往独来，如入无人之境，穿窬肢箧无论矣，竟有乘旅客孤行逞强，攫物如飞而去者，又有乘妇女莲步娉婷，攫取臂钏簪珥者。地近城关，时当薄暮，而匪类之出没无常已。如此更何论距城稍远之处，夜深人静之时耶？租界之中虽亦有宵小窃物，亦有匪类于深夜时攫取物件，然皆在幽僻之处，为巡捕足迹之所不常到。若辈尚得乘间窃发，至若通衢大道，廛肆云连，巡捕络绎往来，则绝未闻有此等事也。夫巡防局之与巡捕房用意相同，而其得力与不得力则大相悬绝。①

巡防保甲局功效不及租界巡捕房，究其原因，主要有以下几点：

(一) 从人员协调和装备配置来看，租界巡捕均优于华界局勇

人员方面："西例之设巡捕，络绎梭巡，昼夜不倦，白日既无肆劫之隙，深夜亦无下手之处。而且满街呼应，合境联属。"②"大抵巡捕每处总有数十名，方敷分布；而局勇则寥寥无几，岂能责以巡查，不得力者一。巡捕派定地段，分昼夜两班更替梭巡，雨雪风霜毫无间断；而局勇则每夜巡哨一次，虚应故事外，几可以任意逍遥，绝不往来稽察，不得力者二。巡捕有三道头、副捕头、总捕头互相箝制，遇事有所禀承，指臂联为一气；巡防委员虽有总局、分局之别，然名虽统属，实则歧，趋势既散漫而无，稽事亦固循而莫振，不得力者三。"③装备方面，租界巡捕"偶有警急，则号筒一吹，宏声远达，加以叫子则又清响细亮，四面传闻无不加紧协助，如飞而来。况有电线通信，瞬息之间各捕皆知，故盗虽凶悍，不敢轻于尝试。

① 《整顿巡防说》，1892 年 11 月 11 日《申报》。

② 《论巡捕不足御盗》，1878 年 10 月 11 日《申报》。

③ 《整顿巡防说》，1892 年 11 月 11 日《申报》。

较之中国巡防保甲之设，殊觉立法精良，简而不紊，故捷于收效也”。①租界巡捕人数众多，四处巡逻，配备警哨，紧急时能够互相策应支援，加之先进通信工具助力，自让华界的保甲局丁勇望尘莫及。

（二）晚清官场腐败异常，官僚主义、形式主义、奢靡风气自上而下侵蚀，直接影响了巡防保甲局的执法功效

《申报》对保甲局官僚履职时的不正风气有着具体生动的描述：“当夫夜漏三商，委员端坐舆中，随带巡勇四五名，前导有绷灯两盏，在街市热闹之处游行一周，差保见之，必上前请安，垂手立道旁。委员顾而乐之，以为足以张扬声势，夸耀市廛，比其回也，或偃息局中，或另居馆舍，华胥一枕，不知东方之既白，日间无所事事，则惟与淫朋狎友，纵酒、看花、樗捕、六博。局勇见委员如此，遂亦各寻乐事，而不复念及分内所有之事，荒嬉玩愒，习以为常。奸宄安得而不充斥地方，安得而不滋扰？”②保甲局上至委员，下至局勇，执法敷衍懈怠，夜巡徒具形式，实际功效可想而知。

（三）保甲局官吏越俎代庖，越权干涉民事诉讼，亦引人侧目

按照清代司法制度，州县审理案件的权力由正印官（知州、知县）掌握，然而到晚清时，这一制度实际已为新设的职务改变。“尝见近来州县往往名为知州，不知州事；名曰知县，不知县事。彼非真不知也，特所知者为某州可征粮若干，某县可征银若干。官之所入平余几何，耗银几何是则无不知之。而独于高坐堂皇，为民间判曲直辨是非，则曰是有帮审者；在治道路防盗贼，则曰是有巡防局。在正不知于词讼，则委之帮审；于保甲，则委之巡局。”③鉴于当时诸法合体，民、刑法界限模糊，保甲局在获得部分州县官赋予的司

① 《论巡捕不足御盗》，1878 年 10 月 11 日《申报》。

② 《整顿巡防说》，1892 年 11 月 11 日《申报》。

③ 《论巡防局不准擅理词讼》，1892 年 8 月 20 日《申报》。

法权力后,某些官吏亦逐步染指民事纠纷,甚至以权谋私,受贿枉法。“彼为局员,有又不免受宠若惊,不以地保、差捕自视,俨然自以为无异于地方官,有时小事细故,民间或有贪便而呈控于局者,局员亦遂为之判断。且其巡行之时,随带巡勇,携有竹蔑,发落犯夜之人,彼遂以为有可以打人之权,而公然坐堂问事,□为之下,有更以狐假虎威,借端勒索,甚至无风生浪,任意鱼肉。盖地方官既分其权于巡防局员,而巡防局员又分其权于局勇、差保,其弊且将较前为尤甚,而上宪特设巡局以安闾阎之意全失矣。”①不仅官吏介入裁判民事纠纷,一些局勇亦参与其中,敲诈勒索民众。更有甚者,保甲局官吏对于轻微案件亦时常刑讯逼供,滥施酷刑,进而酿成人命惨剧,例如:“去腊本邑浦东烂泥渡巡防局高介臣二尹纵容局勇妄责无辜,逼毙民妇。江海关道聂仲芳观察饬城厢内外总巡叶临恭司马查得事皆属实,未便任其稔恶殃民,遂于二十八日撤去差使,另委南市二十三七铺局员黄衡堂二尹前往接办。”②《申报》曾尖锐地批评保甲局官员越权揽讼之弊政:

> 其有自号勤能者,又皆舍分内应办之事而管分外不当办之事,遇有户婚钱债之类,往往滥受呈词,率行判断,其尤甚者,竟以板责从事,居然南面升座,耀武扬威。前此新闸巡防局因卖牛一案,遂致乡曲农氓毕命于刑求之下,此尤彰明较著,不满于清议者也。此外遇事生风,借端苛□,为闾阎之所侧目,士林之所忿恨者,正复不一而足。独不思国家设官分职,本有常经,佐贰微员,不准擅受民词。如有违者,一经访问,即登白简,立法何等森严。盖民间如有不平事,尽可赴正印衙门呈控,责司巡防者本不应强行干预,即有距县治稍远之处,就近赴巡防局控诉,局员只能将人证移送县署请办,本不

① 《论巡防局不准擅理词讼》,1892 年 8 月 20 日《申报》。

② 《局员改委》,1894 年 2 月 9 日《申报》。

应率尔判断,致开坏法侵权之渐。无如相沿日久,率意妄为,几不知定制之所在,此诚可为太息痛恨者也。①

保甲局官吏越权揽讼不仅为舆论所抨击,也受到上级官员的关注与约束。“昨接苏友函报□苏抚奎大中丞访知小民偶有微衅至保甲局控诉者,局差多方需索以饱私囊,此种刁风深堪痛恨。因于某日面谕印委各员,凡遇词讼,巡防局不得擅自清理,且更不准滥用官刑,务须移送有司为之办理。”②尽管巡抚下令保甲局官吏不得越权染指民间诉讼,但这一陋习显然并未根除,此后《申报》涉及此类的报道仍时有所见。

五、结语:清末巡防保甲局向警察局的转型

晚清的上海不仅租界内日新月异,华界也在逐渐进步,城市的发展不仅体现为科技、交通、文化等方面的变革,也反映在管理制度上的完善。晚清的巡防保甲局,是旧时代的保甲制度转型为新时期的警察制度过程中的过渡产物。尽管保甲局客观上对维护城市治安亦有功效,但相比于完全移植自西方的租界内的巡捕制度,则存在明显的弊端。在清末变法图存的改革浪潮中,移植西方警政制度,建立全新的城市治安管理体系,是大势所趋。光绪二十八年(1902 年)袁世凯在直隶创设巡警后,这一制度在全国陆续推行,渐次取代传统的保甲制,巡防保甲局也为新设的警察局所取代。光绪三十年(1904 年),“苏松太兵备道袁海观观察前拟将本邑城厢内外各处巡防保甲局暨浦东各局一律改为警察分局,就本邑各防营内遴选勇丁编为警察勇以便分巡各处,刻已申禀督抚两

① 《整顿巡防说》,1892 年 11 月 11 日《申报》。

② 《论巡防局不准擅理词讼》,1892 年 8 月 20 日《申报》。

宪请示遵行矣”。[1]此后，上海的各处巡防保甲局陆续裁撤，职能为警察局所取代。然而，这一过程持续长达数年，直到辛亥革命爆发前夕仍未告竣。[2]民国建立后，上海残存的两处巡防局——引翔港巡防局与曹家渡巡防局在警察局辖区调整中被取消归并，这一晚清特殊的治安管理机构最终步入历史。[3]

（薛理禹，上海师范大学都市文化研究中心研究员、历史系副教授）

① 《拟改警兵》，1904 年 9 月 28 日《申报》。

② 如“巡警总办汪观察拟将第五班毕业各生派赴北新泾、江湾二处站巡，已志前报。兹汪总办查得北新泾镇前由沪道设立巡防保甲局，现在既设警察，似应裁撤，因于前日移文沪道，请将该镇原设巡防局迅即裁撤，以节糜费。闻蔡观察已允准照办矣”，载《北新泾保甲局将次裁撤》，1909 年 5 月 14 日《申报》。

③ 《淞沪警察厅之组织》，1913 年 5 月 18 日《申报》。

从“乡村建设”到“县政建设”：燕京大学与洛克菲勒基金会的“华北项目”*

李伟玉

1933年4月25日，燕京大学社会学系主任许仕廉在致燕大校长司徒雷登的信中提到了他最近听到的一个“传闻”：美国洛克菲勒基金会正考虑在中国发起一个综合性的乡村建设项目，燕京大学很可能会在其中占有一席之地。① 在此之前，燕大社会学系已经在邻近北平北郊的清河镇附近建立了“清河试验区”，并以之作为开展乡村建设实验和人才训练的基地。② 如能获得洛克菲勒基金会新项目的资助，对燕大的乡村建设事业而言无疑是一个重要机遇。为此，燕大以法学院尤其是该院下属的社会学系为中坚在此后做了持久的努力，并最终成功参与到了这一后来被正式称为“华北项目”(Program for North China)的事

* 本文得到国家留学基金委公派联合培养博士生项目(2019年)的资助。

① “Letter from Leonard Hsu to J. L. Stuart,” April 25, 1933. United Board for Christian Higher Education in Asia Archives (UBCHEA), RG 11, Box 322, Folder 4925, Yale Divinity School (YDS).

② 关于燕大“清河试验区”的基本情况，可参见张德明《教会大学与民国乡村建设——以燕京大学清河实验区为个案的考察》，《北京社会科学》2013年第2期。

业之中。[①]

大体而言,洛克菲勒基金会的"华北项目"旨在资助并促进那些在农村研究、人才培养或乡建实验方面已有一定基础的机构之间的合作,从而探索出乡村建设的新模式。[②] 对于这一项目的策划和实施过程,学界已多有论述。[③] 值得注意的是,几乎与洛克菲勒基金会关注中国乡建运动的同时,国民政府也发起了"县政建设实验",力图将民间自发的"乡村建设"纳入国家政权的轨道之中。到1930年代中期,这一倾向成为国内乡村建设运动的大势所趋。虽然洛克菲勒基金会在筹划"华北项目"之初并未强调政权的支持,但在这一历史背景下,最终也将政权视为了中国乡村建设取得成功的重要因素。作为"华北项目"的核心参与机构,燕京大学在这一过程中发挥了至关重要的作用。

在既有研究中,"县政建设实验"对"华北项目"的影响以及燕大在其中的作用尚未得到充分的讨论。本文将以燕京大学与"华北项目"的关系为中心,重建洛克菲勒基金会在中国所发起的这一乡村建设项目走向"县政建设"的过程,及其对燕大乡村建设人才

① 1930年燕大法学院成立时,社会学系本隶属该院,但在教育部的要求下于1932—1934年一度被划归文学院,但一直与法学院的政治、经济两系在经费等方面保持密切关系。1934年以后,社会学系回归法学院。

② 由于"华北项目"是1930年代以后洛克菲勒基金会在华事业的重心,在当时的一些文献和后人的研究中,"华北项目"有时也被称为"中国项目"(China Program),但严格而言,"中国项目"还包括一些其他相对较小的资助计划,故本文使用"华北项目"一词。

③ 主要成果可参见：J. C. Thomson Jr., *While China Faced West*: *American Reformers in Nationalist China*, *1928 - 1937*, Cambridge, MA: Harvard University Press, 1969, pp.122 - 150；马秋莎：《改变中国：洛克菲勒基金会在华百年》,广西师范大学出版社2013年版,第350—372页；王先明、徐勇：《华北农村建设协进会述论(1936—1942)》,《历史教学》2015年第4期;张瑞胜、R·道格拉斯·赫特：《壮志未酬：洛克菲勒基金会在中国农村(1934—1944)》,《中国农史》2017年第3期;陈一飞：《华北农村建设协进会研究(1935—1942)》,山东大学硕士学位论文,2018年。

培养模式的重塑。

一、洛克菲勒基金会的“华北项目”与燕大的乡建人才训练规划

洛克菲勒基金会对中国乡村建设运动的兴趣可以追溯到1931年。当年夏天,时任基金会副主席的萨尔斯卡·甘恩(S.M. Gunn)在从欧洲返美的途中对中国进行了访问。在短短7周的时间里,甘恩考察了中国的40余个机构。其中,与中华平民教育促进会负责人晏阳初的会面,为他后来在基金会发起乡村建设项目种下了种子。① 作为中国乡建运动的先锋,晏阳初向甘恩详细介绍了平教会在河北开展的“定县实验”,并深深打动了后者。在为此次访华所写的报告中,甘恩称平教会的“定县实验”是他“所听到的最为激动人心的描述之一”,并且认为,这一运动在未来几年的发展很可能“会给中国面临的诸多问题带来答案”。虽然甘恩也听到了一些人士对“定县实验”的负面看法,但他却对晏阳初的计划充满信心,认为“晏阳初和他的团体将会取得成功”②。正如兰安生(John B. Grant)后来所说:“没有晏阳初,萨尔斯卡·甘恩和洛克菲勒基金会绝不会有开启华北项目的机会。”③

甘恩在中国的所见所闻使他确信,洛克菲勒基金会有必要加大在中国的投入。为此,他在报告中建议基金会派遣一位负责人常驻上海,以总揽基金会在中国的各项事务。甘恩的建议得到了

① J. C. Thomson Jr., *While China Faced West: American Reformers in Nationalist China, 1928–1937*, pp.125, 136.

② S.M. Gunn, “Report on Visit to China, June 9th to July 30th, 1931,”1931, pp.85–86. Rockefeller Foundation Records, RG 1, 601 China, Box 12, Folder 129, Rockefeller Archive Center (RAC).

③ 马秋莎:《改变中国:洛克菲勒基金会在华百年》,第357页。

基金会方面的认可，并被认为是他所提出的这一新职位的最佳人选。1932 年秋，作为基金会的特别代表，带着为基金会在中国策划一个新项目的使命，甘恩再次来到中国。① 如果说首次来华时，乡村建设运动仅仅是给他留下了深刻印象，那么此次在中国一年多的工作则使他深信，洛克菲勒基金会在中国的新项目应该围绕乡村工作而展开。可以推测，至晚在许仕廉向司徒雷登提到前述“传闻”之时(1933 年 4 月)，甘恩的这一想法已经基本形成并开始为外界所知。

在一年多的考察和谋划之后，甘恩在 1934 年年初完成了一份名为《中国与洛克菲勒基金会》(“China and the Rockefeller Foundation”)的长篇报告。在报告中，他正式向基金会提出了积极介入中国乡村建设的策略。在他看来，虽然基金会在很多方面都可以有所作为，但“我们在将来所给予的援助的相当一部分应该投入那些能够提升农村人口福祉的活动上”②。与此同时，他也指陈了中国乡村建设运动普遍存在的几大弊病。首先，各乡建团体各自为战，彼此之间缺乏有效的合作。其次，训练有素的乡村工作专门人才极为匮乏，“中国的教育机构显然没能培养乡建各领域所需要的足够数量的人才”。再次，即使在少数提供这类教育的地方，培养的方式也多停留在理论上，缺乏实践方面的训练。③ 但他同时指出，正是在弥补这些不足方面，洛克菲勒基金会能够大有可为。④

---

① J. C. Thomson Jr., *While China Faced West*: *American Reformers in Nationalist China*, *1928—1937*, pp.128 - 129.

② S.M. Gunn, “China and the Rockefeller Foundation,” January 23, 1934, p.40. Rockefeller Foundation Records, RG 1, 601 China, Box 12, Folder 129, RAC.

③ J. C. Thomson Jr., *While China Faced West*: *American Reformers in Nationalist China*, *1928 - 1937*, p.136.

④ S.M. Gunn, “China and the Rockefeller Foundation,” January 23, 1934, p.43. Rockefeller Foundation Records, RG 1, 601 China, Box 12, Folder 129, RAC.

以上述判断为基础，甘恩进一步提出了被他命名为“华北项目”的合作计划。经过一年多时间与各方的交流，甘恩最终在报告中将以下 6 个机构纳入了建议资助计划：燕京大学“农村管理所”(The Institute of Rural Administration)、平教会、南开大学经济研究所、华北工业改进社、金陵大学农学院和协和医学院公共卫生系。① 1934 年年初，甘恩回到美国后将这份报告亲自呈交给了洛克菲勒基金会董事会，并得到了后者的支持。同年 12 月 21 日，基金会在经过充分考虑后做出决议，从 1935 年 7 月开始拨款 100 万美元资助中国的乡村建设项目，为期暂定为 3 年。② 1935 年 2 月，甘恩再次回到中国，在兰安生的协助下，共同推进这一项目。③ 虽然此后实际参与这一项目的中国机构有所变动，但燕大一直是重要的被资助对象。

燕大之所以能够获得甘恩的青睐，很大程度上应归功于当时已名声渐播的“清河试验”。1931 年首次来华期间访问燕大时，甘恩就已经对该校清河试验区的工作有所了解。④ 1932 年 11 月底，甘恩再次来到燕大，又在校长司徒雷登的陪同下对清河试验区做了实地考察。⑤ 虽然根据陈志潜晚年的回忆，甘恩对清河试验区的印象并不甚佳，⑥但作为一个由高等教育机构主持的乡建事业，

---

① S.M. Gunn, “China and the Rockefeller Foundation,” January 23, 1934, p.45. Rockefeller Foundation Records, RG 1, 601 China, Box 12, Folder 129, RAC.

② J. C. Thomson Jr., *While China Faced West*: *American Reformers in Nationalist China*, *1928 – 1937*, pp.138 – 139.

③ “China Program Preliminary Interim Statement,” October 1935, p.2. Rockefeller Foundation Records, RG 1, 601 China, Box 12, Folder 130, RAC.

④ S.M. Gunn, “Report on Visit to China, June 9th to July 30th, 1931,”1931, p.55. Rockefeller Foundation Records, RG 1, 601 China, Box 12, Folder 129, RAC.

⑤ 《葛恩博士等参观清河试验区》,1932 年 11 月 25 日《燕京报》。

⑥ Interview with Dr. C. C. Chen (Chen Zhiqian), November 15, 1985, Berkeley, California. 转引自 Yung-chen Chiang, *Social Engineering and Social Sciences in China*, *1919 – 1949*, New York: Cambridge University Press, 2001, p.65。

“清河试验”的一大特点“即在注重人才之训练”①，亦即将试验区作为培养乡村工作人才的一个实习基地。可以说，这种做法与甘恩理想中的乡建人才训练方式若合符节。只是，“清河试验”无论在规模和成效上，都难以与晏阳初的“定县实验”相提并论，难以承担大规模的人才训练。因此，他建议燕大与平教会相互合作，以定县实验区作为农村建设人才的训练基地。② 这样既可以发挥燕大的学术优势，又可以利用定县既有的乡建设施。

在此前后，燕大也开始主动向外界表明为乡村建设运动训练人才的雄心。1934 年 10 月，由乡建界各团体参加的第二次“乡村工作讨论会”在定县召开。会议前夕，张鸿钧撰写了《大学教育与农村建设》一文，发表于《民间》半月刊的“乡村工作讨论专刊”。他在文章中强调，大学教育应承担起为乡建运动培养人才的责任。③虽然并未直接提及燕大，但作为该校农村工作的干将，张鸿钧在文中所讲的显然就是燕大的计划。讨论会召开时，燕大乡村建设的另一位领袖杨开道则在报告中开宗明义地向与会人士宣称：“燕京大学对于农村工作的贡献，不是利用现有的人才，拉走人家的人才，而是在制造无数的人才，供给国内任何农村工作机构。”④表面看来，作为高等教育机构，燕大的此种自我定位颇为自然。但从历史背景看，杨开道、张鸿钧等人在此时特别强调这一点，无疑是对甘恩“华北项目”的一种积极回应。

需要指出的是，甘恩前述报告中所说的燕京大学“农村管理

---

① 张鸿钧：《清河社会试验·序二》，燕京大学社会学系 1933 年，第 1 页。

② S.M. Gunn, “China and the Rockefeller Foundation,” January 23, 1934, pp.45－46. Rockefeller Foundation Records, RG 1, 601 China, Box 12, Folder 129, RAC.

③ 张鸿钧：《大学教育与农村建设》，《民间(北平)》第 1 卷第 11 期，第 36—39 页。

④ 杨开道：《燕京大学农村建设工作》，章元善、许仕廉编：《乡村建设实验第二集》，中华书局 1935 年版，第 117 页。

所"仅是一个尚在筹划中的机构,从他对这一机构之功能的描述看,它应该就是1934年秋正式成立的"燕京大学农村建设科"的前身,对应的英文名称后来也被调整为"Yenching Institute of Rural Reconstruction"。关于农村建设科的创设因缘,杨开道后来做过简略的回忆:"燕大1934年秋也成立了一个'农村建设科',委派我当主任,以为法学院的经济、政治、社会三个学系及文学院的教育系,索取洛氏基金会的钱。"①换言之,农村建设科实际上是燕大为了获得洛克菲勒基金会的资助而专门发起的,旨在整合法学院以及其他各学系有关农村建设的师资和课程,"树立一种共同农村建设课程,以谋普通农村工作人员之养成"②。1934—1935学年,共有10名本科生和3名研究生加入了这一项目。③ 然而,作为"一时权宜之计",农村建设科仅仅存在了一年,就在燕大农村工作的进一步调整中取消了。④

农村建设科的设立只是燕大重新规划乡建人才训练项目的一个初步尝试。大约在1935年3月,燕大决定放弃农村建设科的组织方式,将有关农村的课程融入到常规的教学之中。⑤ 为了做出更长久的规划,燕大于同月成立了"乡村训练委员会"(Committee for Rural Training),由许仕廉担任主席。值得注意的是,作为实现甘恩"华北项目"之努力的一部分,委员会的人员组成充分体现了各机构通力合作的意图。除杨开道、张鸿钧、梅贻宝等燕大教师以外,受邀参加委员会的还有南开大学经济研究所所长何廉、平教

① 杨开道:《我所知道的乡村建设运动》,全国政协文史资料委员会编:《文史资料存稿选编 教育》,中国文史出版社2002年版,第1085页。

② 《燕京大学法学院农村工作近状报告》,1935年9月10日《燕京新闻》。

③ "Yenching Institute of Rural Reconstruction," June 1935. Rockefeller Foundation Records, RG 1, 601 China, Box 23, Folder 209, RAC.

④ 《燕京大学法学院农村工作近状报告》,1935年9月10日《燕京新闻》。

⑤ "Letter from J. L. Stuart to S. M. Gunn," March 4, 1935. Rockefeller Foundation Records, RG 1, 601 China, Box 22, Folder 201, RAC.

会农村教育部主任瞿世英和卫生教育部主任陈志潜。经过两个多月与各方人士的商讨，委员会于 5 月 12 日召开了第一次正式会议。委员会提出，根据燕大的现有优势，并考虑到与南开和定县两方面的协调，燕大可以围绕以下 6 个领域发展乡建教育项目：农村工业、农村合作、家政、乡村教育、社会行政和地方行政。① 同年 6 月，司徒雷登根据委员会提出的预算，向甘恩提出了 5 万元的经费申请（1935—1936 学年）。② 尽管甘恩认为这一计划“野心过大”，对预算作了一定程度的削减，但基本上满足了燕大方面提出的请求。③

然而，燕大与定县实验区的合作却并没有因之而取得实质性的进展。尽管在甘恩的建议下，司徒雷登和晏阳初在 1934 年就已当面“达成协议”，确定了“燕京大学同定县进行合作”，但双方并没有就合作的具体方式达成一致。④ 燕大与定县合作进展的缓慢，仅是参与“华北项目”的各机构之间矛盾冲突的一个缩影。甘恩在 1935 年 9 月给基金会主席麦克斯 · 梅森（Max Mason）的信中感慨，他在促使中国各机构合作方面遭遇了“出乎意料的失望”，甚至

① 本段以上内容参见：Leonard S. Hsu, “A Statement of Explanations to the Interim Report of the Rural Training Committee of Yenching University, Embodying the Minutes of the First Meeting of the Committee Held on May 12, 1935,” pp.1 – 3. Rockefeller Foundation Records, RG 1, 601 China, Box 23, Folder 209, RAC。

② “Letter from J. L. Stuart to S. M. Gunn,” June 29, 1935. Rockefeller Foundation Records, RG 1, 601 China, Box 22, Folder 201, RAC.

③ 由于燕大法学院 1928 年获得的劳拉 · 斯佩尔曼 · 洛克菲勒纪念基金（The Laura Spelman Rockefeller Memorial）的资助 1935 年已到期，甘恩建议将该项资助延期，并承担预算中的 2.5 万元，“华北项目”在此基础上再资助 19 200 元，如延期资助未被批准，则由“华北项目”承担全部的 44 200 元。见“Letter from S.M. Gunn to Max Mason,” September 25, 1935. Rockefeller Foundation Records, RG 1, 601 China, Box 22, Folder 201, RAC。

④ 《复兰安生》（1934 年 6 月 6 日），宋恩荣主编：《晏阳初全集》（第 4 卷），天津教育出版社 2013 年版，第 415 页。

认为这是他所面临的最主要的困境。[1] 在这样的情况下,燕大显然无法依靠定县作为乡建人才训练的基地。

不过,这一年里,燕大却在山东省获得了新的机遇：1935 年秋,作为燕大教授的张鸿钧被任命为山东省“汶上县政建设实验县”县长。在此后一年多时间里,汶上县成为燕大乡建人才训练的中心。

二、燕京大学的汶上实验：县政建设与人才训练

1932 年 12 月 10 日—15 日,国民政府内政部在南京召开了“第二次全国内政会议”。值得注意的是,除政府官员以外,乡村建设界的诸多领袖人物,如平教会的晏阳初、李景汉,山东乡村建设研究院的梁漱溟、梁仲华、王怡柯等人也受邀参加了会议。[2] 这次会议的主题之一,是与乡村建设运动密切相关的“县政改革”和设立“县政建设实验区”的问题。会前,内政部根据对定县、邹平等乡建实验区的考察草拟了《县政改革案》,指陈了现行县政府制度的诸多弊端并提出了改革方针。根据该案的精神,内政部进一步制定了《各省设立县政建设实验区办法》。按照该《办法》,各省可以“以县为单位”设立“县政建设实验区”。经过行政院和国民党中央的批准后,该《办法》于 1933 年正式颁布。[3] 作为一个由国民政府和乡建领袖协商而创造的新名词,“县政建设”实际上同时包含着

---

① “Letter from S.M. Gunn to Max Mason,” September 9, 1935. *100 Years: The Rockefeller Foundation*, https://rockfound.rockarch.org/digital-library-listing/-/asset_publisher/yYxpQfeI4W8N/content/letter-from-selskar-m-gunn-to-max-mason-1935-september-09.

② 郑大华:《民国乡村建设运动》,社会科学文献出版社 2000 年版,第 110—111 页。

③ 李伟中:《20 世纪 30 年代县政建设实验研究》,人民出版社 2009 年版,第 49—51 页。

"县政改革"和"乡村建设"两重含义。①

这一政策确定以后，在山东乡村建设研究院的谋划下，山东省政府于1933年年初决议，暂以邹平、菏泽两县为县政建设实验区范围，但"于必要时得扩充为数县"。② 与此同时，乡建研究院也被赋予了"县政建设研究院"的名义，"以教育机关兼为行政机关，对各县有指导监督之权"。③ 换言之，山东省的"县政建设"事业，从大政方针到人员任命，虽然在形式上需要经过省政府的批准，但实际上都掌握在以梁漱溟等人为领袖的乡建研究院的手中。

燕京大学社会学系与梁漱溟及山东乡村建设研究院早有联络。早在1926年，社会学系就曾试图邀请梁漱溟来燕大，以"孔子的社会理论"为题做系列讲座。④ 杨开道、许仕廉、张鸿钧3人还曾以燕大社会学系教授的身份在乡建研究院兼职。⑤ 不过，使燕大后来在山东获得汶上县实验权的关键人物还不是梁漱溟，而是研究院另一位领袖梁仲华。1934年夏，张鸿钧在与友人私下谈话时曾经透露自己"想到山东弄个县长干干"，并直言可以依靠与梁漱溟"地位名誉都相等"的另一位在山东搞乡建的"梁"的推荐。⑥ 这位"梁"指的无疑就是梁仲华。梁仲华1922年毕业于北京大学法律系，是国内最早倡导"乡村建设"的重要人物之一，也是山东省

---

① 参见李伟中：《20世纪30年代县政建设实验研究》，第15—19页。

② 王伯平：《本院实验区之设立与进行》，《乡村建设》第2卷第21期，1933年2月21日。

③ 万永光：《梁漱溟先生及其在山东从事乡村建设的活动》，山东省政协文史资料委员会、邹平县政协文史资料委员会编：《梁漱溟与山东乡村建设》，山东人民出版社1991年版，第29页。

④ "Minutes of the Faculty Executive Committee Meeting, December 28, 1926," 燕京大学档案，北京大学档案馆藏，档案号：YJ26003-2。

⑤ "College of Public Affairs, Departmental Reports," May 1933. UBCHEA, RG 11, Box 314, Folder 4815, YDS.

⑥ 谷蓬园：《同张君鸿钧一段密秘谈话》，《燕大友声》第3卷第7期，1937年5月15日。

乡村建设研究院的首任院长。1934 年,梁仲华辞去院长一职,回北平“居丧守孝”,其时正值燕大法学院创设农村建设科,一度受后者邀请在燕大任教。① 可以想见,在此期间,梁仲华与张鸿钧等燕大乡建领袖的关系日益紧密。

1935 年 7 月,随着山东乡村建设运动的发展,山东省政府决定在济宁设立“县政建设实验区长官公署”,以济宁、郓城、菏泽、汶上等鲁西 14 县为管辖范围。② 公署长官最初由乡建研究院副院长王绍常担任,但不久后王即去职,由梁仲华接任。③ 同年 9 月 16 日,山东省政府任命张鸿钧为汶上县县长。④ 10 月 1 日,张鸿钧正式到任,接理县务,开始了汶上“县政建设实验”。⑤

虽然“乡村建设”是“汶上实验”重要目标,但“县政建设”模式下的“乡村建设”已经不再由社会力量主导,而是一种以改善社会福利为目标的政治行为。这种以改善社会福利为目标的政治行为,大体上可以涵括于当时新兴的“社会行政”(social administration)这一概念之中。前文提到,燕大“乡村训练委员会”的报告中提出的燕大乡建项目可以发展的六大领域,其中之一就是“社会行政”。对于“社会行政”的意义,许仕廉特地作了一番解释。在他看来,“在一个强调政府控制和规划的社会里,农业、工

---

① 梁曾相:《梁仲华教授事略》,河南省政协文史资料委员会编:《河南文史资料》1992 年第 1 辑;杨开道:《我所知道的乡村建设运动》,全国政协文史资料委员会编《文史资料存稿选编 教育》,第 1085—1086 页。

② 《山东省县政建设实验区暂行条例》,《山东省政府公报》第 344 期,1935 年 7 月 21 日;刘瑞明、黄茂琳整理:《乡村建设运动在济宁》,山东省政协文史资料委员会、邹平县政协文史资料委员会编《梁漱溟与山东乡村建设》,第 266 页。

③ 朱岩同:《韩复榘在济宁搞“乡村建设”略述》,政协济宁市市中区文史资料委员会编:《济宁市市中区文史资料》(第二辑),1986 年。

④ 《山东省政府委任状》(1935 年 9 月 16 日),《山东省政府公报》第 355 期,1935 年 10 月 6 日。

⑤ 徐雍舜:《由汶上而济宁》,《燕大友声》第 3 卷第 7 期,1937 年 5 月 15 日。

业、合作、教育、卫生、娱乐等社会建设领域，越来越成为地方行政的基本内容”，“对地方政府的传统理解不再适合于现代社会”，而“‘改造后’的地方政府”应当越来越“社会化”，此种政府也被称为“社会行政的政府”(government of social administration)。①

不难推断，多年从事乡村建设的张鸿钧之所以会产生“当县长”的念头，很大程度上也是基于对县政府的此种理解。在汶上任职一段时间后，张鸿钧愈加确信，“乡村建设是政府的工作”，尽管社会团体所主持的乡建中心对试验和研究而言有一定好处，“但在推广方面，这一运动一定要掌握在政府的手中”。② “乡村训练委员会”的另一位燕大教授梅贻宝也在此前后指出，从前以私人团体为主导的乡建努力虽然有重要的意义，但“成效有限，于全国不能有大补益，而且诸多工作都不得顺利进行”，因此“乡建须由政治入手，渐渐成为多数人的信念”。③ 从许仕廉、张鸿钧和梅贻宝等人的言论可以看到，融“乡村建设”于“地方行政”，到此时已经成为燕大乡建领袖们的共识。

事实证明，由于掌握了地方权力，燕大在汶上的“县政建设实验”无疑比“清河试验”更加易见成效。从1935年10月至1937年年初的一年余时间里，汶上县政府在“破除旧式县衙弊病”提高政府效率的基础上，推行了一系列地方建设新政。举要言之，包括以下等内容：(一) 取缔私塾、训练师资，推行新式教育；(二) 兴修水利工程；(三) 训练民团，防御土匪；(四) 查禁烟毒；(五) 推广现代医疗与改善公共卫生；(六) 开展社会教育；(七) 兴办合作社。其中，前四项如果没有政府力量的支持，显然不易普遍推行，后三项虽然在“清

---

① Leonard S.Hsu, “A Statement of Explanations to the Interim Report of the Rural Training Committee of Yenching University, Embodying the Minutes of the First Meeting of the Committee Held on May 12, 1935,” p.10. Rockefeller Foundation Records, RG 1, 601 China, Box 23, Folder 209, RAC.

② “Wen Shang Hsien,” *The Chinese Recorder*, Vol. 67, No. 10 (October 1936), p.665.

③ 梅贻宝：《参观济宁后几个感想》，《燕大友声》第3卷第7期，1937年5月15日。

河试验”中已经有所实践，但在汶上也主要是在政府的主导下实现的。①

与此相应，燕大“汶上实验”中的人才训练，主要也是以承担政府公务的形式实现的。由于当时的县长对于县政府中的“佐治人员”具有较大的任命权，②县里重要的行政职务几乎全都是由燕大毕业的同学担任的。③ 跟随张鸿钧一同赴任的徐雍舜、梁桢、廖泰初、田兴智等燕大毕业生，构成了汶上县政府最初的行政班底。其中，徐雍舜（社会学系 1935 年硕士毕业）任秘书兼第一科科长，梁桢（社会学系 1934 年本科毕业）任第三科科长，廖泰初（教育学系 1935 年硕士毕业）任教育指导员，田兴智（政治学系硕士在读）任职于田赋征收处。此后，瞿同祖（社会学系硕士在读）、张折桂（社会学系 1930 年本科毕业）、张金陔（社会学系 1932 年本科毕业）、钱天祐（经济学系 1935 年本科毕业）等燕大学生也曾或长或短在汶上县任职。④此种任职经历，无疑可以使学生们获得如何以县政权推进乡村

① 关于燕大在汶上的县政建设实验情形，可参见王雪《民国大学与县政建设——以燕京大学汶上实验区为个案的考察》，《河北广播电视大学学报》2021 年第 2 期。

② 据钱端升等著《民国政制史》，国民政府成立的最初几年，县长对下属的任命权“较北京政府时代县知事”之任命权为小，但 1932 年第二次全国内政会议“提议各局长、科长、与秘书等职，皆由县长遴选合格人员，向省政府呈荐任用”，到 1934 年以后各省“所有县佐治人员，概由县长遴选，呈请省政府核委，县长之任命权乃较前提高”。参见钱端升等著《民国政制史》（下册），上海人民出版社 2008 年版，第 541 页。

③ 王化成：《济宁汶上游记》，《独立评论》第 219 期，1936 年 9 月 20 日。

④ 徐雍舜：《由汶上而济宁》，第 2 页。各学生专业及毕业年份依据：“General Announcement of the Department of Sociology and Social Work, 1932 - 1935,” September 1932, pp.56, 58. UBCHEA, RG 11, Box 317, Folder 4846, YDS; “Letter from W. T. Wu to Gist Gee,” January 22, 1935. UBCHEA, RG 11, Box 337, Folder 5149, YDS; 梁桢：《北平手织毛呢业之研究》，燕京大学社会学系学士论文，1934 年；廖泰初：《定县的实验：一个历史发展的研究与评价》，燕京大学教育学系硕士论文，1935 年；田兴智：《整理汶上实验县田赋刍议》，燕京大学政治学系硕士论文，1936 年；瞿同祖：《中国封建社会》，燕京大学社会学系硕士论文，1936 年；钱天祐：《德国赔款问题》，燕京大学经济学系学士论文，1935 年。

建设的难得经验。可以说，在国民政府“县政建设实验”的大背景下，燕大的“汶上实验”实现了高等教育机构与政治权力的结合。

需要指出的是，“汶上实验”本来并不在甘恩“华北项目”的计划之中。燕大在汶上的成功对甘恩来说或多或少是一个“意外”。不过，燕大的“汶上实验”仅仅持续了一年多。随着1936年“华北农村建设协进会”的成立（详后）及其与济宁实验区的深度合作，张鸿钧及其他燕大同仁乃“不得不舍汶上而集中济宁”，在济宁当局的支持下与其他大学共同开始了新的县政建设实验和人才训练工作。[①]

三、“政学冶于一炉”：华北农村建设协进会与济宁实验

由于各机构间的种种矛盾，“华北项目”自1935年7月启动以后，并没有在短时间内就合作方案达成一致。1936年1月15日，甘恩、晏阳初、许仕廉、陆志韦和兰安生等人在北平召开非正式会议，参会各方除重申合作的必要性并对合作方式各抒已见外，决定委托许仕廉、何廉和晏阳初在会后制订出更具体的合作方案，以便同年4月甘恩返美出席洛克菲勒基金会年会时向会议提交。[②] 三人会议达成的协定，“要求成立一个中央乡村改造合作委员会”，下设“社会科学委员会”和“乡村改造站”，“前者主要致力于社会科学的研究和研究人员的培训，而后者则重点在于研究乡村改造的内

① 徐雍舜：《由汶上而济宁》，第3页。

② “Round Table Conference,” January 15, 1936. UBCHEA, RG 11, Box 317, Folder 4852, YDS.

容与方法并培训管理与技术人员”。①

以这一方案为基础，“华北农村建设协进会”(North China Council for Rural Reconstruction)于1936年4月正式成立。② 到同年10月，组成协进会的各合作机构最终确定为平教会、清华大学、南开大学、燕京大学、协和医学院和金陵大学。根据该会章程，协进会下设“训练研究委员会”，“并得有一农村建设实验区，作为农村建设各种社会工作训练及研究之公共实验场所”。③ 大体言之，协进会的主要工作可分为两个方面，即“实验建设农村之方法”并“训练各校学生实地参加农村建设工作”。④

无疑，对于强调人才训练应与实地经验相结合的“华北项目”而言，拥有一个与协进会紧密合作的实验区至为关键。本来，在“华北项目”的筹划过程中，定县一直是作为该项目实验基地的角色而存在的。然而，在华北农村建设协进会成立之后，定县最终却并未成为该会最重要的实验基地，其地位反而为山东济宁所取代。对此，陈志潜曾回忆说，“由于协进会与晏老意见分歧，放弃了原来的以定县实验区为基础的计划，改在山东济宁去从头干起”。⑤ 不过，本文认为，济宁相对于定县更受到协进会青睐的根本原因还不在此，而在于得到了地方政府更有力的支持。

时至1936年，乡村建设需与政权力量相结合在很大程度上已

① 《晏阳初致S.M.冈恩》(1936年1月20日)，宋恩荣主编《晏阳初全集》(第4卷)，第478页。

② *The Rockefeller Foundation Annual Report*, *1936*, New York, 1937, p.313.

③ 《华北农村建设协进会章程》(1936年10月28日订正)，王强主编《近代乡村建设史料汇编》(第二辑9)，广陵书社2016年版，第175—176页。

④ 章元玮、张毓麟：《华北农村建设协进会与金陵大学农业专修科》，《金大农专季刊》1937年春季号，1937年4月。

⑤ 陈志潜：《乡村建设的先驱——缅怀我的良师益友晏阳初》，晏阳初纪念文集编辑委员会编《晏阳初纪念文集》，重庆出版社1996年版，第9页。

经成为"华北项目"各方的共识。在前述1月15日的会议上，甘恩也明确谈到"乡村建设必须要成为政府的一项功能"①。协进会成立后，在9月召开的一次会议上，几乎所有出席者都一致认为，"欲求完成协进会之训练研究工作，则必须把握完全政权"②。在这一意义上，协进会的事业只有借助于当时方兴未艾的"县政建设实验"，才能最好地满足中国的实际需求。然而，由于河北省县政建设研究院的人事变动，到协进会成立之时，晏阳初及平教会已经不再掌握"定县县政建设实验"的实际权力。新任研究院院长张荫梧及其掌控下的县政府虽不完全排斥与协进会合作，却并不愿协进会对定县事务介入过深，甚至"把握政权"。③

相比之下，山东济宁的政治形势对协进会则十分有利。1936年，山东省政府成立了以济宁县为中心的第一行政督察区专员公署，下辖10县，并任命梁仲华为该区行政督察专员。④ 张鸿钧也于同年10月以汶上县县长兼任公署秘书主任。⑤ 梁仲华不仅曾兼任燕大教授，且在协进会成立之时就是该会会员。在协进会与定县的合作障碍重重之时，梁仲华提出了将济宁县作为协进会实

---

① "Round Table Conference," January 15, 1936. UBCHEA, RG 11, Box 317, Folder 4852, YDS.

② 《华北农村建设协进会训练研究委员会特别会议记录》(1936年9月27日)，王强主编:《近代乡村建设史料汇编》:(第二辑9)，第228页。

③ 陆志韦、张纯明:《小组委员会为协进会与河北省县政建设研究院合作事报告书》(1936年9月30日)，王强主编《近代乡村建设史料汇编》(第二辑9)，第233页。

④ 万永光:《梁漱溟先生及其在山东从事乡村建设的活动》，山东省政协文史资料委员会、邹平县政协文史资料委员会编:《梁漱溟与山东乡村建设》，第35页。1936年12月，因济宁县县长王怡柯病故，梁仲华又兼济宁县县长一职，见《山东省政府训令》(1936年12月25日)，《山东省政府公报》第421期，1937年1月24日。

⑤ 徐雍舜:《由汶上而济宁》，第3页。1937年1月30日，张鸿钧正式获得山东省政府任命，见《山东省政府指令》(1937年1月30日)，《山东省政府公报》第425期，1937年2月21日。

验区的建议。[①] 这一提议得到了协进会的积极回应。根据定县和济宁两地的各自优势,协进会训练研究委员会于 10 月 22 日作出决议,"经济组、民政组和社会行政组之主要工作,应因济宁政治上之便利而在该地图谋发展,以建立有效之训练与研究机关",社会卫生组和教育组则因定县已有相当基础,继续在定县开展工作。[②] 虽然定县和济宁同时被确定为协进会的实验区,但直至抗战以前,协进会的"工作重心,实在济宁"。[③] 1937 年 3 月底,协进会召开首届年会,对该会的组织机构做出调整,决定撤销"训练研究委员会",改为在济宁设立农村建设实习处,负责定县和济宁的"研究训练实习工作",由许仕廉任主任,张鸿钧任副主任,进一步明确了济宁实验区的核心地位。[④]

由于得到了政府当局的支持,协进会在济宁最大程度地实现了其"学术与政治合作"的理想,[⑤]"协进会以学术的研究方案为县署设计,县署以政治的力量实验推行"[⑥]。在人事安排和日常工作中,协进会与专员公署、济宁县政府之间几乎难分彼此:

> 协进会为谋事业之得有政治助力俾能联锁推进起见,特请准第一区行政督察专员公署将会中全部工作人员与济宁县政府合署办公,所有县政府各科处主持人员,就事业性质之类

① 《华北农村建设协进会大会纪录》(1936 年 10 月 25 日)附录三《梁仲华君原械》(1936 年 10 月 9 日),王强主编:《近代乡村建设史料汇编》(第二辑 9),第 91—92 页。

② 《华北农村建设协进会训练研究委员会大会记录》(1936 年 10 月 22 日),王强主编:《近代乡村建设史料汇编》(第二辑 9),第 269 页。济宁实验区后又增加"工程组",由清华大学负责,见《华北农村建设协进会工作大纲(三十五年度至三十六年度)》,《民间(北平)》第 3 卷第 23 期。

③ 《农村建设协进会一览》,《农村建设》创刊号,1938 年 9 月。

④ 《华北农村建设协进会年会纪略》,《民间(北平)》第 3 卷第 23 期。

⑤ 《社会系同学报告赴济宁实习经过(一)》,1937 年 2 月 19 日《燕京新闻》。

⑥ 张鸿钧:《华北农村建设协进会的工作》,《燕大友声》第 3 卷第 7 期,1937 年 5 月 15 日。

别,亦分由各大学教授兼任。其余人员,或由专员公署聘为县政设计委员,或聘为某项专家,或委为技士,或委为科员。至于各大学来济受训之研究生及学生等,除上课而外,在实习期内,均得派往各科处,充见习科员……专员兼任县长,公署之与县府,县府之与协进会,有时事权虽分,然有时工作则未可或分,亦有时似合而分,亦有时似分而合,精神之维系,三位几成一体,而在事实上,政学已冶于一炉,此种机构,在国内诚属罕见。①

可以说,"政学冶于一炉"这一说法准确地点出了这一模式的根本特点。

1937年2月6日,济宁实验区正式开学。② 各校教员、研究员和学生共有60余人在济宁工作,其中燕大有20余人。③ 济宁的工作共分三组,燕京大学负责社会行政组,由张鸿钧担任主任,南开大学负责民政组和经济组。不过,各校学生也可根据专业方向和兴趣参与其他组的实习。学生们需要在各校先完成"预修课程"(pre-field courses),在掌握了基本的理论知识之后,再于本科大四最后一学期或研究生的第二年到实验区参加实习。④

现存的一些文献对济宁实习的情况有所描述。以社会行政组为例,所有在该组实习的学生需要完成两门课程,第一门为"农村建设",主要"介绍农村建设之原理及目的与县政之体制,及农村生活之实际状况",以课堂讲授的方式进行。其目的显然

① 章元玮、张毓麟:《华北农村建设协进会与金陵大学农业专修科》,第101页。

② 《华北农建协会济宁实习区开学》,1937年2月7日《大公报》。

③ 张鸿钧:《华北农村建设协进会的工作》,第4页。

④ S.M. Gunn, "China Program Progress Report for the Period July 1, 1935 - February 15, 1937," p.7. Rockefeller Foundation Records, RG 1, 601 China, Box 12, Folder 130.

是为了使学生在实地工作以前加深对当地情况的了解。相比之下,第二门课程“社会行政”则以实践为主,也是训练的重心所在,但对本科生和研究生的要求也有所不同。其中,本科生的课程内容为:“(一)考察——参观县城与各乡村之政府机关,以及各种农村机关,再以社会学之眼光评论之。(二)参与各种社会事业,并报告由观察所得之事项。”研究生则需要“轮流负责处理各行政事务”,“参与实际工作或在教员指导之下,试行某项社会建设之设计”。[①] 在民政组实习的燕大政治学系本科生魏士俊则如此介绍济宁实习的情况:

> 在过去的三个月中,除前三个礼拜仍和在学校一样,不外是上课和读书外,以后便分组在县政府内各科处或下乡去实地工作……实习计划规定是:(一)参观县城内与县政府行政上有关各机关;(二)参观各乡农学校;(三)在县政府内各科实习;(四)参观济宁邻近各县县政府;(五)参加乡农学校工作;(六)举办本县之户籍行政。[②]

从这些描述中可以看到,无论是民政组还是社会行政组的实习,几乎都是围绕“县政权”而展开的:在“县政建设”的大背景下,对县政运行方式的熟悉被视为未来农村建设人才的必备素养。

不幸的是,协进会在济宁的工作进行不到一年,就不得不因“抗战”全面爆发而终止。随着日军迫近济宁,协进会于1937年11月开始迁往内地,并努力谋求获得新的实验区域,以继续在济宁所开创的“政学冶于一炉”的县政建设和人才训练模式。在辗转迁移的过程中,协进会最终获得贵州省政府同意,以距贵阳55千米的定番县(今惠水县)为实验县,并委任农村建设实习处副

① 《华北农村建设协进会工作大纲(三十五年度至三十六年度)》,第18页。

② 魏士俊:《民政组实习记》,《燕大友声》第3卷第7期,1937年5月15日。魏士俊是燕大政治学系1937年本科毕业生,见魏士俊《山西村治》,燕京大学政治学系学士论文,1937年。

主任张鸿钧为县长。1938年4月21日，张鸿钧率实习处教职员抵达定番，正式接收该县政权。① 同月月底，何廉、林可胜、兰安生、张鸿钧、方显廷等已抵达后方的协进会领袖在贵阳召开紧急会议。会议决定，鉴于工作地点改变，协进会在此后的正式名称改为“农村建设协进会”(National Council for Rural Reconstruction)，与此同时，“农村建设实习处”也改称为“乡政学院”(National Rural Service Training Institute)。与在济宁时类似，乡政学院与定番县政府“两位一体”，“除指定在县以外工作之人员外，所有乡政学院之人员均应以县政府志愿之名义，参加县政府工作”。②

可以看到，协进会转移到定番以后在“研究”和“实验”方面仍然力图保持在济宁所确立的模式。然而，其原有的“人才训练”计划却受到了战争的极大冲击。由于组成协进会的各大学或留守北平(燕京大学、协和医学院)与协进会所在地遥隔千里，或虽迁往后方但忙于复校(清华、南开、金陵大学)，无法正常参与协进会事业。就燕京大学而言，虽然该校法学院的“乡村训练课程”在理论上仍然是“华北项目”的组成部分，但已经难以像此前一样派遣学生赴协进会接受乡村建设的实地训练。③ 换言之，燕京大学与协进会在实质上的合作已经若存若亡。到1944年，随着洛克菲勒基金会的资助结束，华北农村建设协进会也最终退出了历史舞台。

① 《乡政学院迁黔经过》，《农村建设协进会会务纪要》第1卷第1期，1938年6月15日。

② 《华北乡村建设协进会紧急会议记录》(1938年4月29日)，《农村建设协进会会议录》，私立金陵大学档案，档案号：649-2544，中国第二历史档案馆藏。

③ Gideon Ch'en, "Report to the Rockefeller Foundation for the Year 1937—1938, College of Public Affairs, Yenching University," September, 1938, p.5. UBCHEA, RG 11, Box 314, Folder 4815A, YDS.

四、结　语

在国民政府大力推行“县政建设实验”的背景下，由于意识到乡村建设必须得到地方政权的支持，燕京大学及“华北项目”在这一时期的乡村建设实验和人才训练模式发生了一个走向“县政建设”的根本性转变。1935 年，燕京大学社会学系在山东汶上县首先开始了以大学师生担任政府职务进行县政建设的尝试。在此基础上，“华北农村建设协进会”于 1936 年成立后，也积极谋求与地方政府合作，并以“政学冶于一炉”的方式掌握了山东济宁“县政建设实验区”的领导权。与此相应，熟悉县政府的运作成为各大学的学生在济宁实习的重点所在。然而，协进会在济宁所建立的这一模式形成不及一年，就被战乱所打破了，使其效果难彰。虽然在迁到定番以后，协进会依然在努力维持这一模式，各大学中也有一部分教员继续在定番县政府工作，但“华北项目”所重视的对大学生施以理论与实际相结合的乡村建设训练则不再能如愿以偿。

在以往的研究中，已经有学者将 1935 年视为“乡建运动转向的关节点”，认为“此前的乡建社团及其活动更多体现为社会性质，行政化色彩或特征相对微弱”，但“1935 年后成立的乡村建设组织机构，却基本以政府为主导了”。[①] 燕京大学及洛克菲勒基金会选择以“县政建设”作为其乡建实验和人才训练的主要载体，无疑受到了这一更大的历史潮流的影响。不过，与同时期其他“行政化”的乡建实验不同，洛克菲勒基金会支持下的“华北项目”力图将大学中的现代学科尤其是社会科学引入地方建设之中，并以大学师生直接承担政府职务。正如前文所引的时人评论所说，此种“政学

① 王先明：《民国乡村建设运动的历史转向及其原因探析》，《史学月刊》2016 年第 1 期。

治为一炉”的模式在当时“诚属罕见”。虽然仅是昙花一现，但这一集合了高深学术、雄厚资本和政权支持的努力，无疑是民国时期乡村建设方案中一种值得注意的尝试。

（李伟玉，北京大学历史学系博士研究生）

清末民初汉口商事仲裁制度的移植及命运*

牛　鹏　柳正权

清末，随着商事纠纷特别是华洋商事纠纷的增多，传统商事纠纷解决方式已无法满足商人需求。日益壮大的商人阶层希望政府能借鉴西方商事仲裁经验构建一种商人自治的纠纷解决方式，商事仲裁由此开始了在中国的第一次移植。① 清政府于 1903 年制定并颁布的《商会简明章程》最早在法律层面赋予商会"调处公断"纠纷之权，确立了商会理案体制。民国初年，北洋政府又相继通过《商事公断处章程》和《商事公断处办事细则》等在国家层面构建起商事公断制度。在清末民初的动荡时期，作为商事仲裁移植产物的商事公断成为官方司法的有力辅助与补充，②在解决商事纠纷

* 本文系武汉市法学会、江汉大学联合主持的"武汉法治发展史"研究项目、武汉仲裁委员会委托"武汉仲裁史"研究项目的阶段性研究成果。

① 一般认为，商事仲裁制度在中国的发展至少经历了两次移植，第一次移植发生于清末民初的变革时期，第二次移植发生于 1994 年《中华人民共和国仲裁法》颁布时。相关研究可参考黄进、宋连斌、徐前权：《仲裁法学》，中国政法大学出版社 2002 年版，第 15 页；冯子涵：《文化差异视角下中国商事仲裁的本土化与国际化研究——以〈仲裁法〉为例》，《社会科学动态》2020 年第 9 期等。

② 付海晏：《民初苏州商事公断处研究》，载章开沅主编《近代史学刊》第 1 辑，华中师范大学出版社 2001 年版，第 70—96 页；付海晏著《民初商会舆论的表达与实践——立足于商事裁判权的历史研究》，《开放时代》2002 年第 5 期等。

方面发挥了重要作用。

近年来，随着商会史研究的兴起，商事公断制度受到研究者的广泛关注，形成了数量颇为丰硕的成果。[①] 但纵览前人之研究成果，不难发现以下两方面尚存在学术增长空间：其一，既有关于商事公断制度的研究多聚焦于商事公断制度本身，集中探讨商事公断的性质及公断机构的设立、运行等，较少将商事公断置于仲裁制度移植的背景下，对其移植历程进行系统考察。其二，既有关于商事公断制度的研究存在明显的地区差异，集中于上海、天津、苏州等地，其他地区的研究则相对薄弱。

作为近代商业重镇，汉口一直是商事仲裁制度移植的“试验田”。然而，长期以来由于汉口商会档案缺损严重，[②]有关商事仲裁制度在汉口的移植历程一直缺乏系统梳理。2020 年 3 月，武汉市档案馆与华中师范大学中国近代史研究所合作编辑的《汉口商会史料汇编》一书正式出版发行，该书以馆藏汉口商会档案全宗为基础，整合其他相关档案和报刊中散存的有关汉口商会的资料，[③]有力填补了汉口商会史料方面的空白，为系统梳理商事仲裁制度在汉口的发展历程奠定了基础。基于此，本文拟以商事仲裁制度在汉口的移植为样本，系统总结近代商事仲裁制度移植的经验与教训，以为当前《仲裁法》的修订工作提供借鉴。[④]

---

① 相关研究成果综述可参考张松：《从公议到公断：清末民初商事公断制度研究》，法律出版社 2016 年版，第 1—8 页。

② 郑成林、刘望云主编：《汉口商会史料汇编》第 1 册，大象出版社 2020 年版，第 2—3 页。

③ 马昕冉：《武汉市档案馆馆藏汉口商会档案公诸于世》，2020 年 11 月 2 日《中国档案报》。

④ 2018 年 9 月 7 日，第十三届全国人大常委会将《仲裁法》修订列入二类立法规划，要求抓紧工作，条件成熟时提请审议。2021 年 5 月 27 日，国务院办公厅印发《国务院 2021 年度立法工作计划》，明确仲裁法修订草案预备提请全国人大常委会审议。2021 年 7 月 30 日，司法部组织起草了《仲裁法(修订)》(征求意见稿)向社会公开征求意见。

一、商事仲裁制度的移植动因

(一)清末汉口开埠的冲击

明清时期的汉口作为中国传统的商业市镇,与国外的商业往来并不多。[①] 第二次鸦片战争后,中英签订《天津条约》约定,英商有权在长江一带各口岸通商,其中就包括汉口。此后,英国特使与清政府代表在上海签订《中英通商章程善后条约十款》,并单方面拟定和公布了《长江各口通商暂行章程》。据此,英国商人于1861年3月率先抵达汉口,要求通商,并划定租界,汉口正式开埠。[②] 此后,包括美国、法国、德国等在内的许多国家相继在汉口通商。同治年间,与清政府订约在汉口通商的国家甚至一度达20多个。[③]

开埠给汉口商业带来了巨大冲击,主要表现在两个方面:一方面,大量洋商涌入汉口,使汉口的对外贸易大量增加。[④] 数据显示,汉口的对外贸易总额在20世纪初一度占到全国对外贸易总额的1/10左右,[⑤]仅次于上海,"驾乎津门,直追沪上",可谓中国内陆最繁华之都会。另一方面,对外贸易的繁荣也催生了大量华洋商事纠纷。1911年,汉口地方审判厅对此前夏口厅受理案件情况的统计显示:"向来夏口厅受理词讼,华洋交涉居其四,华人与租界

① 陈锋:《明清时期汉口的发展历程》,《江汉论坛》2002年第11期。

② 皮明庥、李策:《汉口开埠设关与武汉城市格局的形成》,《近代史研究》1991年第4期。

③ 皮明庥、陈钧:《汉口开埠,武汉新政》,《学习与实践》2005年第7期。

④ 张宁:《长江经济带视野下的晚清武汉经济转型》,《湖北大学学报》(哲学社会科学版)2017年第4期。

⑤ 王永年:《晚清汉口对外贸易的发展与传统商业的演变》,《近代史研究》1988年第6期。

华人互控居其三，下余则内地华人互诉之案。”[①]如何处理这些华洋商事纠纷，并在处理过程中保护好华商利益成为亟待解决的问题。最后，洋商涌入汉口也将西方的商事纠纷解决方式即通过商会仲裁商人间争议的思想和制度传入汉口，为商事仲裁制度的移植奠定了基础。

（二）传统商事纠纷解决方式的不足

如果说汉口开埠的冲击奠定商事仲裁制度移植的基础，那么传统商事纠纷解决方式的不足则构成了商事仲裁制度移植的直接动因。虽然早在传统社会时期汉口就形成了以官方诉讼、行会公议、中人调处等为主要内容的多元化商事纠纷解决机制，但这些纠纷解决方式各有其不足，在华洋商事纠纷日益增多的背景下，越发难以满足商人需求。首先，就官方诉讼而言，其曾是解决商事纠纷最重要的方式。比如《汉口竹枝词》载：“金庭店上属仁义，以下都归礼智司。虽小衙门多讼事，天天总有出签时。”[②]“出签”在古代指衙门传讯，“天天总有出签时”从一个侧面体现了汉口五方杂处、商事纠纷及诉讼不断的局面。[③] 然而，官方诉讼的方式却存在如下弊端：第一，诉讼成本高、商人易受人格侮辱；第二，商事领域存在许多交易规则和习惯，地方官员及法官并不能很好地熟悉和适用，裁决结果难以得到商人认可；第三，官方诉讼要严格按照法定程序进行，效率较低，对商人而言时间成本过高，对生产经营造成潜在风险；第四，晚清的司法状况并不能令商人满意，特别是对洋商的过度保护使商人对诉讼抱有警惕和抗拒心理。

其次，就行会公议、中人调处等方式而言，其曾是官方诉讼的

---

① 《汉口审判厅之司法权》，《法政杂志（上海）》1911 年第 1 卷第 2 期。

② 〔清〕叶调元著，徐明庭、马昌松校注：《汉口竹枝词校注》，湖北人民出版社 1985 版，第 3 页。

③ 李勇军、陆楚琼：《地方文献中的清代汉口城市社会》，《湖北社会科学》2009 年第 8 期。

有力辅助与补充，但在华洋商事纠纷日益增多的背景下，其弊端也十分明显：第一，洋商涌入汉口打破了原有的商业秩序，商人对公议、调处结果的反悔成本较低，仅依靠行会、中人等很难再解决纠纷；第二，行会公议和中人调处的常态化和规范化不足，且公议、调处结果缺乏法律上的强制力，[1]更缺乏对洋商的约束，远无法满足纠纷解决需求。因此，引入西方的商事仲裁制度成为当时汉口商人们的迫切需要。

（三）清末汉口的商会理案体制

商事仲裁制度传入汉口，改造了原有的行会公议制度，最先形成由商会负责理处商事纠纷的商会理案体制。早在 1898 年，时任湖广总督张之洞就以“启发商智，联络商情”为要义在汉口奏设商务局，以候补道王秉恩、程仪洛总理其事，并选举通晓时务之商人数名为总董。所需经费，从整顿牙帖项下筹拨。[2] 商务局以振兴工商、联络商情为宗旨，同时也积极参与解决商事纠纷，甚至直接参与到具体案件的裁断，对纠纷认定与处理给出明确意见。比如 1899 年 8 月，就新泰昌号东王干臣“揭欠该职银五百余两，迄未偿还”一案，汉口商务局批示：“似此狡延，实于世面、商情均有关碍。札饬汉阳县勒传讯明，究追给领，该职即赴案备质可也。”[3]再如 1900 年 1 月，就“德源钱庄禀控金梅生监守自盗”一案，汉口商务局批示：“当将金梅生先行发交夏口厅管押，一面札饬该厅提案严讯，勒限追缴，给领具复，以重商本而儆刁风。”1900 年 2 月，就“职商协昌钱店禀控方作周借骗巨款”一案，汉口商务局亦批示：“除先

① 王红梅：《商会与中国法制近代化》，南京师范大学出版社 2011 年版，第 176 页。

② 政协武汉市委员会文史学习委员会编：《武汉文史资料文库 · 工商经济卷》，武汉出版社 1999 年版，第 8 页。

③ 《汉口商务局批王干臣倒骗案》，载郑成林、刘望云主编：《汉口商会史料汇编》第 1 册，大象出版社 2020 年版，第 43—44 页。

行将扭获之方作周发交夏口厅管押外,札饬该厅,提讯明确,勒追给领,速结具复,以恤商银。"①

商务局虽积极参与化解商事纠纷,但由于商务局为官方性质的商务机关,处于清政府的严密控制之下,商务局成立后汉口商人呼吁成立商会的呼声仍广泛存在。特别是在上海、京师、天津等地成立商会的刺激下,汉口要求成立商会的呼声达到顶峰,甚至称"汉口为我国最繁盛之区,交通七行省,向居海内四大名镇之一,近者地产日出……非商会何以操其券耶。"②在民间的强烈呼吁下,加之1903年清政府颁布《商会简明章程》明确"汉口系商务繁富之区,宜设立商务总会"③,汉口最终于1906年年底正式设立了商务总会,以湖北巨商刘选青为总理,邓奇勋为协理。④ 新设立的汉口商务总会根据《商会简明章程》第十五条、第十六条之规定享有"调处公断"商事纠纷之权。⑤ 据此,汉口商务总会在成立之初就将

① 《汉口商务局禀批据德源钱庄禀控金梅生监守自盗一案》,载郑成林、刘望云主编:《汉口商会史料汇编》第1册,大象出版社2020年版,第81页。

② 《论说:劝立汉口商会说》,《商务报(北京)》1904年第19期。

③ 《奏定商会简明章程二十六条》,《东方杂志》1904年第1期。

④ 关于汉口商务总会的设立时间一说早于1906年,认为1903年鄂督上奏请求商务局筹设商会之时,清政府已允应了鄂督提议,派刘子涛为总理,邓季常为协理,选定议董十二人并拟就商会暂定章程十章,形成汉口商务局与汉口商会并存的局面。但直至1907年赵尔巽治理湖北,厉行新政,汉口商务局才被裁撤,全镇商务事宜,均归商务总会办理。参见邓晶著《近代汉口总商会研究(1916—1931)》,华中师范大学硕士学位论文,2012年。

⑤ 《商会简明章程》第十五条规定:"凡华商遇有纠葛,可赴商会告知总理,定期邀集各董,秉公理论,从众公断,如两造尚不折服,准其具禀地方官核办。"第十六条规定:"华洋商人,遇有交涉龃龉,商会应令两造各举公正人一人,秉公理处,即酌行剖断。如未允洽,再由两造公正人,合举众望夙著者一人,从中裁判。其有两造情事,商会未及周悉,业经具控该地方官或该管领事者,即听两造自便。设该地方官领事等判断未尽公允,仍准被屈人告知商会,代为伸理,案情较重者,由总理禀呈本部,当会同外务部办理。"参见《奏定商会简明章程二十六条》,《东方杂志》1904年第1期。

此权力写入章程并设置了专职从事理案工作的理案议董。[①]根据《汉口商务总会章程》规定，理案议董负责监理钱债纠葛词讼诸事。当选理案议董应具备如下三个条件："一是应品行方正；二是应系行号巨东或经理人，每年贸易往来为一方巨擘；三是应谙熟公牍通晓事理。"[②]理案议董在任期上与总理、协理及其他议董一样，任期为一年，每年改选一次，连选可连任，但连任次数以两次为限。

汉口商务总会设理案议董理处商事纠纷的权力得到了鄂督的明文认可。1907 年 12 月，《时报》刊载了《鄂督札汉口商务局文(为关涉商务案提归商会办理事)》，称："照得汉镇商会现已厘定章程，举定总协理、商董，认真办理。惟查商会之设，原所以扩张商权，保持商务。按照章程，各商家如有争执事件，应先由本帮商董及总协理为之理处，不得径赴地方官衙门控诉，良为保全商人体面，免其对簿公庭，且少屈抑勒索之弊。凡在商人，皆得享此权利，所有武汉三镇地方衙门，凡属已入此次商会之人，如有关系商务营业、账目纠葛、涉讼未结案件，应照章统归商会公议理处。仰该局即行传知商会总协理，查明起数，呈请原控衙门，一律提归商会办理。"[③]该文首次在官方层面明确商会商人的商务涉讼之案一律由汉口商务总会公议理处，不得径行前往官府控诉，即使已经提起之控诉也一律由商务局查明起数，提归商会办理。

在官方的支持下，汉口商务总会在理处商事纠纷方面发挥了

---

① 1909 年 9 月的《华商联合报》曾刊载了当时汉口商务总会的总协理议董表，除 8 位名誉议董外，共有 30 位在职议董，其中理案议董独占 16 名，可见当时理案工作已成为商务总会的重要工作之一。参见《汉口商务总会总协理议董表》，《华商联合报》1909 年第 14 期。

② 《汉口商务总会章程》，武汉市工商联藏，案卷号 214－1－75。

③ 《鄂督札汉口商务局文(为关涉商务案提归商会办理事)》，载郑成林、刘望云主编：《汉口商会史料汇编》第 1 册，大象出版社 2020 年版，第 227 页。

十分重要的作用。根据《汉口商会史料汇编》的整理,1908年年初至1910年8月,汉口商务总会几乎每天都有商会判案纪要刊发于报,其中仅1908年3月7日—1908年5月31日,汉口商务总会受理案件已逾100件。[①] 从理案类型看,汉口商务总会受理的案件种类繁多,包括钱债纠纷、商标纠纷、定货纠纷、船舶碰撞纠纷等,甚至也包括严格意义上不属于商事纠纷的争夺地基纠纷,其中又以钱债纠纷所占数量最多,占到总数的70%左右。从理案范围看,汉口商务总会受理的案件以本地商人之间的冲突为主,但也有本地商人与外地商人甚至洋商之间的冲突。其中对本地商人与外地商人之间的冲突,往往是由两地商会共同出面理处;对本地商人与洋商之间的冲突,则往往是由汉口商务总会移请江汉关道照会该国领事解决。比如在"汪显述呈控良济保险公司不赔保款"一案中,汉口商务总会议董汪显述曾将大昌木器铺的房屋向"良济保险公司"缴纳四千两白银进行财产保险,之后又加保银两千两,共计六千两。但此后房屋失火,保险公司却称房屋价值仅值四千两,拒绝赔偿六千两。汪显述投递节略至汉口商务总会,要求保险公司按照定章赔偿。[②] 此案中,汪显述虽是汉口商务总会议董,但保险公司却是英国的保险公司。但对于此案,汉口商务总会依然予以受理,并将案情备文移请江汉关照会法国领事,转饬该公司如数赔还,以符定章。[③] 此外,在"松村洋行与汉丰公司退货纠葛案"[④]以

① 郑成林、刘望云主编:《汉口商会史料汇编》第1册,大象出版社2020年版,第236—276页。

② 《商会纪事(指控不赔保款,争牌案犹未结)》,载郑成林、刘望云主编:《汉口商会史料汇编》第1册,大象出版社2020年版,第247页。

③ 《商会纪事(札饬收管商业学堂,商会纪事三则)》,载郑成林、刘望云主编:《汉口商会史料汇编》第1册,大象出版社2020年版,第252页。

④ 《商会纪事(移请查核照会)》,载郑成林、刘望云主编:《汉口商会史料汇编》第1册,大象出版社2020年版,第255页。

及“李德风与武林洋行定货纠纷案”[①]中，汉口商务总会的处理办法也均是移请江汉关道照会该国领事。

从理案依据看，汉口商务总会理处案件多依据商事交易规则与习惯，但也存在完全不依据任何法律和习惯，而依据情理或公平原则断案的情况。比如在“鲁蔚光与亚东公司股权纠纷”一案中，鲁蔚光曾花费五百两银钱购买亚东公司股票 5 张，此后因亚东公司经理人卷款逃跑，鲁蔚光转而向事外之人王金山索要股票，并向汉口商务总会投递节略。汉口商务总会各议董在仔细审查股票后发现并没有王金山经手的字样，只是鲁蔚光与王金山之间有交情，可能是经王金山介绍购买的股票，商会最终劝令王金山付鲁蔚光一百两银，并当众将股票本涂销。[②] 本案中，如果依据法律认定王金山对鲁蔚光购买股票导致的财产损失负有责任，则应判令王金山支付全额五百两银，而如果认定王金山对鲁蔚光购买股票导致的财产损失不负责任，则又不必判令王金山赔付任何银两。可见，汉口商务总会各议董判令赔付一百两银显然没有依据任何法律，也未依据其他商事习惯，而是考虑到案件可能的实情，根据议董们的商业经验及情理作出的判决。

从理案程序看，一般先由当事人“赴商会投递节略，由商会给以收条，再行订期邀集评断”[③]。从理案结果看，理案结果虽无法律上的强制力，但基于商人团体内部形成的互惠机制以及个人对

---

① 《商会纪事(商会判案)》，载郑成林、刘望云主编：《汉口商会史料汇编》第 1 册，大象出版社 2020 年版，第 256 页。

② 《商会判案》，载郑成林、刘望云主编：《汉口商会史料汇编》第 1 册，大象出版社 2020 年版，第 241 页。

③ 《商会收递节略之慎重》，载郑成林、刘望云主编：《汉口商会史料汇编》第 1 册，大象出版社 2020 年版，第 236 页。

拒绝承认裁决相伴而生的潜在声誉影响的认知,[1]往往拥有事实上的强制力,多能得到当事人的认可和执行。比如在"萍乡煤矿驻汉批发处控华泰砖瓦公司"一案中,华泰砖瓦公司管事朱岳辉在理案议董的开导下与萍乡煤矿驻汉批发处达成定议,约定将逾期货款分三期归还,并按期履行了约定。[2] 但也存在当事人不认可和执行理案结果的情形,对此,汉口商务总会的通常做法是将该案移送至官府。比如在黄桂泉与郑锡鸿纠葛一案中,由于郑锡鸿不听评断,商务总会在答黄桂泉的节略中称:"敝会无执法之权,亦难强令遵结,故将详细情形移请夏口厅究查在案,贵商应即赴厅催讯。"[3]

可以发现,清末汉口商务总会的理案体制不仅得到了官方的明文认可,受理案件的范围广泛,更有了专门负责理案的人员和较为规范的理案程序,使其具有了区别于传统行会公议制度的特点。然而,就理案结果的执行看,其主要依靠商会在当时的影响地位,源于商人团体内部形成的互惠机制以及个人对拒绝承认裁决相伴而生的潜在声誉影响的认知,并非法律上的强制力,表明其远未形成现代意义上的商事仲裁制度。

二、民初汉口的商事公断制度

民国肇始,北洋政府开始着手规范各地商会的理案体制。围

---

① [美]布鲁斯·L·本森著,徐昕、徐昀译:《没有政府的正义:中世纪欧洲商人法庭及其现代版本》,载史际春、邓峰主编《经济法学评论》,中国法制出版社2003年版,第89—90页。

② 《商会判案三则》,载郑成林、刘望云主编:《汉口商会史料汇编》第1册,大象出版社2020年版,第249页。

③ 《商务总会在答黄桂泉以郑锡鸿不遵理处倚势强横投逃节略一案》,载郑成林、刘望云主编:《汉口商会史料汇编》第1册,大象出版社2020年版,第237页。

绕商会的商事纠纷裁判权,官商之间形成了两种不同的法制化构想。商会主张完全借鉴西方商事仲裁制度成立商事裁判所等组织以切实享有商事纠纷裁判权,官方则主张尽可能吸纳本土调解资源改组商会原有理案组织为商事公断处以为官方司法之辅助,斗争结果是官方占了上风。[①] 1913 年,北洋政府司法部会同工商部颁布《商事公断处章程》,明确商事公断处作为商会的附设机构负责调处公断商事纠纷。[②] 据此,各地商会纷纷设立商事公断处作为调处公断商事纠纷的专职机构。数据显示,至 1915 年年末,至少已有 14 个省区的 69 个商会设立了商事公断处。就湖北地区而言,就有设立于光华老河口、嘉鱼的商事公断处。[③] 至 1925 年,全国更是设立了 178 个商事公断处,分布在全国京兆地方、19 个省、1 个特别行政区(热河)。[④]

(一)汉口商事公断处之设立

作为民初八大商会之一的汉口总商会在《商事公断处章程》颁布之初就有设立商事公断处的意图。比如早在 1914 年汉口商人就呼吁设立商事公断处,称:"汉口自革命以来,商事诉讼日益加多,每有经年不能判决者,现商界以司法、工商两部已会订《商事公断处章程》,各埠多已设立,汉口尚未提议组织。近来理债办法已将解决,将来分年分等,争议必多,讼事尤繁,特由理债处商请总商会,迅速遵章组设,以补法院之不逮。"[⑤]此后,屡有汉口商事公断

① 付海晏:《清末民初商事裁判组织的演变》,《华中师范大学学报》(人文社会科学版)2002 年第 2 期。

② 虞和平:《清末民初商会的商事仲裁制度建设》,《学术月刊》2004 年第 4 期。

③ 《既设商事公断处地方一览表》,载阮湘:《中国年鉴·第一回》,商务印书馆 1924 年版,第 1575 页。

④ 李炘:《考核商事公断处情形报告书(上)》,《法律评论》1926 年第 4 卷第 13 期。

⑤ 《汉商债务与司法之关系》,载郑成林、刘望云主编:《汉口商会史料汇编》第 1 册,大象出版社 2020 年版,第 781 页。

处设立之传闻,称“商事公断处成立之期不远也”[①]“将行设立”[②]等语。但就具体设立情况看,汉口总商会直至 1924 年 8 月 1 日方才正式设立商事公断处。[③] 与上海商事公断处、苏州商事公断处于 1914 年设立,京师商事公断处于 1915 年设立等相比,汉口总商会设立商事公断处的时间并不早,之所以出现这一局面,或有以下几方面的原因。

1. 商事公断处的设立既需要国家层面的统一规范也有赖与地方实践的契合

司法部会同工商部颁布的《商事公断处章程》虽对商事公断处的职能、人员等问题作了较为详细的规定,但却存在诸多与汉口地方习惯、商会职能不相宜之处。比如在 1915 年 11 月的全国商会联合会临时大会上,汉口商务总会皮业商董张碧泉就曾结合汉口地方实际提出“扩充公断处权限”的议案,以补司法官厅之不逮。[④]

2. 商事公断处的设立并非一蹴而就,需要商会筹措大量资金支持

民国初年,国家战事颇多,社会动荡不安,商会承担了繁重的

---

① 《组织商事公断处》,载郑成林、刘望云主编:《汉口商会史料汇编》第 1 册,大象出版社 2020 年版,第 854 页。

② 《汉口商事公断处将行设立》,载郑成林、刘望云主编:《汉口商会史料汇编》第 2 册,大象出版社 2020 年版,第 68 页。

③ 由于清末民初汉口商会档案的缺损,未见关于汉口商事公断处设立时间的明确记载,笔者依据 1936 年“汉口市商会第五次会员代表大会辑要”第三项提案记载认定北洋政府时期的汉口商事公断处“系于民国十三年八月一日组织设立”。参见《汉口市商会第五次会员代表大会辑要》,《汉口商业月刊》1936 年第 1 期。同时,1924 年 8 月 7 日,苏州总商会收到汉口总商会商事公断处处长郑焕文的一封公函,内称:“敝处遵照司法农商部会同修正商事公断处章程组织设立,兹于本年八月一日开办,除分别呈报函达外,相应函请贵总商会查照。”这一公函亦可佐证汉口商事公断处的设立时间。参见付海晏著《民初苏州商事公断处研究》,载章开沅主编《近代史学刊》第 1 辑,华中师范大学出版社 2001 年版,第 75—76 页。

④ 马敏主编:《中国近代商会通史》第 2 卷,社会科学文献出版社 2011 年版,第 838 页。

社会、经济职能,《商事公断处章程》将商事公断界定为纯粹的商会内部事务,公断之经费全由商会各自承担而不给任何资助,无形中增加了商会的负担。比如在1925年汉口商事公断处成立的第一年中,商事公断处的内部支出(包括人员薪水、事务费用等)达8 500余元,而全年所收之公断费用却仅1 000元,其余不敷之处均由汉口商会自行贴补,不少商会成员对设立商事公断处后是否有资金以供运行持担忧之态。①

3. 汉口总商会设立商事公断处的时间虽晚,但此前亦有其他机构承担调处公断商事纠纷的工作

比如汉口商务总会时期的理案议董以及汉口总商会时期的评议股,他们虽非专职从事调处公断事务,但通过案件评议活动,调处公断了大量商会成员之间的商事纠纷,承担了商事公断处的职能。此外,对一些临时交办商事公断处的公务,也有其他商会内设机构或临时机构予以承担。比如在执行印花税检查议罚事宜时,"查汉口商事公断处正在议设,今拟由商会暂设一评议会,执行租界内华人贴用印花检查议罚一切事宜"②。

正是基于以上原因,汉口总商会直至1924年8月1日才正式设立商事公断处。根据《商事公断处章程》第六条之规定,结合汉口的实际情况,汉口商事公断处设处长一人,由郑焕文任首任处长,评议员二十人,调查员六人,书记员六人。其中处长系由评议员投票互选,评议员、调查员系由现任会员投票选举,均为义务职,书记员六人则系有给职,由公断处处长与商会会长酌量任用。③在各组成人员的分工方面,处长总理所有事务,评议员专门负责对案件的评议和公断,调查员主要负责对案情进行收集、调查和核

① 《汉口市商会第五次会员代表大会辑要》,《汉口商业月刊》1936年第1期。
② 《汉口租界华人贴用印花检查议罚办法》,1920年4月17日《大公报》。
③ 《汉口市商会第五次会员代表大会辑要》,《汉口商业月刊》1936年第1期。

实,书记员主要负责文书书写、记录和整理工作,也协助调查员和评议员进行公断,但总体上属于辅助办事人员。

(二)汉口商事公断制度体系

汉口商事公断处在设立后的实际运行中发现,若严格遵照部颁章则开展公断活动,将难以达到息讼和解之目的。为此,汉口总商会在1925年9月全国商会联合会开会之际,曾提议修改商事公断处章则,具体修改意见包括:第一,一造声请公断,他造非已向法院起诉,或在外央人和解者,必须到场。第二,业经同意公断者,至定期评议,非有特别障碍,必须到场,以杜理屈者之规避拖害。第三,证人、鉴定人有出场并于必要时具结之义务,以期证言之尽实,鉴定之无虚。第四,公断不结之案,在外和解者,必须出具愿书,不许故抗公断既结之案。第五,评定理屈者,必须照章征费,不许故违。[①] 然而,由于司法部和工商部无暇顾及章则修订之事,汉口总商会的建议并未得到采纳,于是汉口总商会转而采取制定《汉口商事公断处规单行规则》的办法对部颁章则的内容予以修正,从而构建起规范且具有一定地方色彩的汉口商事公断制度体系。

1. 就公断的受案范围而言,《商事公断处章程》及《商事公断处办事细则》对公断的受案范围作了十分详细的规定

具体而言:第一,商事公断处受理的主要是商人之间的争议,并可在接受商人主动申请以及法院委托的前提下办理清算事项。第二,商事公断处受理商人之间争议的来源主要有两个:一是没有起诉前双方当事人同意共同自愿申请商事公断处公断的;二是已经起诉的由法院委托商事公断处公断的。第三,商人之间的争议案件必须是在商事公断处所在地之商会范围以内的。换言之,商事公断处受理案件实行地域管辖,对于双方当事人的营业地点

① 《汉商会提议修改商事公断处章则》,载郑成林、刘望云主编:《汉口商会史料汇编》第2册,大象出版社2020年版,第285—286页。

不在同一商会范围内的，发生争议时，应由双方当事人合意指定一个商事公断处负责受理。第五，在以上4个条件都满足的前提下，商会受理商人之间的争议还有一些限制性的规定，包括：一是商人之间无关商事的争议，商事公断处不得受理；二是商人之间争议关系到民事或刑事的，商事公断处不得受理；三是争议的双方当事人均没有证人、证物的，商事公断处不得受理；四是商人之间争议的发生是由于非法营业等行为引起的，商事公断处不得受理；五是已经抛弃自身权利的商人不得再向商事公断处申请公断；六是没有双方当事人的同意，仅有一方当事人申请的，商事公断处不得受理。① 可以发现，《商事公断处章程》及《商事公断处办事细则》关于公断受案范围的规定虽较为详细但也十分狭窄。如果严格依照这一规定执行，商事公断处甚至可能陷入无案可办的尴尬境地。因此，《汉口商事公断处单行规则》对"仅一造当事人申请公断，商事公断处不得受理"的规定作了适当修正，其在《汉口商事公断处单行规则》第二条明确："凡案件经一造具书声请或言词声请后，他造非已向法院起诉或实行和解，不得拒绝到场。"②换言之，即使只有一造声请，商事公断处亦有公断之权，其理由在于："人情之常，其理虚者必畏评议，章则既有明文规定，则凡理曲者，必不肯同意，自属无从公断，即无从实施其和解方法。"③

2. 就公断的程序而言，《商事公断处章程》和《商事公断处办事细则》均设单章规定公断程序，主要包括申请、受理、评议、公断等项

《汉口商事公断处单行规则》主要从两方面对公断程序进行了

① 相关规定见于《商事公断处章程》第二条、第十四条；《商事公断处办事细则》第十四条、第十五条、第十六条。参见《商事公断处章程》，《司法公报》1913年第5期；《商事公断处办事细则》，《司法公报》1914年第3卷第1期。

② 《修正后之汉口商事公断处规则》，《银行杂志》1926年第22期。

③ 《汉商会提议修改商事公断处章则》，载郑成林、刘望云主编：《汉口商会史料汇编》第2册，大象出版社2020年版，第285—286页。

补充和修正：第一，针对理屈当事人借故不到场，而公断不得有缺席判决的问题，《汉口商事公断处单行规则》明确："公断案件一次未能理结，须续开评议者，两造均应如期到场，倘有借故不到至三次以上者，视为理屈。"①第二，针对证人、鉴定人不到场或作虚伪证明、鉴定的问题，《汉口商事公断处单行规则》明确，公断处有权函请法院传唤或函请法院对虚假证明、鉴定者依照现行法例予以制裁。

3. 就公断的依据而言，《商事公断处办事细则》第五条规定，商事公断处在公断案件时有权依据该地方的商业习惯和惯例，但这种依据不能违背现行法令中的强制规定②

遵照这一规定，汉口商事公断处在公断过程中主要依据地方商业习惯和现行法令，但在具体案件中又偏重于地方商业习惯。这主要是由于担任评议员的人员多为商会会董，他们基本是具有丰富商场经验的商人，认为依据商业习惯对商业案件进行裁判更容易令商人信服。③ 比如在理结辛亥革命后因受兵灾而无法偿还的债务时，汉口商事公断处对法院严格依法审判，不顾遭受兵灾被抢的实际情况极为不满，在公断过程中多裁决将债务分期或打折等。④

4. 就公断的结果而言，根据《商事公断处章程》及《商事公断处办事细则》之规定，公断结果仅在两造同意的前提下才视为理结，从而具有法律效力，可以函请法院宣告强制执行⑤

这一规定具有如下两方面问题：其一，从纠纷解决的一般规

① 《修正后之汉口商事公断处规则》，《银行杂志》1926 年第 22 期。

② 参见《商事公断处办事细则》，《司法公报》1914 年第 3 卷第 1 期。

③ 郑成林：《清末民初商事仲裁制度的演进及其社会功能》，《天津社会科学》2003 年第 2 期。

④ 《汉口总商会提出之债务诉讼结案办法意见书(后附汉镇损失债案意见)》，《中华全国商会联合会会报》1916 年第 3 卷第 2 期。

⑤ 相关规定见于《商事公断处章程》第十八条、第十九条、第二十条；《商事公断处办事细则》第四十八条、第四十九条、第五十条。参见《商事公断处章程》，《司法公报》1913 年第 5 期；《商事公断处办事细则》，《司法公报》1914 年第 3 卷第 1 期。

律看，很难出现两造对公断结果均同意之情形，从而使公断结果的效力处于不确定之状态。其二，函请法院宣告强制执行后，具体执行工作是由法院负责抑或商事公断处负责并不明确。对第二个问题，大理院在相关解释例中明确，“实施强制执行非假国家机关之公力不得为之”[①]。据此，公断结果的执行仍由管辖法院负责。对第一个问题，汉口商事公断处则在其单行规则中规定：“既经公断之件，当事人于接受公断书后二十日内，并未向法院起诉者，其公断即生确定效力，得函请管辖法院执行。”[②]据此，公断结果的生效不再以两造同意为前提，从而大大增强了公断结果的执行力。

（三）汉口商事公断制度实践

从制度内容看，汉口商事公断制度体系已十分完善，补充和修正了部颁章则的诸多不完善之处。然而，从实际运行情况看，汉口商事公断制度虽在商事纠纷解决方面发挥了一定作用，但并未能达到预期之效果。具体而言，汉口商事公断处设立于 1924 年 8 月 1 日，至 1928 年 1 月 7 日被改组为仲裁股，设立尚不足 4 年，其公断案件数量虽无明确数据统计，但从公断经费收入可见汉口商事公断处受理案件并不多。据载，汉口商事公断处成立第一年共花费薪水辛工伙食及一切杂费等约 8 500 余元，而全年公断费仅 1 000 元，显然不复清末汉口商务总会理案之盛况。

究其根源：第一，汉口商事公断处存续期间恰是汉口总商会与汉口特别市商民协会激烈冲突的时期，[③]商会负责人疲于应付商民运动的风潮，无力在商事公断处的运行等方面花费精力。第二，国民党与国民政府对待商事公断处乃至商会的暧昧态度一定

---

① 《咨：大理院咨复司法部文：统字第一八五八号（中华民国十二年十二月十四日）》，《政府公报》1923 年第 2788 期卷。

② 《修正后之汉口商事公断处规则》，《银行杂志》1926 年第 22 期。

③ 朱英：《国民革命时期武汉地区商民协会与商会的冲突及合作》，《江汉论坛》2010 年第 11 期。

程度上限制了商事公断处职能的发挥。第三,汉口商事公断处与汉口地方审判厅之间关系紧张,地方审判厅在许多情况下不愿配合公断结果的执行也限制了汉口商事公断处职能的发挥。然而,更为根本的原因是,汉口商事公断制度是通过国家自上而下的立法推动构建的,制度构建过程中并未能如商会预期的完全移植西方商事仲裁制度经验,而是采取了更加本土化的策略,突出表现在公断结果的执行方面。《商事公断处章程》和《商事公断处办事细则》均未赋予公断结果法律上的强制力,只要两造有一方不同意公断结果,就有权再向法院起诉,使商事公断不再具有对商人的吸引力,而这也是许多研究者仍将民初商事公断制度界定"调解"的根本原因。①

三、汉口商事公断制度的命运

1924年汉口商事公断处设立后不久,以"动员广大中小商人成立商民协会支持和参加国民革命,同时打击和孤立反对革命的买办及大商人"②为宗旨的商民运动即已蓬勃兴起。③ 1926年12月上旬,汉口特别市商民协会正式成立。在商民协会看来,汉口总商会为旧式商人团体,所代表的是大买办、大商人的利益,"国民政

① 有关商事公断制度性质的研究是商会史研究的热点之一,概括而言,主要有"仲裁说""调解说""司法辅助说""非诉讼纠纷解决机制说""商人法庭说"等不同观点,其中持"调解说"的主要依据即是公断结果不具有法律上的强制力。参见王兰著《中国传统商会纠纷解决机制之功能分析——以调解为视角》,《仲裁研究》2007年第2期。

② 彭南生、李玲丽:《略论大革命时期的湖北商民协会》,《江汉大学学报》(人文社科版)2006年第3期。

③ 1924年11月,国民党中央执行委员会成立了商民部,将商民运动纳入国民革命进程。1926年1月,国民党在广州召开第二次代表大会通过商民运动的纲领性文件——《商民运动决议案》,并于稍后又制定了《商民协会章程》,正式决定推动商民运动。

府暂许其存在之原因,系别有所在,并非保护总商会之发展。”①据此,商民协会对汉口总商会进行了不遗余力的打压,多次呼吁取消汉口总商会。为免给商民协会攻击口实,汉口总商会于1928年1月7日通告改组,不仅扩大了会员资格,②也对其机构设置进行了调整。商事公断处在此次改组中被裁撤,其职能划归仲裁股。③1931年,汉口总商会依据南京国民政府修订的《商会法》再次改组,不仅更名为汉口市商会,在机构设置上亦改设为各专门委员会负责不同职能,④其中调处公断委员会即由原仲裁股改设而成,作为执行委员会下的专门委员会负责调处公断商事纠纷,委员会下设评议委员、调查委员、常务委员及书记办理。⑤

此后,汉口市商会虽多次筹备重设商事公断处,但迫于经费压力,汉口商事公断处一直未能再行设立,商事公断制度自此走向衰亡。比如1936年汉口市商会第五次会员代表大会提案辑要记载:“查前于第四次会员大会,据煤业公会提议请恢复商事公断处一案,曾经大会决议通过,交执行委员会依法办理。随开执监联席会议,详加讨论,现以依照商会法第三条第四项所载关于工商业之调处及公断事项,原为商会职务之一,惟应否设立商事公断处,并未明白规定……共需薪水辛工伙食及一切杂费约支八千五百余元。

---

① 《汉口商民协会分会执行裁判委员联席大会纪事》,1927年2月7日《汉口民国日报》。

② 凡在汉口为商行为主体之成年中国人,不分性别得本会会员二人之介绍,皆得为本会会员。参见武汉市档案馆藏:《汉口总商会改选章程草案》,案卷号171-1-10。

③ 参见邓晶:《近代汉口总商会研究(1916—1931)》,华中师范大学硕士学位论文,2012年。

④ 具体而言,主席之下设常务委员会、执行委员会和监察委员会;执行委员会之下设提倡国货委员会、提倡节约委员会、统计调查委员会、调处公断委员会和劳资协调委员会五个专门委员会。参见《汉口市商会章程》,《汉口商业月刊》1934年第1期。

⑤ 天津市档案馆等编:《天津商会档案汇编(1928—1937)(上册)》,天津人民出版社1996年版,第17—18页。

至全年收支之公断费,仅仅一千元,其余不敷之,均由商会补贴……查本会现经费支绌异常,前项商事公断处究竟应否设立,如果认为有设立之必要,其应需之经费要如何筹措?统希大会公决施行。"①

四、结　　语

清末民初,商事仲裁制度在汉口的发展历程是近代中国商事仲裁制度移植的一个缩影,其历经了3个阶段:

(一)清末的商会理案阶段,此一阶段由商会自发移植与借鉴,商会理案结果往往能得到官府的承认与执行,虽非严格意义上的商事仲裁,但却初步具备了仲裁制度的某些特征。

(二)民初的商事公断阶段,此一阶段在国家的统一规范下发展,商事公断结果需要禀请法院执行,反而丧失了对商人的吸引力,更类似于中国传统的调解制度。

(三)南京国民政府时期的衰亡阶段,此一阶段汉口市商会虽多次意图重设商事公断处,但受限于包括经费在内的种种原因,商事公断处一直未能再行设立,近代商事仲裁制度在汉口的移植也以失败而告终。

从商事仲裁制度在汉口的移植历程看,商事仲裁制度移植失败的一个重要原因是立法者在商事仲裁制度的移植过程中对商事仲裁制度作了相当的调整,他们一方面希望商会能够参与商事纠纷解决;另一方面又抱着统一法权之目的不愿赋予商会真正的商事纠纷裁判权,从而采取了"选择性移植"的立法方式,②选取西方

---

① 《汉口市商会第五次会员代表大会辑要》,《汉口商业月刊》1936年第1期。

② 邓建鹏:《清末民初法制移植与实效分析——以讼费法规为切入点》,《华东政法大学学报》2015年第6期。

商事仲裁的某些特征与中国本土的调解结合,形成了具有中国特色的商事公断制度。这种"选择性移植"的立法并未能更契合中国实际,反而破坏了原初仲裁法制中最重要的"一裁终局"原则和"排除司法管辖"原则,使商事公断制度丧失了对商人的吸引力,商事仲裁制度的第一次移植也以失败而告终。以此为鉴,在当前《仲裁法》修订工作中,我们虽应强调吸收本土资源,但也应注意仲裁制度的国际化,在制度构建过程中不能破坏仲裁制度的一些基本原则。唯有如此,才能充分发挥仲裁在化解纠纷方面的作用,使中国从"仲裁大国"走向"仲裁强国"。

(牛鹏,郑州大学法学院讲师;柳正权,武汉大学法学院教授)

把控企业抑或防御风险

——以1922—1937年中国银行与申新纺织公司贷款往来为中心

章义和　沈嘉文

抗战之前中国银行(下文简称“中行”)与申新纺织公司(下文简称“申新”)贷款过程中所呈现的银行与企业关系,是中国近代银行发展史值得关注的重要课题。申新是近代棉纺业的龙头企业,而中行则是近代华资银行业的个中翘楚。申新长期以来就以负债经营而闻名,中行则是其主要债权人之一,两者的贷款合作关系始于20世纪20年代,发展于1930年代。两家名企的合作取得了怎样的成绩,而这种合作又形塑了怎样的银企关系,在这段合作中中行最为关注的又是什么？目前的相关研究除了一般性的史实叙述外,[①]主要集中于1934年申新搁浅事件和1935年申新七厂被拍

---

① 许维雍、黄汉民:《荣家企业发展史》,人民出版社1985年版;贾秀慧:《荣氏兄弟的创业思想》,《历史教学》1998年第11期;李国伟:《荣家经营纺织和制粉企业六十年概述》,《文史资料选辑》第7辑,中华书局1960年版;杜恂诚:《近代中国民族企业的兼并与重组》,《改革》1998年第2期。董昕:《中国银行上海分行研究(1912—1937)》对二档所藏关于中行投资申新的资料进行了细密的爬梳,大致还原了抗战前两者的贷款关系,在资料上为本文提供了一定便利。

卖事件,[①]并较为关注申新应对危机的方式。[②] 在研究中,学者认为,以中行为首的银行资本为申新等纱厂提供了有效的帮助,[③]但也有学者指出,虽然申新危机主要源于农村凋敝和经济萧条,而政府和银行业的漠视最终导致了危机爆发,[④]并认为银行资本通过借贷渗入企业运作中,希图以“债权变股权”把控企业,[⑤]且银行业在危机中的不作为给政府提供了金融统制的借口。[⑥] 也有学者指出,申新希望通过投资金融业为自己买一份保险,但中行等在危机中的避祸举动却让其幻想破灭,至于金融业的介入管理则属于自保的正常举动,对其把控企业应给予历史之理解。[⑦]

那么,中行和申新的合作究竟是在何种背景下展开的?银行资本究竟对申新有无帮助?其目标是否就是把控企业,或者说两

---

① 纪峰:《三十年代震动全国的申新七厂拍卖事件》,《上海金融》1985 年第 3 期;蒋宪基:《一场与日、英帝国主义的生死搏斗——记申新七厂几乎被拍卖的过程》,政协江苏省无锡市委员会文史资料委员会编:《无锡文史资料》第 2 辑,1981 年版;陈耀廷:《从申新七厂拍卖事件说起》,中国近代纺织史编辑委员会编:《中国近代纺织史研究资料汇编》第 8 辑,中国近代纺织史编辑委员会 1990 年版。

② 贺慰、陈文源:《一九三四年“申新搁浅”》,《中国纺织大学学报》1994 年第 3 期;李培德:《膨胀与收缩——二十世纪三十年代上海申新纺织企业的财务问题和解决办法》,上海大学、江南大学《乐农史料》整理研究小组选编:《纪念荣德生诞辰一百三十周年国际学术研讨会论文集》,上海古籍出版社 2005 年版,第 522—529 页;陈璐灵:《20 世纪 30 年代申新企业金融危机及应对》,华东师范大学硕士学位论文,2011 年。

③ 刘岩岩:《1920—1930 年代中国民营企业资本结构研究——以棉纺业为例》,《河南社会科学》2014 年第 7 期。

④ [美]小柯布尔:《上海资本家与国民政府(1927—1937)》,中国社会科学出版社 1988 年版,第 183—184 页。

⑤ 李一翔:《中国近代银行业银企关系中“债权变股权”的历史经验与启示》,《改革》1996 年第 2 期;徐锋华:《企业、政府、银行之间的利益纠葛——以 1935 年荣氏申新七厂被拍卖事件为中心》,《历史研究》2011 年第 6 期。

⑥ 徐锋华:《民族企业的涉外纠纷与生存策略——以上海申新七厂拍卖案为个案》,《史林》2011 年第 3 期。

⑦ 杜恂诚:《近代中国企业家多元投资效果分析》,《贵州社会科学》2013 年第 11 期。

者是否就是控制与被控制的关系,抑或其他?就中行与申新的贷款历程做一专题研究,或许可以一窥前者在贷款运作中的真正意图和两者的确实关系。在结合历史背景的前提下,本文对大量档案材料进行爬梳,进而发现以中行为首的银行资本对申新的发展提供了重要助力,而所谓的经济把控似乎更应称之为风险防控,且这也是前者处于诱致性制度变迁过程中的本能行为。①

一、关系初建:1922—1927年 中国银行与申新的贷款

第一次世界大战爆发后,近代民族工业迎来了发展期,申新顺势建立。荣家兄弟曾与他人合办振新纱厂,后退出自创申新,主要是看准了"纱、粉,必需品也"的商机。② 1918—1922年,申新的发展远超民族资本纱厂的平均发展速度。③ 申新的发展有两大特色:负债扩张和集权管理。负债扩张主要表现在借入资本占运营资本比重较大,建立初期便占60%左右,之后又利用负债进行扩张。④ 集权管理则主要体现在申新的总公司管理方面,1920年成

① 本文将所利用的未刊材料来自上海市档案馆(上档)与中国第二历史档案馆(二档)。

② 上海大学、江南大学《乐农史料》整理研究小组选编:《荣德生文集》,上海古籍出版社2002年版,第76页。

③ 参见《申新纱厂系统与全国纱厂和民族资本纱厂发展速度的比较》,上海社会科学院经济研究所经济史组编:《荣家企业史料》(上册),上海人民出版社1980年版,第110页。

④ 1917年,申新以40万元收买恒昌源成立申新二厂,又以申新一厂、福一和福三向日本银行借款70万日元作为运营资金。1921年,因汉口福五面粉销量较好,粉袋不够用,荣宗敬不顾劝阻,借债开办申新四厂。1929年,荣宗敬又不顾劝阻,在上海以170万两买下东方纱厂改建申新七厂押入汇丰。1931年,申新六厂到期不租,荣氏又以340万两买下厚生纱厂自建申新六厂,同时也接手了厚生的债务。自1915年申新一厂建立到1931年申新九厂竣工,荣氏兄弟只用了17年。

立的茂新、福新、申新总公司为各厂统一筹集资金、统一采购原料、统一销售成品，各厂多余的资金存于总公司。总公司的权力集中于总经理荣宗敬。1922 年，荣家兄弟的股份达到 63.3%，形成大权独揽的格局。[①] 1928 年的荣氏集团中共有 54 个负责人职位，其中的 19 个由荣宗敬本人担任，占 1/3 强。[②]

荣宗敬是一个富有冒险精神的人，公司一有盈利便锐意扩充，“自身资金有限，不惜付出高利，向钱庄息贷”。[③] 这给申新的发展带来重大的影响。集权管理和负债扩张让申新过早背上沉重的债务包袱，[④]资金链长期处于脆弱的状态。在经济发展向好，纺织品需求增大时，申新可以通过货物销售，回笼资金偿还贷款；一旦经济发展放缓或衰退，纺织品需求下降，便可能因滞销而资金链断裂产生坏账。

1922—1927 年，是中行与申新初步接触、奠定合作关系的时期。“民六则例”颁布后，中行将经营重心“由政府方面转移于商业方面”，在存贷上“不趋重于官厅之存贷，而注意于商民之往来”。[⑤] 沪行是申新贷款的主要负责行，它对上海工商业早有关注，且注意到“获利最多者，首推纱、丝、面粉各业”，其中纱业“各厂家利益均在七八分以上”。[⑥] 从 1922 年 1 月，中行与上海银行向申新一厂

① 马敏：《官商之间：社会巨变中的近代绅商》，华中师范大学出版社 2003 年版，第 173 页。

② 马敏：《官商之间：社会巨变中的近代绅商》，华中师范大学出版社 2003 年版，第 172 页。

③ 姚崧龄：《中行服务记》，第 18 页。

④ 有学者指出：在荣氏集团中申新运用外部借贷资金以推进横向一体化战略的情况较茂新、福新更为突出。参见赵伟：《横连与合纵：近代民族企业战略研究》，社会科学文献出版社 2021 年版，第 123 页。

⑤ 中国银行总行、中国第二历史档案馆合编：《中国银行行史资料汇编上编》(三)，第 1989 页。

⑥ 中国银行总行、中国第二历史档案馆合编：《中国银行行史资料汇编上编》(三)，第 1856 页。

放出50万两,以其地产、房屋、机器等作抵。[①] 4月,申新又以机器、厂房向中行等抵押透支4万两。[②] 1924年3月,申新三厂以机器、厂房作保向慎昌洋行购买发电机,后者转向中行押汇。因申新到期不能付款,担保品随即转移至中行,其间共放出525 467.16两,利率为每月千两九两半(即九厘半),同时出立即期凭票。[③]

1925年,虽然纱、花两业因罢市、罢工风潮和美棉倾销而获利不多,但内地小麦丰收,以致"面粉业因米价奇昂,销路尤广,获利颇丰"。[④] 两相抵扣,荣氏总公司营业状况良好,"各厂均有盈余"。[⑤] 8月,总公司与源昌正钱庄等押做的100万元借款到期有意另觅,上海各家行庄争做,"营业颇好,金融亦甚活动,实力增厚,信用增高",沪行也设法加入放出35万元(内有正大银行10万元),期限1年,利率九厘半。[⑥] 10月,申新三厂、申新四厂又以机器、厂房向中行等押借65万两,中行承担20万两,利率九厘半。[⑦] 因为荣氏状况较好,各行庄都希望争取到贷款,沪行也在其中但额度尚不突出。

1926年,申新各厂营业状况较好,便以申新三厂、申新四厂的

---

① 中国人民银行上海市分行金融研究所编:《上海商业储蓄银行史料》,第160页。

② 中国银行总行、中国第二历史档案馆合编:《中国银行行史资料汇编上编》(二),第1100页。原资料记为40元应为标点错误,故此处迳改。

③ 中国银行总行、中国第二历史档案馆合编:《中国银行行史资料汇编上编》(二),第1100页。

④ 中国银行总行、中国第二历史档案馆合编:《中国银行行史资料汇编上编》(三),第1938页。

⑤ 上海大学、江南大学《乐农史料》整理研究小组选编:《荣德生文集》,第100页。

⑥ "中行董事会报告案:沪行收抵福新、茂新、申新三公司不动产报告案",1925年8月19日,二档397(2)-399。

⑦ 中国银行总行、中国第二历史档案馆合编:《中国银行行史资料汇编上编》(二),第1100页。

机器厂房向中行、振泰钱庄押借 40 万两，其中沪行 30 万两，利息为九厘半。① 沪行认为，该公司在无锡、汉口用款而出立汇票在沪交还，因此交易还有汇水收入；在放款过程中可乘机“推行钞票”；期限仅 4 个月，一经麦市完毕即可归还。可谓一举三得。但中行为谨慎计，仍要求“由该厂请出叶鸿英君为保证人担负责任”。② 叶鸿英是近代著名民族实业家，拥有巨资，在上海先后投资工商企业数十家，涉足工业、商业、金融业各界，是一位实力与名望兼具的人物。中行指明由叶鸿英担保体现了其审慎的态度，而申新能请出此人担保也展现了自身的实力，此次合作让中行对申新产生了良好的印象。本年，沪行的抵押贷款额为 490 万元，③申新约占 8.5%。④ 1927 年 5 月，申新三厂、申新四厂以机器厂房做抵向中行押借 20 万两，利率为九厘半，押透 289 928.40 两，利率为银拆加四两。⑤ 这两年申新营业状况较稳定，中行对其贷额虽有增加仍相对较小（且有一笔还是放与荣氏总公司），可视为 1925 年贷款的延续。

从以上的梳理中可以看出：中行与申新的合作始自抵押借款，最初也只有区区 4 万元，这只是 1923 年的沪行抵押贷款总额中极小的部分，体现出其对工商业贷款的审慎态度；自 1925 年开始，沪行基本每年都对申新放款，使两者间建立起一种常态合作关系，贷额也有明显的增加，逐渐占到沪行当年抵押贷款总额的 6%左右；此时的

---

① 中国银行总行、中国第二历史档案馆合编：《中国银行行史资料汇编上编》（二），第 1100 页。

② “中行董事会报告案：沪行续放申新纺织公司押款，以产余作抵”，1928 年 11 月 1 日，二档 397(2)-406。

③ 中国银行上海国际金融研究所行史编写组编：《中国银行上海分行史(1912—1949)》，第 30 页。

④ 其中沪行 30 万两依照 1∶0.715 换算为 42 万元，占 490 万元的 8.6%。

⑤ 中国银行总行、中国第二历史档案馆合编：《中国银行行史资料汇编上编》（二），第 1100 页。

中行仅为申新的债权人之一,尚需在众多的债权人中争取申新的青睐。可以说,在南京国民政府建立之前,申新有振兴民族工业、扩展商业版图的发展需求,而中行则有向工商业转向的转型需要。在这样的背景之下,中行与申新建立起初步合作关系,但前者对后者的贷款尚不突出,仅仅与大型钱庄相类。此时的中行只是申新的众多债权人之一,申新也仅是中行的潜在优质客户之一,两者间尚未达到非彼不可的地步。鉴于贷款额尚不突出且合作关系尚未牢固,中行从贷款安全的角度出发要求申新提供价值相当的抵押品,或邀请具有实力名望之人为其担保,而未做出过多的要求。

二、以债还债:1928—1934年中国银行与申新的贷款

1928—1934年,是中行与申新贷款的快速增长时期。经过20年代的发展,申新迅速壮大。① 申新的纱锭增长率甚至超过了日本的在华纱厂,而其中的生产资金主要源于借贷。② 1923—1932年间,荣家资本大幅提升,除自有资本外,很大一部分是借入资本,③部分时段申新个别厂内已出现了借贷资本超过自有资本的情况。④

① 增设了5个厂,纱锭数增加2.4倍,布机数增加1.9倍。棉纱产量增加1.7倍,棉布产量增加5.7倍。上海社会科学院经济研究所经济史组编:《荣家企业史料》(上册),第265—266页。

② 在1922—1931年,申新新增纱锭中收买部分占68.4%,而收买和租用的占总数的50.4%。上海社会科学院经济研究所经济史组编:《荣家企业史料》(上册),第268页。

③ 申新的自有资本还是福新、茂新、申新三系统中最低者。上海社会科学院经济研究所经济史组编:《荣家企业史料》(上册),第269、273页。

④ 据刘岩岩统计,1934、1935年申新四厂从中行借来的资金已超过股本,直到1936年还清才反超。参见刘岩岩:《1920—1930年代中国民营企业资本结构研究——以棉纺业为例》。

在当时的纱业中，申新的平均纱锭负债额高居榜首，[①]同时沉重的税收和高额的贷息也加重了申新的负担。据统计，申新1933年的平均税率和年平均利率：棉纱2.77%、棉布3.30%、绒毯5.95%、金融往来利息9.95%。[②] 此外，申新还参与各项投机，结果却导致高达1 000万元的亏损。[③] 总体来看，这一时期申新虽然依循纺织业的良好发展态势，通过增加贷款以扩大生产，但由于巨额负债和投机失败，企业经营面临着极大的风险。

1928年中行南下改组为专业银行后，仍承购大量公债，“承垫之数，往往占三行(中国、交通和中央)所垫之数之半”，使其“殆难有充裕资金推进新的业务”。[④] 此外，国内贸易阻滞也是其专业化难以展开的重要因素。然在此时，国内银行业正逐渐将工商贷款视为正途，希望“以抖擞精神从事于正规之业务”，大力支持实业。[⑤] 这为中行继续深耕工商贷款提供了依据。这时，适值农村凋敝大量资金涌入都市，一时造成了游资大增的局面。中行存款大幅增加，沪行尤为突出，[⑥]使其“不得不觅较长之定期放款以资平衡”。[⑦] 循此潮流，总经理张嘉璈带领中行不断增加对工业的贷

① 上海社会科学院经济研究所经济史组编：《荣家企业史料》(上册)，第259页。

② 上海社会科学院经济研究所经济史组编：《荣家企业史料》(上册)，第399页。

③ 上海社会科学院经济研究所经济史组编：《荣家企业史料》(上册)，第397页。

④ 姚崧龄：《中国银行二十四年发展史》，第111页。

⑤ 王淑梅：《我国银行业当前之危机》，《中行月刊》第10卷第4期，1935年。

⑥ 中国银行总行、中国第二历史档案馆合编：《中国银行行史资料汇编上编》(三)，第2034—2035、2062、2099、2173页数据制出。董昕：《中国银行上海分行研究(1912—1937)》，第205页。

⑦ 中国银行总行、中国第二历史档案馆合编：《中国银行行史资料汇编上编》(三)，第2064页。市场上大量游资的存在使申新即使在搁浅前夕仍能借到大量款项。卞欣然：《申新纺织公司兼并时期的财务分析》，上海社会科学院硕士学位论文，2006年。

额：1930 年为 24 782 000 元，1933 年增至 42 455 468 元，增加了 71.32%。[①] 中行贷额的工业占比不断增加(见表 1)。

表 1　中国银行工业贷款占总贷额比(1929—1934)　　(单位：%)

1929	1930	1931	1932	1933	1934
4.41*	6.57	10.14	11.46	12.08	13.25

资料来源：根据中国银行总行、中国第二历史档案馆合编：《中国银行行史资料汇编上编》(三)，第 1999、2036、2063、2100、2174 页数据制出。

*：1929 年的数据为引者根据历年资料估算。

申新发展需要长期的贷款支持，同时其借贷扩张的特质也让其无法摆脱对资金的需求，资金充沛的中行成为理想的资金来源；中行则因一时无力开展专业化而投入工商业贷款中，但大量游资的涌入却让其措手不及，实力不俗的申新也似乎是不二人选。在此背景下，两者便有可能进一步深化先前的愉快合作，而在申新三厂、四厂上的良好合作为进一步深入合作奠定了基础。

1928 年，荣氏要求中行对 1926 年的借款展期一年，并商请以申新三厂、四厂资产的余头加做押透 50 万两，[②]利率为九厘半。[③]此外，申新三厂、四厂以资产为抵与沪行及鼎盛、振泰、均泰押借 100 万两定期，其中沪行 65 万两；同时向三庄透支 30 万两活期。贷款期满后统归中行出借，利率为八厘半，抵押资产约值 742 万元。

① 李一翔：《近代中国银行业与企业的关系(1897—1945)》，台北东大图书公司 1997 年版，第 65 页。

② "中行董事会报告案：沪行续放申新纺织公司押款，以产余作抵"，1928 年 11 月 1 日，二档 397(2)-406。

③ 中国银行总行、中国第二历史档案馆合编：《中国银行行史资料汇编上编》(二)，第 1100 页。

因申新“年来营业尚属发达”[①],沪行对其的贷额有明显上升,并逐渐超过一些钱庄显现出独揽态势。在此情形下,中行开始降低利率以保持与申新的关系。

1929 年,中行汉汇处派与荣家有姻亲关系的宋美扬[②]出面交涉,提出以月息八厘与申新四厂订立押透合同。荣宗敬曾与上海银行总经理陈光甫约定申新四厂与其独家合作,中行低价招揽自然使其心怀不满。上海银行汉行向总行抱怨,“宗敬先生即因戚谊关系而情难却,然生意极大,帮忙之处极多,何必要在汉口著此痕迹,实令帮忙者心寒。且今年该厂在长沙设分销处,弟等竭力帮助”,如此不守信用“弟亦觉心冷不少”。[③] 陈光甫虽有不满,但为顾全与中行的关系命令汉行忍让。10 月,申新四厂以棉花作抵向中行押借 30 万两定期,利率为八厘。[④] 在中行争取申新的过程中,戚谊关系自然是荣宗敬要考虑的因素,但更低的利息[⑤]才是其推翻与陈光甫口头协定的现实原因。

1930 年 12 月,申新三厂、四厂以未到期担保品和新增的纱锭、布机作抵,向中行加借 100 万两,为期半年。中行则认为申新“察其担保品价值尚堪加借”,约定月息八厘半。[⑥] 1931 年 12 月,申新购进厚生纱厂改组为申新六厂,公利银团 160 万两的债务一并转入。为求发展,申新六厂以厂房、机器余头及原料再向银团押

① “中行董事会第 30 次常会议案:沪行与申新纺织公司改订透支押款,以三厂、四厂全部资产作为担保”,1930 年 6 月 18 日,二档 397(2)-379。

② 荣德生的三女儿嫁给了宋汉章的儿子宋美扬。

③ 上海社会科学院经济研究所经济史组编:《荣家企业史料》(上册),第 275 页。

④ 中国银行总行、中国第二历史档案馆合编:《中国银行行史资料汇编上编》(二),第 1100 页。

⑤ 上海银行与申新往来利息为八厘半。

⑥ “中行董事会第 39 次常会议案:陈报申新纺织公司加借 100 万两请备案”,1930 年 12 月 17 日,二档 397(2)-391。

借180万两,月息八厘半,其中沪行48万两。[1]

这两年中,中行与申新之间的贷款较为稳定,但也出现一些新的变化:两者的借款原本集中在申新三、四厂,现则延伸至申新六厂;为求合作,中行主动降息给予八厘半的优惠,甚至一度降至八厘;申新的资金需要日益增多,资力薄弱的钱庄开始让位于实力雄厚的新式银行,中行开始独揽部分贷款。从以上可见,两者的债务无论从广度还是深度上都在不断深化,而这也为以债还债模式的出现奠定了基础。但这一时期中行对申新仍局限于"营业尚属发达""担保品价值尚堪加借"的表面观察上,这层面纱尚须中行在深入观察后方能勘破。历史的吊诡在于,虽然申新三、四厂与中行接触最早,以债还债的方式却实践于申新一厂、二厂、五厂、八厂,而这主要源于突增的债款。

1932年6月,申新向外商银行借款500万元到期,但因纱业萧条而无力偿还,名下资产也早已抵押殆尽。申新便向中行商请,以申新二厂、五厂的全部固定资产作抵,押借500万元,透支400万元。这笔款项已远超过之前的历次合作,中行在反复权衡后,决定由沪行与上海银行组成银团承担,同时派员驻厂稽核。12月,为厘清债权三方重订合同:关于申新二厂,沪行和上海银行以厂房、机器作抵押借厂基借款150万两,月息八厘半;以花纱、物料作抵押借营运借款90万两,月息为银拆加三两半,每3个月付息,以四两五钱为底盘。其中沪行共提供144万两。[2] 关于申新五厂,沪行与上海银行、永丰钱庄以厂房、机器作抵押借厂基借款150万两,月息八厘半;以花纱、物料作抵押借营运借款90万两,月息按

---

① "中行董事会第58次常会议案:陈报申新六厂与公利银团订借押款180万两,我行名下计摊48万两",1932年1月20日,二档397(2)-488。

② "中行董事会第66次常会议案:沪行陈报申新第二厂向我行及上海银行合做厂产押款元150万两,计我行90万两,又合做营运押款元90万两,计我行54万两,抄附合同两件请备案",1933年1月18日,二档397(2)-502。

银拆加三两半[①]计算,每 3 个月付息,以四两五钱为底盘。其中沪行共提供 80 万两。[②] 合同规定:厂方承诺将营业独立、会计公开,并由债权人派会计和出纳各一人驻厂稽核,“会同出质人原有账房,不分界限办理账务”;每月底将盈亏表存欠账“听由会计员抄送各贷款人”[③];厂方不得与其他银行或钱庄往来,“以一事权”。[④] 中行对改订后的合同颇为满意,认为“保障尚属周备”。[⑤] 这笔款项到期后,转期至 1934 年年末,二厂欠款本息尚有 327.2 万元,沪行占 196.3 万元;五厂欠款本息尚有 335.7 万元,沪行占 111.9 万元。[⑥] 在这两笔共 480 万两的巨额贷款中,中行共计借出 224 万两,占总额 46.7%。考虑到永丰钱庄也借出了 80 万两,占总额的 16.7%,中行现已成为该笔贷款中申新的最大债主。

为保证贷款安全,张嘉璈派出姚崧龄为驻厂稽核,并叮嘱“稽核的责任一方面是监督用款;另一方面就是诱导其改进会计及管理手续”。[⑦] 姚崧龄在申新:制作每日会计日报;审核各项支出;审

① 此处原档为月息“银拆加四两”,《简明表》为银拆加三两半,考虑到均非合同原件且申新二厂月息亦为三两半,再三衡量下此处照《简明表》记载。

② “中行董事会第 65 次常会议案:沪行陈报与上海银行、永丰钱庄合作申新第五厂押款元 150 万两,每家承做 50 万两,有营运借款元 90 万两,每家承做 30 万两请备案”,1932 年 12 月 7 日,二档 397(2)-499。

③ “上海商业储蓄银行关于申新纺织公司五厂合同资负表及二五厂委员会议事录等件”,上档 Q275-1-574。

④ “中行董事会第 65 次常会议案:沪行陈报与上海银行、永丰钱庄合作申新第五厂押款元 150 万两,每家承做 50 万两,有营运借款元 90 万两,每家承做 30 万两请备案”,1932 年 12 月 7 日,二档 397(2)-499。

⑤ “中行第 66 次董事会常会议案:沪行陈请申新第二厂借款案”,1933 年 1 月 18 日,二档 397(2)-502。

⑥ “中行董事会第 82 次常会议案:沪行陈请申新二厂、五厂押款及营运借款均届期满,仍再续转一年续订各合同”,1934 年 6 月 20 日,二档 397(2)-516。

⑦ 姚崧龄:《中行服务记》,第 14 页。

核出货栈单；月终查账；更新决算报告格式。[1] 通过一系列工作，他逐渐掌握了申新内部的头寸、收支、存货情况，并逐步改进陈旧的报表。姚崧龄考察申新总公司和分厂后，向总行提出了一份详细的报告，并积极推动成立银团办事处和各项改革。[2] 他在报告中指出：荣宗敬本人“冒险进取”，致力于扩张产业，即使资金有限也“不惜付出高利，向钱庄息贷”；申新管理混乱且高度集权，各厂“既陆续收购，或先后建造，故其纱锭种类极多，毫不统一”，“因之保养、修理、调换等工作，各厂完全自理”，[3]而职员“职务划分，不尽明白……事无巨细，均以荣氏一人之旨意为依归”，其余外人无法做主。[4] 为此，姚崧龄建议在总公司设立一个办事总处“以资统驭”，不仅能知晓各厂账务往来，更能明了各厂的实情，这遭到了申新的强烈反对，以致“迟迟不置答复，稽延三四月”。由于银团的坚持，办事处于 1933 年 6 月得以成立。办事处主要承担以下职责：指导驻厂会计员；保管、审核各种报告；审定预付花款；证实纱布押汇；作为银团债权人汇集之所；刺激申新改革。[5] 可以看出，此时的办事处还主要致力于款项运用问题，未介入生产、经营管理。但深晓内情的姚崧龄仍强烈建议：厘清各部门职责；推动品类标准化；统一商标；修缮机器；规范营业方式；整顿财务部门；更新会计方式；训练人才。[6] 事实证明，他的建议将成为中行对申新管控的主要思路。

1932 年 12 月，申新与中行间关于申新三厂、四厂的合同也已

① “申新一、二、五、八厂调查报告”，上档 Q275－1－576。

② “申新一、二、五、八厂调查报告”，上档 Q275－1－576。

③ 姚崧龄：《中行服务记》，第 18 页。

④ 姚崧龄：《中行服务记》，第 19 页；“申新一、二、五、八厂调查报告”，上档 Q275－1－576。

⑤ “申新一、二、五、八厂调查报告”，上档 Q275－1－576。

⑥ “申新一、二、五、八厂调查报告”，上档 Q275－1－576。

到期，[①]却无力偿还。双方决定订立新的借款合同，以原抵押物作厂基押款250万两，月息八厘半；透支款项25万两为限，[②]月息为银拆加三两五钱。[③] 申新无奈同意沿用驻厂稽核，并承诺不与其他行庄往来“以一事权”。[④]

1932年是中行与申新关系的转折点。这一年，申新因无法偿还外商银行的债务，从而将申新二厂、五厂的债务通过新债的方式转至中行为首的银团。同时，申新三厂、四厂的债务也因无力偿还而加借。可以看出，申新与中行的债务关系已经逐渐显现借新债还旧债的端倪，这意味着其资金链开始出现问题。银团在同意申新借款要求的同时，明确要求对申新实行“尚属创见”的驻厂稽核制度。这显示出银行正加深对申新的顾虑，已不满足于抵押品和担保人，而试图掌握申新的内部动向。姚崧龄也不负重托，向张嘉璈准确地报告了申新存在的巨大隐患：负债经营与管理混乱且高度集权，并提出了解决方法。银团部分采纳了姚崧龄的建议，坚持在申新建立了办事总处以控制其财物进出，但对涉及生产销售的内容不予干涉，可见此时的申新还未到需要如此深入控制的地步。虽然限制申新借款的规定似乎有独揽贷款的意味，但考虑到贷款已呈现以债还债的特征，且荣氏借债扩张的特性已被勘破，放任其自由借款可能进一步加剧申新的负债规模，进而威胁到中行的贷款，那么这一规定也可视为中行对申新加紧风险防控的重要手段。除了申新二厂、五厂的贷款外，申新一厂、八厂的贷款也沿用了驻

① 合同共200万元，原合同展期至1932年5月7日到期，追加合同至1931年6月10日到期。

② 债务人已支用透支款项40余万两，将25万两作为透支款项，其余拨入本次借款数额之内，透支款内有中央信托局附入5万两

③ “中行董事会第66次常会议案：沪行陈报申新第三、四厂押款增加借额改立新合同请察核”。1933年1月18日，二档397(2)-502。

④ “中行第65次董事会常会议案：沪行与上海银行、永丰庄合做申新第五厂押款元一百五十万两”，1932年12月7日，二档397(2)-499。

厂稽核这一制度。

在1933年1月，申新又以申新一厂、八厂全部资产作抵向银钱业押借厂基押款400万两，沪行占100万两，[①]月息八厘半；[②]以花纱、物料作抵押借营运借款160万两，沪行占40万两，月息为银拆加三两半。各行庄派出会计员、出纳员及管栈员常川驻厂管理稽核一切。[③] 同年4月，申新四厂失火意外被毁，"除将保险赔款抵偿借款外"和部分现金外，尚欠沪行270万元以月息八厘半继续质押；[④]同时，申新四厂与中行汉行押借厂基押款130万元，营运借款130万元，月息八厘半。[⑤]

1933年12月之前，中国、上海两行和永丰钱庄又向申新五厂借出押款款项69.9万元，营运款项42万元；申新二厂借出厂基押款120.7万元，营运款项75.6万元。合同条件基本与上年的相同，但另外注明设银团办事处稽核一切。[⑥] 至此，只有申新七厂、九厂未与中行发生关系。1933年年底，中行沪行对申新放款余额进行统计，尚有余款814.1万元未收回。[⑦] 1927年—1934年3月底之前，中行共向申新借出1 835.2万元，尚余1 034万元未还。鉴于此，中行正式提出"拟于技术及管理方面，与以改良之督促"，希望

---

① 内有中国保险公司附放的30万两。

② 上海社会科学院经济研究所经济史组编：《荣家企业史料》(上册)，第401页。

③ "中行董事会第68次常会议案：沪行与上海银行、振泰、滋泰庄合作申新一厂、八厂押款，又合做营运借款请察洽"，1933年3月8日，二档397(2)-504。

④ "中行董事会第82次常会议案：沪行陈请申新纺织公司三厂、四厂质押借款继续更订合同为270万元，附抄合同请备"，1934年6月20日，二档397(2)-516。

⑤ "中行董事会第81次常会议案：沪行转汉支行函陈，申新纺织公司以汉口第四场厂厂产及花纱等分订质押质借合同各130万元案"，1934年4月27日，二档397(2)-515；上海社会科学院经济研究所经济史组编：《荣家企业史料》(上册)，第396页。

⑥ 中国银行总行、中国第二历史档案馆合编：《中国银行行史资料汇编上编》(二)，第1102页，"申新纺织五厂等与上海商业储蓄银行签订的借款合同"，上档Q275-1-898。

⑦ 详细参见中国银行总行、中国第二历史档案馆合编：《中国银行行史资料汇编上编》(二)，第1076—1077页。

达到“精神上之合作”。①

通过以上的简单梳理,可以看到以下特点:这一阶段,中行对申新的借款在数额和频率上有了明显增加,甚至在 1932 年和 1933 年占到了工业贷款的 17%、19%②左右;1934 年 6 月底申新正式搁浅之前,申新对中行的欠款达到 1 500 余万元,③相对于 1928 年之前,几乎增长了 10 余倍;随着借款额不断增大,利率也从 1928 年之前的月息 0.95%降至 0.85%,但年息 10.2%仍要高于申新与金融业往来平均年息 9.95%;申新与中行之间的一部分贷款是由于前者的扩张而继承下来的历史债务;自 1932 年开始,申新向中行的贷款开始呈现以债还债的迹象;驻厂稽核制度始于申新二厂、五厂的借款,之后被沿用到了申新一厂、八厂的贷款。

可以想见,由于工商业发展需要、专业转型、游资集聚等,这一时期的中行与申新间的贷款数额日益增加,其关系也日益深入,甚至到了非你不可的地步。其证据之一便是,即使中行的年息高于金融业年率,申新仍对中行贷款趋之若鹜。究其原因,中行强盛的资力或许是重要的考虑。但大量的申新贷款也让中行隐隐担忧,尤其是这些贷款开始出现以债还债的迹象。通过调查,中行对当时纱业的危机早有认识,而且通过驻厂稽核深入了解申新后,了解到其存在负债扩张和高度集权且管理混乱的弊病,便开始设立办事总处控制财物进出。但陷入以债还债窘境的申新开始无法控制

① 中国银行总行、中国第二历史档案馆合编:《中国银行行史资料汇编上编》(三),第 2104 页。

② 1932 年的贷款数字为 6 629 千元(4 740 千两,按 1 两约等于 0.715 元换算),主要是根据上文材料的估算;1933 年的贷款数字为 8 141 千元,主要是根据中国银行总行、中国第二历史档案馆合编《中国银行行史资料汇编上编》(二),第 1076—1077 页的数据计算而得。1932 年的工业放款总数为 38 435 千元,1933 年的工业放款总额为 42 455 千元,数据主要则源于姚崧龄《中国银行二十四年发展史》,第 153 页。

③ 中国银行总行、中国第二历史档案馆合编:《中国银行行史资料汇编上编》(二),第 1115 页。

贷款规模,1933 年年底的中行欠额尚仅 814 万余元,而不过半年便突升至 1 500 万余元,为保证贷款安全,中行将进一步升级其风险防控手段介入申新的生产、经营管理中,而申新搁浅则成为重要契机。

三、深陷泥沼:1934—1937 年中国银行与申新的贷款

1934 年之后,因申新贷额过于巨大,任何银行已不愿且无法独自承担,所以债权人通过合作组成银团,而实力雄厚且贷额突出的中行便被推为代表人。故而,这一时期中行与申新的交涉,还能进一步折射出华资银行业在贷款中的普遍关心。本节力图透过申新搁浅及其后续申新二厂、五厂复工事件来观察中行为首的银团是如何加强对申新的介入的,并试图通过申新七厂拍卖事件来一窥他们在申新贷款中的复杂心态,从而对介入给予更为准确的评判。

1934 年是棉纺业极为艰难的一年,市面上出现花贵纱贱的现象,申新陷入危局。1 月 24 日,申新一厂、八厂用全部财产作抵,以月息八厘半向金融界贷款 540 万元现款,中行承借 135 万元,但杯水车薪。① 3 月时,金融界已普遍不肯对申新进行放贷,仅依靠 16 家钱庄苦苦支撑。3 月 19 日,申新四厂还致函中行与上海银行,试图以旧谊请求转期押款。② 虽然中行不肯再轻易放款,但仍时刻关注着纱业及申新,并试图采取进一步的手段。凭借着对纱业及申新的观察,中行益感近来棉纱事业“前途实觉危险”,必须

① “上海商业储蓄银行有关申新棉纺公司合同副本(1934—1940)”,上档 Q275-1-573。

② 上海社会科学院经济研究所经济史组编:《荣家企业史料》(上册),第 379 页;“中行第 81 次董事会常会议案:沪行转汉支行函陈”1934 年 4 月 27 日,二档 397(2)-515。

“切实明了各关系厂内容”，随即成立纱厂放款委员会，①“协助各放款行随时稽查有关系各厂……同时研究纱业之全体实况，一觇本行放款之是否安全”，归总经理直接指挥。总经理指定业务稽核、放款行副经理和相关专员参加委员会，下分业务、稽核和技术三组。委员会负责以下事项：审定纱厂借款合同；制定详细管理办法；指导、考核管理人员工作；审核各种报告；研究借户管理上、业务上及技术上各种重要问题；稽核借户之账目及各项财务报告，核其盈亏实况，以作贷款标准；随时派人前往栈房盘点库存，估计价值；安排会计员、出纳员和管栈员“常川留驻”，负责货物进出管理监督造具报表。② 纱业委员会无疑是为了进一步解决申新所存在问题，以保证贷款安全而做出的设计。可惜委员会未及运作，申新便陷入搁浅，而委员会便成银团办事处的设计模板。

6 月底，申新应付 500 万元，但已无物可押，钱庄也不肯再放，首度搁浅。为解决搁浅，金融业希望经营较好的粉厂可以补贴纱厂。当时申新全部资产估计合银 5 880 余万元，对外负债共计银 6 370 余万元，其中欠中行“厂机押款计约银 890 余万元，货物押款计约银 540 余万元，信用放款约银 26 万余元，共计不下 1 500 万元”，约占申新总负债的 24%，约占中行当时棉纺业放款总额的 40%。③ 鉴于此，申新不敢怠慢中行的意见，中行也不敢轻视申新的危机。为此，荣宗敬只得求援于粉厂负责人王禹卿，最后决定由后者出任总公司总经理，李升伯出任申新经理，并以申新三厂、七厂的产余及荣家私人股票 1 000 余万做抵，由银团放款 500 万元。

① 建立纱厂放款委员会是 1934 年全行行务会议的议案，据卞白眉的记录，该案是在 4 月 11 日修改通过的。详见卞白眉《卞白眉日记》，天津古籍出版社 2008 年版，第 252 页。

② 中国银行总行、中国第二历史档案馆合编：《中国银行行史资料汇编上编》（二），第 1072 页。

③ 中国银行总行、中国第二历史档案馆合编：《中国银行行史资料汇编上编》（二），第 1115 页，姚崧龄：《中国银行二十四年发展史》，第 153 页。

在申新内部达成协议后，中行等便同意帮助申新：承诺抵押500万元以资应付；[①]以荣氏兄弟在福新的股份为抵，承借100万元现款周转，月息七厘，由王尧臣、王禹卿担保。[②] 在得知中行出手维持后，在申新门口聚集了一夜的催债人即时散去。李芸侯强调必须由持重的王禹卿出任总经理，而王禹卿则坚持棉纺专家李升伯担任经理。两行还和荣宗敬暂定协议，申新在两行另开新户，新户资金优先偿还，有余力便清偿旧债。王禹卿接任后，安排两行人员进行清点库存后便将账房移交银团。银团要求各厂：将在各钱庄所做的栈房押款，一律改为营运性质，并保证工厂不停工，由荣、王、李三人出具保证信。[③] 此事本应到此结束，但因李升伯不肯轻易担任经理，导致王禹卿不愿签字，押款事(此时银行方面已付出280万元)便进入僵局，申新再度搁浅。[④]

---

① 贝山：《荣宗敬荣德生略传》，《纺织周刊》1947年第8卷第27期。

② "中行第82次董事会常会议案：沪行陈请与上海行合做容宗敬、荣德生押款一百万元案"，1934年6月20日，二档397(2)-516。

③ 上海社会科学院经济研究所经济史组编：《荣家企业史料》(上册)，第413页。

④ 在搁浅之前，申新方面作了两手准备。6月初，荣宗敬一方面向银行方面请求援助；另一方面则致函政府请求救济。政府方面，特别是实业部，有意借申新搁浅控制申新。6月底银行答应救济后事情本应平息，但却因李升伯的突然反悔而告终。之后不久，李升伯便代表棉业统制会，同实业部和财税署的专员一起前来调查申新，此举是十分值得玩味的。7月17日，荣宗敬致函李升伯指出，"所有申新纺织部事务，先生既以职务繁剧，特行声明不克兼顾，鄙人自亦万难相强，只有遵命作罢，容再另行设法。至代表棉业统制会，次自先生之事；而申新系完全商人营业，且有股份公司，并与统制会无涉，是否接受先生协助，尚须内部切实考虑"。7月31日，汪精卫宣布由政府整理变为荣氏自行整理。申新也回信李升伯反唇相讥，指出其通过此事得到陈公博的欣赏"身价十倍，先生前途正未可量"。至此，对李升伯在搁浅中所起之作用已可做一推测。李为了自身仕途向陈公博贩卖整理计划，不惜扰乱银团救济以致申新搁浅，引来政府入局。参见上海社会科学院经济研究所经济史组编：《荣家企业史料》(上册)，第417、725页。至于王禹卿在此事中是何态度？王氏在申新搁浅后曾多方奔走，但因能力有限而效果不甚明显，其与荣氏关系也不甚融洽。据姚崧龄回忆，荣宗敬曾因厂内储户提取存在公司储蓄部的存款而不满，并不顾"多年伙伴情谊"向王谩骂撒气，"声震屋瓦"。以此估计，王因怕受牵连而退缩的可能性更大。参见姚崧龄《中行服务记》，第20页。

经过各方协调,特别是舆论的控诉,申新和银团再次达成整理共识。荣宗敬向银团方面表态,愿意在复职后厉行改革,并聘请专家拟订计划,要点如下:严整组织;业务合理化;厂务合理化;集中各厂整理部机械,筹办机件制造所,以节开支;迁移沪上一、二老厂于内地,出售旧址,归还借款。根据这个计划,前四项为每年经常消费,节省出470万余元;第五项可立即腾出500万余元,偿还旧债,减轻利息负担。① 银团较为满意荣氏的态度,同意其复职整理,承诺"在银钱方面,必当竭力维护其存在"。② 在这种情况下,1934年8月15日,申新一厂、二厂、五厂、八厂与银团签订补充营运借款合同。③ 合同中规定银团要介入申新的管理:"应用之会计员、管栈员、出纳员均由乙方选定指派",其他职员也应听从指挥;各项采买"均须事前商得乙方之同意";"关于各厂对外发出之一切单据,应用申新一、二、五、八厂营运借款银团名义";督促申新尽快向政府申请救济并进行技术改革,否则将由其代办。④ 合同签订后,银团便收购新棉4万担,贷与申新共计150万元,以示支持。银团的做法得到了社会的广泛认同,也使申新得到喘息机会。⑤ 随后,银团便在申新总公司设立办事处,拟定办事细则。根据细则:银团派二代表常驻"暂率一切",下辖技术、营业和稽核三员,其中营业员下辖验花员,稽核员下辖管栈员、出纳员、会计员,"凡

---

① 《荣宗敬复职后计划》,1934年7月30日《上海商报》。

② 《荣宗敬复职后申新等厂照常营业工作金融业决尽力维持》,1934年7月25日《申报》。

③ 由于中、上两行的贷款主要集中于申新一、二、三、四、五、六、八七厂,鉴于这次危机受到冲击最重且贷额最为庞大的主要是一、二、五、八四厂,而三、四厂主要控制在荣德生手中且效益较好,六厂贷额最小并涉及其他债权人,所以此次合同的对象也主要是该四厂。搁浅初期,申新七厂也被作为500万元的贷款担保品,但其中涉及的债权人多达15个,所以也不适合将其列入此次贷款合同中。

④ 上海社会科学院经济研究所经济史组编:《荣家企业史料》(上册),第442页。

⑤ 《银团贷款维持申新》,1934年9月10日《上海商报》。

遇较大之事务应由主管人员随时商陈银团代表取决之”;银团内各厂各种采买应事先商得营业、稽核员,并由其负责签盖一切有关之契约、单据及其他文件;稽核部主管审查支付款项单据时,应以营业及技术二部主管之签章为根据;各厂销售棉纱布匹时,应事先商得银团营业部主管同意;银团办事处各部主管得随时赴各厂检查一切。① 通过该规则,银团办事处在法理上控制了各厂的采买、销售、收支各权。

银行的方案看似强硬,实施效果却不理想。银团办事处成立后,银行与申新在经营理念上的分歧被进一步放大。荣宗敬只肯让银行监督财务和原棉采办,而不让过问生产与销售。② 即使在较为和缓的原棉采办问题上,双方也冲突不断。新花上市后,荣家试图大量进货储栈待用;银团则希望随用随进减少积压。③ 可见,即使银团获得了法理上的主导权,申新仍控制着实际管理权。虽然有着诸多不快,但银团仍积极扶助申新,希望其有所好转。1934年9月,申新总公司因“资金缺乏,难以支持”,一再与6家债权金融机构“商请临时垫款,暂为维持,继续营业”。双方商定订定补充营运借款合同,以后如遇亏损计一厂、八厂以40万元,二厂以20万元,五厂以20万元为度,逾限时应由申新立即以现款补足,6个月为期。④ 同时,中行沪行还展期了上年的一厂、八厂合同。⑤

---

① “上海申新第一二五八棉纺织厂借款银团和驻厂会计员、出纳员、管栈员办事细则”,上档Q193-1-508。

② 理查德·布什:《国民党中国时期棉纺业中的政治(1927—1937)》,第244—246页,转引自高家龙著、程麟荪译:《大公司与关系网:中国境内的西方、日本和华商大企业(1880—1937)》,上海社会科学院出版社2002年版,第181页。

③ 许维雍、黄汉民编:《荣家企业发展史》,人民出版社1985年版,第105—106页。

④ “中行董事会议议案,沪行陈请会同各债权与申新总公司订立补充营运借款合同案”,1934年9月26日,二档397(2)-517。

⑤ “中行董事会议议案:沪行陈请搭放申新一、八厂厂基押款及营运借款续订合同案”,1934年9月26日,二档397(2)-517。

好景不长,银团逐渐发现,申新虽然能够开工,“但公司对老债与储蓄仍无法应付”,为此开始思考深层原因,并借续约之机要求进一步改革。童侣青在总结会上指出:营运借款合同成立后,银团在四厂的购花问题上基本能做主,但对于卖纱问题难以插手,“仅凭原有营业员兜售后报告登账而已”,而申新在销售上毫无章法;12 月 7 日退票风潮出现后,银团前往处理事务“愈感困难”,且仍有一堆琐事无法处理;[①]合同中规定厂门前需悬挂银团牌子,也因申新反对而未实行。基于以上观察,银团认为,或许是因为对申新的管理不够彻底,导致改革效果大打折扣。为此,银团提出“以银行为主导管理”的条件和荣氏谈判营运借款合同的续约,遭到后者的反对,最后折中同意效益较好的申新一厂、八厂继续营业,而不尽如人意的申新二厂、五厂暂时停工。虽然银团这次并未取得预期目标,但申新二厂、五厂复工问题给予了其时机。

1935 年 4 月 12 日,荣宗敬因无法偿还中、上银团 40 万债款,向叶琢堂去信希望银团加借 80 万维持经营。在催债声日隆的情况下,荣宗敬只能以上诉的办法来以拖待变。5 月,银团开始与申新磋商,希望通过加入若干资本来对“各厂内部,加以彻底整理,力谋复兴”。[②] 11 月 27 日,纱价有所回升,国民政府对银团发出训令,要求申新二厂、五厂复工,棉业统制会则提出全面接管两厂。为解决申新问题,中行拟定了整理方案,希望组织临时委员会进行清查,并呈请政府发行公司债来理清债务,关键在于将申新九厂合并为一个股份有限公司委任债权团经管。[③] 此时的中行已被董事

① “面粉袋及电费纠纷迄未解决,保留六、七月份物料等款迄不能付,致受五金号及洋行家之包围索欠者数次”,参见上海社会科学院经济研究所经济史组编:《荣家企业史料》(上册),第 464 页。

② 《无锡:银团协助申新各厂》,1935 年 5 月 28 日《申报》。

③ 中国银行总行、中国第二历史档案馆合编:《中国银行行史资料汇编上编》(二),第 1116 页。

长宋子文控制,对申新更加吝啬,并试图趁机实施全面控制。宋子文在1936年向荣宗敬提出希望全面接管申新,其提出的计划与之前中行的整理案相似,可见中行的合并计划很可能出自宋子文之手。在"三、四厂精心奋斗,初有成效"的情况下,荣氏自然不肯接受这种把股东踢开的做法,认为"生死问题,非努力理争不可"。[①]宋子文的吞并计划中,将银行借款利息降至五厘,因而损害了上海银行利益(存款利息为八厘),遭到后者的强烈反对,以致流产。陈光甫愿意为工商业做出牺牲,但底线为"其利亦不必过低,在八厘左右"。[②] 宋子文的做法无疑是让上海银行跟着中行做赔本买卖,李芸候随即拒绝说,银行利息降低可以,但要"把上海银行借给申新的款项转给中行"。[③] 宋子文显然没料到上海银行反应如此激烈,只得暂缓推行。随着身份的转变,中行和上海银行的态度难免产生分歧,宋子文企图借助于中行统制工商业的计划一旦侵犯合作者的利益,定然引起强烈反弹。因银团内部出现了分歧,复工一度搁置。

1936年11月,棉纺业开始好转,荣氏和政府不断向银团要求开工。银团便决定成立"委托经营管理委员会",签订"委托经营契约",掌握管理权和经营权。委员会由中行代表三人、上海银行代表两人以及申新代表两人组成,规定:营运资金照月息七厘半计息,逐月结付不得拖延短少;用人行政及一切事物"均归委员会全权主持之";[④]委员会6个月结算一次,除去开支尚有盈余则优先偿还两行欠款,再行改进机器设备。[⑤] 中行所派出的三人分别为潘久芬、汪孚礼和朱苏吾。汪、朱两人均为棉纺专家,中行选派他

① 上海社会科学院经济研究所经济史组编:《荣家企业史料》(上册),第511页。
② 陈光甫著,邢建榕、李培德编注,上海市档案馆编:《陈光甫日记》,第6页。
③ 上海社会科学院经济研究所经济史组编:《荣家企业史料》(上册),第515页。
④ 《申新二五厂管理委员会成立》,1936年10月22日《纺织时报》。
⑤ 上海社会科学院经济研究所经济史组编:《荣家企业史料》(上册),第518页。

们无疑是为了进一步对申新的技术进行改良。① 委员会成立后，银团的利益得到了根本保障，便原则上同意在新花登场后立即开工。②

委员会成立后的确取得了一些成绩，他们积极改换机械，使出品日益精良，“销售甚畅”，并出现“全数预订购罄”的情况。③ 更重要的是，委员会进一步将申新的管理权集中到银团手中，同时也加深了两者间的矛盾。委员会议定由朱苏吾负责采办申新二厂、五厂棉花，汪孚礼、童侣青负责起草委员会章程及办事细则，甚至还试图通过设置总稽核的方式来合并厂长的权力。④ 从历次会议记录中可以看到，申新只能关注于厂务整理，而银行几乎垄断了两厂的业务经营，前者对此不敢持有异议。申新提出的厂务改革议案也经常遭到反对，一旦涉及经费支出，委员会多为原则同意而不赋予独揽之权。⑤ 无怪乎申新抱怨“契约规定虽由委员会主持，然实际主权皆为中国、上海两银行所霸占，全部营业及经济事务均归银团办理”。⑥ 银团对申新加强监管，也获得了部分社会舆论的支持。申新七厂拍卖之初，便有人认为是银团的不作为，导致申新陷入如此境地，并建议银团在援助的同时“对于投资之厂，应不惜代聘专家，改善经营”。⑦ 有了舆论的支持，银行在管理上便更加理直气壮。复工事件为银团争取到了之前所未得到的管理权，那么为何中行要坚持介入管理，甚至不惜以两厂的停工为代价⑧？申新七厂的拍卖或许能为我们提供些许答案。

---

① 《中上两行受委经营申新二五厂》，《中行月刊》1936 年第 13 卷第 6 期。
② 《金融日志》，《银行周报》1936 年第 20 卷第 38 期。
③ 《申新改进厂务近讯》，《染纺织周刊》1936 年第 1 卷第 30 期。
④ “二、五厂委员会议事录”，上档 Q275-1-574。
⑤ “二、五厂委员会议事录”，上档 Q275-1-574。
⑥ 上海社会科学院经济研究所经济史组编：《荣家企业史料》(上册)，第 520 页。
⑦ 《关于申新七厂事件之舆论》，《交易所周报》1935 年第 1 卷第 10 期。
⑧ 搁浅时银行的救济条件之一就是工厂不能停工，可见银行对此是非常注意的。

1935年,申新七厂贷款到期后无力赎取,汇丰银行便决定对外拍卖申新七厂,并通知第二债权人中国、上海银团。[1] 银团要求汇丰停止拍卖并向法院申请假扣押,但后者仍依据流质条款[2]强行执行。为挽救申新七厂,荣宗敬函托张嘉璈、陈光甫以两行名义作保请中央银行垫款赎取产权,并承诺该厂赎出后由两行组织银团管理。上海银行提出两个方案:一、由政府筹款将申新收归国营,银团成为第一债权人;二、由政府筹款向汇丰赎回第一债权人的地位,银团处于第二债权人地位,申新七厂交与棉业统制会管理。[3] 因各界声援势大,汇丰和日商只能停止拍卖计划,同意延期偿付,两个方案都未采用,但仍可从中一窥银行的矛盾心态,并进一步解释其对申新的控制行为。在拍卖一事上,银团的态度是暧昧不明的,甚至希望尽量把责任推向政府。学者敏锐地指出这和银行取得的厂基抵押有关。虽然厂基放款的要求极为严苛,但仍成为纱业贷款的重要手段。[4] 厂基对于银行而言只是

① 对于申新七厂拍卖,李国伟指出1934年申新搁浅时,申新与中国银行、上海银行两家银行及13家钱庄成立产余担保押款时,将七厂计入在内,汇丰也予以承认,因此申新本就成了两次借款抵押的抵押对象。汇丰不顾其他债权人,强行拍卖,自然会遭到反对。见中国人民政治协商会议全国委员会文史资料研究委员会编《工商史料》,文史资料出版社1980年版,第12页。

② 流质条款,是指当事人之间关于债务人届期不履行债务时,债权人(即抵押权人)直接取得抵押财产所有权的约定内容。流质的约定,不仅与设立抵押的目的相悖,而且容易出现价值较高的物品以较低的价格转移给抵押权人,造成价值转移失衡,损害债务人的利益。

③ 上海社会科学院经济研究所经济史组编:《荣家企业史料》(上册),第476页。

④ 严中平:《中国棉纺织史稿》,科学出版社1955年版,第243页。厂基放款要求:"凡已向银行取得厂基押款的纱厂,不独他的财产契据,必须交给银行收管,就是一切机器和其他财产也必一一点交银行派人管理,非得银行允许,纱厂对其财产不得移动拆卸,而银行所派之管理员长期驻厂,其薪给膳宿也得由纱厂负担,若纱厂不能按合同义务归还本息,则银行便对抵押品有拍卖的权利。"

获得了一种账面债权，无法转变为流通票据，无异于冻结资金。①银行对申新的贷款在一定程度上"无异于投资"②，纱厂在贷款到期后往往要求展期，银行除答应外也难有他策，"放款之原为活期者，因几经周转之故，也就等于一种长期放款了"。③以致于银行家"深刻地感觉到债权终于无着之威胁"。④ 1932 年之后，棉纺业出现衰落迹象后，银行业对纱业的贷款，逐渐呈现出一种借新债还旧债的低效率偏向。⑤在这种情况下，以安全为前提的银行日益感到"际此金融恐慌之秋，必令各银行自身入于危险之途，以救济垂亡之事业，此种从井救人之筹划，决为稳健之企业家所不为，且亦不当为也"。⑥虽然银行的担心与日俱增，但情势并不允其退出，即使申新同意，政府和公众也不会轻易答应。⑦于是，借由债权介入申新的日常管理，便成为银行的最佳和唯一出路。在这样的背景下，张嘉璈与中行对申新的日益严控，便不再是一种对民族工业的关怀或控制企业的欲望，而主要是在形势变迁下的一种风险防控手段。

通过以上梳理，可以看到以下特点：在申新陷入窘境时，银行曾多次施以援手，即使在事后也积极助其恢复；银行逐渐通过介入管理加紧对申新的监督，力求在行业萧条的情势下保障自身的利益；银团逐步介入管理后，申新的贷款利息稍有降低，原来营运借

---

① 李一翔：《中国近代银行业银企关系中"债权变股权"的历史经验与启示》，《改革》1996 年第 2 期。

② 严中平：《中国棉纺织史稿》，第 244 页。

③ 吴承禧：《中国的银行》，商务印书馆 1935 年版，第 42 页。

④ 李紫翔：《恐慌深化中的中国棉纺业》，《申报月刊》1934 年第 3 卷第 9 号。

⑤ 李一翔：《中国近代银行业银企关系中"债权变股权"的历史经验与启示》。

⑥ 张毓珊：《申新七厂拍卖事件》，《正论》1935 年第 18 期，第 15 页。

⑦ 银行方面早已见识社会舆论之力量，并对此无可奈何，具体可参见徐锋华：《民族企业的涉外纠纷与生存策略——以上海申新七厂拍卖案为个案》，《史林》2011 年第 3 期。

款月息八厘[1]降为七厘半;随着改组完成,中行在申新问题上开始逐渐呈现宋子文的意志,希图借由贷款把控企业,但遭到上海银行的强烈反弹;随着银团对申新管理的日渐深入,特别是独揽了申新的经营权后,两者之间的矛盾也日益增多。从搁浅的处理来看,中行为首的银团出于自身利益考量积极帮助申新,其要求则是介入管理,但终因申新的抵制而功败垂成。申新二厂、五厂的复工问题则让银团彻底获得了申新管理的主导权,而这也被前者视为"债权趋于稳固"之关键。[2] 拍卖事件则揭示出了银团在贷款中进退两难的局面。可见,值此纱业衰败之秋,身负巨额债权的中行亦不好受,为了保证贷款之安全而不惜采用了让申新意见颇深的主导管理方式。对于中行的担忧,申新其实也心知肚明,他坦承银团的介入不过是驻厂稽核的"进一步而已"[3],想必对于此时的局面早有预感。

四、结　　语

从二十世纪二三十年代中行对申新的贷款来看,贷额日趋增长,在深化两者关系的同时,也迫使中行不断更新其风险防控手段。持续膨胀的贷款金额和不断变化的风险防控手段,在反映出申新、中行自身的发展诉求的同时,也呈现出中行在贷款活动中的真实关切。

---

① 照上海钱业通行的市拆加三两五钱计算,通常以四两五钱为底盘,即最低为八两。

② 中国银行总行、中国第二历史档案馆合编:《中国银行行史资料汇编上编》(二),第1083页。

③ 中国人民银行上海金融研究所编:《上海商业储蓄银行史料》,第529页;上海大学、江南大学《乐农史料》整理研究小组选编:《荣德生与企业经营管理》,上海古籍出版社2004年版,第417—418页。

随着防控手段的不断增强,中国等银行似乎正逐渐把控申新,但如果仔细分析这10余年合作经历,便能发现至少在这一阶段此结论是难以成立的。中行与申新贷额的增长,恰与近代民族工业的成长历程相吻合。随着申新逐渐步入规模化大生产的阶段,其对资金的借贷需求不断膨胀,寻求资金出路的中行加入其中是理所当然的。处于诱致性制度变迁中的中行必须兼顾盈利性与安全性,而非追求统制经济。20世纪30年代棉纺业大萧条,申新深陷其中以致负债累累,最后还发生了搁浅和拍卖。这是作为最大债权人的中行把控的最佳机会,但其却显现出退缩姿态,甚至希望把债务推给政府,最后被舆论裹挟才勉为其难。这一态度与所谓的把控是有距离的。事实是,随着纱业危机的加重,中行等均将其视为烫手山芋,而巨额的贷额又使其无法坐视不管。在此情况下,银行亲自参与管理以保证贷款安全可以说是一种必然的防控手段。无论是贷前的考察、抵押,还是贷中的稽核、监控,都是防控风险的重要手段。在申新贷款数额较小时,中行无理由也无意愿大动干戈,抵押贷款和觅具适当的担保人是最为经济的做法。随着贷额的日渐庞大和棉纺业的普遍萧条,中行才愈加希望采取严格而有效的风险防控手段,这才有了驻厂稽核、办事总处、管理委员会的出现。故而,笔者以为在中行与申新贷款历程中,前者体现出的意向与其说是把控企业,不如将其视为风险防控更为妥帖。

综上所述,笔者以为:首先,中行与申新的合作是符合双方的利益需求的。在20世纪20年代,中国的棉纺业正处于发展阶段,申新需要资金扩充业务,急于商业化转型和寻求资金出路的中行也乐于向申新为代表的民族工业提供贷款。其次,随着双方贷款关系的不断深化,中行对申新贷款的风险防控手段不断改进,而这正体现出诱致性制度变迁下的路径依赖。在关系初建阶段,双方贷额较小,所以适量的抵押品和担保人成为中行的首选;在以债还债阶段,贷额开始大量增加,并在一定程度上呈现独占情况,中行便利用合同向申新派出驻厂稽核建立总办事处，力图监控后者的财务并督促其改进落后的会计制度；在深陷泥沼阶段，申新贷款已明显陷入呆滞并屡现危机，中行为首的银行业便开始介入管理，针对申新的情况建立委员会，力图进行全盘解决。最后，随着改组的完成，中行在申新问题上开始逐渐呈现宋子文的意志，并在一定程度上协助政府来侵害银团的利益，而这遭到了其他参与者的反对和牵制。当然，本文也并非全然否认银行意图把控企业的可能性，只是强调风险防控或许才是在诱致性制度变迁下的银行业种种监控的首要出发点，而这恰恰是有别于强制性制度变迁的重要特征。

（章义和，华东师范大学历史学系教授；
沈嘉文，华中师范大学历史文化学院博士研究生）

外部环境与民国重庆银行业的暗账运作(1940—1949年)*

严跃平

暗账既是账簿,也是记账行为,相对于正账或明账而言,具有隐蔽性的特点,一直存在于民国企业财务经营活动之中,银行业也不例外。学界对于“暗账”的解释,基本都从形式和功能两个方面进行定义,即认为它是不公开的记账方式,种类繁多。无论是零星账户还是做账系统,一般具有隐匿资产、实现增值和逃避税收等功能。但是,囿于暗账史料获得的难度,目前学界对此关注并不充分,已有研究往往只是在金融史或经济史的宏观叙述中提及银行的暗账行为,并没有进行深入的分析。较多学者认为,暗账弄虚作假扰乱金融秩序,负面影响居多。① 相关描述和研究多属粗线条

* 严跃平主持的用友基金会“商的长城”一般项目《民国企业暗账史料整理与研究》(项目编号 2020-Y04)阶段性成果。

① 洪葭管主编:《上海金融志》,上海社会科学院出版社 2003 年版;中国民主建国会、重庆市工商联文史资料工作委员会编:《聚兴诚银行》,西南师范大学出版社 1987 年版;另有刘志英主编:《抗战大后方金融研究》,重庆出版社 2014 年版;中国人民银行上海市分行金融研究室编:《金城银行史料》,上海人民出版社 1983 年版;蒙秀芳、黑广菊编:《金城银行档案史料选编》,天津人民出版社 2010 年版;何品、宣刚编注:《上海商业储蓄银行》,上海远东出版社 2015 年版。国内还有一些学者在金融史专题研究中或多或少地提及暗账,包括吴景平:《政商博弈视野下的近代中国金融》,上海远东出版社 2016 年版;刘平:《近代中国银行监管制度研究(1897—1949)》,复旦大学出 (转下页)

的宏观勾勒,很少对特定银行进行深入分析,因而我们很难从微观上了解银行设置暗账的原因、特点以及运作方式等。对于暗账作用也是知之甚少,以致难免以偏概全,甚至是全盘否定。显然,有必要在特定的社会经济环境下研究银行的暗账行为,对其进行客观全面的分析。

以民国时期重庆银行业为中心进行考察,因为重庆曾是西南地区的金融中心,不仅有本土的川帮银行如聚兴诚银行等,还有其他重要银行的分支机构,比如上海商业储蓄银行和金城银行的分行等,各银行都留下了较为丰富的暗账史料。研究重庆银行暗账,是从另一个侧面了解银行业的生存空间和方式,可以弥补目前西南地区金融史研究的不足。1940—1949年,是重庆物价快速增长时期,严峻的通货膨胀形势对银行利润产生重大的冲击[①]。而另一方面,政府金融统制力度加强,并且从严监管银行暗账行为,但从重庆档案馆各银行史料来看,据暗账经手人员的回忆,在此期间的暗账经营活动却最为密集,形式也更显复杂。[②] 从表面上看,外部环境变化,如财政部的监管似乎在不断加强,银行也随之短暂规避查账风险,但是暗账设立不仅日益普遍,而且逐渐形成体系,呈现系统化的特点,远比20世纪30年代及以前的暗账复杂,其中原因值得深入分析与探讨。以聚兴诚银行重庆总行(下文简称“聚行”)和上海商业储蓄银行重庆分行(下文简称“渝行”)为例,以重

(接上页)版社2018年版;贺水金:《1927—1952年中国金融与财政问题研究》,上海社会科学院出版社2009年版;王红曼:《中国近代金融法制史研究》,上海人民出版社2013年版;宋佩玉:《近代上海外汇市场研究(1843—1949)》,上海人民出版社2014年版;徐敦楷:《民国时期企业经营管理思想史》,武汉大学出版社2014年版;薛念文:《抗战时期上海商业储蓄银行述论》,复旦大学中国金融史研究中心主编《中国金融制度变迁研究》,复旦大学出版社2008年版,第100—108页。

① 张嘉璈:《通胀螺旋——中国货币经济全面崩溃的十年:1939—1949》,中信出版集团公司2018年版。

② 《聚兴诚银行暗账组织情况的报告》,重庆档案馆,档号:0295000101959000003007。

庆和上海两地档案馆的银行史料为基础,分析研究内外环境对于暗账的影响作用,并尝试回答以下3个问题:1940—1949年重庆银行业更加普遍设置暗账的原因是什么?暗账具有什么特点?暗账是如何运作的?由于暗账史料过于隐蔽和散乱,而且很多银行的暗账史料在解放前就已被销毁,[①]因而获得难度极大,尽管笔者付诸努力搜集整理,但难免挂一漏万,不当之处,敬请方家指正。

一、暗账监管失效:暗账的存在空间

民国银行暗账从未停止过,而在1940—1949年,暗账设置却日益频繁,并且呈现新的特点,更显复杂。虽然政府制定了若干检查账册的法令,也曾对部分违规银行进行处罚,但是最终并没有实现取缔暗账的目标,相反却使银行认为政府监管只是短暂行为而不可持续。

(一)禁设暗账的法令以及执行力

虽然国民政府颁布过相应的金融法规法令,尤其是金融统制时期,检查账册成为财政部治理银行秩序的重要内容,法规执行力经历了从弱到强再到弱的变化。早在1931年2月28日,国民政府就已颁布《银行法》,该法第18条规定,“每营业年度终,银行依照部定格式造具之资产负债表及损益表计算书”;第22条规定,“随时命令银行报告营业情形,及提出文书账簿”。[②] 财政部要求银行提供财务报表以及账簿,以便规范银行记账行为。随后在1940年的《非常时期管理银行暂行办法》中,第10及11条也提到每10天造具财务报表送财部查验,主要包括存放款、汇款报表,并

① 典型银行比如聚兴诚银行就曾多次烧毁暗账账簿,其目的在于逃避财政部的检查。

② 李文杰:《中国银行法之研究》,《经济研究》1940年第1卷第7期。

随时由主管官署派员检查账册。[1] 但是并没有提及如何稽核账册,也没有惩处暗账行为的明文规定。因而,该法令较多流于形式,无法切实约束银行的暗账行为。此《暂行办法》经过财政部会同经济部以及四联总处多次修正,实质上已经成为战时管理商业银行的基本法规。颁布之后,当局为贯彻法令起见,即派员施行检查工作,重庆市区由财政部直接派员检查。对于设在重庆的行庄,由财政部钱币司之下的稽核室直接负责稽核检查。稽核室分两组,即检查组和审核组。检查组负责银行检查法令拟定、检查设计、检查执行、协助检查与银行有往来关系的公司商号以及编制银行检查报告等事项。审核组负责审核银行表报、设计会计制度、审核检查报告、督缴存款准备以及编制银行业务报告。

1946年又公布《管理银行办法》,也制定了有关查核账册的条款,如第15条规定"银行每一交易发生,应根据事实填制传票记入规定账簿",并规定"银行违反法令或其行为有害公益时,除依法处罚外……情节重大者,勒令停业"。[2] 但是仔细研读该办法,发现其处罚对象多集中于银行的存贷业务或者常规经营等,却没有提及对于第15条违规处罚的规定。可见,此类法规并没有将暗账作为重要的违法行为,甚至连违反"记入规定账簿"的行为都没有作恰当的定义与规范。

相比之下,1947年4月国民政府立法院通过的新《银行法》,对暗账行为和处罚标准作了详细界定,除了规定中央或地方官署随时派员检查银行营业业务及账目,还要求银行限期内造具资产负债表、财产目录或其他财务报告。这一点与1931年的旧《银行法》有相同之处,但不同之处在于对违规银行的处罚,如果发现银

① 罗文本:《管理银行之新方案:为财部公布之非常时期管理银行暂行办法而作》,《东方杂志》1940年第37卷第22期。

② 《法规:管理银行办法》,《福建省银行季刊》1946年第2卷第1—2期。

行账目表册或报告有故意不实记载者，将对银行负责人处一年以下有期徒刑或两万元以下罚金。对于情节重大者，将会处以撤销营业执照，[①]而以往都只是取缔暗账行为。早在 1945 年 11 月，财政部就电令重庆市银行业同业公会："近据报各地有行庄经营暗账，隐匿真相，欺骗社会，实属蓄意，扰乱金融，应严厉取缔，以安市场。"[②]该业同业公会理事长吴晋航要求各银行钱庄都务必"益加警惕，恪遵本部迭颁法令，整顿业务，如实记账"。[③] 1947 年的新《银行法》颁布之后，财政部发布钱庚三字第 9586 号训令，要求各银行"账务如有为不实之记载或另立暗账隐蔽其实际资负者，一经查觉，定予依法从严核办，以儆违玩"。[④]

（二）财政部及金融管理局对暗账的查处

财政部对银行查账，也曾使暗账行为有所收敛，即使相关法令实施存在障碍，或者立法本身并不完善，但是银行对查账行为并非完全应付，相反会谨慎对待。聚行行内人士在回忆香港办事处"汇记""杨义成"户汇兑账户详情时，曾提到财政部的突击检查，下面一段史料非常形象地再现了银行应对财政部检查的行为。

> 暗账……又有人在伪财政部告了，派人至行突击查账，几将暗账拿获。当时的总稽核及经管全部暗账的范叔渊，将暗账箱携出辗转寄存董事家中，方未被拿去。一面又向伪财政部行贿，此场风波幸告平息。经管人范叔渊以责任重大请求

① 《新银行法全文》，《广东省银行月刊》1947 年第 3 卷第 10 期。

② 《重庆市银行商业同业公会关于各地行庄如再有非法经营、另立暗账予以吊销执照并追究负责人责任的通知》，重庆档案馆，档号：02830001000960000012000。

③ 《关于各行庄如发现有非法经营另立暗账隐匿真相逃避管制行为应予以吊销执照的通知》，重庆档案馆，档号：02950001016630000017000。

④ 《关于告知各行庄账务如为不实之记载或另立暗账隐蔽实际资产负债者应予以严办致函聚兴诚银行的通知》，重庆档案馆，档号：02950001016650000079000。

董事将暗账销毁。1946年初董事会以暗账之款业已全部处分,暗账留存伪财政部有随时查账敲诈之可能,后患甚多。由董监会决定,派监察人卢渊康监督,携同董事会秘书黄澄宇在范叔渊家中将所有暗账账册表、报告等烧毁。①

可见,普通银行对于财政部查账心存忌惮,虽然财政部不可能对每一家银行的财务报表和账册进行严格审计,但是每家银行都存在被检查账册的可能,而且还有可能被银行内部人员主动告密揭发,聚行暗账曾经由于杨季谦与杨粲三的内讧,而被杨季谦等人向财政部秘密举报。暗账普遍性使得查账被罚的概率大增,因而引起银行的足够重视。另一方面,即使被财政部查出并没收暗账,但是稽查暗账存在寻租空间,只要实施贿赂,暗账事件也能迎刃而解。此外,由于财政部相关官署在稽查账册过程中缺乏规范,甚至存在"敲诈"行为,银行自是极其反感和畏惧。为了利益自保,银行宁愿烧毁暗账。政府与银行之间的博弈并没有实质减少暗账,而只是在形式上消失,即毁灭暗账证据。

财政部监管随着政府经济统制力度而增强,自1947年年底开始,财政部先后在上海、天津、广州和汉口四地成立金融管理局,要求所有各该辖区银行放款汇款数都应呈报金管局。上海金管局局长由中央银行稽核处处长李立侠担任,从人事安排来看,国民政府初衷是希望能够安定金融秩序。金管局的成立,也得到国民政府高层领导的重视,蒋介石曾于1948年1月接见汉口金管局局长林崇墉,谓"金管局之任务,在于稳定金融,使游资不致作祟,以达到物价稳定"。②

---

① 《关于查询聚兴诚银行香港办事处汇记、杨义成户汇兑账详情的函》,重庆档案馆,档号:02950001019590000055000。因为本档案是1949年后聚兴诚银行参与暗账人士的口述,对于国民政府的相关机构称呼都带有浓厚的政治色彩,档案中所道的"伪财政部"即为南京国民政府财政部,特此说明。

② 《主席接见林崇墉,对汉口金融管事有重要指示》,1948年1月30日《申报》。

各地金管局成立之后,先后对各银行钱庄账册进行检查,查处多起暗账事件,并对部分行庄进行停业处理。其中,影响最大的是1948年7月对中国工矿银行的暗账处罚。该银行背景复杂,既属于侨资银行,也是国民政府CC系陈立夫实际控制的银行,在当时被称为“似官非官,似商非商”的银行。上海金管局查获中国工矿银行有设立暗账套用行款兼营商业的行为,特呈准财部,令该行自7月29日起暂停营业,并训令票据交换所停止与其票据交换,对前总经理翟温桥以及现任总经理周士观处以7个月有期徒刑。[①]该行上海分行设置暗账的方式没有特别之处,也是开设若干个化名账户,甲种活期存款内虚设“海达”“新桥”“益泰”“钟庆余”等暗户,作为正账与暗账的联系。[②] 业务重心大部隐匿于暗账之中,在被查处时仍在办理暗账。

在1948年8月19日币制改革之后,国民政府对银行监管进一步加强。上海金管局不仅在上海稽核暗账,还派大批稽核人员前往京(南京)沪铁路沿线苏州、武进、无锡、镇江等地检查各该地银钱行庄以及其他金融机构业务。金管局审核所有稽核报告,按暗账情节轻重分别核拟处分。该局检查的行庄包括省银行、县银行、商业银行钱庄、信用合作社、地下钱庄等五类,包括省银行总行1家及其分支行4家、县银行4家、商业银行8家、钱庄25家、信用合作社14家、地下钱庄3家,共59家。[③] 其中,设置暗账以及隐匿收益、逃避缴存存款准备金则是最常见的行为。

金管局维持金融秩序的行为,对于银行业也曾起到一定的威慑作用,如聚行一直在进行暗账活动,在金管局审查各银行业务过程中,该行暗账主要参与人罗景霞也认为“政府法令严苛”,因而曾

---

① 《上海金管局勒令中国工矿银行停业》,1948年7月30日《申报》。

② 《中国工矿银行违法案》,1948年9月30日《大公报》。

③ 《沪金管局昨发表检查行庄详情》,1948年11月8日《大公报》。

一度停止暗账,并烧毁部分账册。①

直到1948年年底监管相对较宽松的时候,银行又重新开始暗账业务往来。随着国民政府军事上节节败退,统制经济能力日趋弱化,银行暗账行为更是日益频繁。特别是前文所述的中国工矿银行停业之事,确实暂时起到以儆效尤的作用,但是仅过了半年有余的时间,该行于1949年2月5日竟然又恢复营业,并重新开始票据交换。这起因为暗账而导致的银行停业事件,最后却以复业而告终,这无疑等于宣告暗账审查的最终失败。

可见,国民政府有关银行监管的法令,从表面上看,各种法令都有限制暗账的规定,似乎具有很强的约束力,但是在实际实施过程却乏善可陈。作为博弈的另一方,银行则根据监管政策的强弱变化而相机行事。可以说,相关法令缺乏必要的执行机制,则必然会使监管失效,暗账则无法消失。

二、物价上涨与利润缩水:暗账必要性

如果仅仅是监管失效,并不足以刺激银行更多地进行暗账运作,还需考虑另一重要且直接原因,即经济尤其是物价形势的恶化。自1940年之后,物价迅速上涨,通货膨胀成为国家经济的常态,各银行也采取相应的措施防止资产和利润缩水,其对冲手段主要包括赚取暗息、外汇买卖、经营附属公司和投机其他产业等,但是受制于当时的金融统制政策,对冲资金正规来源渠道受到较大限制,而暗账却因为监管失效成为重要的资金来源。以暗息为例,通过暗账可以有效地避开利率管制,对于应对通货膨胀冲击具有积极意义。重庆物价变化很快,不仅对资产价值产生重大影响,而且影响银行利润的变化,受制于政府的放贷利率政策,银行只能通

① 《暗账业务活动及其组织》,重庆档案馆,档号:0295000101937000009001。

过暗息获利。为了说明通货膨胀与暗账之间的关系,首先考察重庆的物价变化,分析探讨通货膨胀对银行资产真实价值的影响,解释暗账存在的必然性和必要性。

(一)重庆物价变化与通货膨胀形势

1940 年是大后方物价上涨的重要分水岭,物价上涨出现跳跃式增长。我们以重庆 25 种重要商品零售物价指数为例进行说明,民国物价统计没有严格意义上的消费者价格指数,但是零售物价指数可以近似代替消费者价格指数。重庆零售物价指数按照简单几何平均数方式计算得到,将零售商品分成四大类共 25 种商品,包括 11 种食料类、5 种燃料类、4 种衣着类和 5 种杂项类。据《中农经济统计》自 1937 年—1946 年 12 月的物价统计数据,以 1937 年 1 月—6 月的平均物价水平为基期 100,重庆市零售物价指数情况如表 1 所示。

表 1　重庆零售物价指数表(1936 年 1 月—6 月=100)

类　别	总指数	食料类	燃料类	衣着类	杂项类
项　类	25	11	5	4	5
1937 年	104	102	105	106	108
1938 年	128	105	146	154	148
1939 年	204	144	274	276	254
1940 年	587	395	860	912	669
1941 年	1 696	1 520	1 986	1 995	1 618
1942 年	4 824	3 937	5 228	6 792	5 273
1943 年	11 532	8 746	12 767	20 394	12 131
1944 年	39 100	32 179	46 536	73 206	30 535

(续表)

类　别	总指数	食料类	燃料类	衣着类	杂项类
1945 年	168 389	127 524	226 115	289 116	148 839
1946 年	293 588	243 942	346 647	509 830	238 430

数据来源：中国农民银行经济研究处,《各重要城市零售物价指数：重庆》,《中农经济统计》1947 年第 7 卷第 2 期,第 42 页。

从表 1 中看到,在 1940 年之前,重庆零售物价指数增长幅度较小。而 1940 年之后,物价涨势极为迅猛,如 1946 年总指数达到 293 588,约为 1940 年的 500 倍。《中农经济统计》还作了 1947 年的物价数据统计,1947 年 12 月的总物价指数为 6 119 588,①是 1940 年的 10 425 倍。再从具体分类来看,衣着类的物价指数增长最快,食料和杂项类的增长相对缓和。

物价快速上涨,造成银行利润缩水。为了说明这个问题,需要核对银行的资产负债表和损益表等财务报表,将报表中的相关科目数据扣除物价因素。计算方法就是将报表数据除以物价上涨的倍数,得到真实数据。需要作一说明,目前能够查询到财务报表的民国银行数量不多,且年份也不连续,比如聚行有 1940—1941 年的报表,而缺失其他年份数据。相对来说,上海商业储蓄银行留下来的财务报表具有完善性和连续性,不仅有上海总部的报表,还有渝行单独报表,对于讨论重庆地区银行资产贬值具有重要史料价值。根据《上海商业储蓄银行》史料汇编的财务报表,结合表 1 中的物价指数变化情况,能够得到银行真实利润的变化情况。限于篇幅,仍以放款利息科目为对象推算渝行财务状况恶化情况。其中,零售物价指数以 1937 年 1 月—6 月为基期,并设定基期值为

① 《各重要城市零售物价指数：重庆》,《中农经济统计》1947 年第 7 卷第 2 期。

100。1937 年 6 月渝行利息收入为 2 260 129.15 法币元。① 为了便于纵向对比,根据《中农经济统计》数据,计算重庆从 1942—1945 年每半年财报公布时的物价指数。此外,还要计算相对利息和相对物价,前者为各期利息收入与基期利息比值,后者为各期物价指数与基期物价指数比,所得数据可见表 2。

表 2 上海商业储蓄银行重庆分行利益收入变动表 (单位:法币元)

科目及指标	1942 上期	1942 下期	1943 上期	1943 下期	1944 上期	1944 下期	1945 上期
利息	4 166 443.8	4 812 192.68	7 493 975.91	15 237 114.39	31 809 043.52	71 117 168.6	141 419 380.13
物价指数	3 776.49	6 162.15	8 056.81	14 467.57	24 636.74	38 950.47	77 821.26
相对利息	1.84	2.13	3.31	6.74	14.07	31.47	62.57
相对物价	37.77	61.62	80.57	144.68	246.37	389.51	778.21

数据来源:何品、宣刚编注:《上海商业储蓄银行》,上海远东出版社 2015 年版,第 370 页。

注:物价指数来源《物价统计》,《中农经济统计》1945 年第 5 卷第 3 期,第 68 页。数据经笔者整理,利用几何平均数计算得到半年期的物价指数,表中所有数据都保留两位小数。

表 2 展示了渝行于 1942—1945 年的半年报利息收入情况,为了体现物价上涨对于利息收入的稀释效应,还设置了相对利息和相对物价指标,可以很直观地看到两者增长速度的差距。显然,相对于 1937 年 1 月—6 月的基期水平,1945 年上期零售物价水平增长到 778.21 倍,而利息仅增长到 62.57 倍,差距悬殊。

① 何品、宣刚编注:《上海商业储蓄银行》,上海远东出版社 2015 年版,第 300 页。

(二) 金融统制与暗息利差

同时,政府却对银行正常放贷行为进行过多的管制,尤其体现在利率的管控上。自全面抗战以来,国民政府对利率实行严格监管,相继出台过多项利率管制法令。在1940年8月的《非常时期管理银行办法》中,已经有对银行存款准备金、存息和存放款汇报制度的规定,利率监管日趋细化。[①] 重庆金融业最特殊现象就是比期制度,比期利率直接影响银行的放贷利率。财政部于1941年12月制定《比期存放款管制办法》,规定比期存放款利率,在每一期比期前,由当地中央银行核定比期利率,其放款利率最多不得超过当地该届比期存款利率二厘。[②] 财政部还于1943年4月发布训令,要求各地银行监管机关将各自管辖区域内的银行最高与最低利息呈报财政部查核。抗战胜利之后,国民政府统制金融力度日趋加强,1946年2月18日颁布《银行存放款利率管理条例》,规定银行存款利率不得超过放款利率,放款利率之最高限度由当地银钱业同业公会斟酌金融市场情形,逐日拟定同业日拆及收款日款两种,报请当地中央银行核定牌告施行,银行放款利率超过当日中央银行牌告日拆限度者,债权人对于超过部分无请求权。[③] 之后,在此管理条例的基础上,国民政府又于1947年12月19日颁布《利率管理条例》,内容相对于前者有所增加和改变,表现为银钱业以外之金钱债务,其约定利率不得超过订约时当地中央银行核定之放款日拆,超过者债权人对于超过部分无请求权;应付利息之

① 《非常时期管理银行暂行办法》,《财政评论》1940年第4卷第3期。

② 在此需要对比期作一补充说明,虽然财政部规定自1943年元旦开始废除比期制度,并要求从1月4日起以中央银行挂牌利息为参照,比期制度名义上已经废除,其实各行庄仍以重庆传统商业习惯为依据,而难以改变其比期制度之旧习。所以即使两公会宣布废除,但实际上并没收到丝毫实效,重庆金融市场仍以比期存放款为金融活动的核心。

③ 《财政部制定银行存放款利率管理条例》,《银行周报》1947年第31卷第18期。

金钱债务，其利率未经约定者，债权人得请求按照当地中央银行核定之放款日拆1/2计算。而在1948年“八一九”币制改革期间，利率管控更是达到统制阶段的最严时期。8月26日，行政院经济管制委员会发布《银行钱庄存放款利率限制办法》，规定商业银行自1948年9月1日起放款利率不得超过月息一角，同年9月16日之后放款利率更是不得超过月息五分，存款无论是否满期，其利率一律不得超过放款利率。对于违反存放利率限制的银行，其负责人依妨害国家总动员惩罚暂行条例惩处。①

一方面是国民政府出于战时金融统制的需要极力压低银行存放款利率；另一方面则是暗息利率的迅速增长，两者此消彼长，差距越来越大，也刺激了银行将资金贷到黑市追求更高的利息。

重庆银行业利率普遍较高，1940年6月，中央银行曾调查上海、重庆、成都和昆明四地的银行利率，上海钱业隔日同业拆借每千元日息仅为0.252元，而重庆高达0.61元，重庆每千元之半月比期利息更是高达10元。② 重庆比期利息的算术平均数，在1940年为8.94元，1941年为13.5元。若折算为年化利率，1940年利率约为24%，1941年约为38%。③

重庆很多银行的利息占总收入之比极高，如聚行1940年度业务部正账损益表中，总收入为4 372 591.82元，利息为2 064 236.23元，占比达到47.2%；④而渝行1945年上半年损益表中利息数为141 419 380.13元，总收入为184 414 661.44元，占

① 《银行钱庄存放款利率限制办法》，《工商法规》1948年第26期。

② 中国第二历史档案馆编：《中华民国史档案资料汇编》第五辑第二编财政经济(四)，凤凰出版传媒集团1997年版，第642页。

③ 康永仁：《重庆的银行》，《四川经济季刊》1944年第1卷第3期。

④ 《廿九年度中国各银行决算报告表：聚兴诚银行损益表》，《中外经济统计汇报》1941年第3卷第5期。

比高达76.69%。[①] 利息占银行收入比重过高，使得银行业对于利息监管过于敏感。

由于金融统制，尤其是政府对于银行利率的过度干预，造成银行放款利率与黑市利息即暗息之间的悬殊差距，通货膨胀的形势日趋严重更加拉大了利息差距，资本逐利性促使银行对暗息趋之若鹜。为了说明利息间的差距，笔者以1948年12月重庆行庄市场利息与暗息为例，统计了行庄存放利率和暗息的最高值与最小值，结果如表3所示。

表3 重庆行庄市场利息与暗息(每千元月息)

行庄利息类别	最高利息	最低利息	平均利息
行庄放款利息	90元	10元	50元
行庄存款利息	80元	8元	44元
比期暗息	130元	80元	105元

数据来源：转引自《金融经济：重庆利率》，《渝行通讯》1948年第12期，第3页。

注：原表格中的数据，"比期暗息"只计算了半月利息，表3为了统一计算口径，将其调整为一个月的数据，特此说明。

从表3关于重庆银钱业的市场利息数据中，可以看到行庄放款利息最高值仅为90元，而比期暗息却能高达130元；比较最低利息，发现两者间差距更为明显，行庄正常放款最低利息仅为10元，而比期暗息则为80元，几乎接近正常放款的最高利息值，可见暗息远高于正常利息。通货膨胀巨大压力使利息间差距的影响更被放大，由于明账中抽逃资金进行黑市投资获取暗息的难度较大，于是通过设立暗账转移明账资金成为重庆银行业的普遍行为。当然，需要再次说明的是，暗息并不是促使暗账产生的唯一原因，但

① 何品、宣刚编注：《上海商业储蓄银行》，上海远东出版社2015年版，第370页。

却是很重要的原因之一。

三、暗账的特点与形式

重庆银行业暗账形式多种多样，虽然每家银行都面临相同的外部社会经济环境，但是由于它们内部环境存在差异，这决定了暗账形式和特点各有不同。但总体来说，银行暗账具有隐蔽性、系统性和阶段性的特点。

（一）暗账的隐蔽性

暗账最大特点是隐蔽性，完全是银行出于谨慎心理，为了逃避政府监管部门审查，银行自行设立诸多账簿。账簿名称一般使用化名，每一本账簿都一个特定的化名名称，其作用主要负责隐匿及转移资金。此外，化名账户具有专款专用性质，比如聚行为了应对香港外汇管制政策，考虑到进出口商的外汇需求极难得以供应，不得不求诸外汇黑市或者寻找经纪人代理买卖外汇，便利用此种机会，在香港分行设立甲种活期存款“余记”账户。据该行暗账史料，在外汇管制情况下，设立“余记”账户动机在于实现黑市外汇套利。

> 当地管理金融机构的汇丰银行亦多作黑市交易，本行在香港亦为协助进出口商业务发展，扩大国内外物资交流幅度，代客户介绍买卖黑市外汇，照当地习惯酌收佣金，惟是项佣金在当地法令上不便做账，故在港行以甲活存“余记”户记账。①

此外，聚行还对投资标的改用其他名称，比如黄金称为“权汇”、美钞为“清汇”、港币为“通汇”，有时又称这些外汇资产为“裤子”“毛巾”等，甚至还将各地分行间的往来信件也按地区改用化名，对从上海来的称为“永和”、天津的为“郭湾”、广州的为“田效

① 《关于报送聚兴诚银行香港办事处以余记商号名义暗账经过》，重庆档案馆，档号：2950001019590000036000。

陶”以及成都的为“养廉”等,而且将投信地点就设在正副主管的私人家中。①

(二)暗账的系统性

银行暗账并非孤立的单笔记账行为,而是具有系统性,亦即形成不同的账系。从分类上看,根据笔者前期对暗账史料的整理与研究,认为账系主要可以分成三类,即区域账系、部门账系以及类别账系。所谓的区域账系是指银行利用在全国的分支机构网络实现暗账资金的往来,地区间暗账组织严密,通过财务往来使各区域联结形成一个系统。而部门账系则是根据银行暗账内部的职能部分划分,比如聚行将暗账分成银行部和国外部两大账系,国内部主要是普通暗账,而国外部则包括港币和美元两大子系统。类别账系则主要是从暗账投资或投机对象来划分,分为实物暗账和金融资产暗账。实物账系顾名思义,主要是投资实物资产,其中主要以投资性房地产居多,当然还包括金银和其他重要物资等;而金融资产暗账则集中于证券投资。每个账系根据账务往来数量确定内部人员数量,具有明确的分工、周密的计划与严格的运行机制。每个区域、部门及投资品种构成一个子系统,各子系统与总系统之间通过调度实现横向紧密联系,能够确保暗账顺利运营。需要说明的是,这三大分类之间并非边界严格分明,而是分类间存在交叉重叠,比如区域账系同时可能会包含美元账户或港币账户。

在重庆银行业中,聚行暗账账系最为庞大,其运行也最为顺利。该行在1946年利用出售美金公债的部分收益汇往上海黑市放贷,获得暗息收入,并在上海成立下游暗账系统,于是该行暗账就形成两大区域账系,即重庆和上海两个账系。上海账系人事组织分工明确,在1947年初成立之时由5人组织而成,其中一人管

① 《关于报送聚兴诚银行暗账组织经营情况的报告》,重庆档案馆,档号:02950001019590000003007。

理上海当地收付账目,一人管理物品,一人经办放款以及买卖物品,一人负责计算,最后一人负责管理印鉴及决策事务。[1] 不仅如此,上海成立的暗账组织还有专门的名称叫“允孚”,后于 1948 年改为“永和”。上海辖区各分支机构都在此暗账系统内集中办理记账事务。在暗账运作过程中,区域系统之间非常注重业务流程的配合,比如 1947 年初因该行业务好转,重庆和上海两大系统中分别通过开支、汇水和部分行处加收黑市暗息的方式将正账上的收益转入暗账,业内黑话称之为“消肿”。[2] 由于物价不断上涨,通货膨胀严重威胁到银行利润的真实价值,聚行考虑到放贷不利,于是从 1947 年上半年开始经由上海黑市购买港汇,并且通过重庆和上海两地购买部分黄金、美钞以及股票。上海购进的港汇一般存于香港分行处,再由港处换成美金存于美国作为该处经营的基金,其最终收益仍记入暗账账户。据罗景霞回忆,从组织完善程度和效率来说,重庆是落后于上海暗账系统的。

(三)暗账的阶段性

银行暗账并非一成不变,内外因素变化直接影响暗账形式和运营过程,甚至会决定暗账是否要终止办理。其中,外部因素是社会经济环境的变化,特别是在政局动乱与通货膨胀时期,由于政府统制政策时紧时松,银行高管会决定何时开展暗账工作。而内部因素则主要是有关人员或组织的变化,在家族企业型银行表现得尤为明显。

仍以聚行为例,该行暗账分为两个阶段,第一个阶段始于 1938 年,以重庆为中心。抗战爆发之后,法币日益贬值,行内高管决定将黄金、外汇收益转入暗账。暗账除了 1939 年拨款给永聚公司股款 50 万元之外,又于 1940 年初拨出增资股款 24 万元,但后

---

① 《聚兴诚银行暗账组织情况的报告》,重庆档案馆,档号:0295000101959000000 3007。
② 《聚兴诚银行暗账组织情况的报告》,重庆档案馆,档号:02950001019590000003007。

来由于杨粲三与任望南的矛盾而中断暗账活动。① 1941年又重作暗账,主要在黑市放贷获得暗息收入,其收益主要用于三节分红,后又于1943年拨款69万元以作增资。此外,暗账其余部分资金主要用于购买美金储券及美金公债等,至抗战结束时该行约有美金储券和公债50余万元。②

但是由于行内出现人事纠纷,行内高管杨季谦、暗账会计范叔渊、业务梅孝威、助理黄墨涵等,联合政府要员兼董事会成员徐堪、刘航琛、任望南以及何北衡等一起打击杨粲三,迫使其下台。在这段时期,甚至还出现高管将暗账密报财政部的事情,造成行内出现分割资产的现象,要求分光全部暗账和正账资产,后来杨季谦继任董事长才保住了正账收益,但是暗账却因为这次内讧全部分光。分得暗账资产的人员,将此作为重新开设银行的资本。其中,梅孝威和范叔渊投资聚丰银行,而黄墨涵则把所分得的暗账资产投资于华威银行。此外,董事杨晓波花费法币300万元贿赂财政部,最后才妥善解决暗账密报事件。

第二阶段是1945年10月杨季谦成为董事长之后,这一阶段暗账以上海为中心。暗账使用以购买港汇为主,黄金和美钞为辅,并且于账内拨出部分资金作为股款或投资股票,其收益用于美元市场套汇获利。至1948年金圆券改革,香港暗账账户中有美金46万元,国内暗账内存有美钞2.7万余元,全部活动资产约有美金20万元。币制改革期间,国民政府严格限制暗账行为,而杨季谦与杨粲三的矛盾再次激化,于是将暗账中的全部黄金和美钞都兑换成金圆券。到了1948年年底,政府统制政策有所放松,金圆券急剧贬值,聚行又开始运作暗账,用之前留存在重庆、昆明和上海等地的资金购买港汇,并继续放贷黑市获取暗

① 《聚兴诚银行暗账业务活动》,重庆档案馆,档号:0295000101937000009001。

② 《聚兴诚银行暗账业务活动》,重庆档案馆,档号:0295000101937000009001。

息。可见,内外因素共同影响暗账的设置与运营,既具阶段性,也有反复性。

四、银行业暗账运作

暗账运作即银行的财务实务操作,包括账户设立、资金运作以及暗账终止等内容,核心在于账户设立和资金运作。该部分内容涉及银行的具体经营业务,由于各银行暗账史料极为分散,尤显零乱。研究银行如何运营暗账,则需要颇为细致地梳理史料,但是据笔者查档体验,没有一家银行遗留足够详细流程的史料,所以对此内容的论述需要结合不同银行作为案例。虽然每个银行的特点存在差异,比如在暗账设置程序上各不相同,但总体来说,典型银行成功操作暗账的方式,在当时具有较强的代表性。

(一)暗账设立规则

暗账系统性及阶段性特点,也决定了设立暗账在不同时期程序存在差异。总体来说,在统制经济时期,银行出于政府监管考虑,经营暗账必然会极为谨慎。因而,设立程序极为复杂,需要高管考虑每一个环节。

渝行档案史料中,对于暗账中的超收款项利息和记账方法有较为详细的记载。1948 年 6 月 24 日,上海总行致信渝行,信中涉及收付账款、记账、储藏以及总行审核等问题,现分述如下。

1. 密户付账问题

总行要求渝行在收受客户超额放款利息时,需要另行开具支票,但是在实际操作时,经常会发生不知何时收款的问题。因而,总行提出建议,在暗账中最好能够隔数日或过相当时期(十日或半月)收取一次,并要求重庆分行不要与当日按中央银行规定利率收取的利息混在一起。虽然迟收存在利息亏耗,但是可以免去被查账的顾虑。

2. 渝行收付账问题

在此之前收款方面,渝行都是将客户超额利息存入大业盐号,以赵汉生名义开户。总行认为,此办法"虽甚妥善,但万一为人查询,势须牵连大业及赵先生"①。为了避免这种麻烦,总行建议分行直接开立"海光福利社"户名开展存款业务,并要求必要之时筹备同人福利事业。

而在付款方面,总行认为,过去直接由赵汉生户内支出的办法"缺少曲折",容易被政府部门查账。因而,总行提出新的付账办法,即由"海光福利社"账户内以筹办同人福利设施或借款名义支出现金,然后转入另一账内(假定户名为赵金生),再由该账户下支出现金购买黄金,最后必须隐藏该赵金生账户的交易记录。据总行解释,这种做法好处在于当外部环境发生变化之时,"至环境不得已时,不妨将海光福利社户记录公开,表示溢收之款系为同人福利着想,并无其他作为,或可邀得同情,即受谴责,亦必轻多矣!"②

3. 记账、储藏及总行审核问题

记账及储藏极为谨慎,上文所述"海光福利社"及"赵金生"户的每一笔交易,必须由渝行经理指定襄理或会计主任亲自办理,并嘱咐其绝对不得泄漏暗账交易内容,且必须将记载记录全部锁入经理或襄理的私人箱柜之内,不得存放银行库内,以免检查其他账务时遭受牵连。对于所购买的黄金,则由经理私人保管。

此外,总行还定期对渝行暗账业务进行审核。由于重庆与上海的空间距离限制,渝行账务结单都通过邮寄到达上海。考虑到邮寄困难和成本,总行规定每旬抄寄一次,并用无行名之信封,按照私人信的方式寄交业务处经理,不再于公信内附寄。还规定所

① 《上海商业储蓄银行有关暗账各户事项徐谢康等与伍克家等往来函件》,上海档案馆,档号:Q275-1-2552。

② 《上海商业储蓄银行有关暗账各户事项徐谢康等与伍克家等往来函件》,上海档案馆,档号:Q275-1-2552。

有结单不得在同一信封内邮寄,其原因在于即使有遗失,也不会损失过大。而对于类似“赵金生”的账户结单,则更为谨慎,必须委托最可靠的人带到上海,否则不妨暂时搁置于重庆。

从以上规则中,我们看到暗账运作的难度,银行综合考虑各种可能发生的不确定因素,为了确保暗账运行顺利,甚至精准到每一笔交易都必须要由渝行经理指定可信人员亲自办理,其目的在于落实暗账交易中的银行高层负责制,从而达到减少风险、提高暗账安全的目的。

(二)暗账资金往来及其运作

每一个暗账账户都具有不同功能,比如有些暗账主要功能是投资外汇,其资产往来基本集中于外汇买卖经营,功能决定了暗账资产的来源、用途以及运作方式。

1. 提存暗账资金

银行设立某个暗账账户之后,一般会在一个会计年度内多次提存资金入账,而且资金可以在不同账户间实现转账操作,为调剂资金提供了便利。

渝行设置了暗账总渝处 B、C 和 D 等 3 个账户。其中,总渝处 B 账户不仅包括渝行暗账,还涵盖滇行、赣行、湘行等其他分行的账户。以渝行 B 账户为例,表 4 是该行提存及资金往来明细表,我们来看该账户是如何提存资金操作的。

表 4 上海商业储蓄银行重庆分行(总渝处 B 户)资金往来明细表

年月日	摘 要	借 方	贷 方	余 额
1941 年 6 月 15 日	提存	800 000		800 000
1941 年 6 月 25 日	提存	200 000		1 000 000
1941 年 12 月 31 日	提存	2 850 176.10		3 850 176.10

(续表)

年月日	摘　要	借　方	贷　方	余　额
1942 年 6 月 30 日	提存	2 649 823.90		6 500 000
1943 年 3 月 31 日	1942 年下期提存	1 857 600.83		
1943 年 3 月 31 日	转存总渝处 D 户		1 000 000	7 357 600.83
1943 年 10 月 5 日	1943 年上期提存	2 236 894.85		9 594 495.68
1943 年 10 月 5 日	拨付员役合作社基金		200 000	9 394 495.68
1944 年 3 月 3 日	1943 年下期提存	1 674 368.78		11 068 864.46
1944 年 10 月 11 日	1944 年上期提存	12 150 299.63		
1944 年 10 月 11 日	1944 年上期拨付合作社基金		800 000	
1944 年 10 月 11 日	垫付总经理支用款		500 000	
1944 年 10 月 11 日	冲回垫付总经理支用款改转渝处账	500 000		22 419 164.09

数据来源：根据《上海商业储蓄银行分户另户、渝总处 B 户、C 户、D 户等分类暗账》整理得到，上海档案馆，档号：Q275－1－2546。货币单位为法币元。

表 4 中，总渝处 B 户从 1941 年至 1944 年，多次提存资金补充账户。自 1941 年 6 月 15 日至 1944 年 10 月 11 日，暗账余额从 800 000 元增长至 2 419 164.09 元，3 年时间内约增长了 27.02 倍。对照渝行 1944 年下期商业和储蓄二部的合并损益报表，发现该年正账损益表上总收入为 91 525 575.35 元，暗账余额约占总收入的 24.49%。而正账纯收益仅为 1 138 530.63 元，[1]仅相当于暗账余

① 正账总收入与当期纯收益数据转引自《渝属各行商业、储蓄二部合并损益计算书(法币)》，见何品、宣刚编注：《上海商业储蓄银行》，上海远东出版社 2015 年版，第 370 页。

额的5%。可见,仅该账户的余额都已经远远超过正账纯收益,渝行暗账还有C和D等账户,全部暗账余额数量之大可见一斑。此外,暗账之间资金可以自由往来,比如1943年3月31日转账至同为暗账的D账户。

2. 暗账资金运用

暗账资金运用是颇为复杂的问题,因为不仅与银行所处的外部环境直接相关,而且与银行内部高管的决策有着密切关系,内外因素共同影响着暗账资金的用途和去向。从上表4也可看到,渝行多次从暗账中拨款支付员役合作社基金以及垫付总经理支用款等。笔者另外查阅渝总处C和D两账户,发现其中有多笔提取业务用作投资之用,比如1942年6月30日从C账户提取1 151 372.52元购买“二十九年美金公债”,1942年11月5日从D账户支取540 847.96元用于拨付1941年内地同仁酬金等。[①] 从这两个账户的资金运用来看,基本都是以日常支付为主。其实,暗账资金使用远较此复杂,其投资对象极具多样性,不仅包括证券,还有数量不等的房地产和实物资产等。

从各银行的暗账资产负债表可以看到资产的来源和使用情况,比如聚行暗账资产负债表中有“证券”和“购置”两个科目,其中“证券”科目主要用于投资购买诸多公司的股票,包括中国银行、交通银行、浦海银行、通惠地产公司、同发地产公司、聚兴诚贸易公司、安和轮船公司和川联印书馆股票等。而在“购置”科目中,则主要是投资上海房地产购买拉都路地皮90平方丈、万县信托部购买桐油545 514 480元[②]等。

相比聚行,渝行有更为详细的暗账使用记录。自上海沦陷之

① 《上海商业储蓄银行分户另户、渝总处B户、C户、D户等分类暗账》,上海档案馆,档号:Q275-1-2546。

② 《聚兴诚银行总管理处暗账实存物资明细表》,重庆档案馆,档号:0295000101959000002300O。

后,上海和重庆因战事阻隔,该行上海总行就开始在两地分别提取暗藏资金换成美元,设法将暗藏资金调往纽约进行保存。1940 年 12 月 26 日,在美国特拉华州威尔明顿市(Wilmington, DE)注册成立了 Provident Corporation 公司,该公司成为利用暗账进行投资的重要实体,在上海、重庆和纽约三地同时开设了储备账户。其中,重庆储备账户(Chungking Reserve Account)中的有关资产和投资记录,可见表 5。

表 5　重庆储备户(Chungking Reserve Account)资金来源及去向(法币元)

(1947 年 6 月 30 日)

资金来源	数　额	资金去向	数　额
各分行汇集资金	1 532 888 287.26	购买外汇	1 741 170 259.78
储户存款	13 409 285.98	投资证券及房地产	220 909 709.00
私人部门贷款账户	185 000 000.00	混合投资	537 578 338.69
收益	768 360 734.23		
汇总	2 499 658 307.47	汇总	2 499 658 307.47

数据来源:引自《上海商业储蓄银行暗账的报告》,上海档案馆,档号:Q275－1－2555。
注:原档案为英文材料,经过笔者翻译整理。

表 5 中,该储备户清晰地记录了资金来源及去向。限于文章篇幅,只重点介绍外汇购买、证券以及房地产投资。显然可见,购买外汇的数额最多,达到 1 741 170 259.78 元,约占储备账户总资金的 69.65%。购买的外汇主要有:65 999.18 英镑(合法币 365 624 724.77 元)、151 924.6 港元(合法币 384 476 866.2 元)、1 600 卢比(合法币 1 022 339.79 元)、美元 1 812 083.64(由于此笔资金系由银行暗账中提取,以美元计价,已经在“资金来源”中核算过,并没有真正购买美元外汇,因此在做账时将此笔记录抵销掉,

记作法币元“－227 745 658.82”。)以及购买 3 204 盎司金条(合法币 1 217 791 987.84 元),上述购买总计 1 741 170 259.78 元。

此外,投资股票及房地产的总数额达到 220 909 709 元,虽然少于外汇购买数额,但是内容却较为丰富,所购股票或债券名称如后,括号内数字为其市值:中国银行(3 200 000 元)、交通银行(3 500 000 元)、中国土地银行(3 000 000 元)、上海女子商业银行(3 300 000 元)、金城银行(127 000 元)、中国投资公司(12 600 000 元)、温州银行(100 000 元)、馥记营造厂(5 000 000 元)、沙市纺织公司(1 元)、川康兴业公司(109 700 元)、四川畜产公司(100 004 元)、光大瓷业公司(30 000 元)、金融日报社(3 040 000 元)、同盟胜利公债(3 000 元)、乡镇公益储蓄券(3 元),总计法币 36 109 708 元。而房地产主要包括重庆、福州和上海三地的房产,共计法币 184 800 001 元。两项投资共计 220 909 709 元。

五、结　　论

作为民国银行最集中的地区之一,重庆拥有一大批川帮本土银行以及众多外埠银行的分支机构。与其他地区一样,重庆银行业的暗账同样具有普遍性。1940—1949 年,以聚兴诚银行与上海商业储蓄银行重庆分行为代表的重庆银行业,暗账愈加普遍,并且在形式上呈现明显的体系化特点,其根本原因是外部环境的刺激,包括金融统制加强、政府监管的失效以及利润损失,这三者的合力共同影响暗账的运作。

(一) 政府监管的失效为暗账设置提供空间

民国时期国家层面虽然已有暗账管理法令出台,但是执行力度较弱。重庆银行业根据政府统制经济政策相机行事,使暗账设立具有可能性。总体来说,监管效力缺失,难以起到遏制暗账的作用。

(二)金融统制与银行利润间的冲突和矛盾

放款利息是银行收入的重要来源,但是由于通货膨胀的冲击,银行利息收入增速远落后于物价上涨速度,导致真实利息水平不断缩水。而在政府方面,出于战时统制金融的需要,政府对银行利息进行过多的干预和限制,突出表现为严重抑低放贷利率,使银行获利空间日趋狭小,设立暗账具有必要性。银行利用政府暗账监管力度缺失的漏洞,积极设立暗账并提存资金进行多样化投资或投机。

(三)暗账运作反映了统制环境下的银行谨小慎微

尽管监管力度不够,但是金融统制是所有银行必须面临的共同环境,重庆银行业暗账错综复杂,涉及众多会计主体,暗账的形式、特点及其运作也是银行业其他经济主体博弈的结果。

总之,对于重庆银行业的暗账运作,需要客观的审视与评价,它不仅是一种投机行为,同时也是银行应对外部冲击的积极手段,是监管失效与利润缩水共同作用的结果。

(严跃平,淮阴师范学院经济与管理学院副教授)

利益博弈：20世纪30年代中国精盐行销问题*

宋志东　徐　畅

1931年5月30日，国民政府立法院颁布了新《盐法》，第一条规定"盐就场征税，任人民自由买卖，无论何人不能垄断"，[①]即废除盐业领域中千百年来一直实行的专商引岸制度。[②] 精盐产业似乎将迎来前所未有的发展机遇。但是，人们很快发现新《盐法》不过一纸空文，盐业并未鼎故革新，精盐产业的发展困境更为凸显。围绕精盐行销问题，新旧盐商之间的斗争更加激烈，盐务当局在其中居间平衡，却为了渐进推行盐业行销市场化及维护盐税收入而偏袒传统盐商，不惜损害精盐商人的利益和民众的食盐卫生，不肯放开精盐行销。关于民国精盐产业的研究较少且多集中于久大精

---

* 本文系山东省社会科学规划一般项目"近代山东盐业与区域社会变迁"(15CLSJ09)阶段性成果和2020年山东女子学院高层次人才引进科研项目校级专项课题"近代山东盐业市镇研究"(2020RCYJ02)的阶段性研究成果。

① 国民政府立法院：《盐法》，江凤兰编：《国民政府时期的盐政史料》，台北"国史馆"1993年版，第5页。

② 专商引岸制度：商人向国家购买盐业运销特许经营权，获得世代相传的盐业运销垄断权。该制度萌芽于五代后周显德元年(954)，发展于宋元时期，定型于明万历四十五年(1617)，兴盛于清代，至民国时期仍然沿用，成为千百年来阻碍中国盐业发展的根源之一。

盐公司,[①]另有相关的论述散见于盐业史专著中,[②]精盐行销问题尚需深入探讨。本文以 20 世纪 30 年代精盐行销问题为题做一系统考察,展现精盐产业曲折发展中的官商民互动,揭示精盐产业的历史命运。

一、民众对食盐消费升级的期待

鸦片战争以来,在华外侨日益增多,洋盐进口日盛,充斥市场,侵蚀国家盐税收入。洋盐为我国所没有的精盐,系使用现代技术生产的高品质食盐。在专商引岸制度的庇护下,我国食盐产业"划疆而治""旱涝保收",长期不思技术改良,品质低劣,不符合卫生要求,无法与洋盐竞争。

民国建立后,国内有识之士开始酝酿精盐生产。1914 年 3 月 4 日,北洋政府颁布《制盐特许条例》,将精盐列为许可生产的五大盐产品之一,[③]为精盐生产提供了法律依据。1914 年 7 月,中国化学工业的开创者范旭东创立了国内首家精盐公司——天津久大精盐公司,开我国精盐产业之先河。

20 世纪 30 年代以前,中国政府并未制定统一的食盐卫生标

① 代表性成果参见丁丽:《民国时期塘沽工人劳动与生活状况浅析——以久大精盐公司和永利制碱厂为中心》,《中国社会经济史研究》,2014 年第 4 期;李建英、赵津:《北洋政府对久大精盐公司的协助与抑制(1914—1927)》,《史林》2015 年第 6 期;刘凤华:《抗战期间日本占领下的久大精盐公司》,《盐业史研究》2015 年 3 期。

② 代表性著作如丁长清:《民国盐务史稿》,人民出版社 1990 年版;丁长清、唐仁粤:《中国盐业史》(近代当代编),人民出版社 1997 年版;赵津、李健英:《中国化学工业奠基者"永久黄"团体研究》,天津人民出版社 2014 年版;S. A. M. Adshead, *Salt and Civilization*. Macmillan Academic and Professional Ltd., 1992; Kwan Man Bun, *Beyond Market and Hierarchy Patriotic Capitalism and the Jiuda Salt Refinery, 1914—1953*, Palgrave Macmillan, 2014。

③ 北洋政府:《制盐特许条例》,江苏省中华民国工商税收史编写组《中华民国工商税收史料选编》,第二辑《盐税》(上册),南京大学出版社 1995 年版,第 833 页。

准,因此民众对食盐关注的仅是有无问题。1931年,新《盐法》首次以法律形式规定了盐的用途:食盐、渔盐和工业用盐及农业用盐,以及食盐卫生标准:“食盐含有百分之九十以上之氯化钠者,为一等盐;含有百分之八十五以上之氯化钠者,为二等盐;氯化钠未满百分之八十五者,不得用作食盐。前项一等食盐所含水分不得超过百分之五,二等食盐所含水分不得超过百分之八。”[①]在自然条件下,无法生产出一等盐,达到二等盐的标准也很难,所以民众对食盐有了新期待——食用精盐。

新《盐法》公布后,全国各地民众纷纷要求放开精盐行销,均被盐务当局以各种理由拒绝。以湖北省为例,1931年,本省民众多次施压18县商会向省议会请愿,省议会顺应民意两次议决,解除精盐行销禁令,使之成为法案。湖北省政府因顾及湖北向为淮南盐商销区,又不能无视省议会决议,遂执行折中方案:有限允许民众购食精盐,但每个家庭每年不得超过20袋,且须经财政部盐务署批准方可实行。此举导致每个家庭还要大量食用粗盐。作为传统盐商实力派,淮南盐商经交涉迫使盐务署取消了湖北省议会的有关法案。湖北民众眼见奋斗成果行将化为泡影,不肯善罢甘休,屡屡向湖北省政府施压。由于惧怕朝令夕改而导致民众的不信任,同时又要维护盐务署的颜面,湖北省政府被迫表示在新细则出台前暂行原折中方案。盐务署既感受到湖北省民众的压力,又被淮南盐商施压,左右为难,被迫提议将精盐议题提交盐务署、盐务稽核总所联席会议讨论再行决定[②]。精盐行销问题陷入了一场漫长的协商而没有了下文。

首都南京民众食盐中毒案将精盐消费问题推向了高潮。1934

---

① 国民政府立法院:《盐法》,江凤兰编《国民政府时期的盐政史料》,台北“国史馆”1993年版,第6页。

② 佚名:《调和精粗盐之冲突》,景学钤《盐政丛刊二集》,盐政杂志社1932年版,第153—154页。

年 5 月，南京西凤凰街、汉西门外石桥城等多地，接连发生集体食物中毒事件。其中 100 多人中毒，50 多人被紧急送医救治。南京市卫生部门对中毒者食用饭菜和涉嫌盐店所售出的食盐进行化验，结果显示，中毒事件系食盐所含亚硝酸盐超标所致。① 汉西门外的福德隆、泰茂恒两家涉事盐店被勒令停业。前者店主杨德山、后者店主刘锦漳，被移交司法机关。检察官以妨害卫生罪对两人提起公诉，法院初审判处杨德山、刘锦漳各交罚金 100 元。杨、刘两人不服判决，江宁地方法院二审改判两人各交罚金 30 元，免于追究刑事责任。② 法院从轻改判当事人，根本无法起到以儆效尤的作用。

民众对于食盐卫生忧心忡忡，纷纷向财政部请愿，要求放开首都盐禁，准许南京城内自由设店销售精盐。时任财政部长孔祥熙因首都重地发生毒盐伤人事件而震怒，要求盐务部门彻查案件，同时研究解决南京的精盐开放问题。③ 但是，身兼首都和通商口岸双重身份的南京，并未满足民众所期待的精盐自由行销的愿望，遑论其他地方了。

尽管如此，民众坚持消费精盐的呼声却始终没有停止过。1937 年，杭州米业、布业、煤业等 20 余家同业公会上书南京国民政府，指出："精盐自于民四创制以来，业已行销二十余年，因其质燥色白，携带便利，且定价低廉，宜于久藏，深受民众欢迎，湘鄂西皖四岸及苏五属之地，早已通销无阻……杭州虽有精盐售卖，但仅限于拱埠一隅，如人民越境购买，即遭商办盐警非法殴夺……"呼吁"即日放开杭市精盐，以重卫生"。④ 其实，上书中提到的湘鄂西

① 中国盐政讨论会：《为食盐牺牲人民生命之一斑》，1935 年铅印本，第 4—6 页。

② 中国盐政讨论会：《为食盐牺牲人民生命之一斑》，1935 年铅印本，第 9—10 页。

③ 佚名：《行将开放之首都盐禁》，《盐政杂志》1935 年第 60 期，《盐务消息》，第 3 页。

④ 佚名：《杭州各团体呈请开放精盐》，《盐政杂志》1937 年第 66 期，《盐务拾零》，第 5—6 页。

皖四岸及苏五属之地，并未实现精盐自由行销，仅为杭州同业公会向国民政府施压的一种说辞而已。

精盐行销事关民众食盐健康卫生，引起民众关注是必然的。但是，盐务当局对民众食用精盐的诉求采取了口惠而实不至的策略虚以应付。时人怒批："政府为顾全民众卫生，理应亟为提倡，乃以引界未废，专商未撤，为维持粗盐销路，反于精盐之销售，始终加以抑制。政府此种举动，一方面挫改良盐业者之勇气，一方面夺选购良盐者之自由，事之不平，孰能过此？其抑制之法，精盐品高，不惟不得高于粗盐之价格，即为粗盐同价销售，亦不可得，复限制精盐销额，增加粗盐之免税盐，以减轻其成本，为抵制精盐之工具。凡此皆与吾人奖励食盐改良之旨，大相径庭。"①

与其说精盐产业的产生具有从盐政改革转到盐业改革的政治意义，②不如说其更直接的意义在于发挥经济社会效益，即提倡国货、抵制洋盐、改良盐质、惠及民生。与民众长期食用的粗盐相比，精盐品质纯洁卫生，两者市场售价却基本相同。③ 与粗盐相比，精盐行销完全处于劣势，背离了优胜劣汰的市场法则，根本原因在于专商引岸制度下食盐实行"限地域、限销额、限价格"的行销，而不是市场化的"良币驱逐劣币"和"优质优价"。盐务当局将精盐产业作为粗盐产业的附属品来管理，是典型的"新瓶装旧酒"，以致名义上提倡精盐以改良盐质，实际上却对精盐产业多方限制，导致精盐在盐产品总量中占比极微，税收贡献远小于粗盐，更加重了其对传统盐商的依赖。

需要指出的是，民众对精盐的消费需求，逐步由自发到自觉，在新旧盐商之争中助了精盐商人一臂之力。但是，盐务当局以平

① 盐迷：《民元以来吾人改革目的之覆覈》，《盐政杂志》1937 年第 66 期，《社论一》，第 13 页。

② 丁长清：《民国盐务史稿》，人民出版社 1990 年版，第 92 页。

③ 佚名：《精盐业之危机》，《盐政杂志》1935 年第 60 期，《盐务消息》，第 5—6 页。

衡精盐商人和传统盐商的利益为名，维护专商引岸制度，力图索取更多的盐业税费，所以民众消费精盐的呼声就显得苍白无力。

二、食盐行销的制度和地盘之争

精盐产业发展初期，尚未对粗盐产业构成威胁，传统盐商和精盐商人之间的矛盾相对温和。随着精盐生产规模不断扩大，行销区域逐渐伸展，新旧盐商之间的矛盾日趋尖锐。精盐商人极力扩大精盐行销，传统盐商对此极力反对，千方百计维护旧的盐业行销格局。到 20 世纪 30 年代，双方的矛盾激化，专商引岸制度的存废和行销地盘的争夺成为双方斗争的焦点。

在新《盐法》颁布前，精盐商人就极力主张废除专商引岸制度，解除精盐行销的地域限制，以利于国课民食。1930 年 6 月 17 日，湖北全省商会联合会上书南京国民政府行政院，痛切指出："引岸如不废除，不仅为民食前途绝大障碍，即与国家税收亦殊有影响……若政府毅然废除引岸，易为就场征税，或就场专卖，则盐枭私贩自即绝迹，国税方面收入自富，一面奖励改良制造，以适合卫生，便利民食，似此办理，既维国税，复裕民生。"①面对这一正当要求，国民政府行政院却以"盐斤行销，各有地界，精盐向只准于通商口岸内销售，在盐法未经变更以前，自应各守范围，以杜纠纷"②为由，明确拒绝。

在新《盐法》起草过程中，传统盐商极力维护赖以发家致富的

① 《1930 年 6 月 17 日湖北全省商会联合会呈国民政府行政院，请废除引岸，明令解除精盐限制》，南开大学经济研究所经济史研究室：《中国近代盐务史资料选辑》第二卷，南开大学出版社 1991 年版，第 172 页。

② 《1930 年 7 月 8 日财政部长宋子文致行政院秘书处公函》，南开大学经济研究所经济史研究室：《中国近代盐务史资料选辑》第二卷，南开大学出版社 1991 年版，第 173 页。

专商引岸制度。芦纲公所、两浙盐业协会、淮南湘鄂西皖四岸总会、淮南外江内河食岸公会、通泰济南场商会等以团体名义,“一面运动财政当局,一面为保持引岸之宣传”①。1931 年 3 月,鄂岸淮盐业同业公会向国民政府呈递了《盐法之商榷》的报告,代表了传统盐商对盐法变革的态度。该报告指出,专商引岸制度迄今延续千年,盐法屡变而其始终不变,证明其利国利民便商的优越性,特别是在民生方面“一方为维持交通不便地点之民食,一方为维持成本较高盐场之民生,引岸之设自有其深意存也”。进而指出,专商引岸制度不可废,食盐自由买卖不可行,“欲图以一隅之生产,分配全国之消耗,制度所归,莫善于此。若听其自由买卖,遑论责任之无所专,且售价之无可定”②。建议国民政府秉持“民生国课民食经济之要旨,保留旧有之优点”③,维护专商引岸制度,对旧式盐法进行改良,而不是实行新型盐法。

1931 年新《盐法》的颁布,为精盐自由买卖提供了法律依据,但是其生效遥遥无期,引发了精盐商人一系列的请愿活动。1934 年 10 月—11 月,全国各埠精盐经理处请愿代表团赴财政部盐务署进行了 5 次请愿活动,要求制止各省盐务税警阻挠民众购买精盐的行为,放开精盐行销,实行自由买卖,但是都无果而终。④1935 年 12 月 12 日,全国各埠精盐经理处推举 30 多名代表到南京向国民政府请愿,痛陈精盐产业发展岌岌可危,至年终仅余 17 天,而实销数额仅及产额的 31%,强烈呼吁政府救济精盐产业,以避免全行业崩溃。⑤

---

① 盐政讨论会:《新盐法通过后舆论界之评论》,1931 年,第 4 页。

② 鄂岸淮盐业同业公会:《盐法之商榷》,1931 年,第 2—3 页。

③ 鄂岸淮盐业同业公会:《盐法之商榷》,1931 年,第 14 页。

④ 佚名:《各省税警擅禁人民购食精盐》,《盐政杂志》1934 年第 59 期,《盐务消息》,第 55—58 页。

⑤ 佚名:《精盐行销困难》,《盐政杂志》1935 年第 60 期,《盐务消息》,第 7 页。

面对精盐商人的请愿活动，传统盐商代表淮商率先发难，组织通泰济南盐商会、维持盐业联合会致电财政部盐务署，声称精盐产自长芦，原销于通商口岸，逐渐侵销粗盐的地盘，而且精盐税率独轻，有失公平，请求维持淮盐行销旧制，制止精盐的侵销行为。全国各埠精盐经理处请愿代表曾浴云据理驳斥，指出精盐行销地域遵循国家法律规定，并未侵夺粗盐销售地盘，而且精盐制售自产地及销岸缴纳的各税费，均与各埠粗盐最高税率相等，而且须赔税赔捐，事实上精盐比粗盐多交税。以精盐销售税额为例，湘岸精盐每担多交纳四角二分，鄂岸多交纳三角五分，西岸多交纳三角，皖岸多交纳八角。此外，每担精盐还需缴纳登记费八角，而每担粗盐验票费仅需交纳四角，相差一倍之多。①

新旧盐商除了争夺舆论阵地，还进行了有限的实务竞争，焦点在于行销地盘的争夺。面对经营困境，精盐商人不得不运销粗盐进行自救。1933 年，永裕盐业公司受债务逼迫，向盐务当局申请承运 20 万担青盐赴鄂西五地、10 万担赴蚌埠行销。蚌埠向为淮南盐商的销地，青盐行销一事遭其激烈反对，结果永裕公司的申请未被批准；因传统盐商反对，向鄂西五地销盐量削减一半至 10 万担，盐务稽核机关还趁机胁迫永裕公司预交了 10 万元税款，行销一事方成行。② 很显然，新兴的精盐产业远远不是粗盐产业的竞争对手。

新旧盐商关于精盐行销问题之争，引发了社会各界的广泛关注。民国治盐专家景本白总结道："通商口岸之人民始得享食白盐之幸福，腐败盐商，虽运动官吏，百出其技以为阻挠，究之优胜劣败，天演公例。盐商反对愈烈，人民欢迎亦愈甚，数年之内，精盐与

---

① 佚名：《精粗盐商之争》，《盐政杂志》1935 年第 60 期，《盐务消息》，第 8 页。

② 财政部盐务稽核总所总视察处：《民国二十二年盐务稽核所年报》（上编），1934 年铅印本，第 23—24 页。

粗盐，几无日不在血战之中。”[①]其实，当时传统盐商的有识之士也意识到，精盐的优势决定其必然在食盐领域中后来居上，试办精盐产业成为他们的选项之一。例如，淮商兴办了乐群精盐公司，鲁商试办鲁裕精盐公司，长芦和两浙的传统盐商也有开办精盐公司之提议。非盐商人也投身于兴办精盐产业的时代潮流中，创办了山东通益、长芦通达、奉天洪源等精盐公司。

由于《精盐通则》的政策性规定，精盐无法向通商口岸以外的区域行销，但是在通商口岸区域精盐的行销范围不断扩大。经过精盐商人不断努力，东北的精盐得以行销关内通商口岸，山东生产的精盐行销天津、杭州，天津久大精盐公司起初行销限于天津、上海等大城市，后来逐渐扩展至长江沿线的小商埠，[②]甚至远达广州。至20世纪30年代末，精盐行销于全国大部分通商口岸，地盘开拓取得了显著进展。

精盐行销之争本质上是一场盐利之争。食盐是人类生活必需品，属于刚性需求，而且年人均消费量基本恒定，20世纪30年代全国总人口变化很小，因此全国每年食盐消费总量近似于一个常量。这段时间内，精盐销量却持续增加，实为逐步夺取粗盐的销售份额，与其分利，所以招致其反对，也在情理之中。时人指出：“精盐行销通商口岸，其地多属向有引商者，精盐多销一担，即引商之盐少销一担，是以精盐公司与引商时起争讼。精盐公司则以产不敷销，要求增产；引商则以精盐侵及销额，要求限产。”[③]

事实上，从精盐产业诞生之日起，这种竞争就一直持续不断。时人曾对1930年以前的新旧盐商斗争评论如下：

> 盐商中优秀份(分)子有心来改良盐业的，并不在少。无

---

① 景本白：《精盐之前途》，景学铃：《盐政丛刊二集》，盐政杂志社1932年版，第20页。

② 韦东：《中国的精盐业》，《钱业月报》1934年第5期，《业载》，第51页。

③ 林振翰：《精盐调查录》，商务印书馆1931年版，第35页。

奈恶习惯入人太深，打破很不容易。近十余年来，新旧盐商的竞争不在商业，而在手段。旧商凭着金钱以阻滞新商之进行，新商恃在公理以作奋斗之武器。政府提携于新旧争论之间，互为利用。处于今日物质进化的时代，国家对于新实业之进展，究不能公然摧败，每到理屈的时候，就拿着"盐糊涂"三个字来搪塞，说这盐是无道理讲的，只好做商人的受点委屈罢。①

20世纪30年代新旧盐商围绕精盐行销问题的博弈，是以前新旧盐商之间矛盾斗争的延续和激化，大有不可调和之势。时人慨叹："精粗盐之竞争、新旧商之冲突，已成社会上一种大问题。"②

三、盐务当局对精盐行销的限制性管理

盐务当局对精盐行销呈现出"总体压制、有限支持"的限制性管理特点。

(一) 限制精盐企业的兴办，从源头上避免与粗盐产业的过度竞争

兴办精盐产业，是1914年公布的《制盐特许条例》赋予国人的一项权利。但是，为了维护旧盐制、避免财大气粗的传统盐商反对，盐务当局对新兴的精盐产业采取了"总体压制、有限支持"的政策。时人批评："对此新兴之精盐事业，一方以改良盐质抵制外货，自不能不加以提倡。然一方以关系整个之盐法，又或有与旧制有不符之处，因之不能不别定检查考核之道。故盐政方面，对于精盐公司之设立，凡立案之程序，以及立案后之开办，无不有明确之

① 陈沧来：《中国盐业》，商务印书馆1929年版，第7页。

② 佚名：《调和精粗盐之冲突》，景学钤《盐政丛刊二集》，盐政杂志社1932年版，第153页。

规定。”[①]

在精盐产业兴办初期，其规模和影响力都极为有限，尚未对传统盐商的既得利益构成较大威胁。盐务当局也乐见盐质改良，因此对精盐公司的设立持开放态度，凡申请者，一概予以批准。[②] 但是，进入 20 世纪 30 年代，精盐产业和粗盐产业之间的竞争已经非常激烈，设立精盐公司成为牵动各方利益的大事，兴办精盐公司的门槛骤然升高，以致鲜有满足条件者。设立精盐公司须同时满足下列条件：“资本实收数在国币十万以上者”，“凡为精盐业者，每年产额至少须达到三万担”，“凡为精盐业者之立案，须先经财政部之核准”。[③] 1933 年，财政部颁布《关内各精盐公司登记销额标准之规定》，明确在登记销额整理 3 年期内，“有呈请新设精盐公司者，概不准予以立案，以示限制而剂供求”[④]，直接冻结了精盐企业的设立，对于压制精盐产业的发展可谓“釜底抽薪”。全面抗战前，全国提出设立精盐公司的申请者 53 家，批准开办 21 家，主要生产企业 13 家，均为 1914—1928 年设立。[⑤]

（二）将精盐行销区域严格限定在通商口岸范围内，使其失去在全国大部分地域与粗盐产业竞争的机会

1930 年 12 月 31 日，财政部颁布了精盐产业的纲领性文件《精盐通则》，竟然规定“精盐行销地点，以全国通商口岸及商埠为

---

① 赵叔雍：《中国盐务之鸟瞰》(续)，《申报月刊》1932 年第 4 号，第 71 页。

② 景本白：《精盐之前途》，景学钤编《盐政丛刊二集》，盐政杂志社 1932 年版，第 20 页。

③ 国民政府财政部：《精盐通则》(1930 年 12 月 31 日)，江苏省中华民国工商税收史编写组编：《中华民国工商税收史料选编》，第二辑《盐税》(上册)，南京大学出版社 1995 年版，第 96—100 页。

④ 财政部盐务稽核总所总视察处：《民国二十二年盐务稽核所年报》(上编)，1934 年铅印本，第 16 页。

⑤ 财政部粤东盐务管理局职员训练班：《盐务纪要》(下编)，1940 年铅印本，第 58—60 页。

限”，“凡精盐不得在规定行销或所请指销地点以外销售”。[①] 著名报人赵叔雍揭示了限定精盐行销的原因：“精盐之制造，为抵制外货，外货以通商口岸为限，故精盐运销亦以通商口岸为限。”[②]即便在有限的通商口岸或商埠，精盐行销也未能普及。综观 20 世纪 30 年代，允许精盐行销的口岸只有 73 处，广西、云南、甘肃、黑龙江、新疆、热河、察哈尔、绥远、西藏、内蒙古等省区虽有商埠，但无精盐行销。精盐仅惠及通商口岸的外侨和国内富人，广大民众无福消费。当时，全国性的盐务改革风潮兴起，精盐行销却有违历史潮流，“故人民对精盐之需要尤为迫切。最近南京全市之开放及鄂西一带之行销精盐，皆其例也。精盐之运销，不特限于通商口岸，即每公司之行销地点，亦须由盐务署核准通行。”[③]

1931 年新《盐法》公布后，精盐行销处于“名放实限”的状态，仍然仅能在通商口岸行销，而且当地的传统引商有优先代销权。例如，1936 年烟台通益精盐公司申请在杭州设店行销精盐，盐务署根据《精盐通则》认定申请合法，但又规定销售仅限于拱宸桥一处地方，且当地引商有优先代销权，只有在引商不愿代销或者超期不做答复的情况下，通益公司方可申请自行设店销售。[④]

盐务署在严格限制精盐行销地点的同时，还进一步限制精盐产、销额，造成供需脱节，进一步增加了行销难度。一方面，精盐企业产能充足，但受限于划地行销的藩篱，无法与需求匹配，大多处于闲置状态，产品积压、企业亏损时有发生；另一方面，普通民众只能购食劣质粗盐，无法购食纯净卫生的精盐，形成一对市场无法调

① 国民政府财政部：《精盐通则》，江苏省中华民国工商税收史编写组编：《中华民国工商税收史料选编》，第二辑《盐税》（上册），南京大学出版社 1995 年版，第 100 页。

② 赵叔雍：《中国盐务之鸟瞰》（续），《申报月刊》1932 年第 4 号。

③ 蒋静一：《中国盐政问题》，正中书局 1936 年版，第 45—46 页。

④ 《山东区呈报通益精盐公司拟在杭州地方设店行销之核饬》，《盐务汇刊》1936 年第 99 期，《纪事》，第 5 页。

节的矛盾。民国盐务专家蒋静一感慨:“精盐之产量依各厂之设备及速率而论,原可极富,惟因销售受限制,以致供过于求,各公司大有不能维持之势,因此只得将生产力约束,以免受过剩之亏损。”①

但是,整体而言,盐务当局对于精盐行销的限定逐步由严格到宽松,起初精盐仅限于通商口岸中外国人居住的租界内行销,后来销售范围扩大到通商口岸或商埠行政区域以内,精盐产业得以逐渐发展。例如,久大精盐公司创办之初年产量仅有 3 万担,到 1934 年猛增至 60 多万担。②

(三)按照“就高原则”对精盐征税

各地在精盐税收中执行了“就高不就低”的策略,抬高了精盐行销成本。20 世纪 30 年代,精盐税率为每担二元五角,与粗盐税率相同。但是,在实际执行中,每担二元五角成了精盐税收的起征点:当精盐运抵的通商口岸税率高于每担二元五角时,则按当地税率加征;如运达的通商口岸税率较低时,则按照每担二元五角征税。1928 年以后,为保证中央收入,精盐税征收由原来产地交税 2/3、销地交税 1/3,变为向中央、产地和销地各交 1/3,交税环节变得烦琐,降低了行销效率。

“就高原则”令精盐税负过于沉重。1933 年,全国产盐总量为 3 705.7 万担。其中精盐总产量为 111 万担,占比为 2.9%,③但是精盐税额占盐税总额的比重高达 7.1%。④ 可见,精盐的实际税率远高于粗盐税率。财政部核定的 1933 年度精盐产额为 224 万担,创出了年度配额新低,而当年度实际产量未及核准产量的一半。

① 蒋静一:《中国盐政问题》,正中书局 1936 年版,第 43—44 页。

② 韦东:《中国的精盐业》,《钱业月报》1934 年第 5 期,《业载》,第 49 页。

③ 财政部盐务稽核总所总视察处:《民国二十二年盐务稽核所年报》(上编),1934 年,第 1 页。

④ 财政部盐务稽核总所总视察处:《民国二十二年盐务稽核所年报》(上编),1934 年,第 98 页。

在此困难境况下，盐务税警为了维护传统盐商的既得利益，肆意阻挠精盐销售，致使 1933 年精盐销量仅为 58 万担，[①]产销比接近 2∶1，造成精盐大量积压，产业发展越发困难。

盐务税警执法本应体现国家意志，在新旧盐商之间搞好平衡，而其恶意执法却成为精盐产业发展的重要障碍。全国精盐经理处请愿代表团呈文财政部，痛斥盐务税警无理阻挠精盐行销，强烈要求公正执法。1934 年 11 月 23 日，财政部拟定了维护精盐商人利益的两项办法，要求税警依法执法。[②] 12 月，全国精盐经理处请愿代表团再次向财政部请愿，声明精盐"到处受人民欢迎，于国于民，有绝大利益，不意近来各省税警竟不知原委，擅自拿办购食精盐之人民，或公然禁用精盐，似此违反民意与国家利益之举动，或非部长及党国所能想象……务请明令制止，以伸法纪"[③]。究竟是各地盐务税警集体犯错，还是国民政府暗中要求他们这样做？显然，盐务税警执行的是上级命令。

20 世纪 30 年代，精盐主要行销于通商口岸或商埠，一般距离盐产地较远，与粗盐就近行销相比，运销成本大幅增加。而且，精盐行销的环节更烦琐，进一步增加了成本，压缩了利润空间。例如，精盐行销途径重税口岸区域，要由轮船包装直接运往销地，中途转驳公司不得提货，以避免侵销；由火车及其他车船装运，中途需卸载者由公司呈报掣验，严禁侵销重税区域，否则以私盐论处。[④] 民国时期盐税不断增加，给精盐在内的盐业发展造成了沉重的负担。美国盐史专家阿谢德(S.A. M. Adshead)对此进行了量化考证："盐税税率经过几轮提高之后，至 1931 年盐务稽核机构

---

① 佚名：《财政部批示不明精盐商将再请愿》，《盐政杂志》1935 年第 60 期，《盐务消息》第 5 页。

② 佚名：《维护精盐办法》，《盐政杂志》1935 年第 60 期，《盐务消息》第 4 页。

③ 佚名：《税警干涉人民购食精盐》，《盐务汇刊》1934 年第 59 期，选论二，第 1 页。

④ 赵叔雍：《中国盐务之鸟瞰》(续)，《申报月刊》1932 年第 4 号，第 71—72 页。

所征税额达到了 1.7 亿多美元。”①

(四) 常川驻厂,监管精盐公司的经营

盐务当局在精盐企业设立常驻机构监管经营,严重干扰精盐的正常行销。以青岛永裕盐业公司为例,青岛盐务机关在小港、台西两工厂设立了 4 个监管机构,全程监督精盐生产经营,并于月底进行核算,编制各种报告表册,按月呈报备案。② 作为民族工业典范的永裕盐业公司,其精盐运销一贯守法,却仍时常招致青岛盐务机关入厂突击检查。山东盐务当局还特设了青盐内销办公处,附征精盐税款,专以永裕盐业公司为目标。永裕盐业公司据理抗争,没有取得任何效果,导致精盐运销受阻,造成产品大量积压。③

(五) 在精盐产业经营困难时,适当施以援手

限制性管理的直接后果就是,精盐产业停滞不前乃至精盐商人亏损、停业成为常态。正如时人所论:“精盐系用普通盐再加精制,所含氯化钠成分法定须在百分之九十二以上,前河北、山东、浙江等省均经设有精盐公司从事制造,其行销地点及产销额数均有限制,成本既高,而售价复不得过昂,为精盐业者颇多亏折。自抗战发动,河北、山东、浙江等省相继沦为游击区域,各精盐公司均已先后停业。”④

作为盐业经济发展的调控人,盐务当局在精盐产业发展困难时会给予适当支持。1933 年,两淮盐运使向盐务稽核总所呈报,淮北乐群公司所产精盐积压已久,自愿降为粒盐,获准按粗盐运至十二圩配售,缓解了产品积压问题。⑤ 1934 年,财政部应久大等精

---

① S. A. M. Adshead, *Salt and Civilization*, Macmillan Academic and Professional Ltd., 1992, p.347.

② 盐务署、盐务稽核总所:《中国盐政实录》第 2 册,沈云龙主编:《近代中国史料丛刊 · 三编》第 88 辑,台北文海出版社 1999 年版,第 1550 页。

③ 永裕盐业公司:《永裕盐业公司业务报告书》, 1933 年铅印本,第 22 页。

④ 财政部财务人员训练所盐务人员训练班:《盐政概论》,1944 年铅印本,第 14 页。

⑤ 财政部盐务稽核总所总视察处:《民国二十二年盐务稽核所年报》(上编), 1934 年铅印本,第 18 页。

盐公司的请求，拟定《精盐行销暂行办法》，对精盐产业予以救济，规定全国"精盐总销额一百三十万担，除(湘鄂西皖)四岸及苏五属应销额数外，分别销于其他岸埠"。一百三十万担为当时实际销额2倍以上，为后续行销留出了足够的空间。[①] 允许精盐跨地域行销，使其能够调剂销售，有利于增强产业发展后劲。除增加销额、允许跨地域行销外，盐务当局还允许精盐企业于销地附近设立分厂。1934年2月16日，盐务署发布第九五号训令，批准长芦通达精盐公司年精盐产额提高至10万担。[②] 1935年，湘岸、鄂岸、西岸、皖岸及江苏五处口岸获准增加精盐销额至119.1万担。[③] 1936年，经盐务当局批准，久大精盐公司江苏海州分厂建成，可以就近行销精盐，节省运力和时间成本。[④] 盐务当局还在南京进行了兴办精盐自由销区的试点。南京市长期由传统盐商乙和祥配运淮南安梁盐场的粗盐垄断食盐行销。盐务稽核总所呈文国民政府将南京江宁食岸专商承销地域，于1935年1月1日起改为淮南盐及精盐试办自由销区。[⑤] 尽管并未完全市场化，却是对精盐自由行销的有益探索。

不可否认，国民政府对于精盐行销采取的是渐进放开的策略，即先由通商口岸租界扩展至通商口岸或商埠全境，再在内地特殊区域试点自由买卖行销，逐渐推广，以缓冲传统盐商的反对，维持盐业行销格局的整体稳定。1934年12月7日，盐务稽核总所给财政部的呈文清晰地表露了这一意图：

---

① 佚名：《规定精盐行销暂行办法》，《盐务汇刊》1934年第57期，《纪事》，第7—9页。

② 佚名：《通达精盐公司所制精盐产额准予加至十万担》，《盐务汇刊》1934年第37期，公牍，第20—21页。

③ 佚名：《核定湘鄂西皖四岸及苏五属各岸埠精盐销额》，《盐务汇刊》1935年第62期，纪事，第9—10页。

④ 佚名：《久大精盐海州分厂业已成立》，《导光周刊》1936年第35期，第139页。

⑤ 佚名：《开放京市食盐》，《盐务汇刊》1934年第57期，《纪事》，第7页。

> 查吾国精盐事业已有20年之历史，起初仅限行销于通商口岸及商埠，嗣以西、鄂两岸之特案精盐乃逐渐由口岸而行销内地，至近三年来平均每年销额已至124万余担，其在湘、鄂、西、皖四岸及苏五属各地之销额，约占全数之百分之九十以上，是《精盐通则》所规定之精盐销售地点，以全国之通商口岸及商埠一节，事实上早已成为具文。[①]

而且，盐务当局并非铁板一块，中央和地方存在利益差异，对新旧盐商的态度也不尽相同。精盐商人的逐利性使其不可能安于现状，而是极欲跨出通商口岸和商埠的藩篱，向内地行销。湖北、湖南、江西等省的地方政府为了分食盐利，对精盐行销来者不拒，[②]客观上促进了精盐产业的发展。

四、国民政府在精盐行销上施展“平衡术”的真实原因

20世纪30年代，盐务当局在食盐行销竞争中的貌似矛盾的表现和对精盐产业的限制性管理，本质上是其背后的国民政府对精盐、原盐产业之间日益激烈的竞争施展“平衡术”的结果。

为什么国民政府会在精盐行销问题上施展“平衡术”？

（一）国民政府收取了引岸专商的换照验票费，以法律形式确认了其永久垄断的盐业经营特权

北洋政府时期，食盐行销沿袭了代代相传的专商引岸制度，维持了引岸专商的垄断局面。北洋政府曾对引商进行过3次验票确

① 《1934年12月7日盐务稽核总所呈财政部，为拟定精盐行销暂行办法，借免精粗盐商争执》，南开大学经济研究所经济史研究室：《中国近代盐务史资料选辑》第二卷，南开大学出版社1991年版，第184页。

② 丁长清：《民国盐务史稿》，人民出版社1990年版，第195页。

权，但均因中途变故而夭折。国民政府"因军需孔亟"[①]，对引商持有的引照、盐票实行"换发引照""查验盐票"，从传统盐商手中收取验票费达 1 300 多万元，从而在法律上确认了他们继续垄断全国盐业经营的特权。[②] 若全面放开精盐行销，取消专商引岸制度，就必须归还传统盐商缴纳的换照验票费，这对于财政拮据的国民政府是难以接受的，因此精盐行销的市场化改革举措不可能实行。

其实，当时换照验票的操作十分严格，初衷就是应急解决军需经费，并非敛财和维护专商引岸制度。1916 年，淮北专商的垄断经营权由北洋政府出资收回，旧专商希望借 20 世纪 30 年代初换照验票之机，加倍出资以复活专商旧制，结果遭到国民政府拒绝。若不是为了渐进推行盐业市场化，国民政府完全可以借机收取淮北旧专商这笔三四百万元的巨款。而且，在实践中，换照验票的对象仅是专商，"凡包商及办商，均不验票"[③]。

（二）维护专商引岸制度下的食盐运销格局是保障国民政府盐税收入的无奈选择

国民政府在 20 世纪 30 年代始终没有摆脱财政危机，将盐业视为利薮，不得不倚重传统盐商，屡屡向他们加税索取，以维持国库收入。1931 年，国民政府发行总额为 8 000 万元的盐税短期库券，规定以 78 个月为期偿本付息，时限为 1930 年 8 月—1938 年 1 月。名义上，这批盐税短期库券由指定的全国盐税基金认购，实际上传统盐商担当了认购主力。[④]

专商引岸制度是传统盐商发家致富的根源，而新《盐法》明确

---

① 景本白：《验票与精盐》，《盐政杂志》1933 年第 57 期，社论一，第 1—2 页。

② 李建昌：《官僚资本与盐业》，生活 · 读书 · 新知三联书店 1963 年版，第 26—35 页。

③ 景本白：《验票与精盐》，《盐政杂志》1933 年第 57 期，《社论一》第 2 页。

④ 《国民政府训令直辖各机关施行直辖各机关施行民国二十年盐税短期库券条例》，江凤兰编《国民政府时期的盐政史料》，台北"国史馆"1993 年版，第 334—340 页。

规定废除它,这等于断了传统盐商的财路,也直接威胁到国民政府的财政收入。可以说,离开了传统盐商的支持,国民政府马上就会陷入严重的财政危机,所以直到抗战全面爆发新《盐法》都没有施行。新《盐法》尚在起草阶段,时人就敏锐指出:“若法案议定,而政府不与实行,是立法方面之责任已尽,而保持引岸之咎,将由政府任之也。”①此言一语成谶,新《盐法》由立法院通过成为定案,但是国民政府拒不执行,显然责任在后者。可见,立法院与国民政府在新《盐法》上存在着根本分歧,立法院本着民生主义精神立法,而国民政府更多考虑的是国家和社会治理的实效。

作为近代的新兴产业,精盐业从诞生之日起,就遭受了专商引岸制度的重压,特别是在 20 世纪 30 年代这个国民政府对引岸专商进行法律确权的年代,发展就更为艰难。当时,盐、酒、烟草等属于垄断行业,发展较顺,其中盐业发展更是令人瞩目。据统计,1929—1937 年,我国盐税收入约占国税收入总额的 30%,仅次于关税收入,在所有税种中居第二位。② 但是,享有食盐垄断行销权的仅是引岸专商,精盐商人不但无法享有,而且还要与如此强大的对手展开竞争,精盐行销可谓“虎口夺食”。在南京国民政府统治的最初 10 年中,作为经济建设主流的非垄断行业,同样获得了所谓的“黄金十年”发展期。相比之下,精盐产业的发展则显得十分惨淡,其核心要素行销问题更是困难重重。

全面抗战爆发后,国民政府实行了经济统制政策,食盐被列入专卖商品。因为抗战前全国的食盐行销类似专卖制,所以没有再设立新的管理机构,就实现了专卖制下的顺利转型,对保障战时食盐供应发挥了重要作用。

---

① 盐政讨论会:《新盐法通过后舆论界之评论》,1931 年铅印本,第 10 页。

② 《中华民国工商税收史》丛书编委会:《中华民国工商税收史——盐税卷》,中国财政经济出版社 1999 年版,第 169 页。

(三) 实行多样化的食盐行销方式是维护国家和社会稳定的需要

20 世纪 30 年代,全国的食盐行销包括 6 种方式:

1. 自由商制,即自由买卖运销,包括山东、江苏、辽宁、山西、青海、察哈尔、四川、湖北、湖南、江苏、浙江、甘肃、新疆、甘肃等省的 971 县,约占全国的 48%。

2. 票商制,票商经营盐业并负责运销,包括安徽、湖北、江西、湖南 4 省的 167 县,约占全国的 8%。

3. 专商制,即持有执照的专商垄断经营盐业,包括山东、江西、浙江、江苏、河北、河南等省的 367 县,约占全国的 18%。

4. 包商制,指商人认购销额承办盐业,包括四川、河北、福建、广西、云南、浙江、湖北等省的 373 县,约占全国的 18%。

5. 官运制,即官方办理盐业运销,包括黑龙江、吉林两省的 92 县,约占全国的 4%。

6. 官卖制,即官方收买辖区所产的盐,运销等事宜亦由官方办理,包括云南、福建的 90 县,约占全国的 4%。①

可见,传统的专商、票商、包商占 44%,官方运营的占 8%,合计官、商运销区域达 52%;与自由商制的 48%,基本达到均衡。上述 6 种运销方式将官商民都纳入其中,较全面地照顾各方利益,较合理地切割盐利,以实现国家和社会的稳定。

(四) 若厉行激进改革,快速全面放开精盐行销,可能适得其反

鉴于精盐物美价廉的压倒性优势,如果贸然进行激进的盐业市场化改革,实行食盐自由买卖,全面放开精盐行销,原有的食盐行销格局旋即就会土崩瓦解。届时传统盐商为之付出巨大代价的

① 盐务署、盐务稽核总所:《中国盐政实录》第一册,沈云龙主编:《近代中国史料丛刊三编》第八十八辑,台北文海出版社 1999 年版,第 7—8 页。

引票确权将会作废,必然招致他们的激烈反对。而当时的精盐业属于高端行业,有较高的生产技术壁垒,很容易形成精盐一家独大的局面,必然导致盐业秩序重建和盐利重新分割。特别是上述52%的县份食盐销售将会受到史无前例的冲击,不但官方自营食盐运销受损,而且作为缴纳盐税支柱的传统专商、票商、包商大多将因无力与精盐竞争而破产,其下属的大量灶户、盐民将失去收入来源而陷入生活困境,全国的食盐供应都将面临不确定性,盐税收入必将大受影响,进而损害国民政府的财政收入,引发社会动荡,国家安全利益受到威胁。鉴于上述可预见的后果,国民政府没有全盘实行精盐自由行销,而是推行渐进的盐业市场化改革,属于当时历史条件下的无奈之举。

五、结　　语

至20世纪30年代,中国的精盐行销逐步从简单的经济问题演变为严重的社会问题,表面看是新旧盐商的利益之争,实际上官商民都参与到这一问题的互动中,问题的根源在于国民政府推行渐进的盐业市场化政策,却无法理顺原盐产业和精盐产业之间的关系,反而时常加剧两者之间的竞争。"作为策略冲突根源的社会制度的效能,在于其导致产生均衡结果的吸引力。"①国民政府既想扶持精盐产业以抵御外货,又想在原盐产业和精盐产业之间搞平衡,以争取更多经济社会效益,结果政策的天平倾向了传统盐商,导致精盐商人屡屡抗议。传统盐商因为一小部分销售市场被精盐商人所夺占,也对国民政府的政策颇有微词。

其实,国民政府除了经济调节外,还有重要的政治考量——尽

---

① [美]奈特著,周伟林译:《制度与社会冲突》,上海人民出版社2009年版,第131页。

力维护盐业稳定，传统盐商群体及其所属的灶户、盐民远大于精盐商人群体，所以倾向于传统盐商也是维护国家和社会稳定的必然选择。民众从健康卫生的角度，发出了食用精盐的呼吁，盐务当局亦不能完全无视，于是采取口头答应、行动拖延的策略，虚于应付。这样，20 世纪 30 年代的精盐行销问题就以扭曲的形态显示出来。

（宋志东，山东女子学院旅游学院副教授；
徐畅，山东大学历史文化学院教授）

大生纱厂向日借款问题再探讨

邱　帆

20世纪20年代初,张謇创办的大生纱厂因种种问题,陷入亏损严重且资金周转不灵的被动境地。为摆脱企业危机,张謇开始寻求外资援助。其中,向日借款问题备受国内外学者的关注与讨论。

国内学者曹均伟主要运用张謇的相关史料对张謇引进外资的思想及活动进行了评述,认为张謇的"利用外资"思想具有阶级局限性,其中对于未能借款成功的原因,曹均伟的看法是:因借款谈判时双方条件未谈拢所导致的。① 章开沅也主要运用中方史料,考察了大生纱厂向日借款的来龙去脉,认为由于张謇盲目投资新企业,致使大生纱厂负债累累,进而在日人驹井德三的诱导下向日本借款,但日本为了争夺对华投资的独占地位,不断扶持军阀进行内战,暂时不愿贷款给大生。并且章开沅强烈批判张謇的对日借款行为,认为这是张謇经济思想上的倒退,是置民族整体利益于不顾的表现。②

海外方面,日本学者浅田泰三主要利用驹井德三的相关史料,以张謇与驹井的交际为主线,考察了张謇向日借款的过程,指出日

① 曹均伟:《张謇与外资利用》,《上海经济研究》1985年第2期。

② 章开沅:《张謇传》,中华工商联合出版社2000年版。

本起初十分乐意贷款给张謇，但1923年日本发生关东大地震，心有余而力不足，贷款因此作罢。[①] 韩国学者金志焕利用部分亚洲历史资料中心公开的档案，指出日本政府在借款问题上表现积极，但由于借款一事被媒体广泛报道，在反日运动高涨的背景下"张謇否认了借款交涉，借款也随之流产"。[②]

由此可见，国内外学者对于大生纱厂借款不成功原因分歧较大，其实每位学者都只看到了其中的一面。从张謇和大生纱厂的史料来看，看到的更多是张謇的满心期待和未能成功从日本借款的结果。从驹井德三的个人史料或是日本外务省的残缺史料中看到的是日本政府十分愿意援助张謇及其事业。但贷款成功与否的关键并不在驹井德三和日本政府身上，而是取决于日本资本家的态度。然而，既往研究却都是将日本政府和日本资本家视为一个整体来叙述的。在贷款问题上，日本外务省是中间人，驹井德三不过是外务省的临时雇员，负责借贷双方的联络和沟通事宜，日本资本家是最终决定人。因此日本资本家对于该项目的看法是探寻大生纱厂借款未能成功原因的重要线索。这也是既往研究中被忽视的地方。

大生纱厂的借款问题中也有一些重要细节有待厘清。例如借款数额究竟是多少？张謇和大生纱厂的史料中显示是800万日元，这是目前学界普遍采用的一种说法。但据日本外务省的档案显示的数值有400万日元、500万日元、800万日元、1 000万日元等4种。驹井德三的自传中显示是400万日元，而资本家涩泽荣一的史料中显示的却是300万日元。此外，借款交涉彻底结束的标志是什么？如果按照日韩学者说的，以1923年9月关东大地震

① 浅田泰三：《张謇与驹井德三——张謇向日本借款始末》，许惟贤、王相宝编：《当代海外汉学研究》，江苏人民出版社1997年版，第374—386页。

② 金志焕：《一战后大生纱厂经营恶化及对日借款交涉》，《安徽师范大学学报》(人文社会科学版)2017年第4期。

或1922年9月张謇的公开否认借款行为为结束标志的话，那就无法解释涩泽荣一1925年还在为借款奔波的行为了。因此有必要对借款的过程进行重新梳理，以还原事实真相。

对于向日借款之事，张謇在日记中只用“东事”等无明确指向的词语表示，且记录甚少。张謇的自传、张孝若为父亲编纂的传记均对此事只字不提。当事人态度如此神秘，更加让后世研究者坚定批判的立场。① 虽然学界也有对张謇利用外资思想提出肯定见解的研究，但这些研究多从张謇的言论入手，缺乏对其行动面的考察，以致说服力不强。因此，对张謇利用外资的行动案例进行细致考察就显得尤为重要。

有鉴于此，本文重点运用日本外务省档案以及相关日本资本家的著作、信函等史料，同时结合张謇方面的相关史料，对大生纱厂向日借款的始末以及日本各方对该案的真实态度进行细致考察和分析。在此基础之上对张謇的利用外资思想进行评价。

一、借款始末

第一次世界大战的爆发使得欧洲各国无暇顾及中国市场，大生纱厂得益于国内洋货的锐减，进入发展的“黄金时代”。张謇借着“一战”的经济景气势头，扩大了企业规模。但好景不长，第一次世界大战结束后帝国主义卷土重来，又加紧了对华的商品倾销。大生纱厂由于还肩负着重要的社会责任，企业盈利需要支持南通的社会事业，故而能用于周转的资金所剩不多，企业的抗风险能力被严重削弱。屋漏偏逢连夜雨，南通地区1921年前后连续爆发水

① 除章开沅先生持批判态度外，马金华也认为张謇向日美借款主张是对“棉铁主义”初衷的背离，不仅无助于中国民族事业，还使得列强资本以“合法”方式楔入中国民族工业。马金华：《试论张謇的外债思想和实践》，《青海师范大学学报》（哲学社会科学版）2003年第1期。

灾,致使棉花产量大减。据日本驻上海领事馆的调查显示,南通每年的棉花产值约合3 000万美元,但1920年和1921年因受自然灾害影响,各年都减少了2 000万美元的产量。再加上大生纱厂设备较为陈旧,无法使用进口棉花来纺纱,因此大生纱厂又不得不购买印度或美国的高价棉纱。这样的做法增加了产品的成本,削弱了大生企业的竞争力,最终导致产品滞销,企业陷入危机。① 张謇因此不得不举借外债来为大生纱厂渡过难关。1921年,上海爆发"信交风潮",国内的一些金融机构鉴于投机高涨的市场形势,主动收缩资金,停滞放贷,造成一定程度的银根紧。② 国内贷款无望,张謇只能求助国外贷款。欧洲各国受第一次世界大战的影响,经济疲惫,无力贷款给中国企业,有能力贷款的只剩日本和美国。张謇认为,"美远而日近,近庶几济吾事",所以更倾向于向日本借款。③

其实早在1920年,日本就有意接近张謇,并派专员诱导张謇向日借款。张謇起初较为警惕,并未亲自接见日本来使驹井德三。④ 不过,张謇在章亮元等留日派属下的劝说下,同意旗下的新农和裕华两公司以各自的名义向日本试借款。小试之后张謇发现日本并未在合同中设置无理条款,因此决定让大生纱厂也向日本寻求资金帮助。

当时中国的民营企业向日本借款的常见步骤是,企业向所属

① 船津辰一郎『南通ニ於ケル経済状態ニ関スル件』(1922年6月26日)、日本外務省外交史料館蔵『対支借款関係雑件/会社ノ部 第五巻 2.張謇紡績借款申出 分割1』、0439、JACAR(アジア歴史資料センター)Ref.B04010775500。注:档案名称后以0开头的4位数字为电子档案具体页面的独立编码,下同。

② 潘庆中:《近代上海金融危机的经济学分析(1870—1937)》,清华大学出版社2017年版,第52—53页。

③ 张謇:《拟发展盐垦借款成立后宣言》(1924年),李明勋、尤世玮编《张謇全集》第8卷,上海辞书出版社2012年版,第599页。

④ 駒井徳三『大陸小志』、講談社、1944年、89—90頁。

辖区的日本驻华领事馆提出借款申请,由领馆上报日本外务省,再由外务省下属“亚细亚局”联系合适的投资公司或银行与申请企业进行接洽,待借贷双方签订合同后,外务省将合同抄录保存。1922年4月初,张謇委派裕华公司总经理陈仪赴上海日本领事馆提出借款“银500万两”(约合当时1 145万日元)的申请,并以大生一厂和三厂的厂房和纺织机器做抵押,且希望日方能在4月25日之前放款100万两。[①] 4月14日,外务大臣内田康哉复电日本上海领事馆称,日本愿放贷1 000万两,要求大生公司能以所有厂做抵押,且此事目前正与“东洋拓殖会社”协商当中。[②] 不知是何缘故,上海日本领事馆并未及时反馈外务省的回复给大生方面。4月27日至5月中旬,张謇连续参加多场纺织和盐垦公司的董事会,会上各位董事对张謇的经营策略是责难一片。[③] 情急之下张謇只好越过日本领事馆,利用人脉私下找到日本棉花公司协商借款问题,但双方协商并未取得任何实质性成果。

6月下旬,张謇又派儿子张孝若赴上海日本领事馆打听情况,并告知借款申请金额调整为“1 000万日元”。当时日本为了促进本国对外贸易发展,以纪念第一次世界大战战后和平为名,举办了“东京博览会”,博览会于1922年3月10日开幕,7月31日闭幕。[④] 船津辰一郎领事建议张孝若以参观博览会的名义赴日,亲自与日本资本家们沟通协商借款事宜。张孝若接受了建议,并告知船津,自己需要先返回南通与父亲商量具体的借款条件和准备

① 『内田外務大臣宛船津領事電報』(1922年4月6日発)、日本外務省外交史料館蔵『対支借款関係雑件/会社ノ部 第五巻 2.張謇紡績借款申出 分割1』、0388、Ref.B04010775500。

② 船津辰一郎『張謇申出ニ係ル借款ニ関スル件』(1922年4月17日)、日本外務省外交史料館蔵『対支借款関係雑件/会社ノ部 第五巻 2.張謇紡績借款申出 分割1』、0393、Ref.B04010775500。

③ 章开沅:《张謇传》,第306页。

④ 东京府编『平和記念東京博覧会事務報告』上巻、東京府、1924年、5頁。

相关材料，在此期间希望领事馆能尽快转达贷款方的意向。[①] 6 月 29 日，上海日本领事馆向外务省报告称张孝若拟于 7 月 14 日赴日，但 7 月 5 日又报告，张孝若的赴日计划取消。

外务省方面自收到大生纱厂的借款申请后，一直在积极准备，特别委派“外务省嘱托”驹井德三负责此事。驹井先为大生企业拟好借款申请书，将借款金额调整为 800 万日元，抵押物为大生一、二、三厂的厂房及机器。[②] 而后又与大生方面取得联系，建议张謇直接派特使赴东京与资本家们商谈。由于 7 月 13 日，张孝若被黎元洪总统任命为实业考察专使，不日将前往欧美考察第一次世界大战后各国实业发展的最新情况，不方便再担任大生的代表。[③] 7 月 31 日，张孝若告知上海日本领事馆，称大生方面将改派裕华公司总经理陈仪、大有晋公司经理章亮元、大生纱厂职员张同寿携张謇署名的委托书赴日协商借款事宜。[④]

8 月 5 日，特使三人启程赴日，携带一封张謇的亲笔信转交给日华实业协会会长涩泽荣一。据涩泽事后回忆，信件的大致内容是：我方需要融资，希望阁下能助一臂之力，大约需要“300 万日元”(笔者注：正确应该是 800 万日元)[⑤]的资金，两国交往重在两

---

① 『内田外務大臣宛船津領事書簡』(1922 年 6 月 28 日発)、日本外務省外交史料館蔵『対支借款関係雑件/会社ノ部 第五巻 2.張謇紡績借款申出 分割 1』0424、Ref.B04010775500。

② 駒井徳三『張謇氏関係借款問題ニ就テ』(1922 年 6 月 27 日)、日本外務省外交史料館蔵『対支借款関係雑件/会社ノ部 第五巻 2.張謇紡績借款申出 分割 1』、0414—0415、Ref.B04010775500。

③ 《七月十三日大总统令》，1922 年 7 月 15 日《申报》。

④ 『内田外務大臣宛船津領事電報』(1922 年 8 月 1 日発)、日本外務省外交史料館蔵『対支借款関係雑件/会社ノ部 第五巻 2.張謇紡績借款申出 分割 2』、0460—0462、アジア歴史資料センター、Ref.B04010775600。

⑤ 由于信件内容是涩泽荣一在张謇去世后回忆口述的，且涩泽当时已经 86 岁高龄，记错具体数额在所难免。若张謇在致涩泽的信件中确实提到借款具体数额的话，据日本外务省档案以及大生纱厂的相关资料可以断定是 800 万日元。

国人的相互了解,即我与阁下的相识对中日两国而言是不可或缺的,因此若中日先从经济问题入手,互惠互利,相互促进事业发展,则两国友谊可以逐步增进。①

8 月 21 日,涩泽荣一在事务所会见了三位特使,并在听取了特使发言后,表示会尽全力促成借款成功。这也使得特使三人误以为,有日本金融界长老涩泽荣一的支持,必能成就此次借款,于是向张謇发电报喜。张謇也在日记中乐观地写道:"东事得谐"。9 月 11 日,张謇致电章亮元、张同寿,告知借款之事当以涩泽为主体。② 涩泽荣一也未辜负张謇的期待,一直在为借款的事积极斡旋。8 月 23 日,涩泽召集富士纺织公司董事长和田丰治、日本邮船公司总经理伊东米治郎、横滨正金银行董事长儿玉谦次、东亚兴业公司董事长白岩龙平等人商讨贷款问题。一番讨论后与会者一致认为,张謇的事业跟纺织业有关,应由日本的纺织业者承担贷款项目。为此涩泽又与外务次官埴原正直进行了详细商议,并于 8 月 24 日再次会见特使三人时,告知会在 9 月中旬前拟定大致方案以便协商签约。

但事情的进展并不顺利,大多数日本纺织公司反对贷款给大生。于是涩泽又提出一个新方案,即让个别实力雄厚的纺织公司和东亚兴业等投资公司联合出资贷款给张謇。涩泽还为此致函日本纺织联合会会长斋藤恒三寻求其支持。③ 但各公司表面上响应涩泽的方案,却总在一些贷款细节问题上吹毛求疵,实际上内心对联合贷款案是敬而远之。据驹井回忆,他出席讨论会时见各公司

① 龍門社編『渋沢栄一伝記資料』第 55 巻、渋沢栄一伝記資料刊行会、1964 年、194—196 頁。

② 张謇:《柳西草堂日记》(壬戌年七月七日、二十日),《张謇全集》第 8 卷,第 924 页。

③ 『斎藤恒三宛渋沢栄一書翰』(1922 年 8 月 28 日)、『渋沢栄一伝記資料』第 55 巻,193—194 頁。

高层围绕一些无关紧要的事项争论不休,使得贷款项目毫无进展,于是愤而离场。后来他向日本银行总裁井上准之助求助。两人经协商后达成先由驹井赴南通考察,再重新确定贷款数额和后续事宜的意见。至此借款案总算有了眉目,大生的三位代表带着驹井将赴南通考察的消息,于 9 月 20 日自东京启程回国。①

借款交涉一直都是秘密进行的,但张謇的特使在会见了涩泽荣一之后,日本的《大阪朝日新闻》和《东京朝日新闻》相继报道了三位代表受张謇之命来日借款一事。消息很快传到国内,舆论哗然,《新闻报》担心大生获得贷款后会受制于日本,批判张謇考虑不周全。北京的江苏同乡会通过《申报》表达了强烈反对张謇向日借款的立场。张謇也不得不通电各大报馆,声明向日借款一事乃子虚乌有。② 但私下里他在写给大生账房的吴季诚的信函中说道:"国人各种心理,仆知之稔。仆于借债,亦筹之熟……悠悠之口,风凉话耳,我何怯乎哉!"③这表明张謇并未因舆论压力而放弃向日借款。所以韩国学者金志焕的"舆论致借款流产论"并不符合历史事实。

11 月,驹井德三赴南通对大生企业及其张謇的其他事业进行了全面考察,并撰写了《张謇关系事业调查报告书》。在通期间驹井受到了张謇的热情接待,同时张謇也向驹井声明了自己借款原则,即日本贷款给大生不得像日本横滨正金银行借款给汉冶萍公司那样附加无理条件。12 月下旬,驹井结束考察并于次年 1 月回到日本。涩泽荣一得知驹井考察南通之事后专程致电驹井询问情况,但驹井却对涩泽说,大生企业已经不再需要借外债了。④ 笔者

① 駒井徳三『大陸小志』、110—113 頁。

② 参见金志焕:《一战后大生纱厂经营恶化及对日借款交涉》,《安徽师范大学学报》(人文社会科学版)2017 年第 4 期。

③ 张謇:《致吴季诚函》(1922 年 9 月 28 日),《张謇全集》第 3 卷,第 1086—1087 页。

④ 駒井徳三『大陸小志』、120 頁。

推测驹井之所以这样回答,主要是因为他乐观认为有井上总裁的支持,大生贷款案必然成功,无需再依靠吹毛求疵的涩泽系资本家了。涩泽相信了驹井的说法,在致张謇的信中说道,“听闻阁下各项事业发展良好,无需再借外债,余倍感欣慰”,并且还表示中日两国今后要在经济方面继续开展合作。①

然而借款的进展并没有驹井预想的那样顺利。对此驹井在其自传中解释是由于 1923 年 9 月的关东大地震导致日本无力贷款给大生。但值得注意的是,驹井自南通考察回到日本至关东大地震爆发,其间长达近 8 个月的时间,但为何在这 8 个月内大生的贷款项目依然没有任何实质性进展呢?驹井在撰写自传时似乎也意识到了这一点,对此他的解释是,由于自己忙于外务省其他工作,没时间处理此事。② 但可疑之处在于驹井明知张謇急需资金周转,且借款项目不同于同类项目,其背后包含政治目的,再加上外务省十分重视此事,如果拿工作忙来说事,则理由未免太过牵强。

1923 年 9 月,张孝若启程赴欧美日考察实业,于翌年 3 月末抵达日本。张孝若访日目的不单纯是为了考察实业,其中也包含了协商借款的内容。张孝若访日期间,张謇的日记中曾有“得怡讯,知事谐”的记载。③ “怡”指张孝若,“事”则是指借款。张孝若抵达日本前的 3 月 18 日,张謇再次委派陈仪至日本驻上海领事馆,重新递交一份申请书,此时的借款金额已下调至 400 万日元,抵押物仍为厂房和机器。④ 4 月 2 日和 5 日,张孝若分别前往涩泽府邸和事务所拜访涩泽荣一。4 月 9 日,涩泽在东京银行俱乐部

① 渋沢栄一『三知人の訃音に接して』、『渋沢栄一伝記資料』第 55 巻,195 頁。

② 駒井徳三『大陸小志』、120 頁。

③ 张謇:《柳西草堂日记》(壬戌年三月十四日),《张謇全集》第 8 卷,第 951 页。

④ 『松井外務大臣宛矢田総領事電報』(大正十三年三月一八日)日本外務省外交史料館蔵『対支借款関係雑件/会社ノ部 第四巻 6.南通紡績会社』アジア歴史資料センター、Ref.B04010774200。

为张孝若一行举办欢迎会，涩泽特别邀请了其人脉范围内的各大金融机构、公司现任高层一同出席欢迎会。① 但这些资本家们出席欢迎会也只是逢场作戏，一来给涩泽荣一个面子；二来也不敢直接拒绝贷款案以致得罪外务省要笼络的对象。② 这就致使张謇父子误认为借款之事尚存希望。不过涩泽荣一倒是一直在为借款案想办法，出席欢迎会的资本家们依旧不愿接手大生贷款案，涩泽则又向其挚友大仓财阀的创始人大仓喜八郎介绍南通和张謇父子，同时致函告知张孝若，希望他与大仓在北京见面，并表示只要两人见上一面，将来定能收效。③ 从现掌握的史料来看，这是能反映大生向日借款过程的最后记载，此后张孝若与大仓是否有见面，或者是否还有其他动作，均不得而知。不过，就在涩泽写信的这一年 7 月，大生纱厂因债务危机不得不交由上海银行团接管。④ 张謇终究未能等到日本的贷款，历时三余年的大生借款案就此画上句号。

二、日本外务省对借款案的态度

在中华民国成立之初时，日本政府就命驻上海领事馆编纂了一份中国政治经济界的实力派人物的履历。其中认为张謇是“在野政治家中的实力派，可以对其寄予期望”，“虽然有中国人不认可张謇是真正的实业家，但从如今通州工业的发展情况来看，是足以证明他是一位有实力的实业家的”，“再加上他才学渊博和声誉卓

---

① 『渋沢栄一伝記資料』第 39 巻、275—276 頁。

② 驹井德三曾在致外务省亚细亚局第二课长冈部长景的信中谴责涩泽系的资本家们言行不一致，称他们起初向驹井保证会积极响应贷款案，结果却不见其有任何积极行动的迹象，态度反而又都变得含糊不清(9 月 16 日付岡部長景宛駒井徳三書簡，日本外務省外交史料館蔵『対支借款関係雑件／会社ノ部 第五巻 2.張謇紡績借款申出 分割 2』、0484、Ref.B04010775600)。

③ 『張孝若宛渋沢栄一書簡』(1925 年 5 月)、『渋沢栄一伝記資料』第 39 巻，283 頁。

④ 《大生系统企业史》，江苏古籍出版社 1990 年版，第 227 页。

著,将来必能在政治和实业界大展宏图”。[①] 自此张謇进入日本当局视野。

1914 年第一次世界大战爆发,日本以“英日同盟”为借口对德宣战,并迅速占领德国在山东的势力范围。日本乘西方各国无暇东顾之机,加紧了对中国的侵略:1915 年向北洋政府提出“二十一条”,妄图灭亡中国;1917 年起通过“西原借款”的项目获得大量经济权益;为了加强对中国军队的控制,1918 年又与段祺瑞政府签订了《中日陆军共同防敌军事协定》。日本的一系列动作激发了中国人民的爱国情怀,人们纷纷走上街头参加抗议及抵制日货活动。日本当局不愿意在攫取在华利益问题上向中国让步,但中国人民的爱国行动又在一定程度上牵制了日本的侵华行动,如何消解中国民间的反日运动成了日本当局最头疼的事。一般认为,日本当局采取的对策是:要求中国政府取缔相关运动,适当调整既往强硬对华政策的措施来解中国人的反日运动问题。[②] 鲜为人知的是日本政府还谋划了其他办法。1919 年,首相原敬、外务大臣内田康哉和陆军大臣田中义一三人商议后决定:从中国的实业家入手,通过笼络他们先实现中日经济界的合作,以平复中国人的反日情绪,再推动外交难题的解决。[③] 1920 年一次偶然的机会,驹井德三在上海从一位参与抗议活动的中国青年口中得知其活动经费是由张謇提供的,再加上张謇在政界和实业界均有很高的威望,因此日本锁定张謇为拉拢目标之一。日方预测张謇的企业会在第一次世界大战后陷入资金紧张的困境,于是派驹井德三赶赴南通进行借款的游说工作。张謇在经过旗下新农和裕华两公司向日试借款

---

① 日本外務省外交史料館蔵『支那ニ於ケル有力者ノ履歴調製提出方ノ件 2』、0378—0380、アジア歴史資料センター,Ref.B03050695600。

② 参见冨塚一彦『大正年間日本外務当局の中国排日運動への対応方針』、『法政史学』第 43 巻、法政大学史学会、1991 年 3 月、98—112 頁。

③ 中村義編『白岩龍平日記』,研文出版、1999 年、171 頁。

之后，决定向日本大量借款以帮助大生渡过难关。

船津辰一郎领事在收到张謇的借款申请后立即向日本外务省汇报，并希望外务省能尽快促成此借款案的成立。船津担心日本资本家们会因为张謇是反日骨干，而拒绝响应借款案。为此，船津特别拟定了若干意见，以供外务省说服资本家们时使用。关于张謇反日的问题，船津是这样解释的：张謇在许多问题上批判日本是就事论事，并非一味地反日。并且船津还举例说道，1921 年年末天津宝成纺织公司能向日本借款成功，与张謇和日本的东亚兴业会社私下的密切往来有关系；其子张孝若与殷汝耕建立新农公司时也以该公司的名义向东洋拓殖会社签订了借款协议。此外，船津还特别强调，"张謇当下已完全没有政治上的野心，只专注拓展家乡通州的各项事业"①。

此时的日本外务省正盘算着一个更深远的计划。外务大臣内田康哉认为，对中国政界或实业界有声望的人创办的企业给予经济援助时，应当采取"全面援助"的方针，而不是仅仅应允他们一时的借款要求。之所以这样认为，主要出于以下两方面的考虑：第一，借贷本来就是一场金融交易，借款方不会因为一次交易就对贷款方长期感恩戴德，况且借款方日后遇到条件更优惠的贷款时，则会随时转向其他贷款方；第二，当借款方无力偿还债务时，贷款方即便是依照合同处理抵押物，也存在借款方反感抵触，最终导致双方不欢而散的可能性。② 既然贷款目的是为了拉拢张謇，就必须规避因借贷交易导致关系疏远的风险。而所谓"全面援助"方针就

---

① 船津辰一郎『張謇申出ニ係ル借款ニ関スル件』(1922 年 4 月 17 日)、日本外務省外交史料館蔵『対支借款関係雑件/会社ノ部 第五巻 2.張謇紡績借款申出 分割 1』,0393—0394,Ref.B04010775500。

② 『船津領事宛内田外務大臣書簡』(1922 年 7 月 13 日)、日本外務省外交史料館蔵『対支借款関係雑件/会社ノ部 第四巻 2.大中華紡績会社(上海総商会総理聶雲台関係)』,0057—0058、アジア歴史資料センター、Ref.B04010773800。

是指对张謇的所有事业进行经济支援，直至各项事业都重回正轨。这也是为什么内田康哉在接到张謇“银 500 万两”的借款申请时，第一反应却是愿意贷款“银 1 000 万两”的原因。

当时上海总商会会长聂云台创办的大中华纱厂也向日本提出了借款申请，并且外务省鉴于聂云台在江浙实业界的地位也认定其适用于全面援助方针。全面支援需要贷款方有充分的耐心和充足的资金，但内田康哉考虑到本国资本家的可贷资金有限，所以只能在张謇和聂云台之间选择一位进行全面援助。无论是声望还是地位张謇都更胜一筹，因此内田最终选择了张謇作为全面援助的对象。聂云台是江浙地区的反日先锋，为了防止因一次贷款而出现的种种变数，内田婉拒了大中华纱厂的借款请求。①

此后，外务省首先让驹井草拟了一份供资本家们参考的贷款意见书。对于贷款的意义，意见书认为，扶持张謇的事业有利于将来中日两国的经济合作，尤其在纺织业上则可实现共同经营，以减轻中国抵制日货运动对日本纺织业的冲击。所谓的意义也是外务省替资本家们设想的，实际上抵制日货运动并非所有资本家们最担心的事情(详见本文第三章)。对于贷款的具体操作，意见书给出了详细的指导意见，可总结成以下 4 点：第一，贷款不得附加苛刻条件，例如不得委派人员监督款项的使用去向，不得委派顾问干涉借款方的经营；第二，此次贷款是战略性投资而非一般性贷款项目，其目的不在于赚取利息，而在于为日后两国经济合作打基础；第三，共同经营等中日经济合作的时机尚不成熟，不得在合同中提及合作事宜，且所有条款都必须是可向中国社会公开，并且不会引起反对声浪的内容；第四，张謇是中国经济界的大人物，务必给足

① 『船津領事宛内田外務大臣書簡』(1922 年 7 月 13 日)、日本外務省外交史料館蔵『対支借款関係雑件/会社ノ部 第四巻 2.大中華紡績会社(上海総商会総理聶雲台関係)』、0057—0058、Ref.B04010773800。

其"面子"。另外,意见书中还明确表示,对张謇及其事业采取的是全面援助的方针,除去此次 800 万日元贷款外,后续还需贷 4 000 万日元左右以支持张謇整饬其他事业。① 外务省在向资本家们发函咨询其意向时,一并将驹井的意见书附上,明为供其参考,实则是要求资本家们在将来拟定贷款合同时,务必遵照意见书的要求来执行。

其次,在未明确资本家们意向的情况下,外务省怂恿张謇直接派特使赴东京协商借款事宜。涩泽荣一在日后描述张謇特使来访时说的是"忽然之间三位特使携张謇的亲笔信和委任书就来登门拜访了"②。由此可知,外务省态度坚决,不容许资本家们犹豫,强行将大生的借款案推上日程。

为确保借款案万无一失,外务省明确要求各方务必对交涉事宜进行保密。然而张謇特使赴日商议借款的事情还是被日媒曝光。随后相关报道经中国的报纸转载,中国国内出现了不少批判的声音,迫使张謇不得不作出否认借款的回应。船津领事建议外务省下令禁止日媒继续报道有关借款之事,但意见未被采纳。外务省官员心里清楚是涩泽系资本家们故意走漏的消息,因此对涩泽系资本家们作了口头警告的处理。③ 此后日本的在华报纸也出现混淆视听的内容,称张謇确有借外债的想法,但借款对象并非日本而是欧洲某国。④ 这显然是日本外务省为了平复中国民众的情绪,以确保借款交涉顺利进行所采取的手段。

---

① 駒井徳三『張謇氏関係借款問題ニ就テ』(1922 年 6 月 27 日)、日本外務省外交史料館蔵『対支借款関係雑件/会社ノ部 第五巻 2.張謇紡績借款申出 分割 1』、0414—0424、Ref.B04010775500。

② 渋沢栄一『三知人の訃音に接して』、『渋沢栄一伝記資料』第 55 巻、195 頁。

③ 『日華協会斡旋の南支那借款経過』、『東京朝日新聞』大正十一年九月二八日、神戸大学経済経営研究所新聞記事文庫、資金(10 - 134)。

④ 『漢口新聞』(1922 年 9 月 20 日)、日本外務省外交史料館蔵『対支借款関係雑件/会社ノ部 第五巻 2.張謇紡績借款申出 分割 2』、0499、Ref.B04010775600。

三、日本资本家对借款案的态度

从借款始末部分所显示的相关日本企业大致可分为：纺织公司、投资公司和银行等三类。涩泽荣一虽然在日本经济界声望极高，但毕竟当时已经隐退，在贷款问题上并不能拍板作决定，是否贷款给大生纱厂还要看各公司时任高层的意思。

涩泽荣一与日华协会的诸干事商讨后的首个方案是让日本的各纺织公司来承担该贷款项目，但多数纺织公司持反对态度。笔者推测其反对的原因有以下两点：

（一）大多数纺织公司的资金并不宽裕

第一次世界大战期间，日本的棉纺业虽然也出现一片繁荣景象，但战后不久就遭遇危机。战时的经济繁荣促使棉纺织品价格持续走高，这也助长了人们的投机心理，棉纺业投机性交易大幅增加，即便到了第一次世界大战结束后，投机热度依然不减，棉纺织品价格继续高涨。这样背离实际需求的投机性价格上涨背后伴随着泡沫的产生，到了1920年春，泡沫被刺破，棉纺织品价格出现断崖式下跌。而这场金融灾难被当时日本纺织业界称为“大正九年春的棉纺业恐慌”。[①] 与此同时，由于第一次世界大战期间日本国内的物价急剧攀升，纺织工人的工资待遇却未提高，这使得劳资矛盾加剧，日本国内频繁出现工人运动。纺织业主们为了保持产品的国际竞争力，不愿意增加用人成本，纷纷开始计划将工厂转移至劳动力廉价的国家和地区。大生纱厂向日本借款时，正逢日本纺织业不景气，加上各大纺织公司都在筹划工厂向外转移，也需要不少资金，实力不雄厚的企业自然不愿贷款给大生。

① 日本全国経済調査機関聯合会編『日本経済の最近十年』、改造社、1931年、589頁。

（二）日本的纺织行业视中国纺织业为“眼中钉”

虽然有时候同行之间未必就是势不两立的关系，在近代华商和日商分工合作，相互提携的例子也不乏其数。① 但此时的纺织业却恰恰相反，中国纺织业借第一次世界大战经济景气的势头，发展迅猛，使日本纺织业感受到巨大压力。当时《时事新报》经济部的记者深泽甲子男在其1922年出版的著作中表示：日本纺织业在第一次世界大战后对内发展的空间在逐渐缩小，今后会更加依赖于海外市场，然而中国纺织业拥有很好的发展势头，这会对日本纺织业的“前途增添不少阴影”，使得产品的对华出口呈递减趋势。② 早在大生纱厂正式向日本提出借款申请之前，日本的《中外商业新报》就报道称：“日本的纺织业者一致认为：蓬勃发展的中国纺织业是不容小觑的劲敌，任其繁荣发展的话，日本将失去二十支以下粗纱的在华市场份额，每年将损失8 000万日元对华贸易额。”③外务省误以为纺织业主们会特别在意因抵制日货运动而导致的销量下降，所以驹井在意见书里特别强调这一层意义。但实际上，并非所有企业家都认为中国人的抵制日货运动是导致日货对华出口量减少的主要因素。参与此次贷款讨论的“东洋拓殖”和“东亚兴业”两家公司的高层曾在著作中阐述过日本对华出口量逐年减少的主要原因。他们认为，即便中国人没有反日情绪，不主张中日经济绝交，日本的棉纱、精糖、石炭等产品的对华出口量也依然会因中国相关产业的蓬勃发展而减少，而且日本还需要通过开拓别国市场来弥补在中国失去的市场份额。④ 1931年，日本纺织联合会在总结20世纪20年代日本纺

---

① 例如在近代的豆货业上，日商有时会与华商合作，甚至在一定程度上依附于华商。参见吴起：《从晚清豆货业看日商与华商的关系》，《中国经济史研究》2020年第4期。

② 深沢甲子男『紡績業の混乱と其の将来』、金文堂、1922年、340—341頁。

③ 『日本紡績を圧迫する支那紡績の発達(一)』、『中外商業新報』大正十一年一月二七日、神戸大学経済経営研究所新聞記事文庫、綿糸紡績業(09-016)。

④ 安川雄之助、白岩龍平『我が海外貿易と日支経済関係』、国際聯盟協会、1928年、13頁。

织行业的发展情况时也表示：中国纺织业的发展对于棉纱的对华出口贸易来说是一个很大的打击。① 所以，在面对"劲敌"大生纱厂为了渡过难关而借款时，日本纺织业主并不愿意出手援救。

多数纺织公司不愿意接手该贷款项目，涩泽等人又提出第二个方案，即以部分纺织公司与投资公司联合贷款给大生纱厂。当时参与到对华投资的日本大多数投资方倾向于对矿产、铁路、电力等行业的投资，因为这些行业的利润回报高，投资流程也相对简单。对于棉纺行业的棉花种植技术的改良和土地的开拓事业的投资并不感兴趣。② 愿意向中国纺织行业投资的公司主要有"东洋拓殖""东亚兴业""中日实业"。为何这些公司也没有接手大生借款项目呢？最主要原因在于外务省的过度介入，将原本的商业贷款强行扭转成条件宽松的政治性贷款。首先就投入资金来说，"东洋拓殖"贷给天津裕大纺织公司 250 万日元③；"东亚兴业"与日本棉花公司联合贷款给上海华丰纺织公司 130 万日元（其中"东亚兴业"出资 100 万）④；"中日实业"贷给上海新申纺织公司 40 万日元⑤，贷给济南鲁丰纱厂 20 万日元⑥。而外务省与"东洋拓殖"首次提出的金额为"银 1 000 万两"（约合 2 290 万日元），虽然金额最终下调至 400 万日元，但这与同类项目比金额依然是最高的。况且外务省在其间还确立了"全面援助"方针，后续还将有其他贷款。其次，外务省要求贷款

① 日本全国経済調查機関聯合会編『日本経済の最近十年』、578 頁。

② 駒井徳三『支那棉花改良ノ研究』、"支那"産業研究叢書発行所、1919 年、179 頁。

③ 日本外務省外交史料館蔵『対支借款関係雑件/会社ノ部 第二巻 11.裕大紡織公司対東洋拓殖 分割 1』、0354、アジア歴史資料センター、Ref.B04010772200。

④ 日本外務省外交史料館蔵『対支借款関係雑件/会社ノ部 第四巻 14.華豊紡績対東亜興業借款』、0311、アジア歴史資料センター、Ref.B04010775000。

⑤ 日本外務省外交史料館蔵『対支借款関係雑件/会社ノ部 第一巻 12.上海申新紡績公司対中日実業』、0202、アジア歴史資料センター、Ref.B04010769800。

⑥ 日本外務省外交史料館蔵『対支借款関係雑件/会社ノ部 第二巻 2.済南魯豊紗廠対中日実業』、0033、アジア歴史資料センター、Ref.B04010771300。

条件宽松,要达到可向中国民众公开的程度。外务省要求贷款利率要“尽可能低下”,且不能附加苛刻条件,这就意味着该项目的收益要比其他同类项目低。单纯从商业视角来看,投资公司不可能会将大笔资金投入一个“鸡肋”项目。

当然,外务省还着重强调该项目有助于解决中国人抵制日货的问题。然而资本家方面对此有着自己的见解,“东洋拓殖”董事长安川雄之助和“东亚兴业”董事长白岩龙平认为,抵制日货运动是因日本提出对华“二十一条”而引起的,日本外务省应深刻反省既往对华外交政策。① 也有资本家将问题的根源归结于日本政府的软弱,并呼吁外务省采取更为强硬的对华政策。② 无论哪种观点,都是要求日本政府通过调整政策来解决中国人的抵制日货问题。所以,外务省让资本家们通过经济援助张謇的企业来解决中国的抵制日货问题,无异于让日本资本家来为日本政府的过错买单,资本家对大生项目心生抵触则是自然的。

驹井德三看出涩泽系的资本家们不愿贷款的心思,于是将希望寄托于日银总裁井上准之助身上。相较于纺织公司和投资公司,日本银行的实力是最雄厚的。并且井上总裁个人也很关注中国的棉纺业,他曾在自己的著作中表示,中国的棉纺业拥有生产成本低的优势,今后中国制造的棉纺品会大量出口到海外,日本棉纺品的对外出口将会减少。③ 因此井上十分看好对中国棉纺业的投资,认为未来日本的海外投资节奏会放缓,但唯独对中国棉纺织业的投资是例外,迄今为止对此方面的投资额已达到两亿日元,今后投资力度仍会显著增大。④ 所以,当驹井求助井上时,井上当即同意了考察南通的计划。

① 安川雄之助、白岩龍平『我が海外貿易と日支経済関係』、38—39 頁。

② 大阪市商工課編『支那貿易の趨勢』、大阪市市役所商工課、1924 年、142 頁。

③ 井上準之助『我国際金融の現状及改善策』、岩波書店、1926 年、230 頁。

④ 井上準之助『我国際金融の現状及改善策』、233 頁。

但为何驹井考察完毕之后,井上却拒绝了贷款项目呢?驹井将原因归结于关东大地震。笔者认为,关东大地震只是托词,真正打消井上贷款念头的在于驹井撰写的《张謇关系事业调查报告书》中过于强调张謇的政治地位。报告书中虽然提到:“张謇非政治家也”,但又强调张謇在野时的政治地位:“中央政府及地方督军省长等,皆以张公声望之大见识之高,关于重要之政务一一征求意见,而张公不辞答复之劳,关于中国将来之统治策,正在竭力研究中……要之,张謇对于现在中国之政界,表面上虽无何等之关系,然以张公在经济、地方自治上有坚固之基础,不仅大总统及现任内阁。即地方政府亦无如之何也。张公虽甚持重自下,然在中国政界之潜势力可谓不薄。”①如前文所述,船津领事在最初致外务省的电报中就表示在劝说本国资本家时,要强调张謇已不问政治,只专注南通实业。但船津的建议并未得到重视,或许外务省认为强调张謇的政治地位有助于帮助资本家们理解大生项目的战略意义。

但事实上,井上总裁十分排斥贷款给中华民国政客。他曾在著作中写道:“日本贷给中华民国中央政府及各地方政府的贷款全部成了死账,不仅利息收不到,而且本金都无法收回。”②虽然所述内容太过绝对,但这也从侧面反映了井上对于当时中华民国政界的借贷信誉评价极低的事实。造成井上有这样极端看法的缘由主要还在于日本银行团在“西原借款”计划的被动处境。1917—1918年,寺内正毅内阁通过“西原借款”计划向段祺瑞政府输送了共计1.45亿日元的资金。但随着段祺瑞的倒台,所谓借款均不被此后各政权承认,该贷款项目最终成了不良债权。虽然日本政府通过该计划获得了不少利益,但作为出资方的日本银行团却遭受到不

① 驹井德三:《张謇关系事业调查报告书》,张謇研究中心编印,2012年版,第9—10页。

② 井上準之助『我国際金融の現状及改善策』、232頁。

小的打击。大生的贷款项目牵涉对张謇的全面援助问题，援助金额也不是小数目。辛亥鼎革之际，张謇曾为黄兴担保，向日本三井洋行借款30万银元以用于中华民国临时政府建设。[①] 有此前例在先，驹井的报告书又过分强调张謇在野政治地位，这就使得井上总裁不得不顾虑对大生纱厂的经济援助是否又会被挪至政治用途，从而重蹈"西原借款"的覆辙问题了。所以驹井自南通返回日本至关东大地震爆发的8个月内，贷款案一直毫无实质性进展，而大地震最终成了驹井掩盖事实真相的最好理由。

四、结　　论

通过对大生向日借款过程的梳理发现，借款的申请金额并非固定不变的，初次申请的金额为"银500万两"(约合1 145万日元)，由于张謇长时间未接到日方的回复，于是将金额调整为1 000万日元，后来在日本外务省的介入下，单次借款金额又调整为800万日元，由于贷款方意向一直不明朗，1924年3月，张謇正式将申请金额下调至400万日元。数额反复下调反映出张謇急需外资的迫切心情。关于大生的借款交涉止于何时的问题，学界说法不一，由于日本方面自始至终都未明确拒绝过大生的借款，导致张謇一直对向日借款抱有期望，并持续与日本方面交涉。所以彻底打消张謇向日借款想法应是大生纱厂被上海银行团接管之事。

关于大生纱厂向日借款未成功的主要原因。当时中国的裕大、华丰、申新、鲁丰等纺织企业以及南通的新农、裕华公司均向日本借得款项。上述企业的借款共同点：日本外务省未过多干涉合同的条款内容，基本上由借贷双方自行商议决定，且性质都是商业性贷款。但大生的借款项目并非单纯的商业项目，而是被日本外

① 张孝若：《南通张季直先生传记》，张謇研究中心2014年重印版，第160页。

务省强行切换成条件宽松的政治性贷款。而作为实际出资方的日本资本家对此大多较为排斥,不愿牺牲自身利益去为日本政府既往政策的失误或是既定政治战略进行买单。但他们又不敢公然反对,只好在大生项目上做文章,尽量拖延时间,以致大生的借款历时 3 年余未有任何进展。

大生向日借款之事多被时人所诟病,一些当代学者也会援用当时的舆论来批判张謇利用外资的思想。时人担心外债亡国,“不审情实,徒畏外资如虎,憎外资如蝎”①。而张謇对借外债的看法是:“各国之兴大利,除大害,无一不借外债,亡不亡,视用债还债之属于生利抑消耗,而不在借不借。”②张謇“用债”是为了重振大生纱厂,而日本的纺织业界比起中国抵制日货的短痛,更忧虑中国纺织业隆兴所带来的长痛。这就说明,作为当时国内轻工业的龙头企业的大生纱厂,只要能合理利用外资,使自身摆脱窘境重回正轨,进而推动中国纺织品走向世界,其意义不亚于抵制日货运动,如此的借外债行为则是理性爱国的体现。

再看“还债”问题,如何偿还债务?附加条款是否合理?这些都会左右借债结果的走向。关于借款契约,张謇曾说:“在外人方面,仅处于债权地位,与所营事业之盈亏无涉。除普通利息外,各项利益为华人独享,苟有折阅,亦当华人独任。自宜注重其借款之担保品及契约条件……此种担保,即以厂屋、机器为最宜。”③从大生的整个借款交涉过程,我们能够看到,张謇的借款是有底线的,即借款合约中的条款不得侵害中国国家主权和中华民族利益。在驹井德三考察南通时,张謇就首先声明了自己借款的原则和底线,

① 梁启超:《外资输入问题》,《饮冰室合集》文集之十六,中华书局 1989 年版,第 77 页。

② 张謇:《致齐燮元函》(1924 年),《张謇全集》第 3 卷,第 1276 页。

③ 张謇:《筹画利用外资振兴实业办法呈》(1913 年 12 月 14 日),《张謇全集》第 1 卷,第 272—273 页。

明确要求日方不得出现像汉冶萍公司对日借款合同中的苛刻条款。[①] 从张謇派陈仪两次向日本上海领事馆递交借款申请时也明确了,抵押物为厂房和机器。综合来看,张謇在借外债问题上,言论和行动是保持一致的,"不涉主权"的原则是未动摇的。

张謇在当时"以借外债为大戾"的社会背景下,积极倡导合理利用外资来振兴本国实业,可谓难能可贵。不过,在缺乏强有力的中央政府以及相关法制体系不健全的旧中国,想要完全驾驭和约束外资却是有一定困难的。大生纱厂向日借款是近代中国在合理利用外资道路上的一次艰难摸索,虽然张謇的尝试具有些许理想色彩,但不能将这一尝试理解为是其经济思想上的倒退或是批判他罔顾民族利益。张謇利用外资的思想并未中途变质,其内涵不乏闪光之处。诸如以中国主权至上,以中华民族利益为先,以中国为主体的精神内涵就具有不朽的意义,值得我们传承与发扬。

(邱帆,南通大学张謇研究院讲师)

① 汉冶萍公司1913年的对日借款合同中的苛刻条款主要有:一、40年内汉冶萍公司必须额外向日本出售1 500万吨头等铁矿石和800万吨生铁的要求,且售价为协议价,不受市场供求关系的约束;二、汉冶萍公司需聘用日本技术顾问和会计顾问,公司一切的生产经营活动都必须与顾问协商(见『支那漢冶萍公司借款ニ関スル沿革』、日本大蔵省貯金部、1929年、136—137頁)。这样一来,汉冶萍公司就被日本把控,彻底沦为日本的原料供应地。

近代文化与教育

屈辱象征与国家认同：晚清民国时期国耻地图研究*

熊　斌

鸦片战争后，西方列强大肆侵占中国领土，朝野上下因此为亡国焦虑所笼罩。为让国人铭记国耻，进而以实际行动收复失地，有识之士、政府机关、社会团体纷纷绘制出版令人触目伤心的国耻地图，这些地图既展示盛世疆域辽阔的民族荣光，又渲染了近代丢番失地、丧权失利等奇耻大辱，试图通过历史与现实的巨大反差来刺激观众的视觉与情感，让恐慌、焦虑、愤怒与不甘情绪在交互激荡后形塑国人民族认同，增强收复失地的责任感与使命感。近代中国，国家认同不仅源于中华民族共同的历史文化观念，实际还与国人不断增强的领土认同密切相关，领土认同是国家认同的核心要素。一般而言，在增强领土认同时往往会借助于一定的象征符号进行构建与强化，而本文关注的国耻地图作为民族屈辱的象征符号，它就是传播现代国家观念、形塑民族认同的一大载体。作为"识别标志"地图的一种延伸，国耻地图不断将国家版图意识"深深地渗透到群众的想象之中"，让自己成为"民族主义的一个强而有

* 本文系基金项目：国家社科基金青年项目"民国时期国耻教育研究"（项目编号14CZS043）阶段性成果；重庆市社会科学规划项目"抗战时期国难教育研究"（项目编号2020BYKZ05）的研究成果；中央高校创新团队项目"中国抗战大后方研究"（项目编号SWU1709101）阶段性成果。

力的象征”，[①]而屈辱情感在近代中国的持续渲染有助于增强国人以实际行动收复河山的紧迫感。

目前，有学者将地图视为传递信息的有效手段，考察了近代早期欧洲地图在知识传播、沟通与重构中的重要作用，同时挖掘了地图的技艺变迁与生态环境如何改变并影响了欧洲的知识——社会转型，视角独特新颖，颇具启发意义。[②] 还有一些学者从地理环境、编辑绘制方面考察了历史地图对近代民族主义的知识构建以及“疆域空间”向“领土空间”的近代转型。[③] 然而，大量反映丢番失地、丧权失利的国耻地图并未引起学界多少关注。作为近代民族屈辱重要象征的国耻地图，它们实际在培育爱国情感、实施社会动员、强化国家民族认同方面发挥了一定作用，值得学界深入研究。[④] 有

---

① ［美］本尼迪克特·安德森：《想象的共同体》，上海人民出版社 2005 年版，第 164—165 页。

② 于京东：《传播“空间”：近代欧洲的地图与知识——社会转型》，《国际新闻界》2019 年第 11 期。

③ 代表性成果参见王海洲：《从秋海棠叶到雄鸡：现代中国地图的象征化与国家认同构建的嬗变》，《江苏社会科学》2016 年第 6 期；何思源：《地理书写与国家认同：清末地理教科书中的民族主义话语》，《安徽史学》2016 年第 2 期；朱晶：《地理、文明与民族自尊》，《浙江社会科学》2019 年第 2 期；李鹏：《清末民国中国历史地图编绘与民族国家建构》，《史林》2018 年第 1 期；葛兆光：《从“帝国疆域”到“国家领土”——“五四”之前有关“主权”问题的日本刺激与中国反应》，《文史哲》2019 年第 3 期；温小平：《民国时期国民政府水陆地图出版审查与编绘指导》，《编辑之友》2017 年第 12 期；王琦、陈平殿：《民国时期水陆地图审查委员会与南海岛礁维权考》，《海南大学学报》（人文社会科学版）2020 年第 2 期；夏帆：《民国地图审查与地图编绘标准化研究》《中国科技史杂志》2021 年第 2 期等。

④ 朱竞梅：《30 年代编制的〈中华国耻地图〉》，《民国春秋》2000 年第 3 期一文对国家图书馆善本特藏部的一幅国耻地图进行了简要介绍；李鹏：《清末民国中国历史地图编绘与民族国家建构》，《史林》2018 年第 1 期，在讨论抗战初期“中国文化馆”历史地图查禁案时对国耻地图仅顺带提及，缺乏深入探讨；黄东兰：《领土·疆域·国耻——清末民国地理教科书的空间表象》一文，参见黄东兰主编：《身体·心性·权力》，浙江人民出版社 2005 年版，讨论了空间丧失与国耻观念的联系，颇具启发意义，不过讨论浅尝辄止，有继续考察的必要与空间。

鉴于此，本文在梳理近代国耻地图生成背景、编绘出版情况和政府出版审查基础上，考察它们在精神唤醒、社会动员过程中的具体运用，进而认识其在增强国家民族认同过程中的价值意义。需要说明的是，本文考察的国耻地图既包括直接以“国耻”“国难”命名的地图，又涵盖了反映列强侵华、民族苦难尤其是丢番失地、丧权失利内容的地图，同时还有绘于公共空间的临时地图以及刊载在报刊媒介上的地图漫画。就编绘出版者而言，除有识之士、社会团体、政府机关外，还包括商务印书馆、中华书局、亚新舆地社、世界舆地学社、东方舆地学社、上海舆地学社以及日新舆地学社等专业出版机构。

一、清末国耻地图的出现与民初编绘水平的提高

晚清时期，在西方列强威逼利诱下，中国传统藩属丧失殆尽，固属疆土更是大幅被占。1895 年《马关条约》签订后，不仅传统属国朝鲜沦为日本的保护国，甚至固有领土台湾也被耻辱性割占，亡国灭种的阴影笼罩全国。康有为在《进呈日本明治变政考序》中就忧虑地表示，中国处境实与印度、土耳其无异，昔日“万里大国”今为“奴属”，“或割为病夫，听诸欧蹂躏焉”。[①] 此时“瓜分中国”之说铺天盖地，列强分割之图更是“传遍大地，擘画祥明，绝无隐晦”。[②] 鉴于此，爱国人士开始绘制色彩鲜明、形象直观、内容简明的国耻地图来唤醒国人保疆卫土。[③] 事实上，绘制国耻地图进行政治、社

① 康有为：《进呈日本明治变政考序》，《戊戌变法》第 3 册，上海人民出版社 1961 年版，第 3 页。

② 汤志钧：《康有为政论集》上册，中华书局 1981 年版，第 202 页。

③ 此时地图也成为读书人了解世界的方式，正如梁启超所言，八股被废除后，“数千万之士”皆“争阅地图”。《饮冰室合集 · 专集之一》，中华书局 1996 年版，第 25—26 页。

会警醒古已有之。在宋代,黄裳即绘有《地理图》,希望观者“知祖宗境土半陷于异域而未归”,[①]此处既指民众失去生存区域之耻,又有王朝疆域丧失之痛,未脱“普天之下,莫非王土”之意,他所号召捍卫的是王朝“疆域空间”和群体生存空间。据笔者资料所及,近代最早反映民族危亡形势的国耻地图应属广东籍华侨谢缵泰在1898年绘制的《东亚时局形势图》,该图以中国地图为背景,展现了列强对中国领土的觊觎之心,清政府昏庸腐败、沉睡无知的政治形象也被生动勾勒,奇耻大辱与地图空间的巧妙结合让中国“瓜分豆剖”的严峻形势得到充分呈现,具有较强的艺术感染力与震撼力,即使对无文字阅读能力的人群也能产生直接的视觉刺激与心理冲击。不过作者所呼吁捍卫的是大清疆土,与现代“国家”“领土”“主权”等概念无任何关系。与此同时,《新闻报》还力劝各大报馆“分绘割地雪耻图”来进行激励动员,希望国人能将屈辱、愤怒的失地情感化为收复失地的实际行动。[②]

1900年,八国联军侵华,以慈禧太后为首的清廷官员败逃西安,次年被迫签订更为屈辱的《辛丑条约》。面对这一奇耻大辱,有识之士立即奏请清政府将八国联军入京路线及其过程绘制成图,然后“精印颁发各省张贴以示不忘国耻”之志。[③] 这一建议并未引起清政府重视,自然难见相关政策出台,不过列强强迫开放的通商口岸、强占的租界则开始进入地图,如《通商口岸及各租界图》就用红线对北京、天津、旅大、辽东半岛、烟台、威海、上海、苏州、杭州、汉口、香港、澳门、广州等地的通商口岸、租界进行了标识,[④]列强环伺的危急形势与被迫强租的屈辱得到了一定渲染。总体而言,

---

① 《宋史》卷393,《黄裳传》,第11999—12006页之12001。

② 太素生:《劝各报馆分绘割地雪耻图私议》,1898年9月12日《新闻报》。

③ 《不忘国耻》,《南洋七日报》1901年第5期。

④ 北京图书馆善本特藏部舆图组编:《舆图要论》,北京图书馆出版社1997年版,第74页。

清末绘制国耻色彩浓郁的地图其内容较为简单，未将疆域空间精确地投射在地图之上，同时数量较少，绘制手法粗糙。事实上，当时国耻观念主要依靠公开演讲、新闻媒介进行传播，对国耻地图的意义认知与利用程度较为有限。

1912 年民国肇造，清末学制被彻底改订，教育宗旨也发生了由“忠君尊孔”到“公民教育”的根本转变，这为国耻地图绘制与传播提供了良好的社会政治环境。教育部明确要求各级学校运用地图配合教学，11 月颁行《小学校教则及课程表》，规定地理教育必须让学生在“实地观察”时“示以地图”，同时“填注暗射地图及习绘地图”。[①] 12 月，继续要求小学教师使用地图讲授本国历史。[②] 这一政策对国耻地图的编绘出版也形成了一定推动，最明显的表现即是国耻意识融入了政府组织绘制的《中华民国地图》。具体而言，该图以中华民国继承的大清疆域为背景绘制而成，一方面对传统藩属如朝鲜、越南、缅甸、吕宋进行了标注，今非昔比的失落感展露无遗，重回亚洲、世界之巅的自强心理和扶持传统藩属实现民族独立的国际主义情怀也隐约可见；另一方面对失地琉球、台湾也进行了标注，既渲染了民族奇耻大辱，还展现了新政府收复失地的坚定态度，有助于赢得民众对新政权的拥护与支持。除此之外，该图还绘制了国内河流、铁路，“重内轻外”特点明显。究其原因，这可能在于临时政府对列强心存畏惧与幻想，不敢在疆域问题上进行过度刺激。[③] 1913 年之后，一些编辑出版机构开始在一些教材中加入国耻地图，希望激发学生收复失地的激情，如中华书局编著的

① 《小学校教则及课程表(1912 年 11 月)》，课程教材研究所编《20 世纪中国中小学课程标准.教学大纲汇编 地理卷》，人民教育出版社 2001 年版，第 7 页。

② 《小学校教则及课程标准》，课程教材研究所编《20 世纪中国中小学课程标准 · 教学大纲汇编 历史卷》，人民教育出版社 2001 年版，第 10 页。

③ ［英］ Willam A.Callahan. *China*: *The Pessoptimist Nation*, Oxford University Press, 2012, pp.99 - 101.

《新制中华历史教科书》就插入了历代沿革地图,[①]1914 年的《新制本国史教本》则绘有“清初外域图”“盛清时疆域图”“清二十三省图”“清外患图”“中俄交涉图”以及“清与英法交涉图”。[②] 由于编绘尚处于摸索阶段,因此存在色彩单一、手法简单和标识不精等问题。

随着现代国家民族意识的觉醒和西方领土主权观念的传播,中国传统“帝国疆域”观念逐渐转变为“民国领土”观念,帝国时代含糊的“宗主权”逐渐明晰为“主权”,笼统的“疆域”也被确认为有边界的国家“领土”,[③]同时展现出捍卫领土主权的强烈意识。1914 年第一次世界大战爆发,日本利用西方列强无暇东顾之际对德宣战,直接派兵武力侵占中国山东,1915 年更是向袁世凯政府提出了灭亡中国的“二十一条”,席卷全国的反日浪潮成为刺激国耻地图编绘出版的最大动因。不仅国耻地图的价值功能被重视,一些地图出版商也从中嗅到了商机,积极组织人力进行精心绘制。值此背景下,国耻地图的时间属性与空间属性被不断凸显,为之后精绘国耻地图奠定了坚实基础。事实上,早在当年 2 月,武昌亚新地社的《大中华国京省道县详图》就将晚清“历次之丧失土壤要岛剧区之租属他邦”详绘成图,对“热河察哈尔川边诸特别区域于国防上有重大关系者”更是十分注意,[④]带有强烈的忧患意识和国防自卫色彩;另一幅《中华民国分省图》则极富视觉冲击力与情绪感染力,图中制有《中国商埠一览表》。众所周知,商埠是列强侵略中

① 章嵚、丁锡华编,戴克敦、沈颐、陆费逵校阅:《新制中华高等小学历史教科书》第一册“编辑大意”,中华书局 1913 年 3 月初版、1915 年 5 月 11 版。

② 钟毓龙:《新制本国史教本(中学校适用)》第三册,中华书局 1914 年初版、1919 年 11 月第八版,第 69、75、90、102、106、108 页。

③ 陈荷夫编:《中国宪法类编》,中国社会科学出版社 1980 年版,第 404 页;参见葛兆光:《从“帝国疆域”到“国家领土”——“五四”之前有关“主权”问题的日本刺激与中国反应》,《文史哲》2019 年第 3 期。

④ 《精彩绝伦之新著作 大中华国京省道县详图广告》,1915 年 2 月 17 日《申报》。

国的桥头堡，是近代国耻的重要象征，商埠一览表的加入让国耻情感渲染更直接有力，有助于刺激受众关注国家的前途命运，思考救国复土之道。① 1916 年，亚新地社出版了国内第一幅以“国耻”命名的专题地图——《中华国耻地图》。至于为何被冠上“国耻”之名，亚新地社对此还进行了专门解释，即在于此图“专载中国二百年中丧权辱国被人侵割之地”。具体而言，图的正上方写有如下字句：

请看此图残破不完，仇深若海，耻重如山，愿我同胞，努力勉旃，中华前途，亿万斯年。

左右两侧是孙中山语录，呼吁国人收复国土。除标注各大商埠外，该图还对国界、丧失地、租借地、外国经营铁路、外国侵占航线进行了精确标识，同时配以简明扼要的文字，既构建了屈辱弱国形象，又控诉了列强非法侵略。② 总之，国耻地图的编绘水平不断提高，疆界绘制、地名标注也日益标准，文字、表格的加入让可耻之地、可耻之处不断增加，图文互构的编绘方式逐渐流行，增强了国耻知识的准确性与有效性，“耻不胜耻”的悲情得到大势渲染。在这一过程中，编绘思想也逐渐摆脱传统“疆域”观念束缚，开始以现代国家领土观念来理解地理空间，为之后国耻地图的绘制出版提供了蓝本。

二、21 世纪 20 年代国耻地图的编绘宣传与国民政府的政策推动

进入 21 世纪 20 年代后，爱国志士、出版机构、社会团体、政府机关纷纷加入国耻地图编绘出版行列，这也让国耻地图绘制不断

---

① 北京图书馆善本特藏部舆图组编：《舆图要论》，北京图书馆出版社 1997 年版，第 48 页。

② ［英］Willam A.Callahan. *China: The Pessoptimist Nation*，Oxford University Press，2012，p.101.

朝着精细化、专业化方向发展,具体表现为内容更丰富、标识更准确和屈辱呈现更直观。1921年,商务印书馆出版的《中国新形势图》附"中国变迁大势说",对列强在华势力范围及其变迁进行了简述。第二年,亚新地学社在《大中华民国分省图》上制作大量数字与文字结合的表格,具体包括媾和条约表、画界条约表、租界条约表、商埠开发条约表、战事外债表、庚子赔款各国分配表、实业外债表、民国政治外债表、地方外债表、外国纸币发行数目表、民国4年(1915年)日本要求二十一条约全文、民国4年(1915年)日本最后觉书及中国屈服全文、民国7年(1918年)吉黑林矿合同、高徐济顺草约合同、满蒙四路合同、民国8年(1919年)南北外债调查表、民国9年(1920年)应偿外债调查表以及对德和约关于中国五条及山东三条全文。关于条约、赔款、外债、合同方面的国耻知识汇集于地图空间,①地图的历史与地理知识日益丰富,历史的时间性与丢番失土的空间性结合日益紧密,"耻不胜耻"的民族伤痛因此得到了渲染,一定程度上适应了反帝废约运动的现实要求。

除在教材中加入、用于课堂教学外,国耻地图还在军人、民众活动的公开场所进行陈列展览。1923年,冯玉祥的部队在驻地附近墙壁张贴"国耻地图",②5月7日,又在南苑国耻纪念阅兵典礼讲武坛上进行悬挂,地图标明"某处为何国割据",与会场"废除二十一条"6个大字营造了耻痛氛围。③ 不仅如此,租借地、割让地被"特别标以颜色",然后在士兵营房内张贴。④ 都统属南面在"染作红色的地方"注明"那一年那一件交涉失败的割让地",官署照壁则将之前"画龙画凤"的地方画成了令人"触目惊心"的国

① 北京图书馆善本特藏部舆图组编:《舆图要论》,北京图书馆出版社1997年版,第49—50页。

② 潮声:《冯军之职业教育有十个工场一个青年会》,1923年4月20日《申报》。

③ 《北京市民之国耻纪念冯军亦出发游行》,1923年5月11日《申报》。

④ 《冯玉祥军中之国耻地图》,1923年6月5日《大公报》(长沙版)。

耻地图。[1] 1925年5月7日，冯玉祥又命令所属印发师长刘郁芬绘制的国耻地图进行社会警醒，"凡日属朝鲜台湾琉球，俄属东海滨、阿穆尔旧壤及塔城条约失地，法属越南，英属缅甸、中美克达拉、干竺特、不丹属锡金等地均涂红色"，[2]一望便知固属领土"为人所获"，"深合明耻教战之意"。[3] 京兆通俗教育馆展览"租界地图"，"凡中国丧失地点及外人租借地图均以精致书法载入"，希望国人将此作为"触目惊心之具"。[4] 在公共空间悬挂、展览国耻地图，有助于营造屈辱耻痛的空间氛围，强化公众、军人关于丢番失地的国耻记忆，继而激发其雪耻教战的使命感。

1925年"五卅"惨案发生后，为适应反帝废约运动的迫切需要，关于国耻的地理知识、历史知识在各类地图中不断增加，国耻地图更是经常在专题书籍中出现。谢彬《中国丧地史》一书即在卷首绘制领土领海丧失图，希望读者关注并收复海权。[5] 不仅如此，国耻专题地图也陆续出版，最具代表性的应属商务印书馆组织绘制的《中国国耻地图》，该图以中国"盛时之版图为底本"，将"历次丧失之领土领海加以标记说明"，[6]试图通过盛世的辽阔疆域与晚清大幅被占的强烈反差来刺激观众的视觉神经与内心情感。[7] 童世亨绘制的《中国形势一览图》"注重沿边国境"，[8]希望引国人关注边疆失地。中央地学社的《中华民国省区全图》附条约纪要、中国近世开埠史略和中国300年失地简明图

---

① 野涛：《西北游记》，1925年8月31日《京报副刊》。

② 《国内专电》，1925年5月7日《申报》。

③ 《冯军明日纪念国耻》，1925年5月6日《京报》。

④ 《明耻楼 国耻陈列品》，1925年12月28日《顺天时报》。

⑤ 谢彬：《中国丧地史》，中华书局1936年版。

⑥ 1926年5月1日《申报》。

⑦ [英] Willam A.Callahan. *China: The Pessoptimist Nation*, Oxford University Press, 2012, p.104.

⑧ 童世亨：《中华形势一览图附说》，商务印书馆1925年版，《序言》第3页。

表,世界舆地社的《中华新形势图》增绘疆界变迁图,配《帝国主义侵华条约表》。①

1928 年 5 月 3 日,震惊中外的济南惨案发生,国耻地图的宣传动员功能被教育团体、国民政府所看重。第二天,北京教育会决定在国耻教育周向各个学校分发国耻地图,地学名家白眉初先生绘制的国耻地图更是以市场最低价格印售各校。② 在中央大学实小联会年会上,南中乡小提交"各校合力于最短期间以内编绘各类国耻挂图案"。③ 23 日,第一届全国教育会议议决通过"中小学应特别注意国耻教材以唤起民族观念案",要求各级学校制作国耻图表以便学生"随时看见",进而收"触目惊心"之效。④ 25 日,深受刺激的蒋介石在徐州致电大学院院长蔡元培,强调教科书精神首先"即为国耻",尤应"注重胶东与辽宁之耻辱"。⑤ 在蒋介石电文推动下,内政部立即组织人手标绘《中华国耻地图》,对地图传递的国耻知识进行了统一,同时命令所属转印分送以便让全国民众"触目惊心共起救国"。⑥ 各省市接令后立即翻印分送,⑦国耻地图的绘制、出版与传播至此纳入政府轨道,关于国耻的历史地理知识传播也因此不断扩大。内政部随后"续编中华国耻地图",继续要求各省仿制分送。⑧ 因担心命令成为"一纸具文",内政部又在 8 月 6

---

① 北京图书馆善本特藏部舆图组编:《舆图要论》,北京图书馆出版社 1997 年版,第 50—51 页。

② 《北京教育会举行国耻教育周》,1928 年 5 月 5 日《顺天时报》。

③ 《中央大学区实小联会年会记(一)》,1928 年 5 月 27 日《申报》。

④ 《全国教育会议之第九日》,1928 年 5 月 24 日《申报》。

⑤ 秦孝仪主编:《中华民国重要史料初编——对日作战时期》绪编(三),中国国民党党史委员会,1985 年,第 51 页。

⑥ 《国民政府内政部编制国耻地图暨现在青年救国之道致各省函》,《湖北省政府公报》1928 年第 8 期,第 53 页;又见《国耻地图内部已颁发》,1928 年 7 月 4 日《益世报》。

⑦ 《中华国耻地图》,《航空月刊》1928 年第 18 期。

⑧ 《内部草定行政纲领》,1928 年 7 月 3 日《申报》。

日致各省民政厅的电文中再次强调了仿制分送的重要性，总务处第一科更是不断“催促施行”。[①] 根据这一命令，上海市党部宣传部要求绘制“山东地图满蒙地图以及我国历年割让之领土的地图”。[②] 上海市教育局规定各校社会科从9月7日—13日必须让高年级学生自制中国失地简图。[③] 中央大学无锡中学实验小学高年级将国耻地图用于地理教学。[④] 11月，内政部将《中华国耻地图》赠送燕京大学，燕京大学随即将其存放于校图书馆以便学生随时观览。[⑤] 1929年3月3日，中央训练部制定的华侨党义教育实施计划要求各校悬挂国耻地图。[⑥] 河北省工商厅劝令各县购买第一工厂所印“简赅清晰”的国耻地图，天津县建设局为此积极“劝销”。[⑦]《吉林教育公报》更是在1929—1930年连续刊载30多幅《中华国耻地图》，用心良苦足见一斑。[⑧] 1930年4月，东北建新舆地学社筹备处主任魏鸿玉为“唤起民众对国土之观念”，根据“确史”绘制多种中华国耻舆图，“凡故有现存之国界及各地丧失之原因叙述极详”，同时函请天津总商会“广为印刷宣传”，原函称：“非

① 《内政部令各省民政厅实行国耻纪念会案》，南京中国第二历史档案馆，全宗号：一二(6)；案卷号2199。

② 《上海市宣传部制定反日设计教育大纲》，1928年6月13日《申报》。

③ 《市教育局函各校行宣传纪念周　在宣传周内一律改授废约问题》，1928年9月8日《申报》。

④ 《观察国耻地图时的情形》，《教育杂志》1928年第20卷第11期。

⑤ 《内政实施计划书及图表》，《燕京大学校刊》1928年11月9日。

⑥ 《华侨党义教育实施计划 中央训练部制定》，1929年3月4日《申报》。

⑦ 《建设局劝销国耻地图》，1929年6月11日《益世报》。

⑧ 包括《中华国耻地图一、二》，《吉林教育公报》1929年第28期；《中华国耻地图一、二、三》，《吉林教育公报》1929年第29期；《中华国耻地图五、六》，《吉林教育公报》1929年第30期；《中华国耻地图七、八》，《吉林教育公报》1929年第31期；《中华国耻地图九、十》，《吉林教育公报》1929年第32期；《中华国耻地图十四》，《吉林教育公报》1929年第34期；《中华国耻地图十七、十八》，《吉林教育公报》1929年第36期；《中华国耻地图二十三、二十四》，《吉林教育公报》1930年第40期，等等。

广为印刷宣传，不足以引起民众对国土之观念，而兴对外痛已之心，即不为恢复失地之想，亦当为保障现有领土之谋。”他甚至将国耻地图视为“国民十万火急之要物”：“若吾同胞自知有身家，而不知有国者，约占大半。即知有国而不卖国之现状者，尤属十居八九。至于某处某地，为何人所占领，何年何月何故而丧失，更成漠然，于是始有国耻地图之发行，为现代国民十万火急之要物也。”① 概而言之，这一阶段的国耻地图在军队、政府机关、社会团体、有识之士重视与推动下得以迅速出版，被不断添入表格、配图，语言文字日益凝练，专业化、精细化程度更高，编绘出版更是被纳入政府管控轨道，不断体现政府意志、凸显国家民族立场。正如新地图史倡导者约翰·哈利(John B. Harley)所认为：“地图外部凝集着国家意志、经济利益、政治权利与社会关系，它们通过精英控制、大众参与和国家主导等种种制图实践而体现出来，其本质是空间分布于权力结构的复杂结合。”②就内容而言，除继续强调丢番失地外，外债赔款、不平等条约被不断添入，领海问题也引起了编绘主体的注意，关于国耻的地理知识、历史知识更加准确可靠，适应了反帝废约和北伐战争的动员需要，不过以“国耻”为名的专题地图仍然少见。

三、“九一八”事变后的大势传播与国民政府的出版审查

1931年“九一八”事变之后，日军直接以武力侵占中国东北，既不打算与中国签订任何条约，同时又拒绝从东北撤军。众所周

① 《唤起民众国土观念，魏鸿玉绘制国耻地图多种，函请本市总商会印刷宣传》，1930年4月10日《益世报》。

② 于京东：《传播“空间”：近代欧洲的地图与知识—社会转型》，《国际新闻界》2019年第11期。

知，中国领土形似一只意态昂扬的雄鸡，东北三省处于鸡冠位置，具有十分重要的战略地位。面对空前严重的民族危机，全国上下一致要求政府北上抗日、收复失地。9 月 26 日，蒋介石与孙科、胡汉民等军政要员要求教育部命令全国各级学校“默哀三分钟一致哀悼”，“演讲国耻痛史及此次日人强占东三省之经过”。① 不过因担心时局恶化而影响社会秩序，国民党中央又命令社会公众、在校学生“严肃镇静”。② 尽管如此，中央训练部立即在三民主义教育目标中规定，学生必须明了“中华民族所受帝国主义的侵略”与“中华民族的来历及所据的版图”。③ 浙江省教育机关要求各级学校图画科利用国防地图、国耻地图和“此次日军逞暴之想象图”进行课堂教学。④ 上海六区教育会决定制作国耻地图纪念章让学生在佩戴以“永矢勿忘”民族屈辱。⑤ 10 月，平津学术团体对日联合会指导组第三次会议决定清华、燕大、师大地学系组织国耻地图委员会，⑥第四次指导会议又议决准备国耻地图供社会民众观览，不仅要求“分发各校”，还强调必须分送各省教育厅翻印，然后“交各教育机关张贴”，同时将地图样张送交各地公安局，请其对各处张贴的地图“通饬保护”。⑦ 政府机关、社会团体对国耻地图的重视程度由此足见一斑。

1932 年“一·二八”淞沪抗战后，平津学术团体训令所属翻印

---

① 《金陵大学校庆和节假日纪念日的有关文书》，中国第二历史档案馆，全宗号：六四九；案卷号：91；起止日期 192905－194406。

② 罗家伦主编：《革命文献》第 35 辑，中央文物供应社，1968 年，总第 7865 页。

③ 《国民党中央训练部拟定的〈三民主义民众教育具备的目标〉》(1931 年)，《中华民国史档案资料汇编》第五辑第一编教育(一)，江苏古籍出版社 1994 年版，第 701 页。

④ 《浙教厅颁布浙江全省各级教育机关抗日救国实施方案》，1931 年 9 月 29 日《申报》。

⑤ 《六区教育会开抗日大会》，1931 年 9 月 30 日《申报》。

⑥ 《指导组第三次会议》，1931 年 10 月 14 日《华北日报》。

⑦ 《昨开第四次指导会议》，1931 年 10 月 19 日《京报》。

对日联合会函送的国耻地图，河南省教厅接令后立即要求河南图书馆、中山图书馆、河南博物馆、省立一高中、省立二高中、省立师范和河南省立民教馆“广宣传而资鼓励”。① 2 月，东北全境沦陷，前所未有的民族危机推动了国耻地图的编绘出版。据笔者目力所及，即使不将书籍、期刊中的国耻地图计入，1931—1936 年公开出版以“国耻”“国难”为名的地图就不下 20 种，②而不以“国耻”“国难”为名却反映民族屈辱的地图则不计其数。在内容方面，日本侵占地被重点凸显，成为当时爱国主义教育的核心内容。1933 年“五九”国耻纪念日前夕，浙江省教育厅、杭州市政府要求所属利用国耻挂图中的日本侵略组来唤醒学生。③ 中华书局的《中国近代边疆沿革图》配《东北丧地图》《东界失地图》；④世界舆地学社的《中华现势大地图》绘有辽东半岛图；洪懋熙的《中华新形势大地图》包括大连旅顺图、吉黑两省失地图。⑤《最新中华形势一览图》新增“东北事变及淞沪抗日情形”，⑥学友图书美术社在地图中加入日军“强占东北，组织伪满洲国”内容。⑦ 国耻地图的大势出版

① 《教厅转发国耻地图 平津学团对联会特制的》，1932 年 2 月 13 日《河南教育日报》。

② 国耻地图的编绘出版情况在当时广告宣传词中即见一斑，参见《中华新教科地图》，1932 年 8 月 21 日《申报》；《国耻挂图日本侵略组》，1932 年 12 月 1 日《申报》；《抗日救国宣传品》，1931 年 12 月 18 日《申报》；《从辽宁到日本强占之印相 暴日强占我东北国耻地图》，1932 年 3 月 10 日《新新新闻》；《廿二年重制版 最新中华形势一览图 本埠今日出书外埠八月五日出书》，1933 年 7 月 28 日《申报》；1933 年 9 月 2 日《申报》；1934 年 9 月 5 日《申报》；《开明本国地图 购者注意》，1936 年 9 月 12 日《申报》，等等。

③ 《新亚细亚月刊社发行》，1933 年 5 月 8 日《申报》。

④ 葛绥成编：《中国近代边疆沿革考》，中华书局 1934 年版，第 22、44、145、154、203、232、244、290 页。

⑤ 北京图书馆善本特藏部舆图组编《舆图要论》，北京图书馆出版社 1997 年版，第 51—52 页。

⑥ 《廿二年重制版 最新中华形势一览图 本埠今日出书外埠八月五日出书》，1933 年 7 月 28 日《申报》。

⑦ 《国耻挂图日本侵略组》，1932 年 12 月 1 日《申报》。

自然有助于学生、民众国耻记忆的进一步强化。

由于中国“耻的蒙受”发生“‘质’的变化而成为危亡的征兆”，继而“进到国难的阶段”，①国难一词逐渐被广泛用于宣传动员，1936年以“国难”为名的地图也随之出现。具体而言，该图按照时间顺序对日本侵占的台湾、琉球、东北、华北、公共租界、公共居留地进行了直观呈现，同时标识了日军正在阴谋分裂的区域和完全沦为殖民地的朝鲜。② 有的地图则独辟蹊径，注重民族自我反省，如《国难国之真地图》就在中国地图上通过文字展现了军阀内战、民不聊生等耻痛，编者在各省市对应区域内分别写“贪官污吏”“土豪劣绅”“苛捐杂税”“民不聊生”“鸦片捐”“酒色财气”“乐不思蜀”和“苛政猛于虎”等令人警醒的词句，同时还通过对仗诗句陈述国难事实：“国难亦有四至疆，北界长城万里长，东南均面太平洋，西南法国西青康。”③不过缺点也十分明显，即相较于形象直观的地图空间展现而言，文字阅读不符普罗大众的阅读习惯，更是缺乏视觉冲击力与艺术感染力。

在国耻地图绘制出版之际，社会团体、政府机关、爱国人士则积极将之用于刺激警醒与社会动员。1932年，河北省立实验城市民众教育馆利用北平教育局编绘的国耻地图进行公开展览。④ 1934年11月，绍兴县立斗鸡场民教馆在礼堂讲台屏壁上“用五色油漆绘成东四省失地图”，左右两侧分别题写诗句“失地耻犹未雪，

① 罗保吾：《如何昭雪国耻?》，《实报半月刊》1936年第24期。

② 例如《国难地图》，《救亡月刊》1936年第1卷第2期封面刊发；《国难统计》，《生活教育》1936年第2卷第23期；《国难地图》，《河南统计月报》1936年第2卷第1期；《国难地图》，《知行月刊》1936年创刊号；《国难地图》，《世界知识》1936年第3卷第10期；《国难地图》，《妇女生活》1936年第2卷第2期；《国难地图》，《大众生活》1936年第1卷第11期等。

③ L.FOCH《国难国之真地图》，《论语》1933年第8期。

④ 《河北民众教育馆开国耻展览会 通函征集材料》，1932年4月26日《新新新闻》。

国人恨何时灭”来“警惕一般民众”。[①] 三省牌香烟更是别出心裁，直接将东北地图印于烟盒，还说“三省沦丧邦国殄瘁”，望国人购买香烟时关注东北失地。[②] 1935年，还有人绘制了凹凸有致、易于触摸的《中华大地图》来对盲人进行国耻教育。根据《新生周刊》刊载的这幅实景照片来看，两位盲友将双手放在一幅中国地图上，双手触摸区域则是沦陷的东北、华北，照片下方配“不禁唏嘘”四字。摄制者显然是在提醒国人，既然连盲友都不忘国土沦陷之耻，那么身体健康的国人就应主动担负收复失地之责。[③] 有人还建议在新生活运动期间不应将国耻地图列入“清壁之列”，一定要让普通民众在日常生活中了解关于国耻的地理知识、历史知识。[④] 1936年，乌江第三届农事展览会在会场显眼位置悬挂国难地图来唤醒、动员与会民众。[⑤] 广西横县政府在各乡镇公所门前或通衢之地的墙壁上用石灰绘制国耻地图，在“务求普遍”基础上让观者“触目伤心”“激发其爱国情绪”。[⑥] 漫画家丰子恺还主张将国耻地图绘于手扇，然后“复制”分送作为唤醒民族“呼声”之具。[⑦] 1937年2月，时任上海文化界救国联合会宣传部长的王造时对国耻地图上的失地情况进行了数字化处理，强调“九一八”事变后中国丢失的领土共“八百余万方里”，“比近百年来满清政府历次共失的国土还超过一百五十万方里”，“四年来每年失地平均约有两百万方里”，等于“七个四川，十二个广东，十三个湖南，十四个陕西，十五个湖北，十六

① 《绍兴县立斗鸡场民教馆最近馆闻一束：东四省失地地图告成》，《浙江省民众教育辅导半月刊》1934年第1卷第20期。

② 《三省牌香烟》，1934年8月6日《申报业余周刊》。

③ 守维摄：《盲人教育：凹凸地图》，《新生周刊》1935年第2卷第10期。

④ 《点滴》，1935年6月1日《申报》。

⑤ 《乌江农业推广试验区第三届农事展览会写真之一：会场旁之国难地图》，《农林新报》1936年第13卷第36期。

⑥ 《中华国耻图》，1936年12月10日《南宁民国日报》。

⑦ 丰子恺：《艺术漫谈 扇子的艺术(下)》，1936年7月7日《申报》。

个河南，十七个山西，十八个山东，十九个安徽，二十三个福建，二十七个江苏，二十八个浙江。”相当于日、英、法、德、意、奥、匈、比、荷、丹、瑞士等十一国“面积之和”，等于“四个法国，五个德国，六个日本，十个英国，六十个瑞士，七十个荷兰，八十个比利时”，“伤心惨目的统计”自能对观图者产生惊心刺激。[①] 5 月，南京民教馆国耻展览会展示的国难地图“将所有失地一一以彩色表明”，前往参观者高达三千多人。[②] 辽宁的爱国人士谢学儒从 1934 年起就携图“游历国内各地，宣传东北国耻”，先后到过河北、绥远、察哈尔、江苏、河南、陕西、甘肃等十余省，“七七”事变后又赴四川苍溪、蓬安、顺庆、武胜、合川、重庆等地进行宣传动员。[③]

在学校教育方面，注意在课堂教学中进行运用，要求学生自制地图以强化记忆。1933 年，中华书局出版的小学地理课本要求教师课前准备“沿海地图和台湾、香港、九龙、澳门、广州湾的分图”。[④] 商务印书馆教科书《社会》第四册第二十三课《英法对中国的领土侵略》要求学生完成课后作业——绘制“中国对英失地图”与“中国对法失地图”；[⑤]《复兴历史教科书》让学生制作“中国西南失地图”“中国东北与西北的失地图”。[⑥] 让学生亲手制作形象直观的国耻地图，既有助于学生在制作过程中掌握关于国耻的

---

① 振华：《国难地图上的损失统计已失土地等于十四个陕西》，1937 年 2 月 21 日《工商日报》。

② 《京市民教馆举行国耻展览》，1937 年 5 月 31 日《新新新闻》。

③ 《宣传东北国耻谢学儒》，1937 年 10 月 16 日《新新新闻》。

④ 喻璞、韩非目、楼云林编，葛绥成校订：《新课程标准适用小学地理课本教学法》，中华书局 1933 年 7 月发行、1933 年 10 月第 3 版，第 107—108 页。

⑤ 顾绢明、顾曾华编著：《小学校高级用 社会》第四册，商务印书馆 1933 年 7 月初版、8 月第 40 版，第 78 页。

⑥ 徐映川编著，王云五、傅纬平校订：《复兴历史教科书》高小第四册，商务印书馆，1933 年 7 月初版、8 月第 20 版，第 6—12 页；马小泉、李景文主编：《民国教育史料丛刊》683(初等教育 · 教材、学生参考书)，大象出版社 2015 年版，第 476—482 页。

地理知识、历史知识，更有助于激发他们抗日雪耻、收复失土的信心。

然而在编绘出版过程中，坊间部分不规范、不标准甚至存在严重错误的问题地图时有出现。鉴于地图关乎国家主权、安全利益和国际形象，国民政府立即出台相关政策进行编绘指导和出版审查。1934 年，鉴于外来地图在东北区域有“伪满洲国”字样，5 月 7 日，海关税务署署长沈阳在致总税务司代理罗福德的电文中强调，“凡伪满洲国国旗地图及其他印刷品有伪满洲国宣传性质或含有承认伪满洲国意义者应禁止进口”。[①] 1935 年，内政部地政司司长郑震宇撰文指出，地图“关系国土之完整安全，民族利益之维护”，自然是“审查之重要目标”。[②] 当时水陆地图审查委员会还公布了地名标注标准化原则及查阅到的相关地图审查批语，一方面要求明确殖民者强行租借之地的“租借”属性，租借属国必须清晰表达，收回租界不必再有旧国字样；另一方面，不得以侵略者之名标注被侵占的中国领土。[③] 然而，东方舆地学社组织绘制的中华民国国耻地图载有“‘满洲国擅设兴安河’及蒙古与唐努乌梁海‘改建共和国’”等字句，水陆地图审查委员会高度重视，并强调指出，中国、各国对此“均不承认”，无论“现在有无伪国存在及其行政区划如何变更”，但在“法律上”东北四省仍是中国固有领土，因此“断不可忘载伪国字样及变更九一八以前区划之东四省固有行政与名称”。委员会还表示，按照《解决中俄悬案大纲协定》第五条规定，“苏俄政府承认外蒙为完全中华民国之一部分及尊重在该领土内中国之主

① 《关务署关于禁止进口印有伪满洲国国旗地图及其他印刷品致罗福德的电》，关务署，19340507，重庆市档案馆，档号：03510001012790000137。

② 郑震宇：《发刊词：为审查水陆地图告出版业》，《水陆地图审查委员会会刊》1935 年第 1 期。

③ 水陆地图审查委员会：《据上海书业同业公会呈请解释修正水陆地图审查条例疑义各点》，《水陆地图审查委员会会刊》1935 年第 2 期。

权”,“蒙古之改称伪共和国与唐努乌梁海之改称伪共和国”又为中国政府所“不承认”,加之各省县城镇“多沿用旧名”,错误“甚多”,因此必须“停止发行,立即改版”,然“再送会审查”。① 还说按照中国现行行政区划制度,“无外蒙古之名称,凡旧图所注外蒙古,均应删去外字”,“黑龙江瑷珲附近之江东六十四屯地方及黑龙江与乌苏里江会口内之三角洲,虽被俄占,实属中国,如制中国全图、黑龙江省图及吉林省图,不得将此两地遗漏”。② 上海教育局接令后立即行动,共销毁问题地图754册。③

1937年“七七”事变后,为形成广泛有效的雪耻动员,有识之士可谓用心良苦,专门撰写文章介绍国耻地图制作流程,期望读者在绘制过程中了解“二十一条”内容,增强国家主权、领土完整的捍卫之心。④ 驻扎广东的155师政训处组织人员编写《绘制国难地图推行办法》,希望能让军人“惊心触目”“共发敌氛之同仇”,继而“精诚奋斗”“合力同心”,最终“共洗陈污”“复兴华夏”。⑤ 时人陈涓隐则绘制国耻情感基调十足的地图漫画《收复失地》来进行唤醒动员,画中人物左手放置后背,右手握住毛笔站在中国地图前,笔尖指向沦陷的东北区域,收复失地的坚定态度被生动表达。⑥ 洛阳试验区在进行抗敌宣传时更是将国耻地图“遍贴”村庄、市镇,希

① 《河北省教育厅训令第五二八号(1935年3月28日)》,《河北省教育公报》1935年第8卷第9期。

② 《修正指示编制地图应注意事项》,《水陆地图审查委员会会刊》,1935年第1期。引自温小平《南京国民政府南海疆域地图编绘规范与出版审查》,《云南师范大学学报》(哲学社会科学版)2019年第6期。

③ 《市教局销毁查禁图书》,1935年4月4日《申报》。

④ 《国耻地图的排演 一九三七年国耻纪念》,《女青年月刊》1937年第16卷第4期。

⑤ 《绘制国难地图推行办法》,《工作周刊》1937年第35期。

⑥ 陈涓隐:《收复失地》,《东方漫画》1937年第2卷第1期。

望借此“造成抗敌救亡之印象环境”。[①] 1940 年,教育部要求专科以上学校的地理课程“注意历代疆域之沿革”,小学图画科“绘制国难简略地图”,[②]旨在强化国人领土主权意识和政府收复失地的政治形象,国耻地图因此也成为构建政府、政党权威的工具。

在用于宣传动员之际,国民政府还不断修改《水陆地图审查条例》,重点审查本国地图、地理图表、水道图及国际通用图表,内容包括疆域位置、地方名称、图式及颜色、记载及量度等,持续修订也为国耻地图编绘出版提供了制度依据,有助于避免问题地图流入市场。尽管如此,问题地图依然被绘制售卖。1937 年 10 月,在政府看来,魏建新绘制的《中国历史疆域形势史图》《日本在华势力图》《帝国主义侵略中国史图》“将本国版图四分五裂”,“宛如只有外国势力之存在,而无本国政治之统治,影响民族尊严祖国、复兴祖国之思想及本国在国际上之地位甚巨”,意即既未呈现国民党统治权威,又与提升民族自信心的战时主旨不符,[③]理应严加查禁。又鉴于日本制印的中国地图故意将“东北四省除去或涂以别具用心之颜色”,而国内书局又在未经审定情况下就开始大势印卖,一时间“淆乱观听”,产生了“不良影响”。教育部为此立即下令要求各省教育厅予以严查,同时要求各大书局出版的地图必须送交内政部审定,对“未附有许可证书或贴有前水陆地图审查委员会所发

---

① 《中国社会教育社总干事余庆棠检送会务活动与洛阳、花县两试验区的呈与中央社会部指令(1938 年 9 月—1942 年 7 月)》,《中华民国史档案资料汇编》第五辑第二编教育(二),江苏古籍出版社 1997 年版,第 731 页。

② 《教育部制定的教育计划与国防计划之联系方案大纲》(1940 年),《中华民国史档案资料汇编》第五辑第二编教育(一),江苏古籍出版社 1997 年版,第 124、129、131 页。

③ 《关于查禁〈帝国主义侵略史图〉及〈中国历代疆域形势史图〉的令》1937 年 10 月,民国档案 00810003006190000046000,重庆市档案馆.参见李鹏《清末民国中国历史地图编绘与民族国家建构》,《史林》2018 年第 1 期。

许可证票”的地图则“一律查禁”。[①] 对不按规定送审、擅自发行的地图，内政部1939年也下令予以查禁。[②] 1942年在审查黎东方提交审查的有关图表时又指出，该图存在失地“未一一注明”“未有‘满洲国’分界一语欠斟酌”等问题，意即这些失地仍是中国领土，必须进行标准化命名。黎东方表示，会将失地以“黑笔勾出”，把“满洲国”改为“伪满”。[③] 1943年，水寨百货商店大批出售的中国分省详图“未列东北四省名称”，反而在这些省份“大书满洲国三字”。鉴于对领土主权“影响甚大”，教育部立即命令各大战区政治部“严予查禁”。[④] 1944年6月，中国儿童地理教育社的儿童地理教育图板对中缅国界未定界限部分的绘制存在明显错误，也因“影响领土主权至巨”而被内政部“禁止发售”。[⑤] 可见，国耻地图作为塑造社会屈辱记忆的特殊空间，它们“不是简单的物质化或精神化的空间，而是一个多种权力、资本争夺的场域”，争夺的本质则是在争夺记忆与政治合法性，[⑥]而政府强制性出版审查与售卖管控作为维护国民党统治权威、展现政府抗战到底态度和实施广泛雪耻动员的重要举措，它是历史记忆和政治权威争夺的具体体现，统一规范的地图从地理视角强化了政党政治认同。正如有论者指出，

① 《关于查禁未送审之地图的训令》，四川省第三行政督察专员公署、四川省政府，重庆市档案馆，档号：00550002002330000081000。

② 《关于查禁未送审之地图的训令》，四川省第三区行政督察专员公署、四川省政府，19391030，重庆市档案馆，档号：00550002002190000016000。

③ 《地图审查记录》，中国第二历史档案馆，档号：五(2)-475-1.引自温小平《南京国民政府南海疆域地图编绘规范与出版审查》，《云南师范大学学报》(哲学社会科学版)2019年第6期。

④ 《关于查禁中国分省地图的训令》，重庆市教育局、教育部，重庆市档案馆，档号：00650001001200000108000。

⑤ 《重庆市政府、中国儿童地理教育社关于准予继续售卖“地理教育图板”的呈、批》，重庆市政府、中国儿童地理教育社，19440629，重庆市档案馆，档号：0060001300036010038。

⑥ 陈蕴茜：《纪念空间与社会记忆》，《学术月刊》2012年第7期。

制图与读图是一种“致力于权力的获取与保持的政治话语”(Harly,1988.57),[①]制图成为政府进行政治管控的技术工具。不仅如此,地图还从历史角度强调失地是中华民族不可分割的一部分,对外宣示了国家领土主权,有助于避免国家利益遭受重大损失。

四、晚清民国时期国耻地图编绘出版的历史评介

国耻地图是清末亡国灭种、瓜分豆剖背景下的特殊产物,是近代国人铭记和强化国耻记忆的便捷媒介。作为丢番失地、丧权失利等重重屈辱的象征符号与情感载体,国耻地图将耻痛、恐慌、焦虑、愤怒和不甘等民族主义情绪与国家民族的空间象征符号进行了有效结合,旨在渲染民族遭受的屈辱耻痛,激发收复失地的抗争精神,为近代中国构建现代国家、领土、主权观念、增强民族整体认同提供了资源。一方面有助于激发国人收复失地的责任感与使命感。国耻地图不仅是历史地理空间的自然呈现,同时还承载着一定的情感价值观,它不止是对民族奇耻大辱的渲染,终极目的还是在于让丢番失地的国耻知识内化为国人的基本常识,激励读图者爱土、爱乡、爱国情感,然后真正做到知耻而后勇,即以实际行动收复大好河山。这些地图与《最新中华形势一览图》一样,都十分注意“揭示国耻观念”,[②]让观众“触目伤心,亟图自立其苦心”。[③] 上海孔雀领带制造公司宣传部赠送的国耻地图以“唤起民众共同御

① 于京东:《传播“空间”:近代欧洲的地图与知识—社会转型》,《国际新闻界》2019年第11期。

② 《廿二年重制版 最新中华形势一览图 本埠今日出书外埠八月五日出书》,1933年7月28日《申报》。

③ 《介绍新图》,1916年7月29日《申报》。

侮”为目标。[①] 史量才在绘制《中华民国分省地图》时更是直接表示：“览此魅力河山，其益激发起爱国心，奋袂以图桑梓之复……吾中华民族精神一日不死，则必有还我河山之日。”[②]这些地图为屈辱、悲愤、不甘等复杂情感所充盈，作为民族屈辱的具象呈现，自能对国人产生强烈的感官与精神刺激，让其心生领土主权、国家尊严捍卫之心，正如有人这样写道：“在下看了这幅地图，心里非常的难过。以为偌大一块东三省土地，已沦亡在日人之手。”他为此决定“丝毫不买卖仇货”，同时号召全国团结“图自强，雪奇耻”。[③] 总之，国耻地图作为承载屈辱记忆的特殊国家地理空间，它们回溯了民族苦难历史，将重重屈辱与救亡图存进行了关联，试图让阅图者将关于国耻的历史地理知识转化为耻痛情感，进而化为雪耻教战的实际行动，因此它们成为实施雪耻动员、捍卫领土完整的一大载体，“真正超越了其指示地理空间、确定主权界限的工具性功能，获得了动员国民情感、铸造国家精神的巨大威力”。[④] 另一方面有助于强化国家领土观念，形塑民族身份认同。众所周知，地图既是国家版图的缩影与表现形式，又是现代民族国家的神圣象征，直接关系到一个民族的尊严。换言之，它既反映国家领土基本轮廓，同时又是一个严肃的政治空间，更是各种情感的载体，而反映丢番失地、丧权失利等内容的国耻地图作为民族屈辱的具象呈现，它们既赋予了地图强烈民族立场，又增强了受众领土空间意识，更向内外展示了捍卫领土完整的坚定决心，强调晚清以降的失地是中国领土不可分割的一部分，必须以实际行动坚决收复，在屈辱渲染、雪耻动员过程中展现了中华民族的伟大抗争精神，传播了现代意义

① 《上海孔雀领带制造公司宣传部启事》，1931 年 12 月 5 日《申报》。

② 喻沧、廖克编著：《中国地图学史》，测绘出版社 2010 年版，第 389 页。

③ 持佛：《触目伤心之世界地图》，1932 年 10 月 17 日《申报》。

④ 王海洲：《从秋海棠叶到雄鸡：现代中国地图的象征化与国家认同构建的嬗变》，《江苏社会科学》2016 年第 6 期。

上的国家民族观念,培育与升华了爱国主义感情,中华民族是一个整体的认识不断增强。正如有论者指出,“在国家认同的建构中,民族的苦难与历史上的光荣同样重要”,[①]没有深刻的屈辱记忆就没有强烈的民族身份认同。

然而,晚清民国时期的报刊几乎每年都有国人忘耻、国耻纪念流于形式的批评。1925 年,时人周齐光就撰文指出,“五九”纪念“仍无丝毫进步,言之可痛”。[②]1927 年,国立第三中山大学在电文中表示:“以国耻二字,已成为一般学生之口头禅。每值国耻纪念日,学生往往只能放假游玩,对于国耻事实,不求甚解。间有身为小学教员,而亦未能深切明了者。”[③]1932 年,署名乐山的作者批评普通民众将“五九”“九一八”国耻“忘得干干净净”。[④] 到 1937 年,仍有人撰文进行辛辣嘲讽,说“五九”国耻纪念日反因“各娱乐场均停止一天”,中山公园、图书馆、民教馆“游人增多”,甚至连“妓女都趁人气旺盛”而大势寻找生意。[⑤] 既然国耻纪念、国耻教育的效果不甚理想,那么在精神唤醒、政治动员时使用频率较高的国耻地图其实际作用就不应过度拔高。事实上,当时民众识字率低、国家观念较为淡薄,如再将民众购买力弱、部分政策执行不力等因素考虑在内,国耻地图影响的广度与浸染的深度可能相对有限,诚如时人观察,一些民众“往往决不知道”国耻地图的“真用意”,反而充斥着“这个人脸画得太大,那个人画得太小等一类无聊的批评”。[⑥]事实上,国耻地图作为历史地理信息、知识传播的一大媒介,究竟

① 刘超:《历史书写与认同建构——清末民国时期中国历史教科书研究》,社会科学文献出版社 2016 年版,第 400 页。

② 《对日外交会之纪念国耻大会》,1925 年 5 月 9 日《申报》。

③ 《第三中山大学令各校讲述国耻》,《厦大周刊》1927 年第 173 期。

④ 乐山:《忘九》,1932 年 9 月 20 日《申报》。

⑤ 《国耻纪念各地分别举行》,1937 年 5 月 10 日《济南日报》。

⑥ 张文元:《展览事业在目前民众教育趋势上之估价及今后动向》,《民教研究通讯》1935 年第 11 期。

对阅读群体产生了多大影响，即让他们从国耻记忆走向雪耻抗战，目前由于口述史、回忆录等相关史料的缺失，较难进行全面准确把握，有待学界进一步挖掘资料与深入分析。无论如何，晚清民国时期编绘出版的国耻地图顺应了救亡图存的现实需要，政府在编绘出版、社会传播过程中起到了主导作用，让国耻地图这一屈辱象征成为服务于雪耻动员的政治地图，同时一定程度上散布了现代民族观念，唤醒与动员了在校学生、普罗大众，在构建集体国耻记忆、增强国家民族认同过程中的意义应予充分肯定，但不宜过分夸大。

（熊斌，西南大学马克思主义学院副教授）

甲午战后中国海图编译的转变(1869—1914年)

何国璠

我国东南两面临海,海洋不仅是我国沿海民众重要的生存空间,也是中国与外部交流的必要场所,这些活动痕迹直接或间接地记录在历史时期的海图中。一直以来,由于以往可供研究的古海图的数量不多,导致中国古海图的研究在整个地图史研究中占比较低。随着收集整理工作的逐步推进,近年来古海图研究成果也随之日渐增多。在明代以前的古海图尚未发现实物遗存的情况下,目前对于中国古海图的研究主要集中在明至民国时期。依据其功用不同,对于古海图的研究截然分为航海图与非航海图两大类,在非航海图类中,海防图类又占绝对多数。从具体研究实例看,目前聚焦于单幅海图的个案研究仍占绝大多数,整体性的论述还比较少,且大量个案讨论的是明清传统海防图。[①] 而在从传统中国向着近代中国转变的过程中,学界对于新旧嬗变的历史过程尚缺乏细致的探讨,仅是简单诉诸外部因素。本文选取近代中国这一时段,以甲午战争为界,分析海图绘制在此前后的变化,并分析其变化的时代背景及原因,以期方家指正。

---

① 韩昭庆:《中国海图史研究现状及思考》,《海洋史研究》2020 年第 15 辑。

一、编译海图的界定及其先行研究

本文所述编译海图指的是在1840年以后,1921年民国海道测量局成立以前,中国人以英版海图为底本进行翻译、编绘形成的海图。在两次鸦片战争前后,英国海军及其下属的海道测量局对于中国沿海水域进行了系统全面的测绘,[①]并出版了大量航海指南及航海图。[②] 对于英版海图的图面特征,学界也有学者对此作了相关介绍,[③]基本特征如下:采用图名、图例、比例尺、以过格林尼治经线为零度经线标绘经纬度;标注以英寻为单位的水深数值;绘制罗经花,标注磁偏角;采用晕滃法绘制山形;标注航道及抛锚点;标注沿海及岛礁地名,详于海而略于陆。从诸多要素看,英版海图纯粹为航海图。另一方面,在1858年《天津条约》附约确立的外籍税务司制度影响下,中国旧海关事实上也开始从事部分中国海图的测绘工作:

> 众所周知,英国海军部系绘制世界海图之大机构,中国江海所用水道图均出自英国海军部。多年来,英国政府为补充海图,使海图不过时,在中国水域一直驻有测量船只。不过此项工作有时中断,由于有相当部分海岸从未彻底测量,而其航海者不得不用过时海图。鉴于上述情况,总税务司多年来致力于劝导中国海军部担当起海道测量工作,亦曾为此批准在

---

① 王涛:《天险变通途:鸦片战争时期英军在中国沿海的水文调查》,《近代史研究》2017年第4期。

② 《中国测绘史》编辑委员会编:《中国测绘史·第2卷》(明代至民国),测绘出版社1995年版,第196—206页。

③ 牟振宇、宋海燕:《英国海道测量局所绘黄浦江实测地图初探(1840—1911》,《史林》2018年第6期。黄普基、周晴:《近代珠江干流河道演变特征研究——基于近代英国所绘海图》,《历史地理》2018年第37辑。

海政局扩大测量工作，并公开发行海关海图，使此项有益工作得以宣扬。①

可见，海关海图与英国海军部海图一脉相承。1921 年，民国海道测量局正式设立，开始逐步接管之前海关所承担的中国部分海域港口的测绘工作，而在起步阶段，仍聘请海关雇员英国人米禄司承担技术顾问，并在海关下属机构刊印海图。② 据姚永超对旧海关海图的研究，中国旧海关海图绘制对象侧重沿海及内河各港口，流通于海关内部，采用英文注记或中英双语注记。③ 这类英版海图的图面特征与中国传统海图截然不同，并逐渐影响到中国人的海图绘制。

国内较早对编译海图进行关注的学者是汪家君，1980 年代末 1990 年代初先后出版了两部相关著作，分别是《近代历史海图及应用文集》以及《近代历史海图研究》，④书中主要介绍了《八省沿海全图》与《御览江浙闽沿海图》的图幅特征及其在当代工程技术方面的应用。随后，楼锡淳、朱鉴秋编著的《海图学概论》⑤进一步地论述了近代中国出现的各类海图，除上述两种海图外，还包括《大清一统海道总图》《新译中国江海险要图志》《七省沿海形胜全图》。其中陈寿彭翻译的《新译中国江海险要图志》受关注较多，先

① 参见 1922 年 9 月 30 日海关总税务司署通令第 3339 号《为总税务司对长江水道整理委员会临时技术委员会及海军部海岛测量局成立后海关尽力予以协助由》，载黄胜强主编：《旧中国海关总税务司署通令选编》(第二卷)(1911—1930 年)，中国海关出版社 2003 年版，第 351—354 页。

② 陈祯祥：《海军海道测量局的成立及其初期发展(1921—1929)》，《政大史粹》2016 年第 29 期。

③ 姚永超：《近代海关与英式海图的东渐与转译研究》，《国家航海》2019 年第 23 辑。姚永超：《百年前洋山等舟山北片岛屿的交通环境——1921 年中国旧海关绘刊“杭州湾及其入口航道图”解析》，《云南大学学报》(社会科学版)2019 年第 3 期。

④ 汪家君：《近代历史海图及应用文集》，测绘出版社 1989 年版。汪家君：《近代历史海图研究》，测绘出版社 1992 年版。

⑤ 楼锡淳、朱鉴秋编著：《海图学概论》，测绘出版社 1993 年版。

后有 3 篇硕士论文分别从传播学、翻译史、海防史角度对此书加以研究。① 伍伶飞也从地图史角度对朱正元的《御览江浙闽沿海图》有详细研究,认为该图是晚清时期中国海图由传统转向近代重要阶段的标志之一。② 总体而言,学界对于这批海图的认识以个案为主,详于图上要素的解读,缺乏图面之外整体性的分析。笔者在重新梳理并纠正和完善前人工作的基础上,探讨甲午前后中国海图编译动机的转变。

二、近代中国编译海图的谱系

通过梳理与绘图者相关的各类文献记载,笔者初步整理了近代中国编译海图谱系如表 1 所示,按照出版时间顺序排列。表中所列海图均与 19 世纪的英版海图系列有关,以下分述各图的图源。

首先是 1869 年由黄维煊绘制的《皇朝沿海图说》,虽然黄维煊在图说自序中并未说明其作品与英版海图的关系,但笔者通过对图面内容的考证,论证了其与英版海图的关联。③ 另一方面,在清末就有人提到黄维煊所绘之图属于译制西式海图。例如王宗曾在《海防策》中提及:

> 近来商轮只能依常行之针路而行,黄维煊所译之图与金楷理所译之图大同小异,皆本西人所绘,未见增修。即近出之

① 符丽静:《传播学视野下的晚清中国海洋地理学——以新译中国江海险要图志为中心的考察》,中科院自然科学史研究所硕士学位论文,2011 年。高雅洁:《晚清汉译地理图说考述》,复旦大学硕士学位论文,2011 年。伍海苏:《新译中国江海险要图志的海防地理史料价值研究》,暨南大学硕士学位论文,2016 年。

② 伍伶飞:《朱正元与〈御览图〉:晚清地图史的视角》,《中国历史地理论丛》2018 年第 1 期。

③ 何国璠:《近代中国最早系统译绘的海图集〈皇朝沿海图说〉》,《国家航海》2021 年第 26 辑。

> 沿海八省海道计里舆图与格致书院发售之大清一统海道图，皆译自西人，亦未详备……西人武备中以舆图之学为最要，设有专门，凡充行伍者，无不知地理。[①]

王宗曾认为"黄维煊所译之图"与"金楷理所译之图""沿海八省海道计里舆图""大清一统海道图"都是翻译自西人所绘之图。此处除了提及"黄维煊所译绘之图"外，还提到了其他 3 种海图。

又据 1886 年出版的《格致书室售书目录》[②]记载，其中就包括了"海道总图""海道分图""海道图说"三部著作，其中"海道总图"后标注的译者为"J. Fryer"，即傅兰雅，他不仅是江南制造局翻译馆的主要译者，同时也是格致书院的主要发起人与建设者。"海道分图"后标注的译者为"C. T. Keryer"(即金楷理)。又因为《海道图说》译自《中国海方向书》1867 年版，[③]按照《海道图说》凡例部分所载，[④]该书有图有说，然而今天"图"已然分置他处。因此，上段引文中提及的"金楷理所译之图"指代的应当是江南制作局翻译馆译印的《海道图说》附图中的海道分图，所谓的"格致书院发售之大清一统海道图"应当即是指"海道总图"。进一步结合图上地名、绘制时间及其他符号特征，笔者认为，现今看到的《大清一统海道总图》[⑤]即为 1874 年出版的《海道图说》所附的海道总图，论证了《海

---

① 〔清〕王宗曾：《海防策》，参见〔清〕邵之棠辑《皇朝经世文统编》，上海宝善斋石印本 1901 年版，第 1650 页。

② ［美］戴吉礼(Ferdinand Dagenais)主编：《傅兰雅档案》第二卷，广西师范大学出版社 2010 年版，第 310—311 页。

③ 《海道图说》卷一、二、五由傅兰雅(John Fryer)口译，其余由金楷理(Carl Traugott Kreyer)口译，王德钧笔述，同治十三年(1874)刊行。

④ 《海道图说》影印本参见童庆钧主编《江南制造局科技译著集成·地学测绘气象航海卷·第贰分册》，中国科学技术大学出版社 2017 年版，第 217—222 页。

⑤ 《大清一统海道总图》图上盖有"BRITISH MUSEUM, 21 DEC 1878"字样的印章，可知其绘制时间不晚于 1878 年。该图馆藏于 British Library: Cartographic Items Maps 62655.(3.)。

图学概论》中提出的《大清一统海道总图》大约绘于19世纪70年代的说法,并将之精确到具体年份。① 上文中提及的“沿海八省海道计里舆图”当是今日所见的《八省沿海全图》。据总理各国事务衙门《禀请测绘江浙闽沿海舆图案》的记载,1897年候选州同朱正元呈请试办江浙两省海道图,他希望此举能获得清政府支持,列举了旧有海图的各种利弊:

> 六月十七日候选州同朱正元禀称。窃思筹海莫先于形势,中国海疆之广,北起鸭绿,南迄琼州,中间大小口岸,殆以百计,非图无以周知,地势之险易,防守之缓急,沿海图惟广东省业经奉旨测绘,于十五年告成,有图有说,颇为简明,他省尚未举办,现所用者系英国海军中所绘之本,前年天津曾为译印,计七十余张,较上海制造局所译者为详,间尝细为校勘,精审详确,实非中国现在人才所能为。②

> 八月二十一日候选州同朱正元呈称。(卑职)六月间曾上筹办海图一禀,未蒙批示,谨将海图似缓实急之情形再为我宪台缕析陈之,伏祈钧鉴。中国东南带海为疆,益以沿江数千里均任外人往来,内而枢密,外而封疆经营规划,舍图无由,乃所用者,只上海制造局及北洋海军公所两种,上海本只十三页,固属太略,北洋本计七十余页,稍加详矣。③

上述两则史料中还提供了关于“上海制造局及北洋海军公所”两种

① 楼锡淳、朱鉴秋编著:《海图学概论》,第98页。

② 《候选州同朱正元禀请测绘江浙闽沿海舆图案——条陈测绘海图事宜由》(光绪二十三年六月十七日),台北“中研院”近代史研究所档案馆藏,总理各国事务衙门档,01-34-005-04-001。

③ 《候选州同朱正元禀请测绘江浙闽沿海舆图案—条陈测绘海图事宜由》(光绪二十三年八月二十一日),台北“中研院”近代史研究所档案馆藏,总理各国事务衙门档,01-34-005-04-002。

海图的部分信息，其中“上海本只十三页”“北洋本计七十余页”。“上海本”即江南制造局翻译馆翻译出版的《海道图说》附图，“十三页”也符合这套海图的图幅数量，[①]因此更加肯定了现今所见的大清一统海道总图即是1874年出版的《海道图说》的附图。而“北洋海军公所”出版的“北洋本七十余页”也即是王宗曾所说“近出之沿海八省海道计里舆图”，其数量也与今天所见的79幅《八省沿海全图》[②]吻合。在成图时间上，据1897年朱正元所述“前年天津曾为译印”，可推知《八省沿海全图》的成图时间在1895年，而非《海图学概论》中提出的约成图于80年代，[③]这两套图均译自“英国海军中所绘之本”。

光绪二十四年(1898)程鹏绘成的《沿海七省口岸险要图》，现藏于中国第一历史档案馆。[④] 据作者程鹏(时任兵部七品小京官)所述，该图“每省冠一总图以觇大势，各口列一分图以详险要，大旨据英国海部图而反客为主，命意不同，注重陆岸形势，缩临摹绘，务极简明，共成图五十幅”。可见程鹏所绘之图同样参考了英版海图。[⑤]

朱正元于1899—1901年陆续绘成的《江浙闽沿海图》也同样是在英版海图的基础上完成的。该图凡例称：“是图系就西图增改，即付石印，画法均抚其意；欲求仿佛，愧未能也。”[⑥]

1901年，上海经世文社出版《新译中国江海险要图志》，该书

① 图幅总数13，参见楼锡淳、朱鉴秋编著：《海图学概论》，第99页。

② 汪家君从图幅特征方面考证，同样认为《八省沿海全图》的母本正是19世纪英国海军舆图局出版的海图。参见汪家君：《晚清〈八省沿海全图〉初探》，《杭州大学学报》(自然科学版)1988年第4期。

③ 楼锡淳、朱鉴秋编著：《海图学概论》，第99页。

④ 中国第一历史档案馆等编：《广州历史地图精粹》，中国大百科全书出版社2003年版，第47—49页。

⑤ 程鹏：《奏为进呈沿海七省口岸险要图并通筹防海全局恭具折》(光绪二十四年八月初六日)，中国第一历史档案馆藏，军机处全宗，03-9456-019。

⑥ 吴志顺：《江浙闽沿海图校记》，《禹贡》1935年第三卷第十一期。

是陈寿彭对《中国海方向书》最新版本中国部分的翻译,“新译”之名正是为了有别于江南制造局“旧译”《海道图说》。陈寿彭在该书后“酌选西图之要者,手为模绘;大者缩,小者拓,精繁者切割为数图,共成二百零八轴,厘为五卷”[①](其中首幅为罗经图)。

民国 3 年(1914 年)初版,1926 年商务印书馆再版的《七省沿海形胜图》[②]很大程度上是作者童世亨对朱正元《江浙闽沿海图》的延续。童世亨在图序中说:

> 山阴朱吉臣(正元)先生始持西图赴沿海一带补测海岸,调查地名,成江浙闽沿海图若干幅,说若干篇,为空前绝作,迨赴山东沿海,(世亨)亦往从之,游险要……终以不耐劳苦,半途辞归,乃归,未经年,先生竟积劳成疾,测至大沽口,遂齐志以没,后起无人,未能将先生数年间实测图稿刊行问世,而(世亨)临别携归之山东沿海图稿十余幅,又不幸于留学东京时为祝融搜去,仅留当年刊附于初版中国形势一览图后之缩稿二纸,故某山某岛犹能记其大概,近方搜集宿稿并参考各种图籍绘成沿海图五幅,分图若干。

童世亨在《七省沿海形胜全图》例言[③]中进一步解释了该图的图源:

> 是图系就日本邮船会社所刊航海图数十幅,择其关于我国海疆者,缩绘併合而成。(原图系就英国海军图增订刊,以供航海之用,惟奉天沿海,经日人详细测绘,地名多得诸我国,与译自西图者不同。)并参考朱正元著江浙闽沿海图说,及畿

① 陈寿彭:《新译中国江海险要图志》,上海经世文社本 1901 年版,卷首译例。

② 每幅图中包括局部放大分图,分图共计 22 幅。据该图作者童世亨自序,“若夫长江沿岸之险要名胜,以及白河、西江等航路之所经,将另刊分图以公诸世,兹不赘述”,可知长江图另绘,可惜并未得见。

③ 《民国丛书》编辑委员会编:《民国丛书·第三编》第 74 册历史·地理类《企业回忆录·上册》,上海书店 1991 年版,第 102—103 页。

> 辅通志中疆域图说，浙江全省舆图(并水陆道里记)，福建全省地舆图、广东舆地全图等以正其名。山东沿海更就世亨测量所及，细为订正。

这两段引文中叙述了童世亨曾追随朱正元测绘山东沿海，学习海域测绘知识。后来他“参考各种图籍绘成沿海图五幅”，主要的参考图籍就包括了日本邮船会社所刊航海图数十幅，而这套图同样源自英国海军图。可以推知其绘图理念仍然是与朱正元类似，即在“西图”基础上进行增改。

1903 年，上海鸿文书局刊印了《新编沿海险要图说》①，在自序中，作者余宏淦说道：

> (淦)也不才，思效其一得之，愚窃于游踪所及或遇通人达士之老于航海者，不惮博访周咨，究其要害，而又取西人近绘之沿海地图与中国原有之图，远证旁搜，不揣擣昧，编成沿海险要图说十六卷，起自盛京鸭绿江口……

足见其《新绘沿海长江险要图》同样是一套参考了“西人近绘之沿海地图”的地图集。

《浙江沿海要口全图》②图上注明由浙江督练公所参谋处测绘股绘图生沈应旌摹绘，石印所印。根据图面内容，判断绘图日期约在光绪二十八年至民国元年(1902—1912 年)。因为资料不详，无法确切知道其母本到底为何，但无疑是一幅在英版海图基础上的改绘图。

在系统梳理了表 1 中各类编译海图的图源后，可知他们最主要的图源是英版海图。近代中国不断涌现的以英版海图为底本的编译海图，或可称之为“英版海图谱系”。

---

① 该套图可在国家图书馆—中华古籍资源库在线浏览，出版时间据余宏淦：《新编沿海险要图说》自序，光绪二十九年石印本，上海图书馆藏本：线普长 441274－78。

② 美国国会图书馆藏本：G7823.Z5R4 1911. S5。

表1　近代中国编译海图谱系整理

序号	名　称	绘制(再版)时间(年)	绘制者	图幅数量	绘制区域	馆　藏
1	皇朝沿海图说	1869(1884再版)	黄维煊	32	中国沿海、长江中下游	国家图书馆有藏
2	大清一统海道总图	1874	江南制造局翻译馆(傅兰雅,金楷理)	13	中国沿海	大英图书馆有藏
3	八省沿海全图	1895	北洋海军公所	79	中国沿海、长江中下游	国家图书馆有藏
4	沿海七省口岸险要图	1898	程鹏	50	中国沿海	第一历史档案馆
5	江浙闽沿海图	1899—1901	朱正元	36	江苏、浙江、福建三省沿海	国家图书馆有藏
6	新译中国江海险要图志	1901(1907再版)	陈寿彭	208	中国沿海、长江中下游	国家图书馆有藏
7	新绘沿海长江险要图	1903	余宏淦	27	中国沿海、长江中下游	国家图书馆有藏
8	浙江沿海要口全图	约1906—1911	沈应旌	1	浙江沿海	美国国会图书馆有藏
9	七省沿海形胜全图	1914(1926再版)	童世亨	5	中国沿海	哈佛大学图书馆有藏

三、甲午战后海图主旨的转变

虽然上述海图在图幅特征上相差无几,但其绘图的主旨前后迥异。以下从图名和绘图动机两个方面展开叙述,两者互为表里。古地图的图名是极易被忽视的一个要素,古人讲求名正言顺,一幅图的图名通常即反映了绘图者的意图所在。从图名看,甲午战争后编译的海图普遍属于海防图一类,这就需要从海防图的定义谈起。然而古代文献中对"海防图"并无确凿的界定,仅仅留下了"防海之制谓之海防"①的记载,明末天启年间茅元仪编辑的《武备志》也记载:"海之有防,自本朝始也;海之严于防,自肃庙时始也。"②也正是在明代,才开始有专门的海防图籍出现。部分当代学者曾给出过一些定义,例如楼锡淳、朱鉴秋在《海图学概论》的《明代的海防图与海运图》一节中对海防图的定义为:"海防图是一种沿海军事地图。明代海防图具有如下 3 个特点:图幅配置以海岸线为中心;岸线形状详细描绘;岛屿名称及海防设置注记特别详细,海防图上沿海陆地除表示山名、江河名及行政建制州、县外,还包括沿海险要处的卫所、关寨、营堡、巡检司、烽堠"③。又如席会东在《中国古代地图文化史》中对"海防图"的定义:"海防图是主要描绘东部沿海地形地势、海岛洋流、卫所建置、兵力部署、防御工事情形的地图。"④两者的定义实质上都是对现存海图特征的总结,并不能代表古代绘图者在绘制海防图时的命意。笔者认为,界定海防图应当换一种视角,即综合考虑绘图者的动机与绘图背景。《图画

① 〔明〕胡宗宪辑:《筹海图编》,明天启四年(1624)胡维极重校刻本,第 12—13 页。

② 〔明〕茅元仪撰:《武备志》卷 209《海防》,顾廷龙,傅璇琮主编:《续修四库全书》第 965 册,第 744 页。

③ 楼锡淳、朱鉴秋编著:《海图学概论》,第 82—86 页。

④ 席会东:《中国古代地图文化史》,中国地图出版社 2013 年版,第 305 页。

见闻志》叙图画名意中提到：

> 古之秘画珍图，名随意立。典范则有《春秋》《毛诗》《论语》《孝经》《尔雅》等。其次后汉蔡邕有《讲学图》，梁张僧繇有《孔子问礼图》，隋郑法士有《明堂朝会图》，唐阎立德有《封禅图》……①

这一原则在古地图中亦可适用，图名中即包含了图意，例如《郑开阳杂著》卷八《海防一览》中的《万里海防图》，在明清方志中，以"海防"为名的海防图更是普遍存在。② 因此，图名中明确带有"海防"或类似字样的海图可以被视作严格意义上的海防图。例如在清乾隆二十六年(1761)的皇家舆图目录《萝图荟萃》与乾隆六十年(1795年)的《造办处舆图房目录续》中出现的"台湾澎湖海洋巡防全图一卷，浙海舟山形势图一张，江海墩台营汛全图一卷，福浙两省江海驳台式样一卷，明徐必达海防全图十幅"均为海防图无疑。③

另一方面，也存在部分海图，图名中不带有海防色彩，甚至没有图名，但其图面内容可用作海防。例如陈伦炯《海国闻见录》中的《沿海全图》，陈伦炯在自序中叙述其目的包括"志圣祖仁皇帝暨先公之教于不忘""使任海疆者知防御搜捕之扼塞""经商者知备风潮、警寇掠""广我皇上保民恤商之德意"。其中"使任海疆者知防御搜捕之扼塞"无疑是包括了海防的内涵。此外，成一农指出："在《海国闻见录》乾隆五十八年(1793)版的马俊良、那苏图、纳兰常安和彭启丰所做的序中，更多强调的是该书对于海防的重要性。在

① 〔宋〕郭若虚撰，吴企明校注：《图画见闻志校注》，上海书画出版社2020年版，第32—33页。

② 何沛东：《清代浙闽粤三省方志海图的整理与研究》，复旦大学博士学位论文，2018年。

③ 汪前进编选：《中国地图学史研究文献集成 民国时期》，西安地图出版社2007年版，第1873—1884页。

此背景下,陈伦炯书中所附地图无疑具有军事地图的性质,因此可以被认为是海防图”。该图的衍生作品还包括《海疆洋界形势全图》《七省沿海图》《新绘七省沿海要隘全图》《沿海防卫指掌图》等。摹绘后图名的变迁也反映了一种更强烈的海防取向被赋予到海图上。结合王庸关于古代土地疆域之图和兵事地图同出一源的观点,这部分沿海疆域图可以被视作广义上的海防图。① 因此,在考虑一幅古海图是不是海防图的时候,既要考虑其图名,也要考虑其图幅特征、时代背景及绘制动机。

据此分析,从图名上看,甲午战争之前的编译海图并不纯为海防而绘。《皇朝沿海全图》为一套图集,内含一幅总图及 31 幅分图,分图的图名多为从某处至某处,例如第十一帙《从香港起至遮浪止》,或某某地放大分图,例如第四帙《海坛放大分图》,体现的是“海道”的属性。《八省沿海全图》与之类似,也属于一套航海图集,因此,从图名角度看,甲午战争之前成图的《皇朝沿海图说》《大清一统海道总图》《八省沿海全图》均可归为航海图一类。

而对于甲午战争之后成图的《沿海七省口岸险要图》《新译中国江海险要图志》《新绘沿海长江险要图》《浙江沿海要口全图》《七省沿海形胜全图》,图名中包括的“险要”“要口”“形胜”无不是凸显其“海防”属性。《江浙闽沿海图》的图名虽然没有包含海防字样,但作者朱正元在图序中已经表达了该图用作海防的主旨。

从绘制动机看,甲午战争之前的几部海图并无明确的指向。但对于甲午战争之后成图的几部海图,绘图者均表明了其背景动机。例如朱正元在《江浙闽沿海图》的序中说道:

> 近年来,西人挟其坚船精器,穷搜瀴溟,轮帆所之,辄绘为图;归而上之于其海部,议可,乃行。今英国海部所刊之本,几遍地球,逞雄海上,有由来矣。往者天津上海尝节取其所绘中

① 赵中亚选编:《王庸文存》,江苏人民出版社 2013 年版,第 292 页。

> 国沿海图译行于世,一洗从前望洋影响之陋。顾主客异势,取舍不同,以之航海则犹可,以之筹边则不足。①

朱正元一方面肯定了英版海图的重要性,同时又认为:“以之航海则犹可,以之筹边则不足”。故而提出“欲取为我用,尚有宜增改者数端。一,近年新造炮台及所置之炮;二、驻扎勇营;三、营县分辖;四、城市远近;五、内通水道;六、山川形势。凡此六者,虽偶亦叙及而漏略尚多。此洋图之犹待增补者也。”②

陈寿彭在《新译江海险要图志》卷首的序言中更是直接提出:

> 是书专为舟师指南耳。吾子独举险要为言,何也?则应之曰:指南者,向导也。不用向导者,不能得地利。因向导而得地利者,即告我以险要也。而原书之告我以险要者,又不仅于有形也。凡风涛变灭,沙岸转移,港门之通塞开合,航路之进退顺逆,有法可乘,有数可据,无形亦使之有形。出险要之外,实合于险要之用也……险要之用变换大矣。军之胜负,国之废兴,悉寓于是。③

陈寿彭认为,“航行指南”天然地就带有“沿海险要”的属性,因而可以用作海防,因此其著作名称不同于旧译的《海道图说》,而是命名为“险要图志”。

与其他编译海图的绘制背景类似,《新编沿海险要图说》的成书也是源于晚清日益严峻的海防形势,余宏淦在自序中提到:

> 盖古时扼要在陆地,故山川形胜恒在西北。今时守险在海疆,故轮舶往来,多在东南……虽然敌越数万里之重洋,而能攻人之险,掠人之地,而我近在咫尺,反不能扼自有之险,以

① 吴志顺:《江浙闽沿海图校记》。

② 《候选州同朱正元禀请测绘江浙闽沿海舆图案——条陈测绘海图事宜由》(光绪二十三年六月十七日),台北“中研院”近代史研究所档案馆藏,总理各国事务衙门档,01-34-005-04-001。

③ 陈寿彭:《新译中国江海险要图志》,自序。

> 固我疆圉,形势不识,防御不周,不特四郊多垒为卿大夫辱,亦我沿海七省人民所引为大辱者也。士生今日欲发愤为雄,必以救弊起衰为急。欲救弊起衰,必以识沿海形势为第一义。盖能熟悉夫沿海形势,则某处可以御敌,某处可以设伏,庶几以战,则克以守,则固张我军威,即可以折敌人凶焰。第沿海七省上自盛京、下至广东,绵延一万三千余里,大小海口,有数百处,非深识岛屿之险易,口门之广狭,沙线之深浅,水性之顺逆,与夫炮台可恃不可恃,接应或近或不近,不足以出奇而制胜。①

余宏淦认为,“欲救弊起衰必以识沿海形势为第一义”,熟悉沿海形势才可以御敌、设伏,因此其绘制沿海险要图说的目的仍是专用于海防。

童世亨在《七省沿海形胜全图》的例言中提到,该图“于名胜险要处,特提示数语,以醒阅者之目。至各处潮汐涨落,非用以航海,则无甚关系,故从略”。② 可见《七省沿海形胜全图》更偏重于名胜险要,并不强调其航海功用。

由上可知,尽管在图面内容上,甲午战争前后编译的海图均模仿自 19 世纪盛行的英版海图,但前后两期的主题并不相同。甲午战争之前编译的海图更多的是作为西方的舶来品被引入国内,冠以“海道图”之名。而甲午之变对国人的震动是前所未有的,此后,英版海图作为一种航海图,被大量编译为海防图。

四、余　论

文章开头曾述及中国传统海图依据功用不同,可以分为航海

① 余宏淦:《新编沿海险要图说》,自序。

② 《民国丛书》编辑委员会编:《民国丛书·第三编》第 74 册历史·地理类《企业回忆录·上册》,第 102—103 页。

图与非航海图两大类,而非航海图中海防图类又占绝大多数。海防图与航海图在图面形制和内容上均有较大差异。通过对于近代中国编译海图的梳理分析,可以观察到英版海图的引入最先是从航海图领域开始的,一直到甲午战争之后才大规模地将英版海图编译为海防图,可以从两个角度对这一问题略作探讨。

从西学东渐的角度看,海防图的壁垒较之航海图更加深厚。自明代郑和航海以后,中国封建王朝几乎不再有官方航海行为,除了示意性的海运图外,用于实际航行的航海图书仅为沿海渔民和商船使用,不受士人重视,存世数量较少且多为手抄本。英版海图本身即是作为英国海军与商船的航海图而绘制的,同样是用于航海,因此能更早被译作“海道图”。而海防作为国家战略,历来受各级士绅所看重,海防图相应更受重视,明清海防图书、沿海地区方志中大量刊印的海防图亦可佐证这一点。从侧面看,洋务运动时期培养的诸多通晓外语、熟悉西学的人才也构成了甲午战争之后海防图大量编译的基础,他们在改造英版海图方面具备了更强的主观能动性。

从甲午战争的角度看,甲午战争在中国近代史上具有划时代的意义,开启了中华民族意识觉醒的历程。① 此前的洋务运动还仅仅是由清政府官方主导,而在甲午战争之后,全面向西方学习成为举国上下的共识。② 在前文所述的编译海图谱系中,《皇朝沿海图说》的作者黄维煊是福州船政局的干吏,也是洋务运动的亲历者,《海道图说》《八省沿海全图》分别由江南制造总局、天津海军公所编译,他们编译的海图很大程度上反映了官方的意愿。而此后的程鹏、陈寿彭、朱正元、童世亨都是自发地去编译海防图,表明了

① 王继平、张晶宇:《论1895年——19世纪末20世纪初中华民族意识的觉醒》,《湘潭大学学报》(哲学社会科学版)2016年第5期。

② 葛兆光:《1895年的中国:思想史上的象征意义》,《开放时代》2001年第1期。

晚清士人也都意识到传统海防图的不足并从英版航海图中汲取新知。

1898年张之洞在《劝学篇·设学第三》中阐述："四书、五经、中国史事、政书、地图为旧学，西政、西艺、西史为新学。旧学为体，新学为用，不使偏废。"[①]对于此处的"地图"，张之洞在《劝学篇·学制第四》中另一段写道："如小学堂地图则极略，仅具疆域山水大势，又进则有府县详细山水，又进则有铁路、电线、矿山、教堂，余书仿此。"[②]因此这里的"地图为旧学"无疑指涉的是中国旧有的舆地学传统，当然也包含了中国传统的海防图。《劝学篇》的产生是张之洞为了维护"旧学"而作，却也反映了当时"西学"之汹涌。甲午战争的失败无疑加剧了这一过程，刺激传统海防图迅速西化，至此，中国传统海图二分的局面也逐渐消融，无论是航海图还是海防图，均呈现英版海图的面貌。

（何国璠，复旦大学历史地理研究中心博士研究生）

① 张之洞：《劝学篇·设学第三》，（1898年4月），冯天瑜、姜海龙译注《劝学篇》，中华书局2016年版，第195页。

② 张之洞：《劝学篇·学制第四》，（1898年4月），冯天瑜、姜海龙译注《劝学篇》，中华书局2016年版，第203页。

传统与现代的折中：民初教育改革中的“经训”*

李　帅

民国肇建，建立何种“中心思想”成为摆在袁世凯政府面前的首要问题。但是，由于袁世凯政府缺乏近代思想资源，因此不得不借助于传统思想以为立国之本。然而，袁世凯政府对于传统思想资源的借用与改造，加剧了社会上的新旧之争。面对新旧冲突，时任教育总长的汤化龙提出了“经训”思想，用以调和新旧。因此，“经训”思想成为民初儒学重回到学校教育的一次尝试。但最终因为“经训”自身的问题及时局的动荡并没有能够复兴儒学，反而使“孔子”“儒学”成为新文化运动批判的对象。由此中国启蒙进入一个新的历程，“经训”亦成为时代的陈迹。①

---

* 本文为国家社科基金重点项目“民间与官方互济视野下近代白话书写研究”(项目编号 17AZS002)阶段性成果。

① 关于“经训”问题，已有的研究多是涉及，但没有完整的论述。相关研究可见张宝明、李帅：《民间与官方资源互动视角下的中国新文化运动》，《安徽大学学报》(哲学社会科学版)2019 年第 3 期；王俊桥、郝幸艳：《汤化龙与袁世凯关系考辨》，《华中师范大学学报》(人文社会科学版)2013 年第 4 期；肖建东：《汤化龙宪政思想及其实践研究》，华中师范大学博士研究生学位论文，2018 年，见其第四章第三节第一部分。

一、民初废经与读经之争

经书作为科举应试的必读文本,读经在传统教育中是天经地义之事本不存在争议,但是由于清末新政实行之后,兴学堂与废科举的举措使得"经书是否要读"成为一个教育问题。

1906年,清政府颁定教育宗旨:"中国政教之所固有,而亟宜发明以距异说者有二:曰忠君,曰尊孔;中国民质之所缺,而亟宜箴砭以图振起者有三:曰尚公,曰尚武,曰尚实。"①该宗旨将"尊孔"作为中国固有之"教",因此读经在当时教育政策中就占有重要的位置。依据《学务纲要》规定:"中小学堂宜注重读经以存圣教"。但是对于《十三经》这样浩繁的经书即便是通学大儒尚不能全通,更何况中小学生。因此,"现办中小学堂,科学较繁,晷刻有限。若概令全读《十三经》,则精力日力断断不给,必致读而不能记,记而不能解,有何益处。且泛滥无实,亦非治经家法。兹为择切要各经,分配中小学堂内。若卷帙繁重之《礼记》《周礼》,则止读通儒节本,《仪礼》则止选最要一篇。自初等小学堂一年,日读约四十字起,至中学堂日读约二百字为止。大率小学堂每日以一点钟读经,以一点钟挑背浅解"。② 新的学制虽然规定读经,但对于读经的内容已有所删减。

关于读经问题的出现究其原因在于"读经"不合乎教育科学,"今教育之所由可贵者,以其毕本乎科学之原则"③。小学读经不

---

① 《学部奏请宣示教育宗旨折》,舒新城编:《中国近代教育史资料》,人民教育出版社1961年版,第204—206页。

② 〔清〕张百熙撰:《学务纲要》,谭承耕,李龙如校点:《张百熙集》,岳麓书社2008年版,第43页。

③ 顾实:《论小学堂读经之缪》(续),《教育杂志》第1卷第5期,1909年6月12日。

符合科学的原因在于“不便于直观教授”。因为，“儿童心理，但能领会直观之教授。一涉想象，即易迷惑。经书文义高深，举凡性理明言，伦常宏旨，政治大纲，无不散见于单文支意。其古奥之字句，有为成年人所骤难索解者。虽《孝经》《论语》已近浅显，而幼年听受尚苦艰深，况关于性理政治之名词”。为解决在学堂中读经的问题，各省教育总会联合会提出的解决方法是将小学三四年级的读经时间“改为其他各科时间而节录经训，定为修身科之格言，且以经书为教员最要之参考书”①。这就把读经的任务转交给了教员，而非由学生承担。清末关于学堂“读经”问题的探索因为辛亥革命而中断。

在辛亥革命后建立了南京临时政府，并确立了共和体制。蔡元培作为第一任教育总长，其个人教育理念对当时的教育政策有着重要的的影响。蔡元培认为，“教育有二大别：曰隶属于政治者，曰超轶乎政治者。专制时代(兼立宪而含专制性质者言之)，教育家循政府之方针以标准教育，常为纯粹之隶属政治者。共和时代，教育家得立于人民之地位以定标准，乃得有超轶政治之教育”。因此，蔡元培认为清季的教育宗旨：“曰忠君，曰尊孔，曰尚公，曰尚武，曰尚实”。其中“忠君与共和政体不合，尊孔与信教自由相违”。② 因此，南京临时政府教育部于1912年1月19日公布了《中华民国教育部普通教育暂行办法》(以下简称“暂行办法”)。郭秉文评价该“暂行办法”：“若论其暂行办法与各级学校课程，不过为权宜之计，故缺憾甚多”。③ 虽“缺憾甚多”，但是其中的规定还是

① 《各省教育总会联合会决议案》，《教育杂志》第3卷第6期，1911年7月5日。

② 在“意见”中蔡元培认为“孔子之学术，与后世所谓儒教、孔教当分别论之。嗣后教育界何以处孔子，及何以处孔教，当特别讨论之”。蔡元培：《对于新教育之意见》(1912年2月11日)，高平叔编，《蔡元培全集(1910—1916)》(第2卷)，中华书局1984年版，第130、136页。

③ 郭秉文：《中国教育制度沿革史》，商务印书馆1922年版，第91页。

体现了新旧鼎革的时代交替,例如"初等小学,可以男女同校"。对于"经课"规定"小学读经课,一律废止"。① "男女同校"打破了千百年来的男女大防的传统思想,撬动了传统社会的秩序。"经课废止"使得清末以来在新式学堂课程中占有尊贵地位的"经学"开始被排挤出国民教育中。与不读经相适应的是祀孔典礼的改革。浙江省民政司致电教育部询问文庙祀孔问题,教育部与内政部致电各省称:"民国通礼,现在尚未颁行。在未颁以前,文庙应暂时照旧致祭。惟除去拜跪之礼,改行三鞠躬,祭服则用便服,其余前清祭典所载,凡涉于迷信者,应行废止。惟各地所有祀典不同,请由本省议会议决存废。"②南京临时政府教育部新的教育理念对北洋政府教育部及教育政策都产生了深刻的影响。

袁世凯作为北京政府新一任的临时大总统,其不得不面对重建国家中心思想的历史任务。袁世凯也清楚"欲缔造新国家,举国民之思想、能力、道德、习惯,不能不根本刷新,以奠新国之基础,而应世界之大势"③。而对于"笃志兴学者",袁世凯期望其能"通而不泥,实而不华"④。所谓"通而不泥"是不局限于传统的教育及观念。对于教育,显然政府采取了一种开放的态度。但是在"新政府"的建设过程中,袁世凯又不得不乞灵于"旧思想"。袁世凯认为,"自古开国之初,未有诪张为幻而可以长治久安者。诚以礼义廉耻,国之四维,四维不张,国谁与立"。因此,袁世凯要"申儆全国,宜崇质直之风,毋蹈诡谲之习"。⑤ 袁世凯所谓"崇

① 《中华民国教育部普通教育暂行办法通令》,《教育杂志》第 3 卷第 10 期,1912 年 5 月 10 日,再版。

② 《南京:关于祀典存废之通电》,1912 年 3 月 12 日天津《大公报》。

③ 《阅视各小学校学生祝贺国庆训词》(1914 年 10 月 13 日),骆宝善、刘路生主编:《袁世凯全集》(第 29 卷),河南大学出版社 2013 年版,第 100 页。

④ 《大总统令》(1914 年 5 月 23 日),《教育公报》第 1 期,1914 年 6 月 28 日。

⑤ 袁世凯:《申儆国人崇质直之风令》(1912 年 7 月 12 日),骆宝善、刘路生主编:《袁世凯全集》(第 20 卷),河南大学出版社 2013 年版,第 183 页。

质直之风”的要求本身就充满了旧思想的气味。以此，袁世凯于1912年9月20日发表《通令国民尊崇伦常文》一文。在文中袁世凯指出“本大总统深惟中华立国，以孝悌忠信礼义廉耻为人道之大经”。但是在共和时代，“孝悌忠信礼义廉耻”的内容是不能原封不动地照搬帝制时期。因此，袁世凯进一步解释道：“古人以上思利民。朋友善道为忠。原非属于君臣之际。自余七德，虽广狭有殊，而人群大纪，包举无遗。”[①]显然袁世凯希望通过对传统思想的“新解释”使其适应新生的共和体制。折中举措实质上已经反映了袁世凯政府在重建国家中心思想时所处的时代困境。

与官方举措相呼应的是在民间社会掀起的读经、尊孔运动。康有为、陈焕章等人发起成立了“孔教会”。他们力图通过使儒家学说“宗教化”，使儒家思想在脱离政权之后能够继续作为指导民众思想和行为的理论。“宗教化”虽说是儒家思想信奉者“去政治化”努力的尝试，但是在思维的惯习下，他们仍然依赖传统的路径即寻求政治支持。这一时期，陈焕章关于孔教的政治诉求，仍然是希望能够得到政权的支持，尤其是将“孔教”定为国教并写入宪法之中。孔教会的意图是借助于政权力量维持儒家话语体系的权威。因此，陈焕章要求将孔教定为国教，“然后世道人心，方有所维系，政治法律，方有可施行”[②]。王锡蕃于1912年6月在山东人创建孔道会，其宗旨为“本圣道完美之义理，融各家发明之学说，以陶淑人民道德，促进社会文明，扶持世道，进于大同”[③]。孔道会总部

① 徐有明编：《袁大总统书牍汇编》(卷二)，新中国图书局1931年版，第17—18页。

② 郇庆书：《陈重远先生传》，转引自陈焕章撰：《陈焕章文录》，岳麓书社2015年版，第543页。

③ 《孔道会大纲》，《中华民国史档案资料汇编 · 文化》第3辑，凤凰出版传媒集团凤凰出版社1991年版，第65页。

设在山东曲阜,分支遍及河南、直隶、陕西等地。陈焕章1912年10月在上海组织成立的孔教会,以"昌明孔教,救济社会"①为宗旨,推举康有为为总会长,出版《孔教会杂志》。在北京,1913年4月27日,孔社"虎坊桥湖广会馆开成立大会"②。这些组织成立之后,开展各种形式的尊孔活动。

在这种社会风潮的带动下,反对"废经"的声音也不断高涨。反对"废经"的观点认为,现代教育"德育为始基",其地位高于"智育体育"。而"经学一科,正为德育之本"③。但对于时人所批评的经书浩繁,经义深奥不适用于中小学生的问题,"读经"支持者认为,"圣人之以经示人也,止求其适于用"。而且他们也认为,"中国数千年来,其道德为人人所信服者孰有过于孔子,言道德之书者,又孰有过于孔子之六经"④。因此,孔道会王锡蕃等向袁世凯呈请"准各学校读经讲经"⑤。对于教育部废经的命令,教育界亦有反对的声音,例如广州"教育司发布此项通令后,各小学校之反对者甚多,有拟上书教育总长力争,并欲取消部令"⑥等。孔社成员广东人李青、何耀燊、王志炳呈请"自由读经",尤其是请准予在村塾中读经的请求。⑦

对于在初等学堂设立读经一科,教育部则是极力反对。教育

---

① 《孔教会立案之部批:内务部批》,《昌明孔教经世报》第1卷第2期,1922年2月。

② 《函报四月二十七日开成立大会请莅临指导由》,中国第二历史档案馆藏:《北京孔社本部、上海圣道宣讲社组织成立的文书》,档案号:一〇〇一(2)—1755。

③ 刘瑞宇:《论小学读经一科不宜尽废》,《汇学课艺》第2期,1913年。

④ 梁士贤:《论今日之学校急宜恢复读经》,《孔教会杂志》第1卷第9期,1913年10月。

⑤ 《孔道会请准各学校读经讲经呈文》(1914年1月8日),《孔教会杂志》第1卷第11期,1913年12月。

⑥ 《粤教育界争存读经》,《教育杂志》第5卷第3期,1913年5月10日。

⑦ 《北京孔社呈请大总统准予村塾读经原稿》,《宗圣汇志》第1卷第4期,1913年8月。

总长汤化龙认为，“国民教育，以初等小学为正轨，其学科，则应遵照教育部审定图书教授，不容任意增减”。但是各个私立小学却在教育部规定科目之外“增设读经一科”，例如“长沙丽泽小学校，高等科每周授《论语》二小时，初等科每周授《诗经》四小时。甚至翼经学校，且以专授各经号召生徒。省会学校，尚且如斯，各县学校类此者，当更不少”。对于违犯教育部三令五申坚持读经的情况，教育部认为，“小学读经有损无益，借此尊孔，尤非笃论。似此自为风气，既与教育原理相背驰，尤于现行法令相抵触”，并下令严加取缔，“禁止各小学校添设读经一科，如有违抗不遵者，应即勒令停办”。① 广东教育厅不得不采取强硬手段，对于“仍有课读经书，不谙教授，或阳奉阴违，希图巧取者，一经调查员报告到司，查核无异，不论该塾设备如何，生徒多寡，当即严加惩戒。并函请警厅行区勒令解散”等。②

由于读经与废经的问题，在当时“函电交驰，议论沸腾。久为教育界争执之烧点，固非毫无所见。而非议之者，亦各持之成理。议论纷纷，至今莫衷一是。称此次问题影响于教育前途者颇大”。③ 而作为教育部也不得不在国家政策与民间舆论两者之间寻求新的平衡点，以便促进教育的发展。正如教育部对于“不读经书”部批的解释所言：“修身教科书之编著，固皆原本经义，折衷至圣，于经文之能令儿童解悟者，亦可断章取义，节录入文。虽无读经之名，仍本(不——引者注)失读经之实”。④ 这种“折衷”方案在汤化龙就任教育总长后尝试在教育系统中推行。

① 汤化龙：《兼民政长汤通饬各县禁止小学读经令》，《教育粹编》第1期，1914年7月1日。

② 《本司布告广州市学塾应遵部令废止小学读经并遵司订改良办法》，《广东教育公报》第1卷第9期，1913年6月。

③ 丁德合：《读经问题之商榷》，《中华教育界》第20期，1914年8月20日。

④ 《解释中小学校不读经书之部批》，《教育周报》第19期，1913年9月23日。

二、汤化龙在教育领域的经训实践

“经训”一词为经学中习惯用语，如蔡邕在《上封事陈政要七事》中言：“诸生竞利，作者鼎沸，其高者颇引经训风喻之言。”①韩愈亦有“文章岂不贵，经训乃菑畬”②的诗句。在传统“经训”的含义里“经”则是指儒家的十三经，“训”则是对经义的解释。关于学堂与读经的问题在清末时人就不断提出采取折中的办法。如1905年竹庄在反对小学设立读经一科时即言：“今即欲为教科书计，则采其中之格言，合乎今日之情势者，编入修身书可也。”③陆费逵在评价中央教育会关于小学不设读经讲经科目时称：“夫经之为物，其用有四。精义格言，人人所当服膺，则采入修身课本一也。治平要道，为国者所当力行，则法科大学及专门法政学堂编入讲义，二也。文章古雅，可资风诵，可选入国文读本，三也。事实制度，古史所征，则讲习历史，用为参考，四也。初等小学当采其第一义，即本案之精神也。高等小学以上当采其第三义。”④无论是竹庄的“合乎今日之情势”还是陆费逵的“人人所当服膺”都是在肯定经书教化作用的前提下对经书的内容有选择的摘录。

民国初年，教育部内部对于“读经”问题亦不乏支持者。如汪大燮任教育总长之时就认为，“坊间已刊之各种教科书，多不涉及孔子之言，欲行重新编纂”。尚未实行，汪大燮便辞去教育总长之职。继之者署理总长蔡儒楷认为，“中小学校之教科书皆须将四书五经所载言语择要编入。使儿童均知尊孔，以挽颓风”。教育部重新制定了编定教科书的手续四项，分别是：“一、此项教科书以不

① 《后汉书·蔡邕传》。

② 〔唐〕韩愈：《符读书城南》。

③ 竹庄：《论读经非幼齿所宜》，《东方杂志》第2卷第10期，1905年11月21日。

④ 陆费逵：《论中央教育会》，《教育杂志》第3卷第8期，1911年10月1日。

背共和原理为要义。二、延聘名儒硕士担任编纂。三、其坊间所售本部前次审定之教科书暂准照常售卖。四、编纂时并注重体育实利两主义”①等。关于“读经”问题，1914 年教育部专门求教育司各员意见。专门教育司第二科主事庄恩祥等认为，读经“潮流已起，既不可曲徇众请，致搅教授之方术；亦不可过为遏抑，使宿旧绝望，致横生阻力”。但是他们主张在“学校之外，另筹尊孔尊经，保存礼教办法”。庄恩祥等人主要是提出在“修身教科宜多采经文”，中国以“礼教立国，道德所汇，胥在经传。修身教材，采择固有之文化，亦属正当办法”。② 专门教育司第三科学习员蔡以镜认为，“主张读经者，未见其得；主张不读经者，亦未见全非。读经即可强国，不读经即可弱国，此说失之于旧。不读经即足兴国，读经不能兴国，此说失之过新”。因此，他主张“酌量现时至状况，而取折中主义之说”。③

除上述原因外，汤化龙个人政治经历与其任内教育政策的制定也有密切关系。1914 年 5 月 1 日，袁世凯任命汤化龙为教育总长。同月 4 日，汤化龙到教育部就职，并兼学术委员长。④ 汤化龙个人任职教育总长的因缘与当时的政治环境是分不开的。主张实行立宪政治的汤化龙与袁世凯的合作因为袁世凯本人的独裁遭遇到挫折，但面对强大的袁世凯与北洋政府汤化龙不得不做出妥协，“姑与委蛇”以避免来自袁世凯的猜忌。因此，汤化龙出任教育总

---

① 《经训教科书之继志者》，《大同报》第 16 期，1914 年 4 月 25 日。

② 庄恩祥、赵桢、桂诗成：《专门教育司第二科主事庄恩祥等拟呈意见书》，中国第二历史档案馆编：《北洋政府档案·教育部》（第 93 册），中国档案出版社 2010 年版，第 372—374 页。标题为编者所拟，下同。

③ 蔡以镜：《专门教育司第三科学习员蔡以镜拟呈意见书》，中国第二历史档案馆编：《北洋政府档案·教育部》（第 93 册），中国档案出版社 2010 年版，第 401、405 页。

④ 徐世昌：《教育总长汤化龙呈大总统报明就职日期文并批》（1914 年 5 月 8 日），《政府公报》第 723 期，1914 年 5 月 12 日。

长是其迫不得已的选择,所以被其同仁认为是“抑郁已非其志”①。政治上的处境影响了汤化龙对于教育政策的执行。这从汤化龙的辞呈中可以看出端倪,“溯自前清设学,迄于今兹,立政垂二十余年,设校至百千万所。然而教育之要旨,汜而鲜归。科举之遗传,积而难返。或则持一端之学问事业,以为主因。或则视外来之宠利虚荣,有同天爵。加以国粹欧化,笃旧竞新,万壑飞流,群咻杂唱,莘莘学子咸出位之心,济济时髦各树复古之帜”。汤化龙的这一描述虽是翌年辞职之言,但也说明了当时其任职之时所面临的问题。因此,汤化龙“曲意调停,迁就既多”②。汤化龙的“曲意调停”所指显然是对于新旧两方的“激进”观点。而其“迁就既多”则有可能只想的是袁世凯及其政府不断地“复古”而言。汤化龙应对上述两个方面的措施,便是在教育领域实行“经训”作为回应举措。

汤化龙在上任伊始即提出:“立国之道,断非剽取他邦文物所能为功。举国数千年积成之风习,与其足以支配国民之心理者,有最深之关系。到在探索本源,发明而光大之,用以规范人心而示之鹄。”③因此,教育部认为:“注重道德教育,拟于中小学校修身及国文教科书中,采取经训,务以孔子之言为旨归。”④教育部既有的理念与汤化龙所提出的经训思想是一致的。所不同的则在于教育总长汤化龙所提出的“经训”是“以孔子之言为旨归”,即将散于群经之中的记录孔子言行的经文摘出作为中小学生修身的根本依据。

---

① 《蕲水汤先生行状》,《蕲水汤先生遗念录》,出版者不详,1919 年,第 4 页。

② 《教育总长汤化龙呈沥陈微悃恳辞本职文并批令》,《政府公报》第 990 期,1915 年 2 月 9 日。

③ 《教育总长汤化龙上大总统中小学修身国文教科书采取经训以孔子之言为旨归说帖并批》,《教育公报》第 1 期,1914 年 6 月 28 日。

④ 《教育部咨各省巡按使录送通饬京内外各学校各书坊等中小学校修身及国文教科书采取经训以孔子之言为旨归饬知一件请分别饬遵文》,《政府公报》第 769 期,1914 年 6 月 27 日。

而汤化龙的这一主张在袁世凯看来是“卓识伟论”，并批准实行。①

汤化龙之所以提出以孔子的言行为准则在于“国民道德之养成，端赖有本国模范人物树之表，而立之准。我国之有孔子，固数千年来所奉为师表。国性之永存，国维之勿坠，胥在乎是”②。一方面也是为了回应社会上读经呼声。官方虽然也在倡导“尊孔”，但是其主张与上述民间倡导的“尊孔读经”“孔教”等主张并不完全相同。对于民间的主张，官方认为它们都存在一定程度的问题。“尊孔读经”由于经书有深浅难易之分，若是“强以难知”，则会导致“贻误学童”。“孔教”是将儒学比附宗教之说，非但不符合中国的历史实情，而且会“致失孔道之真，而起教争之渐”③。教育部在下发的咨文中也强调“其中不可不辨者，一则尊孔与国教不能并为一谈；一则读经与尊孔不能牵为一事”④。因为“以立教为尊孔于史无征”，即在中国历史上并没有将孔子作为教主，将儒学作为宗教的先例。显然将孔子宗教化，有悖于历史及民众的习俗；而“以读经为尊孔，经籍浩繁，义旨渊博，而儿童脑力有限”，难免会有“诸多扞格之虞”。⑤ “经训”在一定程度上可以发挥读经的作用，汤化龙希望借此平息民间的议论。另一方面也有助于推动学校教育的进一步发展。因为当时有人指出“学校出身者，或以文理不通，或以风习不

① 《教育总长汤化龙上大总统中小学修身国文教科书采取经训以孔子之言为旨归说帖并批》，《教育公报》第1期，1914年6月28日。

② 《教育部咨各省巡按使录送通饬京内外各学校各书坊等中小学校修身及国文教科书采取经训以孔子之言为旨归饬知一件请分别饬遵文》，《政府公报》第769期，1914年6月27日。

③ 《教育总长汤化龙上大总统中小学修身国文教科书采取经训以孔子之言为旨归说帖并批》，《教育公报》第1期，1914年6月28日。

④ 《教育部咨各省巡按使录送通饬京内外各学校各书坊等中小学校修身及国文教科书采取经训以孔子之言为旨归饬知一件请分别饬遵文》，《政府公报》第769期，1914年6月27日。

⑤ 《饬京内外各学校中小学修身及国文教科书采取经训务以孔子之言为旨归文》，《教育公报》第1期，1914年6月28日。

善,为世诟病。归咎皆在于未尝读经"[1]。在这样的情况下,教育部决定将经训编入中小学校教科书,并借助于行政力量加以推行。

在获取袁世凯的认可之后,教育部就此问题征询各地方政府的意见。教育部教科书编纂会将该会规程和办事细则及各科草案先行印发,征求江苏省教育会的意见。江苏省教育会将该文登载于《教育周报》上,以广征社会意见。关于初等小学校修身教科书的编纂规定:"训词及格言应采经训之文义,浅显而切于实用者。所探经训,一以孔子之言为旨归,亦可兼采后来名贤名儒之说以为辅。"[2]在另一份关于小学修身教科书的编辑商榷书中,教育部教科书编辑处认为,无论是寓言还是童话都是"具体的",而"训词格言均为抽象的",因此,"凡用训词贵庄重恳挚,能采适切之经训尤为相宜"。[3] 对于这样的规定,各大书局反映迅速。中华书局就在其编辑的新制单级小学教科书编辑大意中称"多采经训"[4]。关于内容的分配上,"新编初等小学修身教科书""前四册多用假设,寓言即故事。后四册兼用故事、格言及训词"。[5] 这样在形式与内容上就符合了教育部关于教科书编辑的要求。因此,教育部对于中华书局的教科书评价道:"所选教材,由家庭学校以至社会国家循序渐进。于道德教育、国民教育颇具其大要。洵适初等小学校学生之用。"[6]由此,汤化龙将其主张的"经训"理念推进到了实践的

① 《记录:教育部为咨行事》,《江苏省公报》第294期,1914年8月18日。

② 《专件:初等小学校修身教科书编纂纲要草案》,《教育周报》第96期,1915年8月29日。

③ 教育部教科书编辑处:《小学校修身教科书编纂商榷书》,《松江教育杂志》第5期,1915年11月。

④ 《教育部审定新制单级小学教科书》,1915年7月1日《时报》。

⑤ 中华书局:《编辑大意:新编初等小学修身教科书》,《图书月刊》第2期,1915年3月。

⑥ 《教育部审定中华书局出版图书评语:新制初等小学修身教科书》,《图书月刊》第4期,1915年9月。

层面。

对于“经训”民间亦有不同的声音，正如江苏巡按使韩国钧所言：“议者颇多诘难，意谓割裂经文，近于侮圣，兼采他家取孔子同源之说，亦嫌于乱经。”①石渠也认为：“一经之中，深浅互见。设非节取为教，强以难知，贻误儿童，良非浅鲜。拟于中小学校，修身或国文课程中，采取经学（训——引者注），一以孔子之言为旨归。惟四子五经，皆圣人之微言大义，殊非断章取义，足以窥其隐微”，进而有“有割裂牵强之嫌”。② 关于反对者的意见，韩国钧对“裂经侮圣”之论提出的反驳理由是：第一，节选经文古已有之，如“《孟子》乡原述孔子语，有‘过我门不入我室’三句，而论语则无。以是推之，则君子不器，有教无类四字为一章，亦当有节取之语”。因此，“今为省儿童脑力，节读要旨，似不得目为侮圣”。第二，圣人教子以是节取篇章。因此，“既冠学礼，假年学易，经训之渐摩，本与年俱进，则随学龄之程度，采取经训以培养道德，启辟性灵，援古证今事非得已”。第三，朱熹就将《孟子》“为集注七卷。复剖析异同或问十四卷。晚年更简择要旨以类想从，为《孟子》要略五卷”。曾国藩称：“读之但见收尾完具，而不复知冲决顾倒之为病”。因此，“节取经训，以便编学，前代宏儒，先我有作，复何疑于今日之教科书乎”。③ 一方面，韩国钧提出由教育部编订统一标准的教科书。对于经训编入教科书的具体办法，教育部认为：“经训以圣言为旨归，采取之法要，视修身之德目，及国文之教材而量为分配。本部设立教科书编纂纲要审查会教授要目。编纂会即为标示准绳起见。将来本部尚拟编成模范教科书，于修身、国文二科

① 《咨呈总统府政事堂陈教育部陈采取经训编入教科书意见由》（1914 年 7 月 19 日），《江苏教育行政月报》第 15 号，1914 年 7 月—9 月。

② 石渠：《对于尊孔读经问题之意见》，《扶风月报》第 2 期，1914 年。

③ 《咨呈总统府政事堂陈教育部陈采取经训编入教科书意见由》（1914 年 7 月 19 日），《江苏教育行政月报》第 15 号，1914 年 7 月—9 月。

中加以注意。”[①]另一方面,韩国钧提出:“采经训以入教科书,为造就普通常识可也。若其人或为校外之补习,诵读全文以求深造,则亦应听其自便。盖于学校之进行,既不相妨,而国家预备此种人才。”[②]教育部对此回应为:“为培植国文根柢起见,在校外补习经书全文,自求深造,原所不禁。本部大学令中中国哲学及历史学两门,皆附有全经,以备通人研肄,用意可知。”[③]

教育部一再强调,“本部所标尊孔要义,与时流所论者微有不同,非慎思明辨,无以折百家聚讼之纷;非确定涂程无以收统一教育之效”。[④] 显然官方是希望通过折中的办法平息民间读经的争讼。官方实际上也希望通过经训的制定实现教育的统一,进而达到重建国家中心思想的目的。

“经训”与“读经”的差别在于对待孔子的态度。官方认为,其尊孔与“时流所论者微有不同”,原因在于政府将孔子作为国家的“模范人物”。但“凡一国之成立,能维持永久,而无失者,必其国民有特殊之风俗、历史、地理为造成其特性之主因,涵孕濡育笃生,圣哲发挥此特性,以立人伦之极者,是谓国民模范人物”。当然国民教育不同于宗教信仰,教育是“对于模范人物本良知之信仰”[⑤],孔子是道德的楷模,其言行是学生修身的归依。“经训”虽未脱离传

① 汤化龙:《教育部咨江苏巡按使核覆采取经训编入教科书办发文》,《政府公报》第815期,1914年8月12日。

② 《咨呈总统府政事堂陈教育部陈采取经训编入教科书意见由》(1914年7月19日),《江苏教育行政月报》第15号,1914年7月—9月。

③ 汤化龙:《教育部咨江苏巡按使核覆采取经训编入教科书办发文》,《政府公报》第815期,1914年8月12日。

④ 《教育部咨各省巡按使录送通饬京内外各学校各书坊等中小学校修身及国文教科书采取经训以孔子之言为旨归饬知一件请分别饬遵文》,《政府公报》第769期,1914年6月27日。

⑤ 《饬京内外各学校中小学修身及国文教科书采取经训务以孔子之言为旨归文》,《教育公报》第1期,1914年6月28日。

统教育思想的窠臼，但从根本上区别于“读经”与“孔教”两种民间思想。直至1915年2月，依据《教育纲要》，袁世凯正式颁定的教育宗旨为“爱国、尚武、崇实、法孔孟、重自治、戒贪争、戒躁进”①。教育宗旨中的“法孔孟”延续了“经训”的观念，“吾人去圣既远，舍诵法其言外，殆无以想见其人。孔孟之言，载于《论语》及《七篇》者至赅且备。其于近世治世修身之要，引信致用，亦未尝不与西哲相合”②。教育领域的守旧趋势虽不能说是汤化龙的主观意愿，但的确是其“经训”观点的结果。因为，北洋政府依然将孔孟视为“模范人物”，并树立为学生学习的道德榜样。汤化龙虽不久便辞去教育总长的职务，但由“经训”而激发的新的思想冲突却已埋下“前因”。

三、守旧与革新的社会张力

北洋政府教育部采取的折中主义，看似是稳妥的办法，但实际上则更有利于保守主义氛围的加强。加之当时政治环境的动荡，趋新一杯视为洪水猛兽。例如，孔社就借“二次革命”的影响，将“反孔”与革命志士相关联，“查废孔之议，大半为开国巨子所主张。彼其人固皆酷爱自由，力持平等，素抱民权、民生主义者也。而不知孔子学说实含孕之”③。显然守旧者已将革命的原因归结为官方对于儒学的放弃。而商务印书馆在编辑新教科书时，曾于1913年公开征集意见。对于新教科书宗旨问题，“多数主张旧道德不可偏废，女子教育，以养成贤母良妻为主旨”，对此，“几

---

① 《中央纪闻：教育宗旨之内容》，《教育周报(杭州)》第70期，1915年1月19日。

② 《大总统颁定教育宗旨》，《教育周报(杭州)》第81期，1915年4月15日。

③ 《批孔社代表饶智元等呈组织孔社准予立案并饬另呈教育部由》，中国第二历史档案馆藏：《北京孔社本部、上海圣道宣讲社组织成立的文书》，档案号：一〇〇一(2)—1755。

成一致之舆论”。[①] 社会舆论趋于守旧，而于此时提倡经训无异于为旧思潮添火加薪。

汤化龙的“经训”折中首先对学校教育产生了冲击，在民初已经被废除的读经忽又有重新回归课堂的趋势。1914 年 12 月 31 日，教育部上书袁世凯提出“忠孝节义施行方法”。在陈述理由时称：“吾国民祈天永命，倘冀有一日之富强者，实以忠孝节义为之要素”。实行办法包括：第一，“采取经史编入课本。查教科书采取经训，本部迭经通饬，近来审其书籍，亦以此为权衡……而忠孝节义，合群爱国诸大端，深为注重”。其中，“国文、历史各书，尤宜加意于兹，以资习诵”。[②] 对于教育部的推行方法，袁世凯认为，“尚属妥协，拟订教科书关系尤重。应由该部从速编订，呈候核定”。而且，袁世凯进一步提出“初等小学应将《孟子》列入科目，高等小学应将《论语》列入科目，俾资诵习，用端趣享”[③]。对于官方的决定，社会上便有“编订新式教科书，将忠孝节义，有俾于教科者，分别加入，大总统已令教育部办理。闻汤总长以严范孙、严几道、樊樊山、马湘伯、梁卓如等，于新旧学均有根柢，拟专函敦聘，编辑教科书”[④]。从社会舆论列举的几个人看，的确都是硕学名儒，但是这并不意味着他们就能编辑出合格的教科书。因为在当时，儒学不仅失去了昔日的政治地位，更为严重的是学者并没有能够解决儒学与近代社会相适应的学理问题。

以为儒学辩护者为例，他们强调“六经为道家之书”，“孔子所

---

① 商务印书馆编辑同人公启：《编辑教科书商榷之结果》，《教育杂志》第 6 卷第 2 号，1914 年 5 月 15 日。

② 《呈遵拟提倡忠孝节义施行方法候鉴核文》，《教育公报》第 9 册，1915 年 2 月 20 日。

③ 袁世凯：《批教育部呈遵拟提倡忠孝节义施行方法请训示文》。骆宝善、刘路生主编《袁世凯全集》(第 30 卷)，河南大学出版社 2013 年版，第 34 页。

④ 《拟聘名儒编订教科书》，《教育周报》(杭州)第 70 期，1915 年 1 月 19 日。

手定者实五经”，差别在于“六经主保君，奉天祖，以威愚贱，是为道家。五经主保民，张宪法，以抑专横，是为儒家”。将儒家分为君师二统，其结论为“君师二统，民之二天也。世无尧舜，而小民不可一日无君，世无孔子，而小民不可一日无师”。① 将道家与儒家做区分，强调儒家的观念与共和时代的相适应，即“主保民，张宪法，以抑专横”。而将专制的根源都推给了道家，进而将孔子的学说解释为“孔子既恶专制而赞共和，故其论民也，恒重恒贵，为主体，为要素。其论君也，恒轻恒贱，为客体，为附属物”。因此，“君”与“民”在孔学中则是指“以民为主体，以君为客体。故其论君臣道也，予尽忠于民，而不尽忠于君”。②

比强行解释更荒唐的是将传统文化的内容比附西学：“易尚卜者，礼事神者，合于今之神学。推易理，治心性，说虚无，论礼乐者，合于今之哲学论理伦理音乐美学。尚文史者，合于今之文学史学。尚政治兵刑计事者，合于今之政治理财法学名学军学。尚数与博物律历天文地理者，合于今之算数博物自然气象地形等学。尚医者，合于今之医学。尚农墨工商者，合于今之农工商学。”这种比附可谓生搬硬套，不讲学理是否相通，只看名称是否相似。而且认为“先圣之所略，惟索隐行怪之言，杂术奇巧之行。古人不入于学，而今成于学者。或非形而上之学，为形而下之学者”。而将科学视为“行怪之言”“奇巧之行”。而“孔学之所残余者，仅有形而下之科学部分中十百之一二。然而孔道于科学之教育之外，其于宗教之道德与义理，又政术礼法之精良。更无一不备，更无一不因其推擅之力，以为万世则者”。③ 这种认为“孔子之道”除了“形而下”的科学之外，无所不具备的观点，不但对于时局有害，就是对于儒学也无

① 绿天翁：《六经非孔子原文》，《小说月报》第3卷第12号，1912年12月。

② 薛正清：《孔子共和学说》，《中国学报》第7期，1913年5月。

③ 立三：《论尊孔道崇礼教之真伪》，《丙辰》第1期，1916年12月。

益处可言。

在当时的政治生活中先后发生了以袁世凯为中心的“复辟帝制”活动，以及张勋的复辟帝制活动。无论是袁世凯进行复辟帝制活动，还是张勋的“复辟闹剧”，都有着“尊孔”的影子，或者打着“尊孔”的旗帜。“复辟”的最终收场，使传统的“礼教”遭到了一次又一次严重的“话语危机”。实际上，孔教会在袁世凯政府之后的一系列请愿活动的失败，也从侧面证明“传统价值体系”话语权的失落。① 正如杨庆堃所说：“这场旨在强化制度化儒学正统的宗教运动，受到了分散性宗教自身缺陷的不利影响，因为分散性宗教依赖于世俗制度的活力，为其实际发展和存在提供基础。当世俗制度被严重地削弱而无法满足新形势的需要时，宗教因素可能会失去发挥作用的结构基础。儒学作为制度化的正统不足以成为新道德政治秩序的基础，因为现代社会中社会政治的民主化倾向占据主导地位。”②“尊孔”与“复辟”反而激发了新的思想革命。如果说民初的“共和理念”对于大多数民众（包括知识人）还是一个模糊的概念，那么“复辟”则成了一个具体而清晰的概念。“袁世凯称帝”“张勋复辟”等行为，对于政治上的“反动”有了一个清晰的概念。可以说，这两个事件，对于当时及以后的中国民众是一种反向的政治“启蒙”。新文化运动健将之一的钱玄同自述其思想转变时称：

① 1916年后，康有为一再致书北洋政府，要求尊孔，定孔教为国教。康有为在致电新任总统黎元洪时，强调：“人心大坏，徒法莫救，望尊德化，兴仁让，重节行，与民更始，犹有望也。”黎元洪在复电中称：“尊当拥护共和，唯力是视。遵德行仁，尤铭座右，仍希随时指示，匡我不逮。”黎元洪对于康有为“拥护共和”的要求，显示出经过袁世凯复辟之后，“礼教”话语权的进一步丧失。也使北洋政府意识到传统话语体系无论是对于政府，还是对于社会都已经失去了其固有的权威。见康有为：《复黎元洪电》，汤志军编《康有为政论集》（下），中华书局1981年版，第945页。

② 杨庆堃著，范丽珠译：《中国社会中的宗教》（修订版），四川人民出版社2018年版，第279页。

“吾自受洪宪天子之教训以来，弃保存国粹之心理已有大半年矣。”①

在钱玄同放弃保存国粹的同时，陈独秀创办了以革新思想为宗旨的《新青年》杂志。在《新青年》杂志的最初两卷核心议题就是对“孔子”和“孔教”展开的激烈批判。陈独秀在《宪法与孔教》一文中开篇便言“孔教本失灵之偶像，过去之化石，应于民主国宪法，不生问题”②。在陈独秀看来，在共和时代，“孔教”问题本不应是一个问题，但是却成了问题，而且还成为一个重要的问题。原因在于“孔教问题不独关于宪法，且为吾人实际生活及伦理思想之根本问题”。有鉴于此，陈独秀才不得不讨论这一问题。陈独秀认为，“增进自然界之知识，为今日益世觉民之正轨”。而“一切宗教，无裨治化”。更何况以“礼教”为精华，以“三纲五常”为“根本教义”，“别尊卑，明贵贱”的孔教。在共和时代，宪法所体现的是自由、平等的精神。而将“尊孔”写入宪法条文，则宪法中“其于条文，无不可废”。“盖今之宪法，无非采用欧制，而欧洲法制之精神，无不以平等人权为基础。吾见民国宪法草案百余条，其不与孔子之道相抵触者，盖几希矣。”孔子的精神与共和的精神相抵牾，并直言“以与复辟论相依为命之尊孔论，依旧盛行于中国也。孔教与共和乃绝对两不相容之物，存其一必废其一”。陈独秀将“复辟”“专制”与“礼教”的捆绑，等于将孔子和儒家推到了共和的对立面。③

陈独秀进一步指出了当时社会危机的思想根源：“中国多数国民口中虽然是不反对共和，脑子里实在装满了帝制时代的旧思想。欧美社会国家的文明制度，连影儿也没有，所以口一张手一伸不知

① 钱玄同著，杨天石主编：《钱玄同日记》（整理本）（上），北京大学出版社2014年版，第300页。

② 陈独秀：《宪法与孔教》，《新青年》第2卷第3号，1916年11月1日。

③ 陈独秀：《复辟与尊孔》，《新青年》第3卷第6号，1917年8月1日。

不觉都带君主专制臭味”,因此,袁世凯“要做皇帝,也不是妄想,他实在见得多数民意相信帝制,不相信共和”,“现在袁世凯虽然死了,袁世凯所利用的倾向君主专制的旧思想,依然如故”。[①] 这是因为政治革命“未能充分以鲜血洗净旧污,其大部分,则为盘踞吾人精神界之根深底固之伦理道德,文学艺术诸端,莫不黑幕层张垢污深积”。[②] 这也造成了政治革命虽屡起屡败,终难彻底改造中国社会。正是在批评传统的过程中,社会舆论开始转向新的革新需求的方面。因此,才需要“文学革命”,需要引入“新思想”“新知识”对青年的思想进行根本的改造。

关于新文化运动中文学革命与政治革命的关系,傅斯年有更详细的论述。傅斯年不仅将新文学的形式与内容统一视为白话文学成功的关键,同样也是建立真正中国民国的关键。傅斯年认为,“未来的真正中华民国,还须借着文学革命的力量造成。现在所谓中华民国者,真是滑稽的组织。到了今日,政治上已成‘水穷山尽’的地步了。其所以‘水穷山尽’的缘故,想由于思想不变,政体变了。以旧思想运用新政体,自然弄得不成一件事”。因此“到了现在,大大应该有一种根本觉悟了;形式的革新——就是政治的革新——是不中用的了,须得有精神上的革新——就是运用政治的思想的革新——去支配一切”。[③] 傅斯年所认为形式与内容的关系则是“政治制度”与“社会思想”,而改良政治与创造新文学的关系是“真正的中华民国必须建立在新思想的上面。新思想必须放在新文学的里面”。[④] 这俨然就已经符合了

① 陈独秀:《旧思想与国体问题》,《新青年》第3卷第3号,1917年5月1日。

② 陈独秀:《文学革命论》,《新青年》第2卷第6号,1917年2月1日。

③ 傅斯年:《白话文学与心理的改革》,《傅斯年全集》(第1卷),湖南教育出版社2003年版,第252页。

④ 傅斯年:《白话文学与心理的改革》,《傅斯年全集》(第1卷),湖南教育出版社2003年版,第250—251页。

《新青年》在创刊之初所设定的启蒙青年以挽救国家这样的内在路径。

四、结　　语

综上所述，“经训”观点的提出是北洋政府教育部为了适应新时期发展的要求。一方面，官方希望调合社会不同主张之间的矛盾，以便促进教育的发展。另一方面，官方的折中主义所产生的官民互动却是旧思潮的复兴。加之袁世凯不断追求独裁以至恢复帝制的种种举措，使得原本属于教育或者思想范畴的问题变成了一个政治问题。袁世凯政府时期，国家由于缺乏中心思想，因此很难形成有效的中心力量，这成为军事强人袁世凯去世之后，北洋集团四分五裂的思想根源。但是也正是北洋政府在政治上的新旧杂糅，为新思想的产生提供了必要的土壤。因为“新思想”正是在批判旧传统的基础之上萌芽生长的。

反观“经训”思想也反映了近代以来尤其是科举制废除之后，以儒家为代表的传统思想在现代化过程中所面临的困境。因为，单纯的折中主义已经不能解决传统思想适应现代社会的问题。这背后所反映的就是在建立中国新的知识体系过程中如何有限地将传统思想嵌入，以便使中国道路具有中国特色。“折中主义”在当时已不断受到时人的批判。夏丏尊就认为：“在这并存与折中主义跋扈的中国，是难有彻底的改革，长足的进步的希望的。变法几十年了，成效在哪里？革命以前与革命以后，除了一部分的男子剪去辫发，把一面黄旗换了五色旗，还有什么大分别？”[①]夏丏尊的批判虽非针对“经训”，但就其批判目标实可以移为折中的经训思想。

① 夏丏尊：《误用的并存与折中》，《东方杂志》第19卷第10号，1922年5月25日。

儒学的近代化即是一个历史问题,又是一个时代问题。并且是一个需要通过不断探索以解决的问题。

(李帅,河南师范大学历史文化学院副教授)

全面抗战时期高等教育贷金制度的历史考察*

黄 伟

进入民国以来我国高等学校的学生须缴纳学杂费,但无论缴多缴少,膳费却完全要由学生负担。南京国民政府成立后,中央教育文化经费岁出总预算所占比率虽仍小,但每年有增益"则为可喜之事实"。① 然而,随着日寇对中国侵略加剧,各级教育机构的经费又无法保障。1938 年 4 月,中国国民党临时代表大会通过《战时各级学校教育实施方案纲要》,其中提出:"对于中央及地方之教育经费,一方面应有整个之筹集与整理方法,并设法逐年增加,一方面务使用得其当,毋使虚糜。"②为保证战时教育发展,当局除力促战区各校迁设内地外并允许学生借读。然而冒着敌人炮火逃出来的学生,抱着学习报国志愿,"却获得了异常悲惨的遭遇",连最起码的"吃饭穿衣都没有保障"。③ 有鉴于此,国民政府设置膳食

---

* 本文为国家社科基金青年项目《抗战时期民国政府对沦陷区教育应变研究》(18CZS045)阶段性成果;安徽省社会科学院区域现代化研究院资助项目的阶段性成果。

① 黄季陆主编:《革命文献》(54),台北"文物供应社",1971 年,第 374—375 页。

② 郑洪泉等主编:《中国战时首都档案文献》(战时文化),西南师范大学出版社 2017 年版,第 2—3 页。

③ 《短评:战区同学的生命线一贷金》,《战时青年》1940 年第 4 期。

贷金以足其食，寒衣贷金以助其衣，零用贷金以助其用，后方青年“赖以弦诵不辍，衣食无忧”。[①] 由是，也开创了国家对学生发放贷金或供给伙食的先例，而这些庞大费用在当时财务支出上“仅次于军费”。[②] 陈立夫晚年曾言自己在抗战时期执掌教育部7年，值得欣慰的事情有很多，但学生贷金制度则“特别有意义”。[③]

一、全面抗战时期国民政府设立之贷金

实事求是地说，在全面抗战爆发前我国教育领域就开始有贷金这一概念。如东北大学为照顾贫困学生实施贷金制度，规定每名学生每期可分别获得国币100元、90元、80元、70元、60元、50元、40元、30元的额度。该校要求请求贷金者应家境清寒且有两人以上之证明，品行、学问均列甲等。学生每期借款期限一年，月息6厘，“已付息者得请求再借”，但每名学生在校期间至多以“借四次为限”，[④]东北沦陷后，流亡北平的东北大学奖助贷工作被迫终止。同样，1937年6月，浙江大学为资助清寒学生起见订立贷金办法，按照规定只要符合条件的学生都可于每年5月底及11月底前填写申愿书，经审查合格后由校将允许贷款数目通知该生并附发空白借阅及保证书，如遇请求贷金不足支付时，按请求者年级之高低为贷予次序，“如年级相同时，则照其家境清寒之程度核定之”。[⑤]

1937年7月，全面抗战爆发后战区学生失学者明显增多。为谋培养抗战建国人才之需要，1938年2月，教育部颁布《公立专科

① 《现行学生贷金制度检讨(上)》，1942年9月15日《中央日报》(扫荡版)。

② 陈立夫：《成败之鉴——陈立夫回忆录》，台北正中书局1994年版，第242页。

③ 陈立夫：《成败之鉴——陈立夫回忆录》，台北正中书局1994年版，第317页。

④ 东北大学史志编研室编：《东北大学校志》(1)，东北大学出版社2008年版，第822页。

⑤ 《国立浙江大学贷学金总则》，《国立浙江大学日刊》，1937年6月9日。

以上学校战区学生贷金暂行办法》,规定贷金分全额和半额两种,全额每月为8元或10元,数额主要依据学校所在地生活费用及学生实际需要。“凡公立专科以上学校学生,其家在战区费用来源断绝,经确切证明必需救济者,得向所在学校申请贷金。”①10月29日,教育部又公布《公立专科以上学校战区学生贷金补充办法》,要求学生申请贷金应于每学期开始2周内举行,并以6个月计算,学生在领取贷金期内如另获得家庭或其他方面接济,“其贷金应即停止发给”。各校学生申请贷金时“应先由学生贷金委员会审查核准后,再造具贷金学生名册”②,呈送教育部核给。此后,鉴于沦陷区学生逃到大后方衣着单薄,教育部又制定《战区贫寒学生棉衣费贷金办法》,强调凡确属贫寒之战区大学生,当年度可向所在学校申请发给棉衣费贷金,但全额每名不超过20元,学生申请棉衣费贷金须填具申请书以备审核。同时,办法要求各校所需学生棉衣费贷金暂时由各校在贷金基金项下动支,“俟后如能另行筹拨专款,仍将该款移入贷金基金项下一并存储”。③ 不久,教育部又增加学生贷金额度并将贷金种类改为3种,即膳食贷金分半膳、全膳两种,其数额视各地生活费之高低由部分别规定;零用贷金每名3元,此项名额一般不超过战区贷金学生总人数60%;特别贷金每名每学期全额共20元,学生每学期申请一次,名额不超过战区贷金学生年总人数10%。凡为战区贫寒大学生,其比较贫寒者可核给“零用贷金”,其确属最贫寒者各校可核给“半额或全额特别贷金”。④

随着沦陷区面积扩大及物价不断高涨,不少高校学生数月不

---

① 《公立专科以上学校战区学生贷金暂行办法》,《教育通讯》(汉口)1938年第3期。

② 《战区学生贷金补充办法》,《学生杂志》1939年第2期。

③ 刘海粟美术馆等编:《上海美术专科学校档案史料丛编》(4),中西书局2013年版,第331页。

④ 《教育部改订专科以上学校战区学生贷金种类》,《教育通讯》(汉口),1940年第1期。

尝肉味已成惯常,每日两粥一饭更成普遍现象。1940 年,潘公展在《教育上两个迫切的问题》中指出第二个问题便是青年营养问题,因为物价高涨各校膳食发生困难,从而影响青年学生之营养,“这是一个急待解决的教育问题”。[①] 7 月,教育部长陈立夫前往滇、黔、川、陕等 7 省视察,亲见无数学生面有菜色,其中尚有少数衣履不全。但是,膳食贷金仅靠增加数额是无法解决问题的,于是教育部拟订《战时救济大中学生膳食暂行办法》,注重于预筹食粮以备青黄不接,“并商请军政机关协助购运,改良膳食管理”,随时查报物价“以供参考”。[②] 尽管如此,物价持续上升致学生生活难以为继,他们也开始对教育当局愈发不满。当年秋,陈立夫发表《关于贷金问题告中等以上学校战区学生书》指出,现在领用贷金学生皆来自战区,他们有随同父兄来至后方,或有原籍虽在战区而一部分资产本在后方者,抑或有后方亲友可以资助者。“此类学生非一律赤贫可比,乃领用贷金者报不尽实,核与贷金者复未能详加区别,以致贷金人数和每年所需费用不断增加,形成粥少僧多至象矣。”[③]因此,他希望广大学生“共体国家爱护青年之至意,使贷金制之实施,更能尤当,而宏效果。”[④]11 月,教育部将膳食贷金全额增至 25 元,然而自米价上涨后学生仅膳食一项每月需 42 元,超出贷金 17 元。有鉴于此,中央大学校长罗家伦建议教育部将贷金分两部分,其中贷米部分由全国粮食管理局统筹分发,另一部分为贷金,按过去 53 元 1 市石的“平价米价格为标准”,如不能发米而学生所购之市米价高过此数时,“由政府按月补给其差额”。[⑤] 其时,

① 潘公展:《教育上两个迫切的问题》,《中央党务公报》1940 年第 27 期。

② 《战时救济大中学生膳食暂行办法》,《浙江省政府公报》,1940 年(3245)。

③ 陈立夫:《关于贷金问题告中等以上学校战区学生书》,《学生之友》1940 年第 5 期。

④ 《战区学生贷金制度》,1940 年 9 月 28 日《中央日报》。

⑤ 重庆市教育委员会等编:《重庆教育志》,重庆出版社 2002 年版,第 450 页。

学生贷金问题是大部分学校管理者“不能入梦”之事，1941 年 3 月 18 日，西南联大教务长郑天挺提议，“食费用标准数定为二十四元，食米照二斗一升计，米价每石超过五十元者，由政府津贴”；“饭食费用标准数与食米津贴合计作为三十二元”。① 此建议在征得陈雪屏和梅贻琦同意基础上，由西南联大上报教育部后得到采纳。

1941 年 7 月，陈立夫再次发表谈话表示，自去年冬米价高涨后，教育部鉴于固定数额不能维持学生营养，重新厘定贷金办法，改照学校所在地米价每人按二市升米量折算，另加膳食所需燃料、油盐、菜蔬、厨工等费。“政府担负每一受领全额膳食贷金学生之款，每月约 90 元至 100 元，年在 1 300 元左右。物价愈涨，担负愈大，而特别、零用、制服等贷金尚不在内。”②除战区膳食贷金外，教育部还加设非膳食补助贷金，因而虽非战区学生也可获得政府补助，此外并加设了特别贷金一种，以补助生活特别困难学生。除此之外，教育部公布《国立中等以上学校学生贷金暂行守则》，规定膳食贷金分甲、乙两种，“每月以学校所在地购入中等米或麦粉价格之平均数，米按二市斗一升折合，麦粉按四十二市斤折合”，另加核定伙食所需之燃料、油盐、菜蔬、厨工标准数目，为每一学生全月膳费总额。根据上项办法，甲种膳食贷金为应需总额减去 18 元为膳食补助金外，余为贷金；乙种为应需总额由学生自缴 18 元外，其超出数减去 18 元为膳食补助金外，余为贷金。而自费生只能获补助膳食贷金，其中，甲种为应需要总额减去学生缴 18 元外，贷给其超出之金额，乙种贷其超出数之半额。教育部同时要求凡战区学生及自费生请求贷金者均由家长或监护人申请，如无家长及监护人或他们滞留战区者，“由保证人或本校导师详细考察其家庭状况代为申请，学生不得自为申请人”。此外还规定，中途转学之学生应

① 郑天挺：《郑天挺西南联大日记》，中华书局 2018 年版，第 397 页。

② 《教部负责人谈救济战区学生》，1941 年 7 月 9 日《益世报》。

将所欠贷金数额载明于转学证书上，“中等学校学生升入专科以上学校者，其原文中等学校毕业证书上所载之贷金总数，学校应即登记于其转学或毕业时汇载于专科以上学校转学或毕业证书上。”①考虑到学生的实际经济困难，为尽可能使学生免于失学，同时造就国家所学的建设人才，12 月 25 日，国民党五届中央执委第九次全会通过《救济战时高等教育以宏人才之造就案》，其中指出：“专科以上学校战区学生及自费生核准贷金者，应按照每人营养上最低限度之需要，规定其所需物量，然后按月照当地市价发给贷金。”②

而后各院校每月从政府领取的贷金经费，虽改按每人每月规定标准计算，但副食费仍赶不上物价飞涨，学生吃的菜是“不见油盐的白水煮青菜”。③ 如 1942 年 2 月以来，昆明物价“无一不涨”，至于米价，23 日尚 260 元一石，24 日已至 320 元，24 日“已四百元矣”。④ 因而，教育部曾打算自 1943 学年度开始将师生“所需食米一律免费发给公粮，仅将学生副食费部分列入教育文化费项下，由教育部统支”。与此同时，教育部发现贷金制只为消极的救济，而未能发生积极效能，且法币贬值如按新值偿还，换算不易，如按原值偿还也几乎等于未还。从时人《贷金清单》上可知货币贬值程度，“进校第一年 1—12 月贷金数是 24.58—88.93 元，以后逐月增加，到毕业时月贷额已达 8 500 元，外加副食费 4 000 元，共计 12 500 元。”⑤在物价急剧编制的情况下，为更好和更有效地资助学生，在经过几番讨论后，1943 年 8 月，行政院通过《非常时期国

① 《国立中等以上学校学生贷金暂行守则》，《国立西北医学院院刊》1941 年第 9、10 期。

② 浙江省中共党史学会编：《中国国民党历次会议宣言决议案汇编》(3)，浙江省中共党史学会编印，1980 年，第 271 页。

③ 金以林：《近代中国大学研究(1895—1949)》，中央文献出版社 2000 年版，第 265 页。

④ 郑天挺：《郑天挺西南联大日记》，中华书局 2018 年版，第 512 页。

⑤ 王豪杰主编：《南强记忆 老厦大的故事》，厦门大学出版社 2009 年版，第 185 页。

立中等以上学校及省立专科以上学校公费生办法》，规定自1943年第一学期开始，所招新生一律不适用贷金制度，另订立公费种类。其中，甲种公费生免学膳费并可分别补助其他费用，乙种公费生免膳费。国立专科以上学校新生依照一定标准给予公费，其中，师范、医药、工各院科系学生全为甲种公费生，理学院科系学生以80%为乙种公费生，农学院科系学生以60%为乙种公费生，文法商及其他各院科系学生以40%为乙种公费生。省立专科以上学校依照上项条例办理，私立专科以上学校新生也可依照一定比例给予公费，其中，医药、工各院科系学生以70%为乙种公费生，理、农各院科系学生以50%为乙种公费生。国立中等以上学校原经准给甲种自费生补助膳食贷金学生，每月自缴膳费基础一律为45元，"原经核给之乙种自费生补助膳食贷金，一律取消，改为完全自费"。[①] 同年9月，国民党五届十一中全会决议由教育、粮食两部视各地实物储备情形随时会商，尽可能范围内价拨实物。至此以后，各类在校的大学生基本都不同程度地享受到了教育部的公费制。

二、全面抗战时期其他类贷金之设立

国家的教育事业不能全靠中央政府来维系，抗战时期物价高涨，学生难以自给，故不少教育经费尚须依赖各级政府及社会的力量。因而，政府对于捐资兴学积极鼓励，虽然当时国家设有林主席奖学金、中正奖学金，社会各界亦设有诸如安良奖学金等。但这些都是杯水车薪，不能使多数学生受惠。由是，有识之士大声疾呼，"烦请社会人士帮助政府负起培养青年的责任"。[②] 1939年，国立中正医学院学生因面临断米之虑，请求各界捐款，"近兹院方经济

① 《新生贷金制度取消》，1943年8月11日《中央日报》。

② 蒋文茂：《学校贷金制度之研讨》，《教与学》1941年第10期。

拮据,所发贷金仅够半月膳食,本院地处乡间,生等自找工作及请求院方派予工作均不可能,致自昨日起本院全体学生断炊,有钱者尚能购买零食,我等贷金学生只有空肚坐饿,泪眼相对,学生等处此困境,迫不得已爰特沥陈实情,尚望各界人士予以救济,不胜感恩之至。"①其实,在救济战区学生问题上,各校大都持积极态度甚至呼吁校友积极捐款。1942 年 2 月,华中大学校长韦卓民致校友函时说,正值抗战军兴之际,因货币贬值物价狂涨,每人月非百元以上不济。"我校各地校友,类皆学有专长,身膺重寄,虽在此离乱之际,或亦有室家之累,然笃念同门之谊,赖以先进提携后进,忧人之忧,急人之急者,当亦大有人在。忧患愈急之日,正团结弥坚之机,不惟慷慨解囊,多多益善,即滴涓之惠,亦整裘之腋。"②

坦率而论,各高校在内迁时考虑到学生实际情形就曾制定本校贷金办法。1937 年 10 月 19 日,长沙临时大学发布通告称,为救济贫困学生起见由学校在本期经常费项下节省 5 000 元作为贷金,"以资救济"。10 月 23 日,该校公布学生贷金额数,其中,甲种 25 元共 30 名、乙种 20 元 100 名、丙种 15 元 150 名,"凡本学期内接受他处津贴或贷金者概不得再向本校贷金"。12 月 7 日,该校第 31 次常委会通过贷金委员会所拟准予贷金学生名单,同时规定不住宿舍学生不得领取贷金,空额由候补名单中依次递补。贷金于第一次 12 月 8 日发给一半,于 1938 年 1 月 8 日发给另一半,学生领贷金时"须带注册证并不得托人代领"。③ 无独有偶,西安临时大学也于 1938 年公布《战区学生贷金办法》,其中规定贷金额为每月 6 元,每月 1 日、11 日、21 日各发 2 元。该校要求学生领取贷

① 《学生呼吁》,1939 年 12 月 17 日《中央日报》(昆明)。

② 韦卓民:《韦卓民全集 教育实录》(10),华中师范大学出版社 2016 年版,第 29 页。

③ 北京大学等编:《国立西南联合大学史料 学生卷》(5),云南教育出版社 1998 年版,第 609 页。

金应出具贷金收据，于战事终了或毕业后当年内全数偿还，如经学校指定参加劳动服务者，“得免偿还其贷金之一部或全部”。① 当然，有的学校是在战事稍微缓和后在本校的经费预算项目下设立贷金。1940 年，浙江省立英士大学鉴于沦陷区学生清寒特设立战区学生贷金，其中全额每生每月国币 10 元，半额每生每月 5 元。该校规定凡符合条件者均可申请，“惟已受本大学公费待遇或受有其他贷金或津贴者”不得申请。“本大学学生贷金之款，以本大学经常费内筹集为原则，必要时得呈请教育部或浙江省政府拨助之。”②其他学校也制定战区学生贷金办法，1941 年暑假，交通大学鉴于沦陷生区学生的生活无着落，特设立“暑假留校战区贷金”，经费由教育部函记，还款办法由学生自订。同样，暨南大学亦设立有战区学生贷金，每年名额 40 人，全额每月贷金 10 元，半额每月贷金 5 元。后来，该校又更改贷金项目并扩充名额，设特别贷金 1 人每月 20 元，全额膳食贷金 12 人每月每人 12 元，半额 24 人每月每人 6 元，零用贷金 41 人每月每人 3 元。③

大后方安全区省份结合实际设立各种贷金以资助本省贫寒学生。如 1938 年，四川省制定《四川省专科以上学校助学贷金章程》，规定贷金额每名每年为 120～300 元，由贷金委员会视学生家庭状况及其入学的需要分别核定。凡符合条件的川籍学生确系家境清寒无力担负升学费用而又刻苦向学、深堪造就者，均可请求参加每年于 2 月和 8 月举行的助学贷金考试，经考试及格学生“应即考入指定学校”。该章程同时指出，已在指定专科以上学校肄业之川籍学生确系清寒优秀无力继续求学者，亦可向教育厅申请。“贷

---

① 《章则：本大学战区学生贷金办法》，《西安临大校刊》1938 年第 11 期。

② 《浙江省立英士大学战区学生贷金暂行办法施行细则》，《英大周刊》1940 年第 2 期。

③ 《上海高等教育志》编纂委员会编：《上海高等教育志》，上海社会科学院出版社 2010 年版，第 369 页。

金生自贷金之日起,每一学期终了后须由肄业学校开送学业成绩来厅,以凭审核。”①其中学业成绩在理工医各院系肄业者,平均在73分以上,其他科系者在76分以上;且各生操行成绩、体育成绩均须在乙等以上。又如,1941年甘肃省为资助学生起见,制定《国内各院校甘籍清寒优秀学生贷金暂行办法》,规定名额为120名,每名每学期300元。其中担任贷金机关及分配名额为:甘肃省政府80名(理、法、工、农、医、文、教育),甘肃省银行20名(会计系15名,银行系5名),甘肃省贸易公司20名(会计系10名,经济系5名,化学系5名)。该办法还要求各院校函送申请贷金学生应缴各件应于10月1日及4月1日以前递到教育厅,以便会同各担任贷金机关开会审核。同年,陕西省亦公布《陕西省肄业国内专科以上学校学生贷金暂行办法》,规定陕籍学生肄业于国内专科以上学校未曾领有公费、奖学金或津贴,而其经济困难经所在学校校长证明属实者可请求贷金,申领者应填具申请书,取得保证人盖章呈由肄业学校附其学业操行成绩表于每年5月底12月底前,转送省教育厅核定。教育厅对贷金之核定“以呈请先后次序为准”,领用贷金学生“如受退学处分应由肄业学校或原籍县政府责成保证人依照领用金额退还。”②

处在敌后沦陷区的省份鉴于培养人才的需要,也制定贷金制度以奖励优秀学生。1938年年底,安徽省通过《安徽省公私立专科以上学校学生战时助学贷金暂行办法》,对本省籍清寒学生进行奖励。根据此办法,四川大学皖籍学生纷纷申请,经安徽省贷金委员会严格审核后,有24名学生符合贷金资格,准给予1938年第一学期助学贷金国币各75元。“该同学等获得此种经济资助,自必

① 《规章:四川省专科以上学校学生助学贷金章程》,《新教育旬刊》1938年第4期。

② 《陕西省肄业国内专科以上学校学生贷金暂行办法》,《国立西北医学院院刊》1941年第11、12期。

奋发精神，益精所学也。”[①]1939 年 12 月 8 日，安徽省政府又通过《安徽省公私立专科以上学校清寒优秀学生助学贷金暂行办法》，贷金名额定为 300 名，每名每期贷借金额 60 元，凡符合条件者均可申请。如助学贷金请求者数超过规定时，“按其在校成绩之优劣依次递补，但分数相同者尽先贷予年级较高之学生。”[②]1940 年 1 月，浙江省党部举办专科以上学校学生贷金运动，并指拨 1 万元为专项贷金基金，一方面以引起社会各界人士“对于救济失学青年之同情，以造就贫寒之天才”；另一方面“借此以建立优秀青年与本党密切之关系，增进对本党之信仰”。嗣后，厦门大学、国立师范学院、英士大学等校学生依照规定缴纳申请书、证明书、保证书连同成绩单等请求贷金，经考核以符合条件者分别准予照借。同时，为普遍推行是项贷金，该省党部令各县市党部聘请地方各界领袖及有声望之社会热心人士，分别发动组织各县市贷金协会，举办中等以上学校学生贷金事宜，“以宏效用”。[③] 1943 年，广东省以基金 6 万元设立“自费肄业国内专科以上学校战区粤籍学生特种贷金”，规定每名每年贷金额 240 元，上期核发 1 月—7 月份，下期核发 8 月—12 月份，“特种贷金系补助学生作为购置书籍、文具及零用等费用，其已领教育部膳食贷金或其他津贴者，仍得请领。”该省贷金名额分配由教育厅体察各校情形酌量决定，1943 年，教育厅将名额分配到各相关学校。其中，国立中山大学 30 名，国立中央大学 15 名，国立西南联合大学 15 名，国立广西大学 15 名，省立文理学院 25 名，省立勷勤商学院 25 名，省立艺术专科学校 15 名，私立岭南大学 15 名，私立广州大学 15 名，私立国民大学 15 名，其他院校

① 《皖籍同学获得本省贷金》，《国立四川大学校刊》1939 年第 6 期。

② 《安徽省公私立专科以上学校清寒优秀学生助学贷金暂行办法》，《安徽政治》1939 年第 28、29 期。

③ 《党务动态：发动举办贷学金运动经过概况》，《党员知识》1940 年第 9 期。

65 名。①

此外,社会各界有识之士也通过设置贷金的方式资助学生。抗战时期学费随物价而高涨,读书成为部分人专有的权利。不少沦陷区有为清寒学生因为生活的胁迫、学费的庞大被摒弃于校门之外,彷徨歧路受着失学的痛苦。这不仅是个人的失学问题,也是整个国家和社会的问题,由是此问题引起社会的关注。1938 年,某匿名人士鉴于战区学生求学之困难,愿以捐助 1 800 余元在中央大学及金陵大学农学院设置贷金,规定每名贷金数额为应缴学费之全部及生活费,每学期 40 元,并于毕业后两年偿还。具体学科名额分配为:中大畜牧兽医系 3 名,金大植物病虫害系 3 名,农艺及土壤肥料系 3 名,农业经济系 3 名。凡该两校战区贫困学生肄业已满二年,“成绩优良经济来源断绝而又确无其他办法继续求学者”,可向两校请求本贷金。② 同样,自 1941 年 7 月,定海旅沪同乡会设立同乡子弟贷金,先后贷出 8 期,请领学生每期约 30 余人。1943 年,绍兴七县旅沪同乡会亦举办大中小学贷金,金额为 5 万元国币,中学以上学生占 4/10,小学占 6/10。凡绍兴七县旅沪同乡子弟家境清寒、品性优良而无力继续肄业,学业总成绩在 70 分以上者,“经同乡会员推荐均可申请贷学金”。1944 年春,绍兴同乡会继续向各界劝捐,共收到 26 600 元,申请贷学金者 24 人,共发放贷金 17 726 元。③

客观地说,各种贷金的设立使抗战时期的奖助贷覆盖面扩大,如湖南大学,该校 1941 年有学生 982 人,其中公费生 46 人,每人

① 《广东省自费肄业国内专科以上学校战区粤籍学生特种贷金章程》,《广东省政府公报》,1943 年(954)。

② 《中央、金陵大学农学院设置战区农学生奖学贷金》,《教育通讯》1938 年第 18 期。

③ 宋钻友:《同乡组织与上海都市生活的适应》,上海辞书出版社 2009 年版,第 113 页。

每年240元;战区学生膳食贷金全额生320名,半额生40名;特别贷金生37名,每名每期20元;零用贷金生156名,每名每月3元,以上公费生及享受贷金生均免缴学杂各费。另有各省所设之贷金或津贴计:湖南省贷金47名,四川省贷金1名,每名每期60元;贵州省贷金7名,每名每期100元;湖北省津贴9名,每名每期100元;河北省津贴4名,每名每期30元,青年会贷金59名等。此外还有免费生21名,每名每年免学杂费26元,世界学生服务社救济该校战区及贫寒学生计2 500元。以上享受公费及各种贷金、奖金、津贴等学生共767名,占在校人数77.1%。①

三、全面抗战时期各高校对贷金之管理

由于各大学对于本校学生的家庭状况、学业情形、有无接受贷金资格等,比外人要明了得多,因此学生贷金的管理一般由各校具体负责。如齐鲁大学曾组织学生贷金委员会慎重考核并议定办法数条,其中规定“贷金或奖金每年每人所得之数不得超过全年学费之总额”,凡领有团体或私人奖金而超过规定数额者不得申请其他贷金或奖金;倘若审查未尽周密,“凡系本校教职员及学生均得向校方检举以昭平允”。② 当然,每年各大学公布贷金名单及额度时也是学生最关心的大事,“近几天联大同学心情最紧张的一件事,便是申请贷金(旧生)或公费(新生)。盖民以食为大”,而联大2/3以上同学的“食”都全靠着贷金维持。③

首先,各校为规范学生贷金申请都制定相应规章。有限贷金须发给真正需要学生其目的才能显现,为此相关学校都订立一套

① 谢炳炎主编:《湖南大学校史》,湖南大学出版社2003年版,第293页。

② 《学生奖金贷金委员会成立》,《齐大校友通讯》1939年第5期。

③ 《学府风光——西南联大之一页》,1940年10月5日《云南日报》。

制度来进行约束。1938年，云南大学公布《学生贷金办法施行细则》，强调凡本校学生及借读生符合条件者每学期可向学校申请贷金一次，申请时须向教务处领取贷金申请书，依式填写送请学生贷金委员会审查。贷金之给予以一学期为限，"期满有继续申请者须重行审查决定"。[①] 9月26日，云南大学又公布申请贷金应注意事项，特别强调申请书应由家长或监护人亲自填写并签名盖章，学生不得自为申请人，"若申请书发生虚伪情事概不受理，亦绝对不予补行申请"。学生家长及监护人在限定日期内不能为之申请者，"得准请求本校导师或保证人代为申请，但须补缴家长或监护人委托书"。该校还规定补缴日期沦陷区为3个月，非沦陷区2个月，"家长或监护人在本省境内者1个月"。[②] 同样，为促进学生贷金顺利实施，1939年1月27日，四川大学公布学生贷金申领办法，强调凡经教育部核准贷金之战区学生，均应先到出纳课留存本人及保证人印鉴一份，以备每月领取贷金时查对。每月25日后由会计室编造应领贷金学生名册制票送请出纳课按名发给，"凡应领战区贷金学生于每月最后三日内，将领款三联收据依次填明分别签字盖章后持向出纳课领款"，逾期不领者经会计室制票收回后"即不补发"。[③] 又如为规范学生贷金事宜，1941年，西北医学院公布《战区学生申请贷金审查办法》，特意指出学生原籍确在战区而经济来源断绝者方可申请贷金，但须具有证件并有固定职业者之证明。"原籍不在战区而经济来源却在战区，由原籍县政府证明始可申请贷金。"一学期内受有记过处分者不得申请下学期贷金，"记过两次者永远取消其申请贷金资格"。[④] 同时该校还订定学生贷金

① 刘兴育：《云南大学史料丛书》（学生卷），云南大学出版社2013版，第28—29页。

② 刘兴育：《云南大学史料丛书》（学生卷），云南大学出版社2013版，第30页。

③ 《布告战区学生领取贷金办法》，《川大周刊》第18期。

④ 《战区学生申请贷金审查办法》，《国立西北医学院院刊》1941年第7期。

审查标准，如甲种膳食贷金标准为：家在战区经济来源断绝者、假期在院及参加劳动服务有成绩者、学业操行符合规定者、一学期不旷课及缺席不超过 20 小时以上者、一学期中未受学校处分者等。①

其次，各校设专门机构办理学生贷金事宜。教育部曾规定学校对于战区学生申请贷金之核准，应由校长遴选教职员若干人组成学生贷金委员会负责审查决定，此项审查手续须从严细核，以使确属战区清寒学生可领取贷金。具体如西北联大为规范贷金事宜设立 23 人～27 人的学生贷金委员会，其中校本部设委员 11 人、法商学院设委员 3 人、文理教工分院设委员 3 人、农学院设委员 3 人、医学院设委员 3 人。该会主要职责包括：接收战区学生贷金申请书、审查战区学生贷金申请书、调查战区学生之经济状况等。而云南大学贷金审查委员由校长聘请本校教职员 7 人组成，其中教务长、训导长与总务长为当然委员，以教务长为主任。1938 年 2 月，浙江大学贷金委员会成立后参以“救急不济富”之原则，于每月终斟酌各生情形审定下月应给贷金学生名额。9 月，因迁校关系贫寒学生经济困难，是月加倍发给贷金。抵达广西后该校贷金委员会继续运作，11 月获得贷金之学生有 52 名，而 12 月有 86 名获得。西南联大学生贷金初由教务处管理，继由训导处与教务处会管。1941 年 3 月 21 日，梅贻琦忽令三处共管，而总务长郑天挺认为：“贷金事仍以一处专管为宜，盖学生通病，在喜无中生有，拨弄于两者之间，若有三门，将益增其施技之机矣。”②由是，学校决定学生贷金管理此后仍由教务处独任，而训导、总务助其成。1941 年 6 月，中山大学在坪石设立学生贷金审查委员会，主要职责是办理学生各种贷金，同时根据情况解决贫困学生所遇到的问题。如

① 《战区学生贷金审查标准》，《国立西北医学院院刊》1941 年第 13 期。

② 郑天挺：《郑天挺西南联大日记》，中华书局 2018 年版，第 399 页。

1942年2月5日，中山大学贷金审查委员会举行第三次会议，议决自第二学期起长沙、浏阳、湘阴、平江等四县准予战区甲种贷金并呈部核备；同时决议："每学年凡得其他补助款项数额超过三百元者，其超出之数照扣抵贷金，仍呈部核备。"①1942年3月20日，厦门大学贷金委员会举行第34会议，最终决议应给战区生甲种膳食贷金者199名，应给战区生乙种膳食贷金者1名，应给战区生甲种特种贷金者2名，应给战区生丙种特种贷金者3名，应给自费生甲种膳食贷金者125名，应给自费生乙种膳食贷金者12名，总数342名。②

再次，各校对于违规请领者会严肃处理。抗战时期多数学生贫苦，而不少家庭富有或已获得接济的学生仍违规申请，他们在领得贷金的时候于学校附近餐馆公然招朋聚友。有鉴于此，教育部曾明确规定不符资格而申请贷金者查明后，各校应给予该学生开除处分外并须偿还已领贷金。当然有的大学会预先防范学生违规的情况发生，1938年，西北联大提出本校教职员月薪在100元以上者，其妻或子女就学概不发给贷金。"凡现任公务员月薪在100元以上者，其妻或子女就学概不发给贷金。"凡已领贷金之学生亲友寄款来校时由会计室出纳室照数扣还，"学生亲友寄款来校时，应由庶务组盖章后，方得领取"。③ 当然，违规申领贷金情况在各校仍不断发生，考虑到问题的特殊性，1938年，四川大学曾发出通知要求学生审慎对待贷金，但学生冒领屡见不鲜。1940年，该校再发出通知说贷金专为救济来自战区而经济断绝之学生而设。"其籍隶战区，或随同父兄来至后方，家长旋即就有职业者，或原有一部分资产，本在后方者，或有后方亲友可以倾助者，或虽双身离香，而家庭尚可陆续接济者，均不在受领贷金之列。"因而学校希望

① 《审核学生贷金次议各种办法》，《国立中山大学校友通讯》1942年第4、5期。

② 《母校新闻：贷金审查委员会通过本期贷金生三四二名》，《厦大通讯》1942年第1、2期。

③ 《学生请求贷金限制办法》，《西北联大校刊》1938年第6期。

各学生,“仰体时艰,刻苦自励”,对于义利详加审辨,“苟非确合规定,迫于万不得已,幸勿妄自菲薄,冒昧请领”。该校还强调,如本人已有家庭接济或受其他补助,“志愿将所享贷金名额,呈明退出者,本大学当特予嘉奖报部备案”。① 无独有偶,浙江大学学生冒领申请贷金的情况时有发生,1940 年 12 月 2 日,竺可桢在该校第五次“总理纪念周”发表演说时希望不需贷金学生体念时艰勿申请:“国家在此经济极度困难之际,犹订有贷金办法,诚属殊典,吾人自应郑重施用;且为人以信实为先,古人谓‘防微杜渐’,贷金虽微,可以喻大,人之善恶,原仅习惯之差。国难方亟,诸君任重道远。”②同样,西北医学院曾规定,已受有接济之学生经查明后须追还该时间内所领之贷金,并取消其申请贷金资格;同时该校明确指出旁听生、学籍未定者、公医生及军医志愿生不可申请,不应申请而申请贷金者经查明后,“即予以退学处分并责令偿还其已领贷金”。③

又次,学校监督学生贷金使用情况。由于贷金基本为相关机构拨付学校后再转给学生,或由校先垫发待教育部核定后再行清算,因此学校对贷金的掌控比外界方便。由是,为使贷金能真正用到实处,各校一般都会严格监督学生对贷金的使用情况。1940 年 10 月 15 日,四川大学规定贷金学生服装应以简单朴素为标准,日常零用力求节省,不得有吸烟、饮酒及宿食餐旅馆等情形,外出须步行,非有必要不得雇滑竿或人力车等。1941 年,教育部要求各校贷金委员会应察看受领学生经济变迁情形,每月增减之,因而学校会要求受领学生将各自情况按月报告校贷金委员会,以备查核。其实,贷金的种类较多,衣食是学生需要面对的首要问题,因此学

---

① 《国立四川大学布告》,《国立四川大学校刊》1940 年第 3 期。

② 《校闻:第五次总理纪念周》,《国立浙江大学校刊》1940 年第 71 期。

③ 《战区学生申请贷金审查办法》,《国立西北医学院院刊》1941 年第 7 期。

校一般会监督膳食贷金和棉衣贷金的使用去向，当然零用贷金也会涉及。抗战爆发后，鉴于避难到大后方的学生衣服单薄，学校会监督御寒棉衣贷金使用，以防止学生滥用。如 1942 年秋，燕京大学由北平抵成都的学生因旅途艰辛只携带少许衣服，后来多数学生御寒衣服均感缺乏，但由于物价日涨，他们欲置不可。该校学生自治会福利委员会有鉴于此，向学校请求救济，获得许可后当局派专人负责此项工作，并“增拨添置寒衣贷金”。[①] 考虑到学生吃饭问题是大事，为杜绝他们滥用膳食贷金，不少学校都成立膳团，要求学生必须在学校的膳团用餐，否则就取消贷金资格。当然，为保证把有限的贷金用好，各大学都组织了有学生代表参加的膳食委员会，听取代表意见，进行民主监督。如抗战时期西南联大学生自办膳食团，上午 10 点和下午 4 点各吃一餐，早餐要自理。学生们自嘲：“我们吃的是沙石俱全的‘八宝饭’！米中有沙子，有时甚至还有老鼠屎，有时菜里连盐都没有。”[②]1943 年，四川大学战区学生伙食团有五六百人，在峨眉上学时物价稳定，每人每月领取 60 元贷金还够支用。迁回成都后物价逐渐上涨，伙食费仅靠贷金已无法维持。这时适逢学校扩建，学生向校长黄季陆提出承包工程，“将所得款项作为改善伙食经费”，其应允说，“我就喜欢你们这种克服困难、自力更生的精神”，[③]同时他要求学生将改善伙食方案呈报。

最后，各校监督贷金生所履行的义务。贷金并不是一种无偿资助学生的方式，而是需要他们偿还。1940 年 5 月，教育部公布《全国专科以上学校战区学生贷金偿还办法》，要求战区学生贷金应于毕业后 3 年内分年偿还，如不能按照规定清还，由校通知其服

---

① 《棉衣贷金校方已允增拨》，1942 年 10 月 10 日《燕京新闻》。

② 方明：《抗战时期国民政府大撤退秘录》，团结出版社 2013 年版，第 219 页。

③ 中国人民政治协商会议成都市武侯区委员会文史资料委员会：《武侯文史资料选辑》第 2 辑，1993 年，第 147 页。

务机关或原籍县市政府,“分别扣还或追缴,或向其保证人追偿”,必要时“呈请教育部撤销其毕业资格”。[①] 各级政府设立的贷金归还年限不尽相同,如陕西省要求学生在毕业后须在4年里分年偿还,而安徽省规定:“助学贷金学生,应于毕业后之第一年起,照每年所领金额,逐年无息偿还,至迟不得过六年。”[②]四川省更是要求受领者有代募基金及偿消贷金后有捐助贷金之义务,“捐款不得低于二百元,募款不得低于一千元,得分三年至六年完成”。[③] 各高校自行设立的贷金偿还时间也不一样,1940年,英士大学规定学生所得贷金须于战事终了3年内或毕业后分4年平均或一次偿还,而1942年中央大学规定:“贷金应于就业后第二年始按其薪给至少百分之五向原毕业学校偿还,清偿期至多二十年。”[④]此外,按照相关规定贷金生还要承担部分校内义务工作,1941年,教育部要求凡领受贷金之战区学生除平时及寒暑假应照学校规定履行劳动服务外,平常每周至少须有3小时为校服务,如超时则由学校酌给酬金。1942年,厦门大学训导处要求领得贷金之学生“应稍尽义务”,利用暑假由军事管理组教官率领贷金学生举行服务,割除第一院及第二院各校舍周围杂草,校园为之焕然一新。[⑤] 1943年,广西大学农学院第二学期贷金生经贷金审查委员会核准后实施,各贷金生也照章派定校内服务,计在注册组服务者17人,在体育组服务者2人,在园艺组服务者6人,在事务组服务者1人,在图书馆服务者3人,在林系服务者4人,在生活指导组服

① 《全国专科以上学校战区学生贷金偿还办法》,《国立四川大学校刊》1940年第17期。

② 《安徽省公私立专科以上学校清寒优秀学生助学贷金暂行办法》,《安徽政治》1939年第28、29期。

③ 《规章:四川省专科以上学校学生助学贷金章程》,《新教育旬刊》1938年第4期。

④ 《抗日期间的贷金制助学》,2012年6月3日《现代快报》。

⑤ 《母校新闻:贷金生劳动服务校园焕然一新》,《厦大通讯》1942年第8、10期。

务者 5 人,在夜校服务者 9 人,负责劳工服务者 38 人,负责集会时司仪点名者 11 人。该校为加强管理还订有贷金生服务工作报告表,“考核各该生服务勤惰,以为贷金审查委员会下期审核贷金生之参考”。①

四、全面抗战时期贷金制度之成效

抗战胜利后,1946 年 3 月教育部决定废除《国立中等以上学校贷金暂行规则》和《省立专科以上学校战区学生贷金暂行规则》,同时规定已发贷金免偿还,凡以前战区贷金毕业生,在毕业证明书上注有“归还贷金”字样者予以注销,已核准在校贷金生一律改为全公费生直至毕业,此后教育部为体恤学生,呈行政院同意当年暑假后所招新生一律继续发到年底,至 1947 年起实行部颁奖学金制度。

抗战时期国民政府对学生之救济,或助川资分发借读,或贷给膳食零用各费以延续学业。“当时救济费用用贷金名义,盖欲使财政当局易于同意,将来有收回之望耳。”随着物价贬值和覆盖面扩大,此项费用几乎超“全体教育文化经费二分之一”。② 由是,许多沦陷区及贫苦大学生得到实惠而完成学业,“国家对于青年之爱护,不可谓之不殷,国家对于青年教育之重视,不可谓之不笃”。③

贷金制度的实施,使大学生懂得了学习机会的不易。彼时,避难至大后方的学生基本无所依靠,倘使没有贷金制度的推行,让他们能在后方各大学安心读书以至毕业,流亡的结果甚至性命都难以保持,更谈不上继续求学。因此,他们上课认真学习,课后互相对照

① 《院闻贷金生人数及服务状况》,《西大农讯》1943 年第 12、13 期。

② 陈立夫:《成败之鉴——陈立夫回忆录》,台北正中书局 1994 年版,第 288 页。

③ 陈立夫:《关于贷金问题告中等以上学校战区学生书》,《学生之友》1940 年第 5 期。

补充,“互相切磋,充满活力,亲密无间”。[①] 梅贻琦曾说抗战期间西南联大全校学生2 800余人,持贷金及补助金生活者达十分之七八。“年来昆明物价高涨,以较战前约在百倍以上,各生必需之书籍、纸笔以及布鞋等费,最少限度亦月须二百元左右”。但是在这种艰难困苦中,该校学生养成好学勤读之习,“每值课后,群趋图书馆,宏大之阅览室,几难尽容”。[②] 诚如时人回忆:“我到四川乐山,上了西迁后的武汉大学。这时我深知学习条件来之不易,决心尽可能把学习搞好,申请到了乙等贷金解决了伙食费的开支。”[③]

贷金制度的施行也培养了一批人才。陈立夫晚年在回忆自己主政教育部时以实施贷金制为荣:“对于此等学生真是教养兼施,而国库负担之重,也于此可见。费用虽大,但是成就甚著。据统计,战时由中学以至大专学校毕业,全赖国家贷金或公费以完成学业者,共达十二万八千余人之多。此等皆是国家不可少之人才。凡是现在国内外五十岁以上之社会中坚分子,几无人未受贷金或公费之惠。如无贷金及公费制度,不知道有多少人失学,将为国家一大损失。”[④]客观地说,陈立夫的话不假,正是因为贷金的存在,一大批贫苦学生才能完成学业。例如抗战时期西北工学院来自沦陷区的学生都可享受贷金,1938年上半年学生贷金每人每月6元,到12月每人每月10元。随着物价上涨,1942年3月副食费为24元,5月为30元,1943年10月达到65元,而同年仅古路坝香油就涨到26元1斤,白盐24元1斤,柴菜等物涨价更甚。学生生活虽艰苦,但一批批学生凭着坚强毅力、刻苦精神和报效祖国热情

---

① 朱健主编:《交通大学师生抗战回忆录》,上海交通大学出版社2015年版,第161页。

② 梅贻琦:《梅贻琦谈教育》,辽宁人民出版社2015年版,第151页。

③ 杨敬东主编:《三湘院士科学人生自述集》,湖南科学技术出版社2009年版,第205页。

④ 陈立夫:《成败之鉴——陈立夫回忆录》,台北正中书局1994年版,第289页。

“圆满完成了繁重的学业”。① 多年后有人对贷金制仍表示感激：“我之所以能在广西大学和联大维持4年，主要靠教育部给流亡学生提供的贷金。每月贷金数量不多，仅够供应非常简陋、没有什么菜的午餐和晚餐。有些同学就利用课余时间去昆明的中学兼课，或者去搞点家教，以谋得一点收入。我专心上学，没任何兼差，早晨就常常只能饿着肚子……若没有贷金，像我这样的人是根本上不了大学的，这是当时的政府做的一件好事情。”②

但是，贷金制也产生很多问题，如少数学生拿贷金以供个人的挥霍，保管人员挪贷金以供商业的投机。而贷金的核发因要经过申请、初审、复核、分配和呈报等5个阶段才能达到学生手中，以致很多时候远水救不了近火。

贷金在实施过程中其审核标准最值商榷。贷金办法起初以原籍为沦陷区而论，学生是否真正经济来源断绝却难以知晓。单单以他原籍为沦陷区就给予战区甲等贷金，则有失公平。当然，申请贷金学生述说需要情形，每谓困苦万分不能待，而审核贷金者由于无客观事实可供参考，仅凭学生书面叙说与口头申诉即予裁决，殊不可靠。由于审核的不合理，因而校方每次公布名单之后就遭学生的质问。某校第一次贷金公布后学生纷纷请见训导长，一学生向训导长发问：“为什么某某同学与我同乡，家庭情形毫无两样，他能获得战甲贷金，而我只得自乙呢？”训导长回答是“因为他提出经济来源在战区的证件”，同学说：“彼与我同乡，难道一纸空文的不真不实的证件，即可自由升到甲吗？”③此外，各校贷金委员会努力为学生服务，但他们对于审查呈请贷金学生，“间有碍于情面”致工

① 北洋大学—天津大学校史编辑室编：《北洋大学—天津大学校史》(1)，天津大学出版社1990年版，第260页。

② 沈善炯述：《沈善炯自述》，湖南教育出版社2009年版，第31页。

③ 黄鸣皋：《论贷金制度》，1943年3月10日《大公报》(桂林)。

作推行困难。[①] 1940 年 10 月 13 日，浙江大学召开贷金委员会会议，训导长费巩鉴于经济苦难者多，惟恐请而不准，“故宁可从宽”，教务长张绍忠和理学院院长胡刚复“则惟恐得者太多”，主张执行教育部规定标准，但费巩却认为“如三分之一限额，则势须裁去申请者五十人”，因此他“不忍且亦不肯如此执行”。[②] 11 月 20 日，费巩整天都被二年级贷金未准学生包围，学生们皆陈述各种困难令他感慨不已。

此外，贷金制的最大危机则在当时已被部分学生视为应享有之权利。此种结果使得他们认不清义利，养成贪污作伪恶习；而对真正需要贷金维持生活的同学而言，贷金属于救济性质，难免造成一部分人依赖性。所以贷金虽救了不少学生，“却更毁了不少学生”。[③] 浙江大学校长竺可桢曾言，“贷金办法于学生道德堕落极有关系，使人人欲占大家一分便宜”，因此他“始终主张工读办法”。[④] 1941 年，教育部参事陈石珍代理西北大学校长，上任之初他严格审查学生资格，将原领用贷金之同学取消数十名，公布后全校哗然。12 月 29 日，该校举行升旗典礼之后忽有一名外文系三年学生，携刀步出大门企图自杀未遂，于是学潮随之而起。

当然，贷金也时常被学校和训导处作为控制和奖罚学生的手段之一。在支配贷金上不问接受者在经济方面如何，而以加入某种公开或秘密团体为条件。“品行不端”“破坏校纪”“污辱党国”之类话语，常是训导处取消和扣发贷金惯用的借口。因此，真正清寒需要接济的青年或想求得贷金而不得，或存“洁身自好”的心理而不愿去请求贷金。此外，在整顿学风和提倡尊师重道的情况下，当局常用这些来约束学生思想行为。在第三届国民参政会上陶百川

---

① 《论学校贷金问题》，1942 年 3 月 18 日《大公报》。

② 费巩：《费巩文集》，浙江大学出版社 2005 年版，第 529 页。

③ 汤学耕：《请改贷金为工读金》，《东方杂志》1944 年第 4 期。

④ 霍益萍：《近代中国的高等教育》，华东师范大学出版社 1999 年版，第 235 页。

曾建议教育部通令全国中等以上学校,不得任意取消战区学生之贷金。然而事实却相反,如一战区学生辗转到达湖南后,在某省立专科学校肄业,学费来源是依靠教育部发给的甲种贷金,但是某日该生偶因言语失慎,竟被学校当局冠以“侮辱师长之名”予以记过一次外,并停止“领贷金的资格”。① 诚然,学校规定记过者不准请领贷金有惩恶奖善之意,但在教育原理上似应予青年学生以自新的机会。

实事求是地说,贷金制度也不可能从根本上解决学生的困难。彼时的学生只要家属战区基本可以享受贷金待遇,但随着物价高涨,有限的贷金根本无法维持最低限度生活,由是中途退学甚至自杀在当时社会屡见不鲜。1939 年,西南联大学生生活是这样一番景象:“经济来源断绝的战区同学,贷金又常不发下来,吃饭简直成了大问题。饭煮得熟,够吃,就满人意了。有时候饭煮少了还只吃到一碗呢。菜,两块小小的豆腐干也算一盘菜了。说到汤,好听点就等于白开水放点碎白菜,再加点盐就算是汤了。”②1943 年 6 月 19 日《贵州日报》时评“向学生们说几句话”称,抗战以来大家都清楚知道这里的实际情况,“校舍的设备过分简陋,饮食营养方面不能满足,这些都是实情……甚至以茅舍为教室,每日三餐吃糙米淡菜,这些也是事实”。③ 又如,抗战时期暨南大学很多从沦陷区来的学生没有经济来源,全靠学校奖贷金维持最低生计,他们生活相当清苦,天天吃烧芥菜和煮黄豆。有鉴于此,校长何炳松设法搞到大量黄豆,改善学生生活,“早餐仅供煮熟黄豆一碗佐粥,中晚餐每用米汤煮蔬菜下饭,谈不上油水和调味”。④

需要指出的是,1943 年贷金制被改为公费制,但陈立夫在公

---

① 黄鹏程:《信箱:一个取消贷金学生的抗议!》,《学生之友》1944 年第 3 期。

② 阿延:《西南联大生活拾零》,《战时青年》1939 年第 4 期。

③ 《通讯:大后方学生的非人生活》,1943 年 8 月 26 日《解放日报》。

④ 中国教育报刊编著:《暨南大学》,重庆大学出版社 2008 年版,第 46 页。

费制上表现出重工科,贬低文、法科乃至理科的倾向,遭到教育界人士的批评。潘光旦曾言,“在主持教育的人,见学习实科的人之年有增益,而沾沾自喜,置理论与实用的本末之分于不问,其眼光的短浅正复相同。我们认为这一点是应该及早纠正的。”①梅贻琦在《大学一解》中认为,教育部所提出“通专并重”不易实行,主张大学“重心所寄应在通而不在专”,西南联大当局甚至以校委会名义上书蒋介石与陈立夫,要求政府在学生公费待遇上“泯除学院之分别”,“防止青年轻视纯粹科学精神科学”。② 但陈立夫却认为,工业如不先发展,文法科人才需要不多,“国家要工业化才能强盛起来,故暂时应多培育人才,以应工业化实际建立之需要”。③ 1944年12月,朱家骅重掌教育部,由于之前公费生依照科别分配“引起很多的批评”,于是,他决定从1945年新生入学开始,文法理工一律看待,新生40%发给全公费,40%发给半公费。“凡经济来源确已断绝之战区生、侨生,不能供给子女教育费之公教人员子女,以及其他真正贫苦之学生,均可投考学校时,申请公费,入校后由学校审核决定。旧生之已领公费或贷金者,继续至毕业时为止。”④

余　论

全面抗战爆发后鉴于沦陷区大学生经济困难,国民政府对他们实施贷金政策。其后抗战在继续,但是沦陷区及后方各地的秩序已逐渐恢复,所有贷金生亦大都找到家庭与亲戚朋友的联系,显然与教育部“经济来源完全断绝”为条件的贷金规定相冲突。然

① 潘光旦:《群言典藏 自由之路》,群言出版社2014年版,第247页。

② 清华大学校史编写组编:《清华大学校史稿》,中华书局1981年版,第302页。

③ 陈立夫:《成败之鉴——陈立夫回忆录》,台北正中书局1994年版,第296页。

④ 朱家骅著,王聿均、孙斌合编:《朱家骅先生言论集》,台北“中研院”近代史研究所,1977年,第228页。

而,学校当局很少有彻底调查的,学生自动请求停止贷金的绝无仅有,反而随着战区面积的扩大,贷金学生有增无减。诚然,贷金名额有限,无法使每一个需要接济的学生都能得到接济。但是,在有些学校,贷金的支配未能尽公平原则,有些学校甚至视贷金为慈善性质,以致那些并不需要受贷金接济而得到贷金的人,往往视贷金为意外之财。因此,如要真正做好大学生的贷金工作,学校当局审查公费名额时应当力求审慎不徇情、不浮滥,务使优秀清贫青年身受其益,而纨绔子弟被剔除贷金权利。当然,审核当局对于公费贷金的收入金额当尽量公布,达到会计公开,使攻击者无所施其伎俩。而对于审核贷金生的名额和数额当力求迅速确实,一切手续当求简化尤须按月请发。因此,时人建议:“青年是国家民族的命脉,我们希望教育当局,在可能范围内,要尽量筹拨经费,扩充贷金的数额,不但使已在后方学校里的战区青年能够相当普遍的受到接济,同时更要争取在沦陷区的青年到后方来入学,勿使长受敌伪的精神麻醉。”①

毋庸置疑的是,尽管抗战时期贷金制度在实施的过程中存在某种弊端,但是贷金的设立使不少志愿读书而家庭又无力供给的青年学生,由此得到进一步学习机会。“八年抗战,不仅未因战事影响使教育有一日之停顿,且能在抗战期中继续进展。尤以受教育人数增多之表现,最为明显。”②所以,抗战时期国民政府推行贷金制度的功绩得到时人“衷心的赞佩”,③因而其历史作用自然不可低估。

(黄伟,安徽省社会科学院历史研究所副研究员)

---

① 季文:《关于战区学生贷金》,《中学生》1940年第30期。

② 朱家骅著,王聿均、孙斌合编:《朱家骅先生言论集》,台北“中研院”近代史研究所,1977年,第186页。

③ 任国荣:《取消学生公费和贷金制度而另设奖学金制度》,《时代公论》(广州)1946年第6期。

儒家异端与宗教想象：19 世纪新教传教士《墨子》译介研究*

刘　松　邹天雨

明清之际，耶稣会士纷纷来华，他们在传播基督教的同时也译介了大量的西学知识，形成了声势浩大的西学东渐运动，成为中国翻译史上的第二次高潮。传教士在向华传输西学之余，亦将中国典籍介绍到西方，催生了西方汉学的诞生，有学者将这一时期称为"传教士汉学"时期。①

相对于意大利、西班牙以及葡萄牙等其他欧洲国家，19 世纪

---

* 本文系湖南省教育厅科学研究项目(21B0834)、湖南省普通高等学校教学改革研究项目(HNJG - 2021 - 1149)、湖南省哲学社会科学基金(21YBQ111)的阶段性成果，同时得到广东外语外贸大学翻译学研究中心 2021 年度科研招标项目(CTS202108)资助。

① 目前学界对西方汉学发展阶段的划分略有不同，大致有以下几种分类方法：(1) 汉学的萌芽时期(公元前后至 15 世纪)、汉学的初创时期(16 世纪至 18 世纪)、汉学的繁荣拓展时期(18 世纪末至 20 世纪中叶)；(2) 耶稣会士时期、法国汉学时期、英美新教传教士时期及汉学现代发展时期；(3) 游记汉学阶段、传教士汉学阶段、专业汉学阶段；(4) 孕育期(17 世纪至 18 世纪耶稣会士在华活动时期)、创立期(19 世纪)、现代转型期(19 世纪末至"二战"前)和当代发展期("二战"后至今)。本研究采用的是张西平教授的分类法。参见阎纯德：《汉学研究第一辑》，中国和平出版社 1996 年版，第 1 页；D.Honey, *Incense at the Alta*, (Shanghai: American Oriental Society, 2001), p.18；张西平：《西方汉学的奠基人罗明坚》，《历史研究》2001 年第 3 期；王琰：《汉学视域中的〈论语〉英译研究》，上海外语教育出版社 2012 年版，第 8 页。

以前的英国既没有向中国派出传教士，也未同中国有过正式的接触，英国对中国的直观了解主要是丝绸、茶叶、瓷器、绘画等实物器具以及从探险家、传教士、商人、水手、外交官等所撰写的与中国有关的日记、书信、报告、游记等相关著述中获取的二手情报和知识。① 此外，也有部分来自英国人从其他欧洲国家转译过来的汉学著作。② 可以说，当时英国的汉学研究严重滞后于法国等其他欧洲国家。因此，后来的英国外交官兼汉学家德庇时(John Davis)在1922年出版的《中国小说翻译选集》(*China Novels Translated from the Originals*)中撰有长篇序言"Observations of Language and Literature of China"(《中国语言和文学之我见》)，对当时英国汉学研究的落后表示不满和担忧：

> 总体而言，我国国民知识观念总在不断取得进步，但在中华帝国及其文学方面所取得的进步是微不足道的。在马嘎尔尼勋爵访华之前，我们对这个国家近乎完全无知，这一点难以解释。反观法国人，在近一个世纪以前一直在对中国进行研究，他们取得了辉煌的成绩。③

从德庇时的上述描述不难看出当时英国的汉学研究的确严重落后于法国等欧洲国家。英国汉学的真正萌芽是19世纪英

---

① 事实上，英国伊丽莎白女王曾在1583年和1596年两次派遣大臣携带公函献给中国皇帝但都无功而返，未能与中国建立官方联系。此外，1792年英国政府以贺乾隆皇帝八十大寿为名，派出马嘎尔尼(George Macartney Staunton)使团正式出使中国，这是中英双方第一次官方意义上的正式接触。嘎尔尼使团受到了乾隆皇帝的觐见，然而使团代表英国政府向清政府递呈的开埠通商文书未能获批。

② 17世纪至19世纪期间，英国从意大利、西班牙、葡萄牙以及法国等欧洲国家转译而来的汉学著作有利玛窦：《基督教远征中国史》(1625)、曾德昭：《大中国志》(1655)、杜赫德：《中华帝国志》(1736)，译作主要有柏应理：《中国哲学家孔子》(1691)以及马若瑟：《赵氏孤儿》(1762)。

③ J. Davis, Chinese Novels, *Translated from the Originals*: *To Which Are Added Proverbs and Moral Maxims*, *Collected from Their Classical Books and Other Sources*, (Whitefish: Kessinger Publishing, 1822), p.71.

国新教传教士进入中国以后。19 世纪初，随着英国最早开始工业革命成为世界第一大资本主义强国，在对国际市场野心、宗教狂热和对中国觊觎已久等多重驱动下，英国最先派出新教传教士前往中国，试图撬动闭关锁国的中国大门。1807 年，第一位新教传教士马礼逊(Robert Morrison)抵达广州，由于当时清政府严禁中国人教授外国人汉语，禁止外国人传教，马礼逊被迫辗转于澳门和马六甲海峡之间。马礼逊刻苦学习汉语，1813 年就出版了世界第一部中文《圣经》译本——《新约》汉译本。1821 年又出版了《新旧约全书》汉译本。马礼逊在翻译出版《圣经》的同时，也开始着手翻译中国典籍。1812 年，马礼逊出版了《中国通俗文学译文集》(*Horace Sinicae: Translations from the Popular Literature of the Chinese*)，译介了《三字经》(*The Three-Character Classic*)、《大学》(*The Great Science*)、《三教源流》(*Account of FOE*)、《太上老君》(*Account of the Sect TAO-SZU*)等中国典籍。

马礼逊对英国汉学的发展起到了奠基的作用。首先，马礼逊编纂了世界第一部英汉词典《华英字典》(*A Dictionary of the Chinese Language*，1815—1823)三卷本以及《汉语语法》(*A Grammar of the Chinese Language*，1815)、《广东省土话字汇》(*A Vocabulary of the Canton Dialect*，1823)等汉语学习著作，为日后传教士入华学习汉语提供了便利。其次，马礼逊还积极推动汉语教育，培养语言人才。1820 年，马礼逊在马六甲创办 Anglo-Chinese College(英华书院)，这是近代第一所洋学堂，1843 年迁往香港，给香港近代教育带来了深远影响。1823 年，马礼逊因病回英国休假，在此期间还成立了专门教授汉语的 London Oriental Institution(伦敦东方语言学校)。另外，马礼逊还在马六甲创办了《察世俗每月统计传》(*Chinese Monthly Magazine*)，这是近代以来以中国人为对象的第一份中文期刊，揭开了传教士报刊史的序幕。

鸦片战争前后，随着越来越多的新教传教士、外交官以及商人进入中国，英国汉学逐渐从萌芽状态迈向学院化发展，英国高等学校开始将汉学纳入高等教育课程，汉学作为一门学科逐渐在英国被确立起来。1837 年，伦敦大学学院率先设立中国语言与文学教授席位，聘请基德(Samuel Kidd)担任首任汉学教授。1845 年，伦敦国王学院设置了中国语言与文学教授职位。1875 年，牛津大学聘用理雅各担任首任汉学教授。1888 年，威妥玛(Thomas Wade)被任命为剑桥大学首任汉学教授。

此外，英国汉学的建立和发展还体现在该时期一批汉学机构和汉学报刊的建立。1832 年，俾治文(Elijah Bridgman)、马礼逊和卫三畏(Samuel Williams)在广州联合创办了《中国丛报》(*Chinese Repository*，又称《澳门月报》，1832—1851)，这是中国近代最重要的汉学刊物之一。1857 年，皇家亚洲学会北中国支会(The North China Branch of the Royal Asiatic Society)成立，并发行刊物《皇家亚洲学会北中国支会会刊》(*Journal of the North China Branch of the Royal Asiatic Society*，1858—1884)。

19 世纪来华新教传教士延续了耶稣会士的汉学翻译传统，英国浸礼会传教士马什曼(Joshua Marshman)1809 年在印度塞兰普尔推出了《论语》英译本《孔子之作：英汉对照》(*The Works of Confucius: Containing the Original Text, with a Translation*)。1828 年，伦敦会传教士柯大卫(David Collie)将《四书》英译本《中国古籍四书：译文及注解》(*The Chinese Classical Works, Commonly Called the Four Books, Translated and Illustrated With Notes*)付梓。与耶稣会士相比，新教传教士译介内容不再囿于儒家典籍，而且开始涉及道家及墨家典籍。《墨子》正是在这种背景下被介绍到西方的。

一、儒家异端的首次登场：艾约瑟对《墨子》的介绍

就目前掌握的资料来看，最早将《墨子》介绍到西方的是英国伦敦会传教士艾约瑟(Joseph Edkins)。[①] 艾约瑟是19世纪西方最著名的汉学家之一，其在多个汉学研究领域成就斐然。在华期间，他曾多次与李善兰、王韬等中国学者合作，翻译编辑和出版了一系列西学著作，其中影响最大者为1898年出版的《西学启蒙十六种》。该书系统介绍了西方动物学、植物学、化学、地理、生理学、逻辑和其他科目的相关知识。艾约瑟对汉语语言、语音以及宗教亦研究颇深，陆续出版了《汉语口语语法研究：以上海话为例》(*A Grammar of Colloquial Chinese: As Exhibited in the Shanghai Dialect*, 1853)、《汉语口语语法研究》(*A Grammar of the Chinese Colloquial Language Commonly Called the Mandarin Dialect*, 1857)、《中国在语言学中的地位》(*China's Place in Philology: An Attempt to Show that the Languages of Europe and Asia Have a Common Origin*, 1871)、《汉字研究导论》(*Introduction to the Study of the Chinese Characters*, 1876)、《中国佛教小史：历史、描写和评论》(*Chinese Buddhism: A Volume of Sketches, Historical, Descriptive, and Critical*, 1880)、《汉语的演变：作为人类语言起源和发展的例证》(*The Evolution of the Chinese*

---

① 范存忠先生曾在《中国文化在启蒙时期的英国》一书中提出，在1800年爱尔兰作家哥德史密斯(Oliver Goldsmith)所撰《世界公民》(*The Citizen of The World, or, Letters From a Chinese Philosopher Residing in London, to His Friends in the East*)一书第八函结尾似有"子墨子一段"，疑为《墨子·非乐》篇的内容，参见范存忠：《中国文化在启蒙时期的英国》，上海外语教育出版社1991年版，第12页。经笔者仔细核对，并没有发现与《墨子》相关的内容。

Language: As Exemplifying the Origin and Growth of Human Speech,1888)等。

或许是因为艾约瑟的研究领域极为广泛,抑或是出于偶然,他发现了墨子这位长期在中国本土被忽略的哲学家。1858年,他在《皇家亚洲学会北中国支会会刊》(*Journal of the North China Branch of the Royal Asiatic Society*)第5期发表论文《墨翟人格与作品之评介》("Notices of the Character and Writings of Meh Tsi"),这是目前所见西方最早介绍墨子的论著。①

艾约瑟的这篇论文篇幅不长,却包含了大量与墨子相关的信息。他将墨子称为"早期儒家反对者中最具影响力的一位"②,将墨子以儒家异端的身份加以介绍。对于墨家经典《墨子》,艾约瑟认为,该书艰深晦涩,甚至有些不忍卒读,其文学性明显不及孔孟老庄的作品,但其思想性却更胜一筹,尤其是《墨子》中的伦理学说"兼爱"给他留下极为了深刻印象。③ 因此,该文主要围绕墨子兼爱学说展开。他将"兼爱"译为"the doctrine of equal and universal love"(平等与博爱学说)。在他看来,墨家兼爱使人极容易联想到《新约》中的基督教道德伦理——博爱主义(philanthropism)。对此,他甚至感到非常惊讶,因为兼爱提出的时间竟然比基督教的诞生时间还要早5个世纪。更令他不解的是,博爱在西方能够深入人心,兼爱却被斥为异端学说,遭受冷遇。在他看来,这是因为兼爱与博爱在实践形式上存在差异:前者反映了墨子的政治理想,具有很强的政治功利性,其实施有赖于统治者的支持,而墨家学说并未受到历代统治者重视,最终沦为绝学,因此兼爱缺乏进一步推广的政治基础。博爱则主要是建立在道德

① J. Edkins,"Notices of the Character and Writings of Meh Tsi,", *Journal of the North China Branch of the Royal Asiatic Society*, vol. 3, No.5(1858), pp.155 - 159.

② J. Edkins,"Notices of the Character and Writings of Meh Tsi,", p.155.

③ J. Edkins,"Notices of the Character and Writings of Meh Tsi,", p.155.

和宗教基础之上，其实施主要归功于救世主（耶稣）对人们的道德感化，无须过度依赖政治力量。此外，基督教博爱关注的是全人类的福祉，而墨子兼爱对象则不包括敌人。因此，他指出，兼爱似乎更接近19世纪英国哲学家边沁（Jeremy Bentham）和帕雷（William Paley）所提倡的功利主义哲学。他甚至认为，倘若墨子与英国功利主义哲学家生活在同一个时代，那么他们无疑会成为知己。①

艾约瑟还注意到了儒家对兼爱的批判及其背后牵涉的儒墨之争。他指出，儒墨之争的本质并不是学术思想上的交锋，而是学阀派系之争。战国初期有"世之显学，儒墨也"的说法（《韩非子·显学》），儒墨当时都被尊为显学，但到了战国后期杨朱和墨家两家影响力明显有超过儒家之势，孟子甚至发出了"天下之学，不归杨则归墨"的感慨（《孟子·滕文公下》）。可见，当时墨家已经对儒家学说的权威构成了严重挑战。于是，孟子和荀子等儒家后学开始轮番对墨家学说发起猛烈攻击。艾约瑟重点分析了孟子对兼爱的批判。他指出，兼爱提倡的是一种不分辈分、不分阶层的泛爱，而儒家仁爱是一种讲辈分、有阶层之分的有差别的爱。因此，孟子将兼爱斥为"无父无君，是禽兽也"（《孟子·滕文公下》）。对儒家来说，对他人的关爱不应该超出对父母的爱，倘若实施兼爱，那么子女便无法尽到对父母孝顺的义务，与禽兽无异。在艾约瑟看来，兼爱实际上动摇了儒家苦心建构的儒家三纲五常社会等级和伦理体系，这是孟子将兼爱视作异端学说加以攻讦的主要原因。不仅如此，墨子亦是中国历史上首位公开抨击儒家的人，儒墨两家的分歧不只在于仁爱与兼爱之争，墨子所提出的"节葬""非乐""非命""非儒"等主张都与儒家相牴牾，因此墨子被孟子视作死敌，其主张被斥为异端邪说。他甚至认为"杨墨之道不息，孔子之道不著，是

---

① J. Edkins, "Notices of the Character and Writings of Meh Tsi,", pp.165 – 166.

邪说诬民,充塞仁义也”(《孟子·滕文公下》)。于是,孟子将消灭异端邪说,捍卫儒家正统作为自己义不容辞的责任。由此观之,孟子不遗余力辟墨,谴责兼爱的主要原因在于墨家当时的社会影响力过于强大,对儒家构成了巨大威胁。孟子之后荀子等儒家后学纷纷效仿孟子不断加入攻讦墨子之列,也是出于同样的动机。艾约瑟认为,孟子对墨子的批判有失公允,缺乏风度,因为墨子并不反对孝道,而且兼爱的对象显然也包括了父母。①

作为19世纪西方最具影响力的汉学家之一,艾约瑟的汉学成就已经吸引了很多国内学者的注意,或许是因为他在多个汉学研究领域都取得了巨大成功,他所撰写的这篇介绍墨子的短文迄今没有引起国内学界的关注。事实上,这篇论文不仅开西方汉学界墨学研究之先河,而且在某种程度上也影响到了基督教在华传教策略。首先,艾约瑟对墨子儒家异端身份的发现,为19世纪新教传教士批判儒家提供了新的线索。艾约瑟对墨子的介绍主要是从墨子儒家异端的身份着手的,接着通过对墨家核心思想兼爱的介绍以及孟子的批判进一步引出儒墨之争。可见,艾约瑟是在儒墨之争的大背景中讨论墨子及其学说的。认识到这一点尤为重要,因为艾约瑟所处的时代正是儒家与新教矛盾最为尖锐的时候,就连1877年和1890年在上海召开的两次在华传教士大会都将基督教与儒学的关系列为最重要的议题。② 艾约瑟对儒家宿敌

① J. Edkins,"Notices of the Character and Writings of Meh Tsi,",p.167.

② 1877年,英国传教士理雅各(James Legge)在首届大会提交论文(《儒学与基督教对比》),指出,和基督教相比,儒学有其不足,但不能因此而否定儒学中有益的、真理的成分,因而建议对儒学价值进行重估。理雅各的此番言论即刻引起了与会大多数传教士的强烈反对。他们一致认为,理雅各有抬高儒学、贬低基督教地位之嫌,因而拒绝刊发该论文。1890年,美国长老会传教士丁韪良(William Martin)在第二次大会上提交论文(《祖先崇拜——恳请容忍》),呼吁取消中国基督教徒“祭孔”和“祭祖”的限制。该文亦遭到时任新教内地会会长戴德生(James Taylor)的强烈批评,拒绝刊发该文。详见刘松:《理雅各〈墨子〉译介成因钩沉》,《中国翻译》2020年第4期。

墨子的发现，为新教传教士批判儒家提供了新的理论资源和方法论指导。

其次，艾约瑟不仅率先介绍了墨家最核心的学说——兼爱思想，而且还意识到兼爱与基督教博爱的内在契合之处。这一重要发现引起了包括理雅各和高延(Jan Jakob Maria de Groot)在内的许多传教士的注意，后来的传教士欣喜地发现墨子可能是先秦诸子中唯一有神论者。于是，19 世纪下半叶以来越来越多的传教士纷纷开始将《墨子》想象成一部记载了基督教教义的宗教典籍，尝试对其进行神学化阐释，企图从《墨子》中寻觅更多上帝存在的踪迹。另一方面，艾约瑟是站在基督教的立场上来介绍墨子及其兼爱学说的。在他看来，墨家兼爱无法与基督教博爱相提并论，因为博爱所涵盖的对象是全人类，而墨子兼爱的对象不包括敌人。显然，这种论断是站在基督教神学本位的立场作出的，有尊耶贬墨之嫌。

不过，应该肯定的是，艾约瑟对墨子及其思想的介绍基本上是客观的，他既看到了墨子兼爱与基督教博爱在形式的可通约性，而且意识到了两者的本质区别——博爱是一种宗教伦理观，而兼爱似乎更契合功利主义哲学，这表明艾约瑟已经隐隐约约意识到了《墨子》中的哲学价值，彰显了艾约瑟作为一名专业汉学家的远见卓识。遗憾的是，艾约瑟并没有对此作进一步展开。不过，这一重要发现也为 20 世纪初西方对《墨子》从宗教想象转向哲学书写提供了更多的可能。

二、以墨释耶：高延《墨子·节葬》译介

另一位译介墨子的传教士是 19 世纪荷兰著名汉学家和宗教史学家高延(Jan Jakob Maria de Groot)，其主要代表作有六卷本《中国的宗教体制》(*The Religious Systems of China*，1894)以及

《中国宗教：宇宙论——道教和儒教研究》(*Religion in China: Universism. A Key to the Study of Taoism and Confucianism*, 1912)。1894年，高延在《中国宗教体制》第二卷《中国葬礼》(*The Grave*)第八章《对埋葬逝者浪费财富的反应》("Reaction against the Waste of Wealth in Burying the Dead")节译了《墨子·节葬》中部分片段。

高延对墨子的评价极高，他认为墨子是中国古代出类拔萃的哲学家，但他也对《墨子》的可读性进行了批评，指出《墨子》除了文本残缺和晦涩难解之外，还充斥着大量重复短语和词组，导致其文采远远逊色于其他中国古代哲学著作。在他看来，这是《墨子》在西方研究热度不及孔孟老庄的主要原因。①

高延已经注意到艾约瑟和理雅各对《兼爱》的介绍，他将重点放在了以往传教士尚未注意到的《节葬》。高延在译文前附上了约500字的介绍性文字，涉及墨子的生平、籍贯、主要学说以及西人对墨子的研究等信息。从中可以看出他对当时西方墨学研究了如指掌，同时也谙熟中国历史和哲学。此外，他治学十分严谨，在采用史料时特别注意甄别史料的真实性。例如，他在介绍墨子生平时主要采用的是司马迁《史记》中的材料，并参考了刘安子《淮南子》中的部分记载，剔除掉存疑的部分，如"墨子以木为鸢，而飞之三日不集"(《淮南子·修务训》)等缺乏明确史料支撑的说法。②

总体而言，高译忠实原文，可读性较强。该译本的另外一个特色是凡是原文中出现的重要文化信息，译者都在脚注中一一注明。比如，《节葬》第一句"三代圣王既没，天下失义"中的"三代圣王"在《墨子》中频繁出现，是一个极其重要的文化信息，对于理解墨子思

① de Groot, *The Religious System of China II*: *The Grave*, (Leiden: Brill Archive, 1894), pp.770 – 780.

② de Groot, *The Religious System of China II*: *The Grave*, p.771.

想极为重要，因为《墨子》的行文和推理极具逻辑性，而墨子判断事物的主要依据"三表法"中的第一表"本之古者圣王之事"，即参考古代圣王的事迹行事。[①] 这里的古者圣王指的就是三代圣王。在《墨子》所有译本中，只有高延注意到了这一点，以脚注的形式向读者进行解释。

高译另一显著特征便是强烈的以墨释耶色彩。他认为，当其他先秦诸子都在不厌其烦地宣扬现实主义和唯物主义时，墨子已经构想出了一个人格化的天以及具有奖善惩恶作用的鬼神。墨子和其他先秦诸子最大的区别便是墨子是一位名副其实的有神论者。[②] 另外，译者也多采用基督教词语来翻译《墨子》中的概念、术语或文化负载词。例如，他将"仁者"译为 philanthropist（多指基督教中的博爱主义者或者形容上帝乐善好施）；"义"译为 rectitude（与 righteousness 经常交替使用，基督教、犹太教和伊斯兰教中常见的一个神学概念，暗示某人的行为是正确的，因为该行为让上帝满意）；"法令"译为 rescript（常用来指罗马天主教皇或者宗教权威对宗教教义或宗教纪律问题的回应）等，这些都是基督教色彩浓厚的词语。[③] 由于译者没有完全吃透原文文化内涵，也存在不少误译。例如将"君子"译为 the magnates，实际上"magnates"一词多用于商务场合，多指商业巨头或大鳄（a rich and powerful person in industry or business）。中国古代的君子更多指涉的是道德和品行高尚之人。

另外值得一提的是，由于《节葬》对先秦帝王、王公贵族乃至平

① "三表法"出自《墨子·非命上》，"何谓三表？子墨子言曰：有本之者，有原之者，有用之者。于何本之？上本之古者圣王之事。于何原之？下原察百姓耳目之实。于何用之？废（发）以为刑政，观其中国家百姓人民之利。此所谓言有三表也"。

② de Groot, *The Religious System of China II: The Grave*, p.772.

③ 林嘉新、刘松：《〈墨子〉在英语世界的译介与研究》，《复旦外国语言文学论丛》2021年秋季号，第203页。

民百姓的丧葬仪式有细致入微的描述，因此，译者在翻译时须掌握必要的文化背景知识，否则误译会屡有发生。例如，描述先秦王公贵族的丧葬仪式"王公大人有丧者，曰棺椁必重，葬埋必厚，衣衾必多，文绣必繁，丘陇必巨"。"棺椁必重"是指当时王宫贵族在去世时，首先将尸体放在一个小棺材中，然后在小棺材之上再套上大棺材。因此，这里的"重"应读作"chóng"，为多层之意，而不是读作"zhòng"，作重量解。事实上，该句与《礼记》构成了一种隐形的互文关系。根据《礼记·檀弓》的记载，"天子之棺四重"。东汉经学大师郑玄曾专门对先秦时期的丧葬仪式进行过专门考证，"诸公三重，诸侯再重，大夫一重，士不重"。高延却将其误译成"the coffin and the vault must be heavy and substantial"显然将"重"(chóng)误作"重量"(zhòng)。导致高译误译还有一个重要原因是其所采用的底本是晚清毕沅的校释本，而非当时中国学界公认更优秀的孙诒让底本。[①] 底本缺陷导致高译在准确性方面存在某些不可避免的硬伤。

结尾部分高延对墨子所提倡的节葬短丧主张进行了点评。他指出，墨子对当时的厚葬之风以及儒家所提倡的三年守丧制度的批判主要是出于政治动机。墨子的理想是"国家之富，人民之众，

① 清末民初学者普遍认为，孙诒让校释本更胜一筹，例如，晚清著名墨学家梁启超在《清代学者整理旧学之总成绩》一书中就点评过毕沅《墨子注》、苏时学《墨子刊误》以及孙诒让《墨子间诂》等3部清代重要《墨子》校注本，"大抵毕注仅据善本雠正(即吾所谓第一种校勘法)，略释古训，苏氏开始大胆刊正错简，仲容(孙诒让字仲容，笔者注)则诸法并用，识胆两皆绝伦，故能成此不朽之作"。参见梁启超：《清代学者整理旧学之总成绩》，商务印书馆1999版，第77页。在梁启超看来，孙诒让的《墨子间诂》一书是清代《墨子》校注本中成就最大者。后来，他在《中国近三百年学术史》中对孙诒让的《墨子间诂》中更是将该书作为晚清至民国这三百年间中国所取得的最具代表性的学术成果之一，称该书使得人人都可以读懂《墨子》，在近代墨学复兴过程中扮演了至关重要的作用，"俞荫甫序之，谓其自有《墨子》以来，未有此书。诚哉然也……盖自此书出，然后《墨子》人人可读。现代墨学复活，全由此书导之"。参见梁启超：《中国近三百年学术史》，人民出版社2008年版，第168页。

刑政之治”，而厚葬和长时间的守丧会造成人力和物力的浪费，会破坏社会生产。高延十分赞赏墨子的为人和品德：

墨子并不孤独，他不是一个与世隔绝、不近人情的人。他的伦理学说不是建立在形而上学或先验基础之上。他是一位通情达理的人、一位政治家、一位勇士、一位战略家，其毕生理想乃是建立一个美好的社会，仅此而已。墨子一生都在为国家的兴盛发达奔波，他的内心只有最纯粹的伦理道德。①

高延指出，墨子所提倡的兼爱和节葬都具有鲜明的功利主义色彩，而且往往用三表法来为自己观点辩护，然而细察之下，很容易发现其中的漏洞。譬如，墨子用三表法中的第一表“上本之古者圣王之事”，透过对尧、舜、禹三代圣王去世时的简朴的丧葬细节来论证自己节葬短丧主张的合理性。高延认为，此三人的年龄至少比墨子大180多岁，在缺乏确凿史料的支撑下，墨子对他们去世时丧葬情况的了解不可能像他描述的那么细致。在他看来，墨子的论证方式仿佛是在对着小孩讲故事。不过，墨子用古代圣王的生平事迹来支撑自己的观点比他随意捏造故事更令人信服。另一方面，在墨子那个时代，统治阶层将大量财富消耗在丧葬上。厚葬的社会风气实际上是统治阶层带动起来的，这也使得厚葬这一行为合法化了。因此，除了把远古时代尧、舜、禹的历史事迹作为论据，墨子实在找不到更好的方式来驳斥厚葬。高延继而指出，墨子提倡节葬短丧，但缺乏明确的理据，因此，墨子无法凭借一人之力来扭转当时的厚葬风气。后来，在孟子的无情呵斥下，墨子进一步失去民心。不过，高延认为，墨子当时提倡节葬并没有得到统治阶层乃至底层民众的支持，是因为节葬短丧在当时社会环境下显得有些不合时宜。墨家虽在儒墨之争中逐渐败下阵来，但是后来的历史却证明墨子所提倡的节葬短丧战胜了儒家的“三年之丧”。高延

---

① de Groot, *The Religious System of China II*: *The Grave*, p.774.

在吕不韦所撰《吕氏春秋》中发现了《节葬》和《安死》两个章节，发现吕不韦也支持墨家节葬短丧的主张，而且在态度上似乎比墨家更为激进。但是，《吕氏春秋》除了指出当时豪华的坟墓时有被盗以外，并没有提出新的证据来反驳厚葬。高延还从西晋皇甫谧在《笃终论》"吾欲朝死夕葬，夕死朝葬，不设棺椁，不加缠敛，不修沐浴，不造新服，殡之物，一皆绝之"以及《后汉书·樊宏传》"遗敕薄葬，一无所用，以为棺柩一藏，不宜复见。如有腐败，伤孝子之心，使与夫人同坟异藏。帝善其令，以书示百官，因曰：今不顺寿张侯意，无以彰其德。且吾万岁之后，欲以为式"等相关记载推断秦汉之际节葬短丧已经成为社会主流。①

通过对《节葬》的译介和阐释，高延不仅发现了贯穿《墨子》中的重要推理模式——三表法以及随处可见的功利主义哲学，并指出了这种推理方式存在的逻辑漏洞，这表明高延已经意识到了《墨子》中逻辑学思想，这是以往传教士尚未注意到的。这些重要发现彰显了高延作为一名卓越汉学家的开阔视野。

三、新教传教士《墨子》译介活动后续影响

透过艾约瑟和高延对《墨子》的神学化阐释，越来越多的传教士开始将《墨子》想象成一部记载了基督教教义的宗教典籍，竭力促成墨耶融合，企图从《墨子》中寻觅更多上帝存在的踪迹，以便更好地服务于传教事业，这也使得他们译介和研究《墨子》的热情进一步高涨，《墨子》开始在德语和法语世界先后发声。1877 年，德国传教士花之安(Ernst Faber)出版了《中国古代社会主义者及哲学家墨子的思想》(*Die Grundgedanken Des Alten Chinesischen Socialismus Oder Die Lehre Des Philosophen Miciu*)一书，这是

① de Groot, *The Religious System of China II*: *The Grave*, pp.774－775.

目前所见最早的西方墨学专著。此外，比利时汉学家哈雷兹(de. Harlez)先后于1884年和1895年发表了两篇法语论文对《天志》中蕴含的有神论思想进行了初步阐发，这是《墨子》在法语世界的首次发声。此外，20世纪初开始出现一些专门探讨墨子宗教思想的论著，如韦伯斯特(James Webster)《基督教世界之外的基督教思想：中国哲学家墨翟简介》(*Christian Ideas Outside of Christendom: An Introduction to the Chinese Philosopher, Moh Dz*, 1928)以及华莱士(Westwood Wallace)《〈墨子〉中的宗教元素》(*Religious Elements in the Writings of Motse*)等。不仅如此，传教士对《墨子》译介和神学化阐释还引起了一些历史学家的注意。例如。19世纪英国著名历史学家威尔斯(George Wells)在其1920年出版的史学巨著《世界史纲》(*The Outline of History*)中"基督教席卷世界"一节称，"中国墨家的思想也与耶稣的教导十分相似，两者都主张平等博爱、相互扶持，实际上墨子所追求的理想已经很接近耶稣的天国了"。[①] 再如，当代著名英国历史学家阿姆斯特朗(Karen Armstron)在其《轴心时代：人类伟大思想传统的开端》(*The Great Transformation: The Beginning of Our Religious Traditions*)一书中亦写道："于公元70年到约公元100年之间写成的'福音书'，遵循了保罗的路线。它们并没有呈现出耶稣的教义学说，比如'三位一体'或'原罪'，这些后来都成为基督教神学不可或缺的组成部分。与此相反，它们彰显了耶稣'关注每个人'的实践，墨子或许会将此称作'兼爱'。"[②]

传教士对《墨子》的译介还引发了俄国大文豪托尔斯泰对墨子的兴趣。据戈宝权先生统计，托尔斯泰当时阅读过的有关中国的

① ［英］乔治·威尔斯著，孙丽娟译：《世界史纲》，北京理工大学出版社2016年版，第363页。

② ［英］凯伦·阿姆斯特朗著，孙艳燕、白彦兵译：《轴心时代：人类伟大思想传统的开端》，上海三联书店2019年版，第404页。

专著和译本就有32种之多。[①] 在其与友人的书信中曾多次提及其读《墨子》的心得体会。例如,1893年写给好友切尔特科夫的信中写道:“开始读墨子”,接着又说:“我重新阅读了老子,现在开始阅读理雅各《中国经典》中关于墨翟的译文,我想写一本关于中国智慧的书,特别是关于人性善和人性恶的问题的讨论”。[②] 1905年,他在答复名为“张庆桐”的中国留学生的信中这样写道:“很久以来,我就相当熟悉中国的宗教学说和哲学,更不用说孔子、孟子、老子和他们著作的注疏了。遭到孟子驳斥的墨翟学说,尤其令我敬佩。”[③]1910年,他还出版了墨学研究专著《中国哲学家墨翟:兼爱》。

四、结　　论

19世纪下半叶是《墨子》在西方译介之滥觞。1858年《墨子》首次以儒家异端的身份进入英国传教士艾约瑟的视野。随后,荷兰传教士高延译介了《墨子》中宗教色彩浓厚的《节葬》。西方传教士在译介《墨子》时掺杂了大量的神学化阐释,他们将《墨子》想象成一部记载了基督教教义的宗教经典,热衷于寻找墨家学说与基督教教义之间的通约性。不仅如此,他们还利用墨子儒家异端的身份攻讦基督教宿敌儒家。正是对《墨子》的宗教想象,《墨子》吸引了越来越多的传教士和汉学家的兴趣,从而开启了《墨子》在西方漫长的译介之旅。

(刘松,北京外国语大学博士后,湖南财政经济学院讲师;
邹天雨,湖南财政经济学院讲师)

① 戈宝权:《中外文学因缘》,华东师范大学出版社2013年版,第62页。

② [俄]列夫·托尔斯泰:《列夫·托尔斯泰文集》,人民文学出版社2013年版,第222、225页。

③ [俄]列夫·托尔斯泰:《列夫·托尔斯泰文集》,人民文学出版社2013年版,第237页。

征稿启事

本刊为CSSCI来源集刊，设有《人物研究》《经济社会》《政治外交》《思想文化》《近代人物》《学术述评》《史料辑录》等涉及近代中国社会的多个专题专栏，热忱欢迎上述范围内有新意的学术论文投稿。具体要求如下：

一、论文篇首应有学界对论文主题以往研究成果的扼要概述。

二、论文引文注释凡例，请参照《近代史研究》的相关规定。

三、来稿篇幅在1.5万字内，作者个人信息统一附于文末。

四、本刊不收版面费，一经录用即付相应稿酬。来稿一经录用发表，即表明作者同意将该作品的专用出版权和网络传播权授予本刊行使，以上授权报酬已包含在作品发表时本刊一次性支付的稿酬中，如有不同意见须在投稿时声明。

五、凡本刊未有特殊注明的文章，欢迎各媒体转载，但应先征得本刊同意并按国家版权规定支付报酬，如有违者本刊将依法追究其法律责任。

投稿邮箱地址：jdzg2016@126.com。

联系地址：上海市陕西北路128号1308室，上海中山学社，邮编：200041。

图书在版编目(CIP)数据

近代中国. 第三十六辑 / 廖大伟主编 .— 上海 :
上海社会科学院出版社，2022
ISBN 978-7-5520-3897-2

Ⅰ.①近… Ⅱ.①廖… Ⅲ.①中国历史—近代史—文集 Ⅳ.①K250.7-53

中国版本图书馆 CIP 数据核字(2022)第 104606 号

近代中国(第三十六辑)

主　　编：廖大伟
责任编辑：杨　国
封面设计：黄婧昉
出版发行：上海社会科学院出版社
上海顺昌路 622 号　邮编 200025
电话总机 021-63315947　销售热线 021-53063735
http://www.sassp.cn　E-mail:sassp@sassp.cn
排　　版：南京展望文化发展有限公司
印　　刷：上海龙腾印务有限公司
开　　本：850 毫米×1168 毫米　1/32
印　　张：11.5
插　　页：2
字　　数：298 千
版　　次：2022 年 6 月第 1 版　　2022 年 6 月第 1 次印刷

ISBN 978-7-5520-3897-2/K·652　　定价：62.00 元
